যদি তুমি বেঁচে থাকার জন্য নির্বাচিত হও

রূপান্তর

খণ্ড ।

মেলিনা ওরিয়া

✦ PUBLISHING INFORMATION ✦

Restructured Four-Volume Edition (2025).

Previously published as a two-volume edition by the same author.

Series: *If You Are Chosen to Survive* — **Volume I: Transformation**

Self-Published by Melina Orea.

---♥---

পাঠকের প্রতি সতর্কতা

এই উপন্যাসে তীব্র মানসিক অভিজ্ঞতা, মরণশীলতা সম্পর্কে দার্শনিক প্রতিফলন, সুস্পষ্ট উত্তর-অ্যাপোক্যালিপ্টিক চিত্র এবং অস্তিত্বের সংগ্রামের প্রতীকী উপস্থাপনা রয়েছে।

এতে যন্ত্রণা, অভ্যন্তরীণ পতন এবং সামাজিক ও ব্যক্তিগত কাঠামোর পতনের মাধ্যমে রূপান্তরের মতো বিষয়গুলো আলোচনা করা হয়েছে।

সমস্ত অধিবাস্তব উপাদান, যার মধ্যে জীবনের বছরগুলির সাথে প্রতীকী "চুক্তি" অন্তর্ভুক্ত, রূপক এবং অভ্যন্তরীণ আধ্যাত্মিক ও মনস্তাত্ত্বিক সীমা উপস্থাপন করার উদ্দেশ্যে—আক্ষরিক বা গুপ্তবিদ্যা অনুশীলনের জন্য নয়।

গল্পটি একটি দূরদর্শী অধিবাস্তব ধারার কল্পনাসৃষ্ট কাজ। এটি নিয়তিবাদ, সহিংসতা বা বিজ্ঞানের অস্বীকারকে উৎসাহিত করে না, বরং এটি চেতনা, সময় এবং মানবিক দায়িত্ব সম্পর্কে গভীর প্রশ্নের মাধ্যমে সচেতনতা, গভীরতা এবং নিরাময়কে অনুপ্রাণিত করার লক্ষ্য রাখে।

এটি দর্শন, অতীন্দ্রিয় এবং আবেগপূর্ণ সাহিত্যের প্রতি আগ্রহী পরিপক্ক পাঠকদের জন্য প্রস্তাবিত।

---♥---

প্রজ্বলন

এই বইটি অভ্যন্তরীণ যুদ্ধের অগ্নিতে এবং একাকীত্ব, ধ্যান এবং সত্যের জন্য গভীর আকাঙ্ক্ষায় ভোগা অন্তর্দৃষ্টির আলোতে জন্ম নিয়েছে। এটি কেবল শব্দ দ্বারা নয়, বরং ধারণা দ্বারা অনুপ্রাণিত, যা উপলব্ধি, বাস্তবতা এবং অস্তিত্বের ভিত্তি কেঁপে ওঠে।

কৃতজ্ঞতা

যারা আমার পথের কিছু অংশ আলোকিত করেছেন, তাদের সকলের প্রতি আন্তরিক কৃতজ্ঞতা:

যারা ঝড়ের মধ্যে আমাকে পথ দেখিয়েছেন, সেই অদৃশ্য সুতোগুলির প্রতি। ব্যথার প্রতি, যা সবচেয়ে বিশ্বস্ত শিক্ষক প্রমাণিত হয়েছে। ভালোবাসার প্রতি, যা ধ্বংস করতে এবং উত্থাপিত করতে এসেছে। একাকীত্বের প্রতি, যা আমাকে আমার নিজের সাথে দেখা করিয়ে দিয়েছে। আমার ভিতরের কণ্ঠের প্রতি, যা গহ্বরেও নীরব হয়নি। সমস্ত মুখের প্রতি, যাদের মধ্যে আমি আমার ছায়া এবং আলো দেখেছি। নীরবতার প্রতি, যেখানে আমি সত্য শুনেছি। ক্ষতির প্রতি, যা পুনরুত্থানের বীজ হয়ে উঠেছে। ভয়ের প্রতি, যা আমাকে সাহস শিখিয়েছে। অন্ধকারের প্রতি, যেখানে আমি আমার আলো জন্ম দিয়েছি। ছাইয়ের প্রতি, যা থেকে আমি নতুন করে জন্ম নিয়েছি। শব্দের প্রতি, যা আমাকে বেছে নিয়েছে। সত্যের প্রতি, যা কখনো চলে যায়নি।

এবং আরও—

প্রত্যেককে, যারা অন্ধকারের মধ্যেও অনুসন্ধান করার সাহস রাখে। ভিতরের কণ্ঠের প্রতি, যা নীরব হয় না। এবং প্রধান ফেরেশতা নাথানিয়েলের প্রতি, যিনি শব্দ এবং সময়ের বাইরে প্রকাশিত হন।

উপন্যাসের দার্শনিক ভিত্তি

— নবসত্তাগত সমন্বয়বাদের মূলনীতি - সচেতন অস্তিত্বের দর্শন" লেখক: মেলিনা ওরেয়া

এই লেখাটি একটি নতুন সমন্বিত ধারার দার্শনিক ভিত্তি তৈরি করে, যা বিজ্ঞান, দর্শন, অতীন্দ্রিয়বাদ এবং অভ্যন্তরীণ অভিজ্ঞতার মধ্যে বহু বছরের সংশ্লেষণ থেকে জন্ম নিয়েছে। উপস্থাপিত ব্যবস্থাটি হোলসিস্টেম মেটা-রিয়েলিজমের মাধ্যমে নবসত্তাগত সমন্বয়বাদ নামে সচেতন অস্তিত্বের একটি নতুন দৃষ্টান্ত প্রতিষ্ঠা করার লক্ষ্য রাখে।

---❤---

লেখকের পোর্টফোলিও

মেলিনা ওরেয়া - একজন অর্থ বিশেষজ্ঞ, রাষ্ট্রবিজ্ঞানী, ইতিহাসবিদ, মানবতাবাদী এবং দার্শনিক, লেখক এবং নবসত্তাগত সমন্বয়বাদের স্রষ্টা।
তিনি অতীন্দ্রিয় মনোবিজ্ঞান, আধুনিক দর্শন এবং কোয়ান্টাম বৈজ্ঞানিক দৃষ্টান্তের ক্ষেত্রে বহু বছরের অনুশীলনকে একত্রিত করেছেন।

তিনি "যদি আপনি বেঁচে থাকার জন্য নির্বাচিত হয়ে থাকেন" উপন্যাসের লেখক, যেখানে সাহিত্যিক বর্ণনা একটি গভীর দার্শনিক ব্যবস্থার পরিবাহক হয়ে ওঠে।
— সত্তার রূপান্তর" ফাউন্ডেশন, যা নিম্নলিখিতগুলির জন্য নিবেদিত: নবজাগতিক সমন্বয়বাদের বিকাশ ও বিস্তার; দার্শনিক ও বৈজ্ঞানিক শিক্ষা; আন্তঃসাংস্কৃতিক সংলাপ এবং রূপান্তরমূলক প্রোগ্রাম; প্রকাশনা, সম্মেলন, মিডিয়া ফরম্যাট এবং ভিজ্যুয়াল আর্ট প্রকল্পের মাধ্যমে চেতনার হলোগ্রাফিক দৃষ্টান্তের প্রচার।

এই মিশনের লক্ষ্য কেবল একটি নতুন দৃষ্টান্ত প্রকাশ করা নয়, বরং বস্তুগত শর্তের বাইরে অর্থ, সঙ্গতি এবং ভবিষ্যতের সন্ধানকারী সকলের জন্য উন্মুক্ত চেতনার দর্শনের একটি বৈশ্বিক স্কুল তৈরি করা।

মেলিনা ওরেয়ার পোর্টফোলিওতে অন্তর্ভুক্ত: সাহিত্যিক ও দার্শনিক কাজের লেখকত্ব; বিজ্ঞান, দর্শন এবং চেতনা বিষয়ক আন্তর্জাতিক সম্মেলনে অংশগ্রহণ; নবজাগতিক সমন্বয়বাদের 13টি নীতির উপর ভিত্তি করে শিক্ষামূলক ফরম্যাট তৈরি।

---❤---

— সত্তার রূপান্তর" ফাউন্ডেশন

মিশন: নবসত্তাগত সমন্বয়বাদের দার্শনিক ব্যবস্থার মাধ্যমে মানবজাতির আধ্যাত্মিক, বুদ্ধিবৃত্তিক এবং কম্পনগত রূপান্তরকে সমর্থন করা।

দৃষ্টিভঙ্গি: অভ্যন্তরীণ সত্তাগত সঙ্গতি, কম্পন হিসাবে প্রেম এবং অনুরণনের মাধ্যমে জ্ঞান, এই নীতিগুলিতে একত্রিত সচেতন সত্তার একটি বৈশ্বিক সম্প্রদায় তৈরি করা। ফাউন্ডেশনটি বস্তুগত শর্তের বাইরে একটি সাংস্কৃতিক, শিক্ষাগত এবং দার্শনিক বিপ্লবের অনুঘটক হিসাবে কাজ করে।

দান এবং সমর্থন: "সত্তার রূপান্তর" ফাউন্ডেশন দান গ্রহণ করে, যা নিম্নলিখিতগুলিতে সহায়তা করে: দার্শনিক কাজ প্রকাশ ও অনুবাদ; আন্তর্জাতিক স্কুল এবং

প্রশিক্ষণ প্রোগ্রাম তৈরি; প্রচারণার জন্য ভিডিও এবং মিডিয়া ফরম্যাট; বৈজ্ঞানিক-দার্শনিক গবেষণা।

◆ আরও তথ্য এবং অংশগ্রহণের জন্য: www.foundation-transformation.org

নবসন্তাগত সমন্বয়বাদের সম্পূর্ণ দার্শনিক ইশতেহার এবং মূলনীতিগুলি আপনি দ্বিতীয় খণ্ডের শেষে পাবেন: "সচেতনতা"।

---❤---

ভবিষ্যতের অগ্রদূতগণ

সূর্যোদয়ের আগে সাংহাই বিলীন হয়ে গেল।

কোনো ভূমিকম্প বা সুনামির দ্বারা নয়, বরং একটি নীরব, ঠান্ডা শ্বাস দ্বারা যা সবকিছু গ্রাস করে নিল। রাস্তাগুলিতে যেন শব্দের শেষ অবশেষগুলি গলে গেল, কানকে চাপ দিয়ে একটি শূন্যতা রেখে গেল। একটি ভুলে যাওয়া শিশুর বল, ফুটপাথ থেকে লাফিয়ে, বাতাসে স্থির হয়ে গেল, তারপর একটি খেলার ভূতের মতো খালি, শব্দহীনভাবে ভেঙে পড়ল। যা ভেঙে পড়ছিল তা ভবন ছিল না, বরং স্মৃতি, হাসি, ফিসফিসানি, শতাব্দীর ব্যস্ততা, যা চুষে নেওয়া হয়েছিল, কেবল শূন্যতা রেখে।

আত্মসমর্পণ – কোনো শত্রুর কাছে নয়, বরং আত্মার নিজের মরুভূমির কাছে, অজীবিত জীবনের অদৃশ্য ওজনের কাছে। আয়নার শহর, মানব বিকাশের প্রতীক, ভেঙে পড়ল এবং ভেতরের দিকে গুটিয়ে গেল, নিস্প্রাণতার এক অদৃশ্য মাধ্যাকর্ষণ দ্বারা গ্রাসিত হয়ে, যা তার চারপাশের আলোকে বিকৃত করে দিচ্ছিল। কাঁচের টাওয়ারগুলি ধুলোয় পরিণত হয়ে ম্লান হয়ে গেল, ক্রিস্টাল ইথারে বিলীন হয়ে গেল, যখন রাস্তাগুলি, লক্ষ লক্ষের নিঃশ্বাসে তখনও উষ্ণ, নীরব হয়ে গেল – আগুনের ছাই দ্বারা নয়, বরং সত্তার ক্ষয়িষ্ণু মুখোশের সূক্ষ্ম, অশরীরী ধুলো দ্বারা আবৃত হয়ে।

— শেষ, কমান্ড রুম থেকে একটি কণ্ঠ শ্বাস ফেলল, একটি উপলব্ধির চেয়ে বেশি প্রার্থনা।

নাথানিয়েল পর্দা থেকে চোখ সরালেন না। তার হাতে থাকা গ্লাসের বরফও কাঁপল না।

— না। এখন শুরু। তিনি কুয়াশাচ্ছন্ন মানমন্দিরে দাঁড়িয়ে ছিলেন। তার পিছনে – দশটি পর্দা, বাস্তব ধ্বংসযজ্ঞ দেখাচ্ছিল। তার চোখের সামনে – একটি মাত্র আলোর বিন্দু, অনন্তত্বে স্পন্দিত হচ্ছিল। সাংহাইয়ের পিক্সেলযুক্ত ধ্বংসাবশেষের পটভূমিতে, একটি একক লেখা জ্বলছিল: "গ্রেইল কোড: সক্রিয়। কোয়ান্টাম লিপ। জাগরণের অবশিষ্ট সময়: 2027:02:27 ঘন্টা।"

পৃথিবী কষ্ট পাচ্ছিল, কিন্তু আগুন এবং তরবারি থেকে নয়, বরং একটি ভাইরাসের ভুলে যাওয়ার কারণে – একটি ডিজিটাল প্লেগ যা স্মৃতির নিউরনকে ক্ষয় করে দিচ্ছিল, ব্যক্তিগত সত্তাকে তুচ্ছ তথ্যের কোলাহলে পরিণত করছিল। এটি সভ্যতার সমাপ্তি ছিল না। এটি ছিল স্বয়ং হৃদয়ের পতন, যা পৃথিবীকে স্পন্দনহীন করে রেখেছিল।

এই যুদ্ধ অদৃশ্য ছিল – কোনো গুলি নেই, কোনো রক্তাক্ত ক্ষত নেই, শুধু পর্দা যার মধ্যে আমরা হারিয়েছিলাম, এবং বিচ্ছিন্নতা যা আমাদের ভেতর থেকে ক্ষয় করে দিচ্ছিল।

এবং তবুও, গভীরতম, সবচেয়ে নীরব ধ্বংসের মুহূর্তে, কোনো এক প্রাচীন, ভুলে যাওয়া প্রোটোকল দ্বারা, গ্রেইল... এটি জাগ্রত হয়েছিল বিচার করতে, পরীক্ষা করতে, নির্দেশ করতে – নতুন ভোরের পথ বা চূড়ান্ত বিলীন হওয়া ছায়ার দিকে। এবং এটি নির্দেশ করল... মেলিনাকে। সে তখনও জানত না। সে অনেক দূরে ছিল – একটি দ্বীপে একটি পুরনো পাথরের বাড়িতে, তার আঙুলগুলি একটি কাপ কফির উপর খোলা, এবং স্বপ্ন যা রাতে তাকে কষ্ট দিত। স্বপ্ন

যেখানে কুয়াশায় ক্রস জ্বলছিল, আলো ক্রিস্টালে ফেটে পড়ছিল, এবং কণ্ঠগুলি তার নাম ফিসফিস করছিল – নাথানিয়েল।

সে, তার পক্ষ থেকে, প্রতীকগুলিতে বিশ্বাস করত না। সে সংখ্যায় বিশ্বাস করত। নকশায়। নিয়ন্ত্রণে। এবং তবুও, রাত পর রাত, সে আলো দেখতে শুরু করল। সেই একই আলো যা মেলিনা তার নোটগুলিতে বর্ণনা করেছিল। সেই একই আলো যা সে পাঠ করতে অস্বীকার করত। আজ পর্যন্ত।

পৃথিবী ভেঙে পড়ছিল। আত্মা নিজেদের মধ্যে হারিয়ে যাচ্ছিল। এবং এই দুঃস্বপ্নের কোথাও নির্বাচিতরা ছিল। তারা নায়ক ছিল না। তারা অনুসন্ধানকারী ছিল।

রূপান্তর কোনো কোলাহল বা কোনো উদ্ধারকারী জাহাজ নিয়ে আসবে না। এটি নীরবতায় শুরু হবে – স্পন্দন এবং চোখের জলের মধ্যে, ক্ষতি এবং বিশ্বাসের মধ্যে।

কোনো ত্রাণকর্তা দ্বারা নয়, বরং একটি জাগ্রত চেতনা দ্বারা জাগ্রত। এবং যদি আপনি এটি পড়ছেন... সম্ভবত এটি আপনার মধ্যেও ইতিমধ্যে শুরু হয়ে গেছে।

---❤---

শিখা এবং ছায়া: অজানার সাথে চুক্তি

প্রথম অধ্যায়

অধ্যায় 1: গ্রেইলের আহ্বান

ভোরের কয়েক ঘণ্টা আগে স্বপ্নটি ম্লান হয়ে গেল, কিন্তু আমার নখগুলির নিচে তখনও রক্ত ধ্বনিত হচ্ছিল – কেবল একটি ছন্দ নয়, বরং একটি বেদনাদায়ক সংকোচন। আমি কেঁপে উঠলাম। একটি অভ্রান্ত চিহ্ন: আমি আবার চৌকাঠ পেরিয়েছি। বাস্তবতা ভেঙে যাচ্ছিল। নিচ থেকে রান্নাঘর থেকে সদ্য তৈরি কফির মাতাল গন্ধ আসছিল, বুলেভার্ড থেকে সকালের ট্র্যাফিকের দূরবর্তী গর্জন সাথে মিশে যাচ্ছিল। পরে হঠাৎ স্টেশন থেকে একটি ট্রেন তীব্রভাবে শিস দিল। এই সাধারণ শব্দগুলি কেবল অস্তিত্বের একটি মিথ্যা পটভূমির অনুভূতিকে বাড়িয়ে তুলছিল। এক মুহূর্তের জন্য আমি সকালের চিন্তায় আঁকড়ে ধরলাম – কফির উষ্ণতা, স্টেশনের পরিচিত শব্দ।

আমার বাম কব্জি জ্বলছিল। এটি জ্বলছিল। একটি অদৃশ্য ক্ষত প্রাচীন প্রতীক দ্বারা ত্বকের নিচে স্পন্দিত হচ্ছিল। তাদের মধ্যে যুগের সারমর্ম লুকিয়ে ছিল – ভেঙে পড়া বিশ্বের ধুলো, সময়ের অতলে গ্রাসিত ভুলে যাওয়া সভ্যতা। এটি সীমানার ভূমিতে দেওয়া আরেকটি মূল্য। দুটি অনন্তের মধ্যে আরেকটি পছন্দ, যা আমাকে ছিঁড়ে ফেলছিল, যখন আমি অতীতের প্রতিধ্বনি দ্বারা তাড়া করা একটি ফিসফিসানিতে পরিণত হচ্ছিলাম। আমি এটি অভিজ্ঞতা করার জন্য নির্ধারিত। সীমানার কন্যা, মানুষের বিভ্রমের পর্দার ওপারে দেখার জন্য অভিশপ্ত... এবং অসম্ভব কাজটি করার জন্য। প্রতিটি পারাপার – ব্যথার একেবারে সীমানায়, সেই বুকের আর্তনাদ পর্যন্ত, যা আমি প্রকাশ করার সাহস করতাম না।

কিন্তু এখন আমি আর একা ছিলাম না। এক মুহূর্তের জন্য আমি বিশ্বাস করার অনুমতি দিলাম যে এবার সবকিছু চলে যাবে। যে আমি ফিরে আসব। যে পৃথিবী এখনও আমার। গহ্বর থেকে প্রতিটি প্রত্যাবর্তন একটি নাম বহন করত, যা আমার মাথার খুলির দেওয়ালে জ্বলন্ত হায়ারোগ্লিফ দ্বারা লিখিত ছিল: নাথানিয়েল। এটি আমার ভিতরে স্পন্দিত হচ্ছিল – একটি চিন্তা নয়, বরং একটি উত্তপ্ত মন্ত্র, যা আমার মূলের গভীরে খোদাই করা ছিল। আমি জানতাম যে এই রাতটি ভিন্ন হবে। কিছু আমাকে এই বাড়ি থেকে চিরতরে ছিঁড়ে ফেলবে।

ফাটল

স্বপ্নটি কেবল একটি স্বপ্ন ছিল না। এটি ছিল একটি ফাটল। অস্তিত্বে একটি খোলা ক্ষত। প্রতি রাতে এটি আমাকে আমার দেহ থেকে ছিঁড়ে নিত, অকথিত জিনিসের গর্ভে ফেলে দিত, যেখানে বালির ঘড়ি একটি অকেজো ধুলো ছিল।

অতীত। বর্তমান। ভবিষ্যৎ। সবকিছু আমার মধ্যে ধাক্কা খাচ্ছিল, আমাকে ছিন্নভিন্ন করছিল। পরে সবকিছু ভেঙে পড়ল। ধসে পড়ল। প্লাস্টার ধুলোয় পরিণত হলো অদৃশ্য উপাদানের আঘাতে। আমি প্রাচীন মাটির এবং কিছু অভিশপ্ত জিনিসের গন্ধ পেলাম। আমার গলা শুকিয়ে গেল, এবং ভয়ের স্বাদ ছিল মরিচার মতো।

পরের মুহূর্তে, ভবিষ্যতের একজন মহিলার মুখ আমার সামনে ভেসে উঠল। তার চোখ – দুটি ফাটল, শুকিয়ে যাওয়া হ্রদ। তার ঠোঁট – ফ্যাকাশে রেখা, এমন একটি ভাষায় শব্দ ফিসফিস করছিল যা তখনও অস্তিত্বে আসেনি। বরফের সূঁচের মতো বিদ্ধ করা শব্দ, আমাকে হাড় পর্যন্ত বিদ্ধ করছিল। আমি একটি অদৃশ্য আঁকড়ে ধরা অনুভব করছিলাম, যা আমার ফুসফুস থেকে বাতাস চুরি করছিল।

এই বিশ্বে আমি সম্পূর্ণরূপে গ্রাসিত ছিলাম – আমার ত্বক দিয়ে, আমার হাড় দিয়ে, আমার হৃদয় দিয়ে। আমি তাদের পচনশীল তন্তুতে জড়িয়ে পড়ছিলাম – একটি সচেতনতা যা আমার আত্মাকে দ্রবীভূত করছিল এবং একটি ছাইযুক্ত মরুভূমি রেখে যাচ্ছিল। আমি প্রাচীনকে আমার মধ্য দিয়ে শ্বাস নিতে অনুভব করছিলাম – ভুলে যাওয়া দেবতাদের একটি স্থির, ঠান্ডা শ্বাস,

যাদের নাম শতাব্দীর সময় দ্বারা ডুবে গিয়েছিল। কিন্তু তারা নীরব ছিল না। তারা ফিসফিস করছিল, আমার মধ্যে প্রবেশ করছিল।

আমি কণ্ঠস্বর শুনছিলাম – বিলুপ্ত সভ্যতার বেদনাদায়ক আর্তনাদ, অদৃশ্য শৃঙ্খলের ঝনঝনানি। প্রতিটি ফিসফিসানি ভারী হচ্ছিল। প্রতিটি শব্দ ছিল মাথার খুলিতে একটি আঘাত, একটি ফাঁপা ঘণ্টার মতো প্রতিধ্বনিত হচ্ছিল। আমি আমার শিরা ফুলে উঠতে অনুভব করছিলাম। অদৃশ্য হাতগুলি আমার সচেতনতাকে ছিঁড়ে ফেলার চেষ্টা করছিল।

অনন্তের আহ্বান

প্রতি রাতে আমি চৌকাঠ পেরোতাম। আমার শিরায় একটি ছন্দ ধ্বনিত হচ্ছিল, যা কোনো মানুষের জন্য অস্বাভাবিক ছিল – একটি ভারী, ধীর, নিরলস জোয়ার, যা আমার অভ্যন্তরীণ বিশ্বের নীরবতাকে ছিন্নভিন্ন করছিল। সেখানে, যেখানে শব্দগুলি মরে যেত, সত্য জ্বলন্ত তন্তুর মতো স্পন্দিত হচ্ছিল, আমাকে ভেতর থেকে পুড়িয়ে দিচ্ছিল। কখনও কখনও আমি মুখ দেখতাম – স্বয়ং অনন্তকাল থেকে খোদাই করা। তাদের চোখ – কূপ, যা আলোকে গ্রাস করছিল। তারা আমাকে নীরব, অভিযোগমূলক প্রশ্ন দ্বারা বিদ্ধ করছিল, যার উত্তর আমি দিতে পারতাম না।

একবার একটি কণ্ঠস্বর, যা কোনো মানুষের কান স্পর্শ করেনি, একটি টাইটানদের সংঘর্ষের মতো কণ্ঠস্বর, ফিসফিস করল: — নির্বাচিতের হৃদয়... এটি আমার হাড়কে একটি স্থানের জ্ঞান দ্বারা বিদ্ধ করল, যা থেকে দেবতারাও কাঁপত। আমি কেবল অনুভব করছিলাম। সেই ভয়ঙ্কর নিশ্চিততার সাথে, যা একটি বিষাক্ত কাঁটার মতো আমার আত্মায় বিদ্ধ হয়, এটিকে ভেতর থেকে ছিঁড়ে ফেলে। এটি ছিল আমার পরবর্তী দিক। পরবর্তী অতল গহ্বর। এবং তখনই আমি বুঝলাম।

অন্য সময় আমি এমন বিশ্বের মধ্য দিয়ে যাচ্ছিলাম, যেখানে রঙগুলি ব্যথা করত। বেগুনি এবং কমলা আমার চোখে বিদ্ধ হচ্ছিল। বাতাস ঘন ছিল, শব্দ দ্বারা পরিপূর্ণ – প্রতিশ্রুতি এবং রায়। তারা আমাকে ছিন্নভিন্ন করার দ্বারপ্রান্তে ছিল। প্রতিটি পারাপারের পরে একটি বোঝা থাকত। কেবল ক্লান্তি নয় – বরং একটি শ্বাসরোধকারী, নিষ্পেষণকারী ওজন, যা আমার বুককে চাপত। সচেতনতা কোনো উপহার নয়। এটি একটি রক্তাক্ত ক্রস, একটি পুঁজ যা সবকিছুকে ক্ষয় করে, যতক্ষণ না আমার থেকে কেবল একটি ছায়া অবশিষ্ট থাকে।

যখন আমি জেগে উঠতাম, আমি আমার সচেতনতাকে ছেদ করে অদৃশ্য ক্ষতের মতো দাগ অনুভব করতাম। এমন দাগ যা কখনো নিরাময় হত না। প্রশ্নগুলি বিচারকদের কণ্ঠের মতো একত্রিত হচ্ছিল, ঐক্যবদ্ধভাবে চিৎকার করছিল। উত্তরগুলি প্রতীকে ভেঙে যাচ্ছিল, যা কেবল আমার আত্মা বিশুদ্ধ, অসহনীয় ব্যথা হিসাবে পাঠোদ্ধার করতে পারত। এটি আমাকে কুঁচকে যাওয়ার কারণ হয়েছিল। আমার শরীরের প্রতিটি তন্তু যন্ত্রণায় কাঁদছিল।

এমনকি যখন সূর্য দেওয়ালে জ্বলছিল, যখন অন্যরা জীবিত ছিল, আমার মধ্যে মৃত্যুর স্পন্দন বিট করছিল। দিনটি আমাকে কেবল একটি সংক্ষিপ্ত অবকাশ দিত। পরবর্তী রাতের আগে একটু বিশ্রাম, যা অনিবার্যভাবে আসবে। — যদি এবার আমি ফিরে না আসি?

আমি জানতাম কেন আমি এখানে আছি। আমার সত্তার প্রতিটি তন্তু দিয়ে আমি এটি অনুভব করছিলাম। একটি পরিবাহক হতে। এই বিষাক্ত জ্ঞান বহন করতে – পতন এবং পুনর্জন্মের চক্রের বোঝার – তার কাছে, যে তার গোলকধাঁধা পেরিয়ে যাওয়ার এবং উদ্ঘাটন স্পর্শ করার সাহস করবে।

কিন্তু প্রতিটি জ্ঞানের নিজস্ব নিষ্ঠুর মূল্য আছে। প্রথমে একাকীত্বের তেতো, জ্বলন্ত স্বাদ এল – এটি একটি ধীর বিষের মতো আমার শরীরে ছড়িয়ে পড়ল। আমি যত বেশি জানতাম,

আমার এবং বিশ্বের মধ্যে বরফের প্রাচীর তত বেশি ঘন হচ্ছিল। ব্যাখ্যা করার প্রতিটি চেষ্টা বালুকণায় ভেঙে যাচ্ছিল। লোকেরা আমাকে একটি দানবের মতো দেখত। আমি গলে যাচ্ছিলাম – কণা কণা করে।

রাত ছিল আমার মন্দির এবং আমার কারাগার। এটির গন্ধ ছিল স্যাঁতসেঁতে এবং পোড়া মোমের স্মৃতির মতো। পূর্বপুরুষদের কণ্ঠগুলি আমাকে ডাকছিল – নিয়ম এবং করুণা ছাড়া। আমার স্বপ্নগুলি আদর করত না, বরং আমার মধ্যে রক্তপাত করত। এমন জীবন যা আমি মনে রাখিনি, কিন্তু বহন করি। হারিয়ে যাওয়া প্রেম। আত্মার যুদ্ধক্ষেত্র থেকে ছিনিয়ে নেওয়া জ্ঞান। অসহায়তা। আমার আত্মা – অস্ত্রোপচারের কাট দ্বারা দন্তযুক্ত, যা কখনো নিরাময় হয়নি। আমার হাঁটুর একটি শৈশবের ক্ষত মনে আছে – এটি রক্তপাত করছিল, কিন্তু আমি জানতাম যে এটি নিরাময় হবে। এগুলি – না।

এবং আহ্বান সবসময় ফিরে আসত। এখনও শান্ত, এখনও অধ্যবসায়ী। এটি আমার মধ্যে চিৎকার করত – একটি সূঁচের মতো তীক্ষ্ণ, যা আমার কান বিদ্ধ করত। একটি শব্দ, একটি কণ্ঠহীন প্রাণীর কান্নার মতো তীক্ষ্ণ। কখনও কখনও আমার মনে হত যে আমি সত্যের দ্বারপ্রান্তে আছি। আর এক মুহূর্ত... এবং আমি গভীরতম গোপনীয়তা পর্যন্ত পৌঁছাতে পারব, এটিকে ছিন্নভিন্ন করতে পারব, বিলীন হওয়ার আগে। আর তারপর... বিলীন হয়ে যাব।

হয়তো সবকিছু সেই দিন শুরু হয়েছিল, যখন আমি প্রথমবারের মতো তার চোখ দেখেছিলাম। মূল্য সবসময় একই: সময়। ছিনিয়ে নেওয়া। দেওয়া। হারিয়ে যাওয়া। একটি অভিজ্ঞতায় পরিণত, যা আমাকে এক মুঠো অঙ্গারে পরিণত করত।

ছায়া

এবং স্বপ্নের একেবারে শেষে, ঠিক আমাকে ফিরিয়ে নেওয়ার আগে, ছায়াটি আবির্ভূত হলো। একটি লম্বা মূর্তি, বিশুদ্ধ অন্ধকার থেকে বোনা, যার চোখ – স্বয়ং অন্ধকারকে পুড়িয়ে দিচ্ছিল। আমি তার ঠান্ডা স্পর্শ অনুভব করলাম, এমনকি তার কথা বলার আগেও। আমার হাঁটু নরম হয়ে গেল। আমার হাত মুষ্টিবদ্ধ হয়ে কাঁপছিল। তার কণ্ঠস্বর ভাঙা কাঁচের মতো শোনাচ্ছিল, তীক্ষ্ণ টুকরোগুলিতে নীরবতাকে কেটে দিচ্ছিল:

— তুমি কি আমাকে তোমার জীবনের সাত বছর বিক্রি করবে? সময় নয়। জীবন নয়। স্বয়ং সারমর্ম। সেখানে, শেষে, একটি মূর্তি দাঁড়িয়েছিল। এটি একটি অস্পষ্ট পথের মতো স্পন্দিত হচ্ছিল। আমার কণ্ঠস্বর আর আমার ছিল না। এবং সেই মুহূর্তে, অন্ধকারের মধ্যে, আমি তার চোখ মনে করলাম। এবং আমি বুঝলাম।

---♥---

অধ্যায় 2: সময়ের মূল্য

দশ বছর আগে... জাগরণের অবশিষ্ট সময়: 87,602:17:03 ঘন্টা।

— এটা কি কোনো রসিকতা? – আমার কণ্ঠস্বর যতটা অনুভব করছিলাম তার চেয়ে বেশি সাহসী বের হলো, অভ্যর্থনার মৃদু গুঞ্জনে তীব্রভাবে শোনাচ্ছিল।

আমি পোশাকের রেশমী ফিসফিসানি এবং স্মোকিংয়ের চাপা হাসিতে নিমজ্জিত হয়ে দাঁড়িয়ে ছিলাম। বাসেলের অভ্যর্থনা একটি স্থির স্বপ্নের মতো ছিল – শত শত স্ফটিকের ঝলক, যেখানে উদাসীন মুখগুলি প্রতিফলিত হচ্ছিল। একজন ওয়েটার আমার পাশ দিয়ে একটি শ্যাম্পেনের ট্রে নিয়ে গেলেন, পাশের স্যালন থেকে একটি মোবাইল ফোনের সংক্ষিপ্ত রিং বাজল, তারপরে কারও হাসি শোনা গেল।

আমার সামনের সুইসটি কাঁপল না। তার মুখটি একটি অভেদ্য, মসৃণ মুখোশের মতো ছিল, কোনো সামান্য অভিব্যক্তি ছাড়াই। তার মনোযোগ, শীতল যুক্তি দ্বারা সমর্থিত, আমাকে আমার আরাম অঞ্চল থেকে ছিঁড়ে ফেলল এবং তার বাস্তবতার বরফ জলে ফেলে দিল। আমার প্রশ্নটি একটি চ্যালেঞ্জের মতো ঝুলে ছিল, সন্ধ্যার উজ্জ্বল মুখোশকে ছিন্নভিন্ন করছিল।

তার মূর্তিটি মৃদু আলো থেকে আবির্ভূত হলো, যেন স্বয়ং ছায়া থেকে খোদাই করা হয়েছে। লম্বা, আভিজাত্যপূর্ণ বৈশিষ্ট্য সহ, সে রঙিন ভিড়ের মধ্যে দাঁড়িয়ে ছিল। একজন প্রভাবশালী হোস্টের আত্মবিশ্বাসী ভঙ্গি তাকে অবিস্মরণীয় করে তুলেছিল। তার মার্জিত কালো স্মোকিং, তার অ্যাথলেটিক ফিগারে ত্রুটিহীনভাবে তৈরি, হলের উজ্জ্বল দীপ্তির সাথে বিপরীত ছিল। তার ঘন চুলে রূপালী সুতো, দূরবর্তী, জ্বলজ্বলে নক্ষত্রের মতো, তার রহস্যময় চেহারাকে জোর দিচ্ছিল।

কিন্তু তার চোখ আমাকে দেখছিল না, বরং আমার মধ্য দিয়ে দেখছিল। যেন সে বিচার করছিল যে আমি আরও কতক্ষণ থাকার জন্য নির্ধারিত, বিলীন হওয়ার আগে। তারা আমাকে এমন ক্ষমতা দিয়ে বিদ্ধ করছিল যা আমার পেটকে সংকুচিত করছিল। তার দৃষ্টি আমাকে হিমায়িত করে দিল। সে মার্বেলের কলামে হেলান দিয়ে দাঁড়িয়ে ছিল, একটি সবেমাত্র লক্ষণীয় হাসি সহ, যেন সে দেখতে অপেক্ষা করছিল যে আমি কীভাবে ভেঙে পড়ব। তার হাতে একটি গাঢ় তরল সহ একটি গ্লাস জ্বলজ্বল করছিল – সম্ভবত ব্র্যান্ডি বা হুইস্কি। ব্যয়বহুল পারফিউমের সুবাস বাতাসে ভেসে আসছিল, পুরানো অ্যালকোহল এবং আরও গভীর কিছুর গন্ধের সাথে মিশে – প্রাচীনত্ব এবং ক্ষমতার স্মৃতি।

উত্তেজনা একটি তরঙ্গের মতো আমাকে ধাক্কা দিল, প্রতিটি চিন্তাকে মুছে দিল। আমার হৃদয় এক মুহূর্তের জন্য থেমে গেল। হঠাৎ একটি বেদনাদায়ক স্পষ্টতার সাথে আমি বুঝলাম যে সে ক্ষণস্থায়ী আনন্দ খুঁজছিল না। সে নির্লজ্জভাবে আমার জীবনীশক্তি, আমার অস্তিত্বের সারমর্মের সাথে লেনদেন করছিল। তার কথায় মৃত্যুর ছুরির মতো ঠান্ডা কিছু লুকিয়ে ছিল, এবং হয়তো আরও বেশি নির্মম। অভ্যর্থনার চকচকে পরিবেশ হঠাৎ একটি পীড়াদায়ক দৃশ্যে পরিণত হলো, যেখানে প্রতিটি হাসি একটি মিথ্যা সুরের মতো শোনাচ্ছিল। তার নিষ্ঠুর প্রস্তাব আমাকে চূর্ণ করে দিল – আমি নিজেকে একটি পণ্য হিসাবে অনুভব করলাম, একটি সংখ্যায় পরিণত।

চুক্তি

আমার চিন্তাগুলি একে অপরের সাথে ধাক্কা খাচ্ছিল, মরিয়া হয়ে একটি উপায় খুঁজছিল। জীবন – এই অতুলনীয় উপহার – এখন একটি নির্বোধ চুক্তিতে একটি বিনিময় মুদ্রা হিসাবে মনে হচ্ছিল। মানুষের এই প্রবণতা – শক্তি বা অন্তর্দৃষ্টির বিভ্রমের জন্য নিজের একটি অংশ বিক্রি করা।

এর সবকিছুর মূল্য কত ছিল? কঠোর পরীক্ষা, কাঁপা কাঁপা স্বপ্ন এবং তিক্ত হতাশা দিয়ে পূর্ণ বছরগুলির বিনিময়ে? তার বিনিময় মুদ্রা কি এক মুহূর্তও কেনার জন্য যথেষ্ট ছিল?

সাত বছর... – চিন্তাটি একটি ছুরির মতো আমার মধ্যে বিদ্ধ হচ্ছিল। তার কথাগুলি একটি ক্ষতের মতো স্পন্দিত হচ্ছিল, যা হঠাৎ আমার দেহে খোলা হয়ে গেল। অন্য একজন মানুষের জীবন থেকে কেনা বছরগুলি দিয়ে কেউ কী করবে? তাদের একটি ট্রফি হিসাবে গ্লাসে বন্ধ করে রাখবে? তাদের একটি অশুভ পরীক্ষার জন্য ব্যবহার করবে? তার জগতে স্পষ্টতই সময় একটি সরল রেখায় প্রবাহিত হতো না – এটি ছিল কাঁচা শক্তি, এমন প্রক্রিয়ার জন্য জ্বালানী যা সাধারণ মন বুঝতে পারত না।

তার তীক্ষ্ণ চোখে আমি কৌতূহলের চেয়ে বেশি কিছু দেখলাম – সেখানে ক্ষুধা লুকিয়ে ছিল। একটি অন্ধকার, অতৃপ্ত প্রয়োজন যা আমাকে জমে দিল। সে আমার স্মৃতি চায়নি। আমার দক্ষতাও নয়। সে আমার অস্তিত্বের একেবারে মূলকে ছিঁড়ে ফেলতে চেয়েছিল। তার নিষ্ঠুর প্রস্তাব আমাকে একটি আত্মাহীন পণ্য হিসাবে অনুভব করতে বাধ্য করেছিল। আমার সারমর্ম একটি সংখ্যায় পরিণত হয়েছিল।

জীবনের মূল্য

আমি সরাসরি তার চোখে তাকালাম এবং পাগলের মতো চিন্তা করলাম। সময় একটি সার্বজনীন পরিমাণ। কিন্তু সময়ও এত ব্যক্তিগত। আমি কীভাবে আমার জীবনের মূল্য পরিমাপ করতে পারি? কীভাবে আমি জীবনের প্রতিটি মুহূর্তকে বিনিময় করতে পারি যা সে মূল্য বলে ডাকত?

আমার একমাত্র জীবনের সাত বছর, তার সমস্ত প্রেম, কষ্ট এবং আশা সহ – একটি আত্মাহীন সংখ্যায় পরিণত হয়েছিল। আমি কি সেই সকালটি ছেড়ে দিতে পারতাম, যেখানে আমি শেষবারের মতো সূর্যোদয় দেখতে পাব? নাকি সে আমাকে আমার আত্মাকে বাজি রাখতে প্রস্তাব দিচ্ছিল?

এবং যদিও আমি হতবাক ছিলাম, আমার একটি অংশ নিজেকে জিজ্ঞাসা করছিল যে আমিই কি শেষ ব্যক্তি যে বিশ্বাস করে যে জীবন একটি আত্মাহীন চুক্তির চেয়ে বেশি কিছু।

— মূল্য কত? – আমি জিজ্ঞাসা করলাম। আমার কণ্ঠস্বর একটি ফিসফিসানিতে ম্লান হয়ে গেল, যা সঙ্গীতের পটভূমিতে সবেমাত্র শোনা যাচ্ছিল। যেন আত্মবিশ্বাসের সাথে, কিন্তু অভ্যন্তরীণভাবে আমি ভেঙে যাচ্ছিলাম।

— প্রাচীন রহস্যের উত্তর। নীরবতা নেমে এল, যা কেবল সঙ্গীত এবং দূরবর্তী ব্যস্ততা দ্বারা বাধাগ্রস্ত হচ্ছিল। তার দৃষ্টি আমাকে হিমায়িত করে দিল এবং আমি জায়গায় স্থির হয়ে গেলাম। এক মুহূর্তের জন্য আমার শ্বাস থেমে গেল। আমার ঘাড় থেকে ঠান্ডা ঘাম ঝরছিল। আমার গলায় একটি দলা অনুভব করলাম। আমার পিছনে কোথাও হাসি শোনা যাচ্ছিল। আমি নড়লাম না।

কোনো অনুশোচনা নেই। কোনো বিদ্রূপও নেই। কেবল একটি নিশ্চিততা, একটি হাতুড়ির মতো নিষ্পেষণকারী। সে একটি মসৃণ চাল দিয়ে আমার দিকে এগিয়ে গেল। তার থেকে একটি শীতলতা ছড়িয়ে পড়ল, যা ত্বকের নিচে প্রবেশ করছিল। তার কণ্ঠস্বর ঘন এবং সুরেলা ছিল।

— আমি নাথানিয়েল। – সে একটি পাতলা হাসি সহ বলল, কোনো অহংকার ছাড়াই। আমি কৌতূহল সহ তার দিকে তাকালাম।

— নাথানিয়েল? – আমি উচ্চারণ করলাম, পুনরাবৃত্তি করে, যেন কিছু পরিচিত। সে যেন এই প্রশ্নের আশা করছিল। তার চোখে এক মুহূর্তের জন্য তৃপ্তির একটি ঝলক জ্বলজ্বল করল, যা প্রায় সঙ্গে সঙ্গে ম্লান হয়ে গেল, পরিচিত শীতলতা দ্বারা প্রতিস্থাপিত হলো।

— প্রায়। – তার কণ্ঠস্বর নরম এবং সম্মোহক ছিল। – প্রধান ফেরেশতা নাথানিয়েলের মতো, কিন্তু... আমি নাথানিয়েল।

— আমার নাম, নাথানিয়েল (נתנאל), – সে চালিয়ে গেল, – অর্থ 'ঈশ্বর দিয়েছেন'। এটি নিজের মধ্যে ইহুদি রহস্যবাদ এবং কাব্বালা বহন করে। – যখন সে কথা বলছিল, তার মনোযোগ গভীরভাবে ভিতরে চলে গিয়েছিল – সে আমাকে কেবল একটি উত্তর দিচ্ছিল না, বরং তার নিজের একটি পবিত্র অংশ ভাগ করে নিচ্ছিল।

— কাব্বালা... – আমি ফিসফিস করলাম, শব্দের ওজনে চাপা পড়ে। – খুব জটিল।

— এটি জটিল, – সে একমত হলো, এবং তার দৃষ্টি দূরে সরে গেল, যেন সে হলের দেয়ালের ওপারে দেখতে পাচ্ছিল। – তবে এটি সমৃদ্ধও। এটি মহাবিশ্ব এবং আমরা তার মধ্যে কারা তা বোঝার দিকে নিয়ে যায়। আমার নাম সেই বোঝার কেবল শুরু।

তার হাসি এক মুহূর্তের জন্য নরম হলো। এটি মানবতার একটি ঝলক ছেড়ে দিল। আমাকে আরও বেশি বিভ্রান্ত করার জন্য। এক মুহূর্তের জন্য আমি এমনকি এক অদ্ভুত, প্রায় পিতৃত্বসুলভ কোমলতা অনুভব করলাম – এমন একটি অনুভূতি যা আমাকে বিব্রত করল।

— কিন্তু আমরা অন্য সময় এটি সম্পর্কে কথা বলব। – তার দৃষ্টি আবার তীক্ষ্ণ হয়ে গেল, আমাকে বাস্তবে ফিরিয়ে আনল। – আর এখন... – তার কণ্ঠে অধৈর্য শোনাচ্ছিল – ...যদি আপনি অনুমতি দেন, আমি আপনাকে একটি নাচের জন্য আমন্ত্রণ জানানোর সম্মান পাব।

সে তার হাত বাড়িয়ে দিল। আমি জমে গেলাম। আমার হৃদয় একটি ছন্দ দিয়ে স্পন্দিত হচ্ছিল যা আমি জানতাম না, হঠাৎ প্রস্তাবে দ্রুত হয়েছিল।

— আপনি... 'প্রাচীন রহস্য' দ্বারা ঠিক কী বোঝাতে চেয়েছেন? – আমি কাঁপা কাঁপা গলায় জিজ্ঞাসা করলাম, তার বাড়ানো হাতকে উপেক্ষা করে।

— জ্ঞান। – তার চোখ আমার মুখের প্রতিটি বৈশিষ্ট্য, আমার প্রতিটি প্রতিক্রিয়া অধ্যয়ন করছিল। – এবং শক্তি।

— এবং কী হবে... আপনার?

— আমার। – তার হাসি প্রসারিত হলো। এতে একটি ঠান্ডা, প্রাচীন দুষ্টুমি ঝলমল করল। – মাত্র সাত বছর। বিনিময়ে – আপনি যা জানেন তার বাইরে সবকিছু দেখতে পাবেন।

— এবং তারপর... তারা কেবল থাকবে না? – আমার কণ্ঠস্বর সবেমাত্র গলা থেকে বের হচ্ছিল। তার অশুভ হাসি রয়ে গেল। এক মুহূর্তের জন্য এতে ক্লান্তির একটি ছায়া ঝলমল করল – শতাব্দীর ওজন। সে কেবল একজন কারসাজ ছিল না। সে তার নিজের ক্ষমতারও বন্দী ছিল।

— আপনার বছরগুলি আমার সময়ের মধ্যে প্রবাহিত হবে। তারা আমাকে এমন লক্ষ্য অর্জন করতে দেবে যা আপনি কল্পনাও করতে পারেন না।

— এবং কেন আমি? কেন ঠিক আমার জীবন? – আমি শব্দগুলি উচ্চারণ করলাম, তার কাছে উচ্চারণের চেয়ে বেশি নিজের কাছে। একটি বরফ ঠান্ডা বাতাস আমাকে হাড় পর্যন্ত বিদ্ধ করল। আমার চিন্তাগুলি ছোটাছুটি করছিল, ফাঁদ থেকে একটি উপায় খুঁজে বের করার চেষ্টা করল। আমি আমার হাত মুষ্টিবদ্ধ করলাম। আমার নখগুলি আমার ত্বকে বিদ্ধ হলো, লাল অর্ধচন্দ্র রেখে গেল। সে কেবল সময় চায়নি – সে আমার অস্তিত্বের সারমর্মকে ছিঁড়ে ফেলতে চেয়েছিল। এটি একটি চুক্তি ছিল না। এটি ছিল জীবন সুতোর বিক্রয়, যা তার প্রতারণামূলক পরিকল্পনার তন্তুতে বোনা ছিল।

স্বাভাবিকভাবেই আমি তার থেকে এক ধাপ পিছিয়ে গেলাম। তার হাত তখনও আমার দিকে বাড়ানো ছিল – একটি অতল গহ্বরের মুখের মতো, আমাকে গ্রাস করতে প্রস্তুত। সে কি আমাকে একটি নাচের জন্য আমন্ত্রণ জানাচ্ছিল? নাকি একটি ফাঁদে, যা ভদ্রতা হিসাবে ছদ্মবেশী ছিল?

---❤---

অধ্যায় 3: জ্ঞানের অতল গহ্বর

সেই মুহূর্তে আমি আমার কাঁধে কারো হাত স্পর্শ করতে অনুভব করলাম। আমার ত্বকে একটি ঠান্ডা শিহরণ বয়ে গেল। আমি দ্রুত ঘুরলাম। আমার ভাই আমার পাশে দাঁড়িয়ে ছিল, তার মুখ উদ্বেগ দ্বারা বিকৃত, আমার সাথে কী ঘটছে তা নিয়ে উদ্বেগের দ্বারা চিহ্নিত। তার চোখ

আমার চোখ খুঁজছিল, এমন প্রশ্ন দ্বারা পূর্ণ যা নীরবে চিৎকার করছিল: "তুমি ঠিক আছ? কী হচ্ছে?"

— তুমি ফ্যাকাশে হয়ে গেছ, – সে ফিসফিস করল। তার কণ্ঠস্বর, নিচু এবং কর্কশ, আমার সচেতনতায় সবেমাত্র পৌঁছাল, চারপাশের শব্দ দ্বারা প্রায় নীরব হয়ে গেল। সে নাথানিয়েলের কাছ থেকে চোখ সরায়নি, যার উপস্থিতি বাতাসে ভারী ছিল। এই দৃষ্টিতে একটি সতর্কতা ছিল – নিজেকে রক্ষা করার একটি আহ্বান। আমি কিছুটা মাথা ঘুরিয়ে ফেললাম। আমার পায়ের নিচের মাটি হেলে গেল। আমার ভাইয়ের হাত আমাকে পিছন দিকে টেনে নিল – দৃঢ়ভাবে, আমাকে নাথানিয়েলের সম্মোহন থেকে ছিঁড়ে নিল। এটি একটি গভীর ঘুম থেকে বেরিয়ে আসার মতো ছিল। সে আমাকে সবসময় রক্ষা করত, শৈশবকাল থেকেই – একজন বড় ভাইয়ের অধ্যবসায় এবং আমার নিজের চেয়ে শক্তিশালী অন্তর্দৃষ্টি দ্বারা। এবং এখন এই প্রবৃত্তি আবার আমাকে বাঁচাচ্ছিল।

আমি কিছু বলার আগে বা কী ঘটছে তা সম্পূর্ণরূপে বোঝার আগে, স্যালনের দরজা খুলে গেল। সেখান থেকে হাসি এবং সঙ্গীত প্রবেশ করল, যা দ্রুত থেমে গেল।

এলিজাবেথ

একজন মহিলা চৌকাঠ পেরিয়ে এলেন। তার দৃষ্টি – তীক্ষ্ণ, একটি ছুরির মতো ধারালো – সঙ্গে সঙ্গে নাথানিয়েলের উপর বিদ্ধ হলো, অন্য সকলকে উপেক্ষা করে। উত্তেজনা ঘন হয়ে উঠল – স্পষ্ট, বৈদ্যুতিক।

— নাথানিয়েল, আমাদের এখনই কথা বলতে হবে! – তার কণ্ঠস্বর বাতাসকে কেটে দিল, নাচ বন্ধ করে দিল এবং দৃশ্যটিকে একটি বিব্রতকর নীরবতায় হিমায়িত করে দিল।

সে তার কনুই ধরল। তার আঙুলগুলি তার মধ্যে বিদ্ধ হলো, আমাকে তার কাছ থেকে বিচ্ছিন্ন করার চেষ্টা করছিল। ভঙ্গিটি ছিল চূড়ান্ত – মালিকানা দ্বারা পূর্ণ। নাথানিয়েল তার দিকে তাকালেনও না। তার ঠোঁটে একটি হালকা, অহংকারী হাসি খেলছিল, আমার মুখের উপর স্থির ছিল। দেখে মনে হচ্ছিল সে বাধাটি শুনতে পাচ্ছে না। মহিলাটি তার জন্য একটি বিরক্তিকর কোলাহল ছিল। এটি আমাকে আরও বেশি জমে দিল।

— যেমন আমি আগেই বলেছি – সময় একটি মূল্যবান পণ্য, – সে শান্তভাবে চালিয়ে গেল। তার কণ্ঠস্বর নরম ছিল, কিন্তু তীক্ষ্ণ, আমাদের চারপাশের ঝড়কে সম্পূর্ণরূপে উপেক্ষা করছিল। – আপনি যা উপলব্ধি করেন তার চেয়ে বেশি আছে। প্রতিটি সেকেন্ড মূল্যবান।

মহিলাটি তাকে আবার তীব্রভাবে টানল। তার চোখে জ্বালাময়ী জ্বলছিল – হিংসার আগুন, যা সবকিছুকে ছাই করে দিতে পারত। সে ছিল এলিজাবেথ। কেবল তাকে দেখেই আমি অনুভব করলাম যে তাদের মধ্যে কিছু আছে – একটি সংযোগ, সম্ভবত পুরনো, ক্ষমতা এবং ব্যথা দ্বারা পরিপূর্ণ।

— নাথানিয়েল! – সে পুনরাবৃত্তি করল। তার কণ্ঠস্বর একটি চাপা ফিসফিসানি ছিল, যা তাকে আমাদের মধ্যেকার জাদু বৃত্ত থেকে বের করার চেষ্টা করছিল।

সে তার মাথা সামান্য ঘোরাল, বিরক্তির একটি ভঙ্গি সহ, কিন্তু তার দৃষ্টি আমার থেকে সরায়নি। তার চোখ আমার উপর ভারী ছিল – ঠান্ডা, অনিবার্য, আমাকে স্থির করে রেখেছিল। আমি একটি ফাঁদে আটকা পড়েছিলাম – তার মধ্যে, যে তাকে চেয়েছিল, এবং তার মধ্যে, যে আমাকে বেছে নিয়েছিল।

— এক মুহূর্তের জন্য আমাকে ক্ষমা করুন, এলিজাবেথ, – সে শীতলভাবে বলল, নড়াচড়া না করে। – এই কথোপকথনটি বাধা দেওয়ার জন্য খুব আকর্ষণীয়।

তার কথাগুলি একটি চাবুকের মতো ছিল – একটি প্রত্যাখ্যান যা আপত্তির কোনো স্থান রাখেনি। তার মুখ স্থির হয়ে গেল। অসন্তোষ তাকে একটি মূর্তিতে পরিণত করল। যারা এক মুহূর্ত আগে নাচছিল, এখন একটি পীড়াদায়ক নীরবতায় দেখছিল। কিন্তু নাথানিয়েল সম্পূর্ণরূপে আমার দিকে ফিরেছিলেন। আমিই ছিলাম কেন্দ্র। আমিই ছিলাম তার মনোযোগ – এক অন্ধকার, আচ্ছন্ন তীব্রতার সাথে।

— তো, আমরা কোথায় ছিলাম? – সে ঠোঁটের সামান্য বাঁক সহ জিজ্ঞাসা করল। – আহ, হ্যাঁ। সাত বছর... অসীম জ্ঞানের জন্য একটি তুচ্ছ মূল্য। সে এটি এমন সহজভাবে বলল, যেন সে আমাকে একটি মিষ্টি অফার করছিল। এবং আমার জীবনের একটি অংশ চায়নি। অনাক

আমার রায়

কিন্তু আমার সময় এই নিদ্রাহীন রাতের মধ্যেই সীমাবদ্ধ ছিল—একমাত্র রাত যখন গ্রেইল কোনো কল্পকাহিনী হিসেবে নয়, বরং বাস্তবতা হিসেবে প্রকাশিত হতে পারত। এই রাতটি ছিল জীবনের অনিবার্য বিদায়ের আগের শেষ রাত। আর আমার কাছে কেবল এটিই ছিল আমার আত্মায় এক অমোঘ ছাপ রেখে যাওয়া প্রিয়জনদের বিদায় জানানোর জন্য। আমার সমস্ত ভুল এবং দুর্বলতার জন্য নিজেকে ক্ষমা করার জন্য কেবল একটি রাত। সুন্দর স্মৃতি এবং উষ্ণ অনুভূতি হৃদয়ে ধারণ করে এই পৃথিবী ছেড়ে যাওয়ার জন্য কেবল একটি রাত। এই রাতটি ছিল আমার শেষ। আমার রায়। আমি উপলব্ধি করেছিলাম যে আমি যে সিদ্ধান্তটি নেব তা আমার পরিচিত বিশ্বের ভিত্তি কাঁপিয়ে দেবে।

"শুধু আজ! তুমি কি বুঝতে পারছ? আমার কাছে কেবল এই রাতই আছে!"

আমি অপ্রত্যাশিত দৃঢ়তার সাথে ঘোষণা করেছিলাম যা আমাকেও অবাক করে দিয়েছিল। আমার কণ্ঠস্বর নিস্তব্ধ হলে প্রতিধ্বনিত হচ্ছিল, যেখানে কিছুক্ষণ আগেও সংগীতের রাজত্ব ছিল। আমার প্রতিটি শব্দ নীরবতায় প্রতিধ্বনিত হচ্ছিল। নাথানিয়েল প্রলোভনপূর্ণভাবে হাসল, তার শিকারের চারপাশে তার তন্তু জড়ানোর জন্য প্রস্তুত ছিল। তার হাসি ছিল ঠান্ডা, শিকারীর মতো—যেন সে ইতিমধ্যেই আমাকে তার ফাঁদে ফেলে দিয়েছে।

"আজকের রাত কেবল অনন্তকালের একটি দরজা। জ্ঞানের সংগ্রহশালায়—অন্য কারোর কাছে অপ্রাপ্য রহস্যের ভাণ্ডার—এবং বিভ্রম থেকে বাস্তবতাকে বিভক্তকারী দরজার চাবি পাওয়ার বিনিময়ে সাত বছর। তুমি আমার সাহায্যে কী কী দেখতে, শিখতে, অনুভব করতে পারো তা একবার ভাবো।"

তার কণ্ঠস্বর নরম ছিল, কিন্তু তার কথাগুলো আমার চেতনায় প্রবেশ করছিল, যা অকল্পনীয় সম্ভাবনার প্রতিশ্রুতি দিচ্ছিল।

"তোমার সাহায্যের দাম খুব বেশি," আমি উত্তর দিলাম, নিজেকে শান্ত রাখার চেষ্টা করে, যদিও আমার মুখ জ্বলছিল। "আমি নিশ্চিত নই যে আমি তোমার দৃষ্টিকোণ দিয়ে পৃথিবী দেখতে চাই।"

স্থির থাকার চেষ্টা সত্ত্বেও আমার কণ্ঠ কাঁপছিল। আমার ভিতরে ভয় এবং কৌতূহল যুদ্ধ করছিল।

"কিন্তু তোমার মনের গভীরে," সে ফিসফিস করে বলল, আমার কাছে এসে, তার নিঃশ্বাস আমার ত্বকের উপর একটি বরফ শীতল আদর হিসাবে ছড়িয়ে পড়ছিল—শীতল, কিন্তু চুম্বকীয়, "তুমি উত্তরের জন্য আকুল। তুমি কি বিভ্রম থেকে ক্লান্ত হওনি?"

তার কথাগুলি আমার সবচেয়ে ব্যক্তিগত চিন্তাভাবনার উপর একটি সরাসরি আক্রমণ ছিল। সে সেগুলো অনায়াসে পড়েছিল। সেগুলো আমাকে তীক্ষ্ণভাবে বিদ্ধ করে আমার গভীরতম আকাঙ্ক্ষাকে স্পর্শ করছিল। আমার বুক এমন একটি ছন্দে ভরে গেল যা আমি

চিনতে পারছিলাম না—অদ্ভুত উত্তেজনা এবং কাঁপানো প্রত্যাশা। এটি কি সন্দেহের শৃঙ্খল ফেলে এবং সেই হিমশীতল আশাকে আলিঙ্গন করার মুহূর্ত ছিল? অজানা জিনিসের মধ্যে দিয়ে যাওয়ার মুহূর্ত?

আমার শরীরের প্রতিটি কোষ দ্বিধা এবং আকাঙ্ক্ষার সাথে স্পন্দিত হচ্ছিল।

"আমি মনে করি এই কথোপকথনটি শেষ হয়েছে," আমি যতটা শান্তভাবে পারলাম বললাম, যদিও আমার হৃদয় আমার পাঁজরে আঘাত করছিল।

আমি সবেমাত্র কথাগুলো বলতে পেরেছিলাম, আমার কণ্ঠস্বর প্রায় শ্রবণাতীত ছিল। কিন্তু নাথানিয়েল তার ধরা আলগা করল না। তার দৃষ্টি আমার উপর স্থির ছিল, তার মুখের কোণগুলো শিকারীর মতো বাঁকা ছিল।

"ঠিক আছে," সে নরমভাবে বলল, "আমি তা মনে করি না। এটি কেবল শুরু হয়েছে... এবং ফিরে যাওয়ার কোনো পথ নেই।"

প্রতিটি শব্দ আমার ভাগ্যকে মোহর করে একটি রায়ের মতো শোনাচ্ছিল। সেই কথাগুলো ভবিষ্যদ্বাণী ছিল—আমার ভাগ্যকে একটি বিশৃঙ্খল গোলকধাঁধা থেকে একটি পূর্বনির্ধারিত পথে রূপান্তরিত করছিল। আমি জানতাম না এটি কী নিয়ে আসবে, কিন্তু আমি জানতাম যে পৃথিবী আর আগের মতো থাকবে না। এমনকি যদি আমি পালিয়ে যেতাম, জ্ঞানটি ইতিমধ্যেই আমার মধ্যে রোপণ করা হয়েছিল—এবং এটি কখনও বাড়া বন্ধ করবে না।

আমার প্রবৃত্তি চিৎকার করে বলছিল যে তার ধরা থেকে পালিয়ে যেতে, সে আমাকে সম্পূর্ণরূপে গ্রাস করার আগে। আমার মৃতদের ছায়াগুলো এমন কণ্ঠে নাম ফিসফিস করছিল যা আমি কখনও শুনিনি সেই দুঃস্বপ্নের কথা আমার মনে পড়ল। সেই পুরানো গ্রন্থাগারের মোমবাতির গন্ধ আমার মনে পড়ল, যেখানে আমি প্রথম শিখেছিলাম যে গোপনীয়তা আলো ঘৃণা করে। এই সব কিছুই একসঙ্গে জমে আসন্ন বিপদের অনুভূতি বাড়িয়ে দিচ্ছিল।

আমি চলে গেলাম। পিছনে না তাকিয়ে। ঠান্ডা মার্বেলের টাইলসের উপর দিয়ে প্রতিটি ধীর পদক্ষেপে, আমি অনুভব করছিলাম যে আমার অভ্যন্তরীণ শক্তি ধীরে ধীরে বাড়ছে। আমার আত্মায় অবাধ্য নিশ্চিততার একটি নতুন, অজানা ঢেউ উঠল। এই অনুভূতিটি ছিল একটি সীমানা রেখা—আমার পরিচিত বিশ্বের শেষ এবং সম্পূর্ণ নতুন কিছুর শুরু। আমার মার্জিত হিলের ঠক ঠক শব্দ নিস্তব্ধ হলে বধিরভাবে প্রতিধ্বনিত হচ্ছিল—মুহূর্তের চলে যাওয়ার একমাত্র শব্দ। যখন আমি দূরে সরে যাচ্ছিলাম তখন আমার মেরুদণ্ড কাঁটা দিয়ে পূর্ণ হয়ে গেল। একটি ঠান্ডা শিহরণ আমার ঘাড় বেয়ে নেমে গেল, যদিও উষ্ণতার পরিবর্তে, একটি বরফ শীতল শিহরণ আমার ত্বকে হামাগুড়ি দিয়ে এল। তার দৃষ্টি ছিল অটল—একটি শক্তি যা আমাকে পিছনে টেনে নিচ্ছিল। আর যখন আমি চলে গেলাম, তখন আমি আমার স্বপ্নের ছায়াগুলো ইতিমধ্যেই আমাকে অনুসরণ করছে অনুভব করলাম—এমন একটি সিদ্ধান্তের নীরব সাক্ষী যা কেউ বাতিল করতে পারবে না।

দূর থেকে অন্য ঘর থেকে ভেসে আসা সংগীত এবং কাঁচের ঝনঝনানি সত্ত্বেও, আমি কেবল আমার নিজের হৃদয়ের স্পন্দন শুনতে পাচ্ছিলাম। আমি পায়ের নিচে একটি হালকা কম্পন অনুভব করলাম এবং সন্ধ্যার ফুলের সুগন্ধের সাথে মিশ্রিত ওজোনের তীক্ষ্ণ গন্ধ পেলাম। তার ঠোঁট, একটি গভীর, নীরব রহস্য দ্বারা চিহ্নিত, আমাকে অপ্রতিরোধ্যভাবে আহ্বান করছিল, আমাকে ঘুরে দাঁড়ানোর জন্য অনুরোধ করছিল।

আমার পুরো সত্তাটি দৌড়াতে চিৎকার করছিল, তবুও কিছু একটা আমাকে তার দিকে টেনে নিচ্ছিল। তার চোখ আমাকে অনায়াসে বিদ্ধ করছিল, আমাকে পড়ছিল। আমি তার তীব্র দৃষ্টির নিচে উন্মোচিত অনুভব করছিলাম—প্রতিটি চিন্তা, প্রতিটি আবেগ উন্মুক্ত এবং প্রকাশিত। সেগুলোতে করুণার কোনো চিহ্ন ছিল না, কেবল ঠান্ডা, গণনা করা উদ্দেশ্য ছিল।

---❤---

অধ্যায় 4: শেষ রাত

আজ আমার চল্লিশতম জন্মদিন। আমার শেষ। আমি অনুভব করতে পারছিলাম যে আমার শিরাগুলো ফেটে যাচ্ছে, আমার জীবনের শেষ মুহূর্তগুলো প্রকাশ করছে। প্রতিটি সেকেন্ড আমাকে একটি অন্তহীন শূন্যতার দিকে টেনে নিয়ে যাচ্ছিল যা আমাকে ঠান্ডা উদাসীনতার সাথে গ্রাস করছিল। এই রাতটি ছিল সবকিছু—দম বন্ধ হয়ে যাওয়ার আগের শেষ নিঃশ্বাস। আমার পুরো অস্তিত্বের একটি সংক্ষিপ্ত অংশ, যা আনন্দ এবং যন্ত্রণার সাথে বোনা হয়েছিল। স্মৃতিগুলো নির্দয় সাপের মতো আমার চারপাশে পেঁচিয়ে গিয়েছিল, ক্ষমা অস্বীকার করে।

সময় আমার গলা টিপে ধরেছিল। প্রতিটি স্নায়ু চিৎকার করছিল—কোনো প্রতিরোধ ছাড়াই, আত্মসমর্পণে ডুবে গিয়েছিল। আমার পেট আঁটসাঁট হয়ে গিয়েছিল। আমার ঘাড়ের পেশীগুলো শক্ত হয়ে গিয়েছিল। এমনকি আমার মুখের স্বাদও তিক্ত ছিল—কাঁচা, ঘন তিক্ততা আমার পুরো সত্তাকে পূর্ণ করছিল।

হঠাৎ, একটি বরফ শীতল খিঁচুনি আমার বুকের মধ্য দিয়ে গেল। আমার হৃদয় আমার পাঁজরের বিরুদ্ধে আঘাত করল, মরিয়া হয়ে, যেন এটি মুক্ত হতে চেয়েছিল। আমার কানে, রক্তের একটি গভীর শব্দ গর্জন করে উঠল, এবং আমার শ্বাস একটি হিমশীতল গোঙানিতে পরিণত হলো। বাতাস আটকে গেল। আমার শরীর কাঁপছিল—অনিয়ন্ত্রিতভাবে। আমি এই যন্ত্রণার মধ্যে একা ছিলাম, যেখানে দীর্ঘকাল ঘুমিয়ে থাকা ভয় একটি গ্রাসকারী শিখায় উঠেছিল। এটি আমার ঘাড়ের কাছে নিঃশ্বাস ফেলা শেষের কথা মনে করিয়ে দিচ্ছিল—মাটি এবং বিস্মৃতির গন্ধ নিয়ে।

বাইরে, একটি গাড়ির হর্ন বাজল। তারপর হাসি। অন্যদের জন্য জীবন চলছিল। আমার জীবন শেষ হচ্ছিল।

আমার গলা আতঙ্কে বন্ধ হয়ে গেল। আমি শ্বাস নিতে পারছিলাম না। আমার বুক মরিয়া হয়ে ফুলে উঠছিল, কিন্তু কোনো বাতাস এল না। তখন, আমার মনে, নাথানিয়েলের কণ্ঠস্বর নিজেকে খোদাই করল—পরিষ্কার, অবিরাম, আমার হাড়ের মধ্যে খোদাই করা:

"তুমি কি আমার কাছে তোমার জীবনের সাত বছর বিক্রি করবে?"

বিশ বছর আগে

আমি চোখ বন্ধ করলাম। একটি বেদনাদায়ক আলো আমার চোখের পাতা ভেদ করে আমাকে সেই গ্রীষ্মে ফিরিয়ে নিয়ে গেল। নির্মম সূর্যের নিচে আমাদের হাসি প্রতিধ্বনিত হচ্ছিল যখন আমরা জ্বলন্ত বালির উপর দিয়ে দৌড়াচ্ছিলাম। অ্যালেক্স হঠাৎ থেমে গেল। তার মুখ ছিল গুরুতর—টানটান এবং সংকল্পবদ্ধ। সে আমার কাঁপানো হাতগুলো ধরল।

"আমাকে কথা দাও, মেলিনা! তোমাকে সবসময় তোমার স্বপ্নের পিছনে ছুটতে হবে। যা-ই হোক না কেন।"

"আমি কথা দিচ্ছি, অ্যালেক্স," আমি ফিসফিস করে বললাম। আমার চোখে একটি বিশ্বাস জ্বলছিল যা আমি তখন বুঝিনি, কিন্তু এখন এটি আমাকে তিক্ততার সাথে জ্বালাচ্ছিল।

তিক্ত তিরস্কার

এখন, দুই দশক পরে, সেই কথাগুলো আমার খুলিতে প্রতিধ্বনিত হচ্ছিল—একটি constante তিরস্কার। তাদের ওজন কেবল আমারই ছিল—একটি অসহনীয় বোঝা যা আমার আত্মাকে পিষে ফেলছিল। আমার অনুশোচনার জন্য কোনো সময় ছিল না। বা অনুশোচনার জন্যও। আমার শরীর অপেক্ষা করতে অস্বীকার করছিল।

চল্লিশ বছর। এই শেষ রাতে, তারা একটি পুরো যুগের মতো লাগছিল। স্বপ্ন, পরিকল্পনা, লক্ষ্য—অসম্পূর্ণ অবস্থায় ঝুলছে, প্রতিটি সেকেন্ডে ম্লান হয়ে যাচ্ছে। যখন ভাগ করে নেওয়ার মতো কেউ নেই তখন সবকিছু এখন কতটা খালি মনে হচ্ছে। একটি দিন, একটি ঘন্টা, একটি মুহূর্ত—মূল্যবান কেবল তখনই যখন তুমি বুঝতে পারো যে তারা তোমার আঙ্গুলের মধ্যে দিয়ে কত সহজে গলে যায়।

ঘরে ধুলো এবং পুরানো কাগজের গন্ধ ছিল—অতীতের গন্ধ, যা ভবিষ্যতের পচনের সাথে মিশ্রিত ছিল। এই রাতটি আমার জীবনকে উপলব্ধি করার শেষ সুযোগ ছিল। সেই প্রশ্নের মুখোমুখি হওয়ার জন্য যা আমার মাথায় গর্জন করছিল: আমি কি কখনও সত্যিই বেঁচে ছিলাম?

সময় পিছলে যাচ্ছিল। আমার শরীর ঘুমকে প্রত্যাখ্যান করছিল। হঠাৎ একটি দুর্বলতা আমাকে গ্রাস করল। আমার আঙ্গুলগুলো অসাড় হয়ে গেল। রক্ত পেছনে হটে গেল, সেগুলোকে খালি, বিদেশী রেখে গেল। হাল ছেড়ো না! আমার ভিতরের কণ্ঠস্বরটি চিৎকার করে বলল, ক্লান্তি দ্বারা চাপা পড়ে। এটি কাকে চিৎকার করছিল—আমাকে? নির্জনতাকে? আমার জন্য অপেক্ষারত শূন্যতাকে?

আমার জীবন ছিল একটি ছেঁড়া বই যা আমি উন্মত্তভাবে

উল্টাচ্ছিলাম।

রাতের বাকি অংশটি একটি মরা আগুনের মতো ছিল—অজানার দিকে খাড়া পথে শেষ আলো। হয়তো এখনও খুব দেরি হয়নি। কিন্তু সময় আমাকে শিকার করছিল। আমার শরীর তার শেষ সংকেত পাঠাচ্ছিল।

আমার সেই দৃষ্টির কথা মনে পড়ল—এটি চলে যাওয়ার আগে প্রথম এবং একমাত্র ভালোবাসা। এখন আমি একা। সাত বছর... মৃত্যুর মুখে সেই সময়ের বিলাসের বিনিময়ে

নাথানিয়েল কী চেয়েছিল? আমার কাছে আর একটি দিন বা একটি ঘন্টা ছিল না। এই রাতটি ছিল আমার শেষ। এমন একটি শেষ যা প্রতিটি বেদনাদায়ক শ্বাসের সাথে কাছে আসছিল। আর কেউ এটিকে থামাতে পারছিল না।

অস্তিত্বের উপর প্রতিফলন

আমি কে?—প্রশ্নটি নীরবতায় স্পন্দিত হচ্ছিল। আমার হাত আমার উরুতে ঢুকে গিয়েছিল। কালো শূন্যতা আমাকে গ্রাস করার আগে আমাকে উত্তরটি খুঁজে বের করতে হতো।

ঠান্ডা ঘাম আমার কপাল থেকে ঝরছিল। এখন নয়!—আমি বুঝতে চেয়েছিলাম। আমি দেখতে চেয়েছিলাম। গোধূলিতে যেখানে ঘুম এবং জাগরণের মধ্যেকার রেখাটি ঝাপসা হয়ে গিয়েছিল, সেখানে তুচ্ছতার একটি অনুভূতি আমাকে গ্রাস করল। আমি অনন্ত কিছুর একটি ক্ষুদ্র কণা ছিলাম, আমার উত্তপ্ত মনের বাইরের একটি রহস্যের। আমি একটি নির্জন বালির কণা ছিলাম, অনন্তকালের মরুভূমিতে কোনো চিহ্ন ছাড়াই হারিয়ে গিয়েছিলাম। জীবনের সাগরের দ্বারা গ্রাস করা একটি ফোঁটা। অমর আত্মার বনের মধ্যে কাঁপানো একটি স্বচ্ছ পাতা। মানবতার কাছে, আমি একটি তুচ্ছ শরীর ছিলাম। আমি অনন্তের সামনে কেউ ছিলাম না, অন্ধকারের মধ্যে একটি ক্ষণস্থায়ী স্ফুলিঙ্গ। আমার সংক্ষিপ্ত জীবন খুব কমই শাশ্বত নীরবতাকে বিরক্ত করতে পারত, কেবল অধরা শক্তি এবং পদার্থের একটি অস্থায়ী মিলন, যা

শীঘ্রই বিচ্ছিন্ন হয়ে যাবে।

হয়তো একটিমাত্র উদ্দেশ্য ছিল—এই যাত্রাটি পুরোপুরি জীবনযাপন করা, আনন্দ থেকে হতাশা পর্যন্ত, এবং বিশ্রামের শান্তিতে ফিরে আসার আগে নিজেকে উপলব্ধি করা।

এমনকি কোষের স্তরেও, আমি বিচ্ছিন্নতা অনুভব করছিলাম। দুর্বলতা আমার হাড়ের মধ্যে প্রবেশ করছিল। ঠান্ডা আমাকে ঘিরে রেখেছিল। এবং আমার স্বপ্নে, আমি তখনও অন্তহীন ক্ষেতের মধ্যে দৌড়াচ্ছিলাম, উজ্জ্বল সূর্যের নিচে হাসছিলাম। শেষের বিরুদ্ধে অবচেতনের একটি চূড়ান্ত প্রতিরোধ। পরাজয় মেনে নিতে আমার

অস্বীকৃতি।

শেষটি ছিল কেবল জীববিজ্ঞান। বৃহত্তর ক্ষয়ের প্রবণতার একটি মাইক্রোস্কোপিক প্রতিধ্বনি। প্রতিটি চলে যাওয়া সেকেন্ড আমাকে অচেতনতার দিকে, শান্তির দিকে নিয়ে যাচ্ছিল—কোনো চিন্তা ছাড়া, কোনো স্মৃতি ছাড়া, কোনো কষ্ট ছাড়া। কেবল নীরবতা।

বিদায়ী চিঠি

আমি জীবনকে বোঝার জন্য খুব বেশি করে চেয়েছিলাম। সমস্ত সত্য শিখতে। আমার স্বপ্ন পূরণ করতে। একটি চিহ্ন রেখে যেতে। কিন্তু সময় ফুরিয়ে গিয়েছিল। স্বপ্নগুলো ম্লান হয়ে গিয়েছিল। যা অবশিষ্ট ছিল তা হলো বিদায়। তিক্ততা। এবং একটি ছোট, কাঁপানো আশা—অন্ধকারের মধ্যে একটি আলো।

এই রাতটি শেষ। এমন অনুচ্চারিত কথা ছিল—আমার মায়ের সাথে সেই কথোপকথন যা আমি স্থগিত করে রেখেছিলাম। যেমন তাকে বলা যে আমি তাকে কতটা ভালোবাসি এবং তাকে শেষবার আলিঙ্গন না করার জন্য আমি কতটা দুঃখিত। অসমাপ্ত পৃষ্ঠা। ভাগ করে না নেওয়া চিন্তা। আজ রাতে, আমার ঘুমানোর অধিকার ছিল না। আমার চোখগুলো ছিল প্রশস্ত। আমার আত্মা—উন্মুক্ত। সত্যগুলো—নির্মমভাবে প্রকাশিত। আবেগগুলো—একটি বন্যার মতো ঢেউ দিচ্ছিল।

আজ রাতে, আমি বিদায় জানানোর জন্য লিখলাম। কিছু পিছনে রেখে যাওয়ার জন্য।

কিন্তু নাথানিয়েলের প্রশ্নটি প্রতিধ্বনিত হচ্ছিল—নির্মমভাবে:

"তুমি কি বিচ্ছিন্নতাকে বেছে নেবে? নাকি জ্ঞানলাভের মূল্য?"

আমি একটি খোলা বই ছিলাম। অপঠিত। আমি সেই মুহূর্ত ছিলাম যখন আমি আমার চোখ বন্ধ করব। আমি সেই স্মৃতি ছিলাম যা আমি বহন করব। আমার গুরুত্বপূর্ণ কাজগুলো ম্লান হয়ে যাচ্ছিল।

কখনও কখনও আমি মনে করি আলো পথের শেষে নেই। বরং পথেই আছে। অন্ধকারের মধ্যে। আর কেবল তারাই যারা এর মধ্য দিয়ে হাঁটার সাহস করে, তারা নিজেদের মধ্যে এটি আবিষ্কার করে।

আমার শেষ নিঃশ্বাস বাতাস ছিল না। এটি ছিল আলো। এত উজ্জ্বল যে এটি জ্বলছিল, কিন্তু এটি আমাকে টেনে নিচ্ছিল। যখন শেষ উষ্ণতা আমার আঙ্গুল থেকে চলে গেল, তখন যেকোনো চিৎকারের চেয়ে শক্তিশালী একটি নীরবতা আমার কানে ভরে গেল। তারপর—একটি দূরবর্তী রিং। মহাবিশ্ব আমার চারপাশে কাঁপছিল।

এটি কি সেই জ্ঞান ছিল যা নাথানিয়েল প্রতিশ্রুতি দিয়েছিল? নাকি চূড়ান্ত বিভ্রম?

এবং তখন... আমি দ্রবীভূত হওয়ার জন্য প্রস্তুত ছিলাম। অথবা শূন্যতার মূল্য গ্রহণ করার জন্য।

শেষ পৃষ্ঠাটি নিজে থেকেই উল্টে গেল। তার উপর তার অনুপস্থিত নামটি জ্বলজ্বল করছিল। আমার চুক্তির পাশে। আমি অনন্তের সাথে একটি চুক্তি করেছি।

---❤---

অধ্যায় 5: ছায়া থেকে একটি আহ্বান

একটি বিভ্রমপূর্ণ দর্শন ঘুমের ঘন রাতের পর্দা ভেদ করে গেল: অতল গহ্বর থেকে আমার দিকে একটি হাত পৌঁছাচ্ছে। নাথানিয়েলের হাত। স্বপ্নগুলো—সেই রহস্যময় বার্তাবাহকরা—আমাকে গ্রাস করছিল, যেকোনো বাস্তবতা থেকে আমাকে ছিঁড়ে ফেলে দিচ্ছিল। তাদের অস্পষ্ট পৃথিবীতে, ঝলমলে কিন্তু খণ্ডিত দর্শনগুলো উন্মোচিত হচ্ছিল, এবং তাদের আপাত অর্থহীনতার মধ্যে, ভবিষ্যতের ম্লান ঝলকানি হামাগুড়ি দিয়ে এল। সেগুলো খুব প্রাণবন্ত, খুব জোরদার ছিল—ভবিষ্যদ্বাণী নাকি একটি যন্ত্রণাদায়ক কল্পনার বংশধর? এই বিরক্তিকর রহস্যটি আমার চেতনায় স্পন্দিত হচ্ছিল, এবং এটি আমাকে সম্পূর্ণরূপে শ্বাসরোধ করার আগে আমি উন্মত্তভাবে তার পর্দা ছিঁড়ে ফেলার চেষ্টা করলাম।

তাদের বিভ্রান্তিকর ভবিষ্যদ্বাণীমূলক শক্তি সত্ত্বেও, আমি তাদের মধ্যে নির্ভয়ে ঝাঁপিয়ে পড়লাম, একটি ব্যাখ্যাতীত তাড়না দ্বারা পরিচালিত হয়ে—যেন আমি কোনো উচ্চতর সত্য এবং আত্মার ইথারীয় স্বাধীনতার একজন অভিভাবক ছিলাম। ক্লান্তি এবং মানসিক চাপ আমাকে সীমা পর্যন্ত নিঃশেষ করে ফেলেছিল। আমার চোখ ধীরে ধীরে বন্ধ হয়ে গেল, কিন্তু সত্যিকারের দর্শনটি আমার চোখের পাতার পিছনের অন্ধকারে আবির্ভূত হলো। আমার খুলির গভীরে, চেতনার কালো ক্যানভাসের উপর, অদ্ভুত মূর্তিগুলো প্রতিফলিত হচ্ছিল, একটি বর্ণালী আলো, এবং অসীম উড়ানের নেশাগ্রস্ত অনুভূতি।

যখন আমার চিন্তাগুলো ভেসে যাচ্ছিল, তখন নাথানিয়েলের কথাগুলো প্রতিধ্বনিত হচ্ছিল:

"প্রাচীন রহস্যগুলো... সাত বছর..."

অযৌক্তিক, হিমশীতলভাবে প্রলুব্ধকারী, একটি নিষিদ্ধ ফলের মতো যার বিষ সুখের প্রতিশ্রুতি দিচ্ছিল। ঘুম আমার উপর ভেঙে পড়ল এবং একটি কালো ঢেউয়ের মতো আমাকে দূরে নিয়ে গেল, আমাকে হারিয়ে যাওয়া মুহূর্তগুলোর একটি অতল গহ্বরে নিমজ্জিত করল, স্পর্শগুলোকে পুড়িয়ে দিচ্ছিল, নিষিদ্ধ ফিসফিসানি আমাকে বিদ্ধ করছিল, ম্লান মুখগুলো

বেদনাদায়ক স্পষ্টতা নিয়ে ফিরে আসছিল। একটি সমাপ্তির অনুভূতি অপূর্ণ আকাঙ্ক্ষার তিক্ত স্বাদের সাথে মিশে গিয়েছিল, আমাকে একটি বরফ শীতল আবরণের মতো জড়িয়ে রেখেছিল, প্রতিটি আশাকে অসাড় করে দিচ্ছিল।

হঠাৎ, একটি তীক্ষ্ণ আঘাত নীরবতা ভেঙে দিল, আমার বুকে একটি আঘাতের মতো আমাকে অন্ধকার স্তম্ভ থেকে ছিঁড়ে ফেলল। আমার হৃদয় লাফিয়ে উঠল, যেন এটি আমার পাঁজরের মধ্য দিয়ে ফেটে যেতে চেয়েছিল। কে হতে পারে, এত দেরিতে, যখন রাত তার দুর্ভেদ্য আলিঙ্গনে সবকিছু গ্রাস করে নিয়েছিল? আমার হাতের তালু ঘামে পিচ্ছিল ছিল, আমার আঙ্গুলগুলো হাতলটি শক্ত করে ধরেছিল, খোলার আগে দ্বিধা করছিল।

আহ্বান

নাথানিয়েল দরজায় দাঁড়িয়ে ছিল। তার চোখ গলিত বরফের মতো জ্বলজ্বল করছিল, এবং তার ঠোঁটে একটি অধৈর্য হাসি ছিল যা আমার বুকের মধ্যে একটি অদ্ভুত আগুন প্রজ্বলিত করেছিল, আমাকে ভিতর থেকে ঝলসে দিচ্ছিল। আমি জানি না এটি একটি স্বপ্ন ছিল নাকি বাস্তবতা—দুটি জগতের মধ্যেকার সীমানাগুলো ধোঁয়ার মতো ঝাপসা হয়ে গিয়েছিল, অধরা, একে অপরের মধ্যে মিশে যাচ্ছিল।

"মেলিনা," সে ফিসফিস করে বলল, তার কণ্ঠস্বর সবেমাত্র শ্রবণযোগ্য ছিল কিন্তু একটি পরিচিত, প্রায় সম্মোহনকারী শক্তি দিয়ে পূর্ণ ছিল যা একটি ঠান্ডা খসড়ার মতো আমার চেতনায় প্রবেশ করছিল, আমার আত্মার প্রতিটি ফাইবারে পৌঁছাচ্ছিল। আমি জানতাম এই রাতটি বিশেষ। আমি এটি অনুভব করতে পারছিলাম।

আমি দরজা থেকে পিছিয়ে গেলাম, কিন্তু সে ইতিমধ্যেই একটি আমন্ত্রণের অপেক্ষা না করে চৌকাঠ পার হয়ে গিয়েছিল, যেন তার অধিকার ছিল। আমি জানালার পাশে দাঁড়িয়েছিলাম, অন্ধকার বাগানের দিকে তাকিয়ে ছিলাম। চাঁদের আলো অদ্ভুত, নাচের মতো আকার এঁকেছিল, যেন প্রকৃতি নিজেই তার শ্বাস ধরেছিল, আমাদের নীরবতা শুনছিল। আমি ভেজা মাটি এবং রাতের বাতাসে ভেসে আসা রাতের ফুলের দূরবর্তী, নেশাগ্রস্ত সুগন্ধ পেলাম। আমার চিন্তাগুলো আবার অনিত্যতার দিকে ফিরে এল, কিন্তু এখন একটি ব্যাখ্যাতীত পূর্বানুমানের সাথে, একটি অনুচ্চারিত কিছুর প্রতিশ্রুতি দিয়ে মিশ্রিত ছিল যা বাতাসে স্পন্দিত হচ্ছিল।

"আমি জানতাম যে তুমি এই যাযাবর রাতের আহ্বানকে প্রতিরোধ করতে পারবে না," নাথানিয়েলের নরম কণ্ঠস্বর শোনা গেল। তাতে, আমি সবেমাত্র দমন করা আকাঙ্ক্ষা অনুভব করলাম যা আমার নিজের চাপা আকাঙ্ক্ষা, প্রতিটি লুকানো আকাঙ্ক্ষার সাথে অনুরণিত হচ্ছিল। আমার হৃদয় প্রবলভাবে স্পন্দিত হচ্ছিল। সে কি আমাকে অনুসরণ করেছিল—নাকি বরং অপেক্ষা করছিল, যেন আমরা ভাগ্য দ্বারা আবদ্ধ ছিলাম? আমি অন্ধকারে তার মূর্তি বোঝার চেষ্টা করলাম—অধরা এবং প্রলুব্ধকারী, যেন রাতটি নিজেই জন্মগ্রহণ করেছিল, তার অজ্ঞেয় সারসত্তার একটি অংশ ছিল।

"তুমি কী চাও? কেন তুমি এখানে?" আমি জিজ্ঞাসা করলাম, উদ্বেগের একটি ঢেউ এবং একটি অদ্ভুত শিহরণ অনুভব করে, যা আমার মধ্য দিয়ে জ্বরের মতো, সম্পূর্ণ উন্মাদনার মতো ছড়িয়ে পড়ছিল যখন প্রতিটি কোষ চিৎকার করছিল: এই রহস্যগুলো যথেষ্ট! জীবন এবং মৃত্যুর এই খেলাগুলো যথেষ্ট! তুমি কি দেখতে পাচ্ছ না আমি মারা যাচ্ছি?

"আমি তোমাকে দেখাতে চাই যে জীবন একটি অ্যাডভেঞ্চার," সে উত্তর দিল, তার কণ্ঠস্বর রাতের ফিসফিসানির সাথে মিশে গিয়েছিল, রেশমের মতো আমার ত্বককে আদর করছিল কিন্তু তাতে এমন একটি ইঙ্গিত ছিল যা প্রায় একটি সতর্কতা ছিল। "এবং সবচেয়ে বড়

ধনসম্পদ হলো সেই বন্ধন যা আমরা তাদের সাথে গঠন করি যারা আমাদের বোঝে। তাদের সাথে যাদের মাধ্যমে আমরা নিজেদেরকে আবার আবিষ্কার করতে পারি, আরও বাস্তব হয়ে উঠতে পারি।"

সে জানালার দিকে গেল, আমার পাশে দাঁড়িয়ে। চাঁদের আলো ক্ষণিকের জন্য তার মুখ আলোকিত করল—শান্ত এবং বাধ্যকারী, একটি কামুক হাসি দিয়ে যা গোপনীয়তা এবং নিষিদ্ধ আনন্দের প্রতিশ্রুতি দিচ্ছিল যা তোমার শ্বাস কেড়ে নিতে এবং তোমার রক্তকে প্রজ্বলিত করতে পারত।

"আমাদের এই রাত আছে," সে চালিয়ে গেল, যেন আমাদের মধ্যে একটি অদৃশ্য বাধা সরিয়ে দিচ্ছিল, যা আমাদের ঘিরে থাকা রাতের অতল গহ্বরে এটিকে দ্রবীভূত করে দিচ্ছিল। "একটি রাত যেখানে আমরা আমাদের ভয় ভুলে যেতে পারি এবং কিছু সত্যিকারের আবিষ্কার করতে পারি। এমন কিছু যা তোমাকে কেবল আশা দেবে না, বরং অনন্তকালের জন্য একটি আকাঙ্ক্ষা দেবে—একত্রিত হওয়ার জন্য, সময়ের বাইরে, তোমার পরিচিত সবকিছুর বাইরে।"

সত্যের দিকে যাত্রা

"আশা?" আমি সন্দেহজনকভাবে পুনরাবৃত্তি করলাম, যদিও আমার কণ্ঠস্বর ইতিমধ্যেই অনিশ্চয়তার সাথে কাঁপছিল, কৌতূহলের একটি সবেমাত্র লক্ষণীয় নোট, একটি অশুভ লক্ষণের মতো। "তুমি সময়ের লেনদেন, 'প্রাচীন রহস্য' সম্পর্কে কথা বলছ... তাতে কী আশা থাকতে পারে? এটি শয়তানের সাথে একটি চুক্তির মতো শোনাচ্ছে, পরিত্রাণের মতো নয়।"

"সেই আশা যে তুমি যা দেখছ তার চেয়েও বেশি কিছু আছে," নাথানিয়েল উত্তর দিল। তার চোখ আমাকে একটি সম্মোহনকারী দৃষ্টি দিয়ে বিদ্ধ করল, কূপের মতো গভীর যেখানে তুমি নিজেকে হারাতে পারো, তাদের অতলতা দ্বারা গ্রাস হয়ে যেতে পারো, কিন্তু এখন একটি নতুন, প্রায় বেদনাদায়ক তীব্রতা নিয়ে। "সেই আশা যে তোমার ভয় এবং সীমাবদ্ধতার বাইরে একটি বিশ্ব আছে—একটি বিশ্ব যা বস্তুবাদ এবং মিথ্যা সামাজিক নিয়মের উদ্বেগ থেকে মুক্ত যা তোমার আত্মাকে তুচ্ছতার শৃঙ্খলে আবদ্ধ করে রেখেছে। তুমি কি এই ফাঁপা আদর্শের মহামারীতে শ্বাসরুদ্ধ অনুভব করো না, মেলিনা? এমন একটি বিশ্ব যেখানে নিয়মগুলো ভিন্ন, যেখানে আনন্দ সীমাহীন। আমি তোমাকে এটি দেখাতে পারি।"

সে আমার দিকে তার হাত বাড়িয়ে দিল। তার চোখে, আমি জোর, অনুরোধ এবং একটি জ্বলন্ত আকাঙ্ক্ষা দেখলাম—কিন্তু তার নিচে, এক মুহূর্তের জন্য, আমি নির্জনতার একটি দূরবর্তী ছায়া দেখতে পেলাম, যেন সেও আমার মধ্যে কিছু খুঁজছিল—কেবল সময়ের একটি সাধারণ বিনিময়ের চেয়েও বেশি কিছু, অনন্তকালে হারিয়ে যাওয়া একটি আত্মার মতো কিছু। তার চোখের কোণে একটি সূক্ষ্ম ঝলকানি প্রকাশ করে দিল যে তার কথাগুলো কেবল একটি প্রতিশ্রুতি ছিল না, বরং একটি গভীর-প্রোথিত প্রয়োজন ছিল, প্রায় হতাশা ছিল।

"এসো। অ্যাডভেঞ্চার—সত্যিকারের অ্যাডভেঞ্চার—আজ রাতে শুরু হয়। বাইরের বিশ্বের মধ্য দিয়ে একটি যাত্রা নয়, বরং তোমার নিজের আত্মার গভীরতায় একটি ডুব, যেখানে গোপনীয়তাগুলো তাদের আসল আলো প্রকাশ করবে। সেখানে, অহংকারের বাইরে, যেখানে ভালোবাসা দ্বারা দুর্ভোগ শুদ্ধ হয়, সেখানে তুমি তোমার গ্রেইল খুঁজে পাবে—সারসত্তার দার্শনিকের পাথর, যা নশ্বরতাকে বিশুদ্ধ উজ্জ্বলতায় রূপান্তরিত করে। তোমার যন্ত্রণা তার একটি দরজা মাত্র। এটি প্রাচীন গ্রন্থগুলোতে বলা চেতনার রূপান্তর—শক্তিরই রূপান্তর।"

আমি দ্বিধা করলাম। ভয় এখনও আমাকে ধরে রেখেছিল, কিন্তু এখন এটি কৌতূহল এবং এই রহস্যময় মানুষটির প্রতি একটি অদ্ভুত, স্পন্দিত আকর্ষণের সাথে মিশে গিয়েছিল। এক মুহূর্তের জন্য, আমি পিছু হটে যেতে চেয়েছিলাম। পিছিয়ে যেতে এবং এই ধ্বংস থেকে লুকিয়ে

থাকতে। তার কথায় কিছু আকর্ষণীয় ছিল—এমন কিছু যা কেবল গভীর অর্থের জন্য আমার আকাঙ্ক্ষার সাথেই অনুরণিত হয়নি, বরং তার উপস্থিতি দ্বারা এখন জাগ্রত দীর্ঘকাল ধরে চাপা, কামুক আকাঙ্ক্ষার সাথেও অনুরণিত হয়েছিল। এক রাত... হয়তো এটি কেবল ঝুঁকির জন্যই নয়, অন্য সবকিছুর জন্যও মূল্যবান ছিল। এবং এই রাতটি অনন্তকাল, ভাগ্যের সাথে অনুরণিত মুহূর্তগুলির প্রতিশ্রুতি দিচ্ছিল—যেন একটি ভাগ্য যা আমি শত শত বছর ধরে বহন করছিলাম, এখন উন্মোচিত হচ্ছিল।

"আমি যদি তোমাকে অনুসরণ করি তবে কী হবে?" আমি জিজ্ঞাসা করলাম, আমার কণ্ঠস্বর সবেমাত্র শ্রবণযোগ্য, ক্রমবর্ধমান উত্তেজনা থেকে কর্কশ, যা জ্বরের মতো, সম্পূর্ণ উন্মাদনার মতো আমার উপর প্লাবিত হলো।

"তুমি দেখতে পাবে," নাথানিয়েল একটি হালকা হাসি নিয়ে উত্তর দিল যা সরাসরি আমার আত্মায় পৌঁছে গেল, আমার সমস্ত সতর্কতা গলিয়ে দিল, আমাকে একটি অপ্রত্যাশিত কোমলতা দিয়ে উষ্ণ করল। "তুমি এমন একটি বিশ্ব দেখতে পাবে যা তুমি কখনও স্বপ্নও দেখনি। কিন্তু তোমাকে আমাকে বিশ্বাস করতে হবে। তোমাকে তোমার ভয়গুলোকে পিছনে ফেলে যেতে হবে... এবং যা আমাদের জন্য অপেক্ষা করছে তার কাছে সম্পূর্ণরূপে আত্মসমর্পণ করতে হবে। সম্পূর্ণভাবে। কোনো সংরক্ষণ ছাড়া। ফিরে যাওয়ার কোনো পথ ছাড়া।"

আমি তার হাতের দিকে তাকালাম, যা আবছা জায়গার মধ্যে প্রসারিত ছিল। চাঁদের আলো এটিকে ঘিরে রেখেছিল, এটিকে প্রায় অবাস্তব দেখাচ্ছিল—অন্য একটি বিশ্বে একটি আহ্বান, একটি সমান্তরাল বাস্তবতা যা আমাদের নিজের নীচে স্পন্দিত হচ্ছিল। দ্বিধা ক্রমবর্ধমান কৌতূহল এবং একটি অদ্ভুত, নেশাগ্রস্ত আকর্ষণের সাথে লড়াই করছিল।

এই রাত... হয়তো এটি সত্যিই ভিন্ন ছিল। হয়তো এটি সত্যিই কেবল আশাই নয়, বরং একটি কামুক জাগরণ এবং একটি অন্তহীন অস্তিত্বের প্রতিশ্রুতিও ধারণ করত, যা মাংস এবং গোপনীয়তার সাথে জড়িত ছিল যা আমাকে চিরকালের জন্য রূপান্তরিত করত, পুরানো মেলিনাকে মুছে দিত। সিদ্ধান্তটি আমার ছিল। এবং আমাকে এটি এখন, চাঁদের আলোর নিচে, আমার রক্তকে এই অসাধারণ, প্রলোভনপূর্ণ রাতের ছন্দে স্পন্দিত হতে অনুভব করে, যা আমাকে ডাকছিল, আমার নাম ফিসফিস করছিল।

একটি কাঁপুনি দিয়ে, যেন কোনো অদৃশ্য জাদু দ্বারা আবদ্ধ, আমার হাত হালকাভাবে তার হাত স্পর্শ করল—আমি তার আংটির ঠান্ডা এবং রাতের শীতলতার সাথে তার ত্বকের হালকা, চমকপ্রদ উষ্ণতা অনুভব করলাম। আমি প্রথম পদক্ষেপ নিলাম।

আমি আমার সমস্ত মানবিক দুর্বলতাকে আলিঙ্গন করলাম, জেনে যে আমার পছন্দটি কেবল বেঁচে থাকার চেয়েও বেশি কিছু ছিল। আমি তাকে আমার হাত দিলাম এবং রাতের মধ্যে পা রাখলাম, পরিচিত বিশ্ব এবং তার তৈরি করা সমস্ত বিভ্রম, প্রতিটি আরাম, সুরক্ষার প্রতিটি মিথ্যা ছবি পিছনে ফেলে। সেই মুহূর্তে, সময় আমাকেও গ্রাস করল, এবং যদিও আমার শরীর তার নিরলস প্রবাহের সাথে আবদ্ধ ছিল, আমি আমার আত্মাকে, স্বপ্ন দ্বারা শক্তিশালী হয়ে, লড়াই করার জন্য প্রস্তুত অনুভব করলাম—কেবল মৃত্যুর বিরুদ্ধেই নয়, বরং আমার নিজের অনিত্যতার শৃঙ্খলের বিরুদ্ধে, আমার সামনে একটি অতল গহ্বর এবং একটি পরিত্রাণ হিসাবে উন্মোচিত একটি নতুন ভোরের অসীম সম্ভাবনার সাথে সম্পূর্ণ মিলনের জন্য।

অথবা

---❤---

বিশ্বের পতন:
ভোর না ধ্বংস দ্বিতীয়
অংশ

অধ্যায় 6: একটি যুগের ছাই বর্তমান মুহূর্তে...

জাগরণের অবশিষ্ট সময়: ৬৭:১৭:০৭ ঘন্টা।

বাতাস ক্ষুধার্ত, অশুভ পশুর মতো গর্জন করছিল, মরে যাওয়া বিশ্বের শেষ মাংসপিণ্ডগুলি ছিঁড়ে ফেলছিল। বরফাবৃত তীর, যার উপর নাথানিয়েল বসেছিল, নোনা জলের সমুদ্রে মিশে যাচ্ছিল - একটি খোলা, পচনশীল ক্ষত, যা থেকে পৃথিবীর আসল জীবনীশক্তি ফুরিয়ে যাচ্ছিল। ঢেউগুলি দৈত্যাকার ভূতের অদৃশ্য চোয়ালের মতো পাথরের উপর আছড়ে পড়ছিল, এককালের সভ্যতার ভঙ্গুর অবশেষগুলিকে চূর্ণ করে দিচ্ছিল। শৈবালের এবং হতাশার গন্ধ তার ফুসফুস ভরে দিচ্ছিল।

সে সমুদ্রের দিকে তাকাচ্ছিল না। সে এটি গ্রাস করছিল। তার চোখ দিয়ে, তার ফুসফুস দিয়ে, তার নিপীড়িত মস্তিষ্ক দিয়ে। প্রতিটি ঢেউ, প্রতিটি ফোঁটা ঠান্ডা জল বিলিয়ন বিলিয়ন কণ্ঠের আর্তনাদ বয়ে আনছিল: পাপীদের, ভুলে যাওয়াদের, ম্লান হয়ে যাওয়া ছায়াদের। সেই

সকলের কণ্ঠ যারা নাথানিয়েলকে বাঁচাতে পারেনি। ব্যর্থতা। বিশ্বাসঘাতকতা, যা তাকে ভেতর থেকে খেয়ে ফেলছিল। এই কলঙ্ক তার ত্বকে জ্বলছিল, অমোচনীয়।

বাতাস স্মৃতি এবং ধুলো দ্বারা ঘন ছিল, অদৃশ্য কণা দ্বারা ভারী ছিল। এতে মানবজাতির শেষ কাজের অবশেষ ভেসে বেড়াচ্ছিল - সূক্ষ্ম বালির কণা, যা নীরবে একটি যুগের সমাপ্তির কথা মনে করিয়ে দিচ্ছিল। একটি যুগ, যা কোনো উল্কাপিণ্ড বা কোনো ঐশ্বরিক অভিশাপ দ্বারা মারা যায়নি, বরং তার নিজের মারাত্মক অহংকার দ্বারা মারা গিয়েছিল। সে তার মুষ্টি শক্ত করে ধরল, এবং তার নখগুলি তার হাতের তালুতে বিদ্ধ হলো।

— বৃথা! – তার কথাগুলো কর্কশভাবে বেরিয়ে এল। সেগুলো তাকে পুড়িয়ে দিচ্ছিল। ঝড় তাকে শোনেনি। সে কখনো শোনে না। সে ছিল স্বয়ং মহাবিশ্বের উদাসীনতা।

সে ছিল শেষ সাক্ষী। কেবল ব্যর্থতার নয়, বরং সম্পূর্ণ বিলুপ্তির। সে মানব প্রকৃতির লোভের সাথে যুদ্ধ করেছিল, আরও এবং আরও বেশি পাওয়ার জন্য ক্ষুদ্রদৃষ্টির তৃষ্ণার সাথে। সে একটি নিখুঁত "স্থায়িত্ব ব্যবস্থা" তৈরি করার চেষ্টা করেছিল, যা বিলিয়নদের অতৃপ্ত ক্ষুধাকে প্রতিরোধ করতে সক্ষম। এখন সে তার সমাধিস্থল দেখছিল। এটি সবসময় একই দিকে নিয়ে যেত। ব্যবস্থাটি জয়ী হয়েছিল। সে যা তৈরি করার চেষ্টা করেছিল তা নয়, বরং মানব রোগের ব্যবস্থাটি – ঘৃণা। কুসংস্কার। ধ্বংসের প্রবৃত্তি। প্রতিটি সূত্র, প্রতিটি বৈজ্ঞানিক পরিকল্পনা ক্ষমতা জন্য অন্ধ, উন্মত্ত অতৃপ্তির সামনে ধুলোয় পরিণত হচ্ছিল।

— এটা সব কিসের জন্য ছিল?! – সে ফিসফিস করে বলল। তার কণ্ঠস্বর হারিয়ে যাচ্ছিল। এটি আর কখনো শোনা যাবে না।

তার চেতনার গভীরে পুরানো ভারতীয় সন্ন্যাসীর কণ্ঠস্বর স্পন্দিত হচ্ছিল: "জীবনের বীজ কখনো সম্পূর্ণরূপে মরে না, নাথানিয়েল। সবচেয়ে ঘন ছাইয়ের নিচেও তারা অপেক্ষা করে। ধৈর্য সহকারে। পরবর্তী চক্রের জন্য।" এই কথাগুলি ছিল শেষ সুতো। বায়বীয়, কিন্তু যথেষ্ট শক্তিশালী, ঝড়ের মধ্যে একটি মাকড়সার জালের মতো।

সে হিমালয়ের দুর্গম উচ্চতায় লুকিয়ে থাকা গোপন গুহাগুলি সম্পর্কে পড়েছিল। মানব ইতিহাসের ভোরের দিকে তৈরি প্রাচীন মন্দির, যেখানে মানুষের চেতনা - ব্যক্তিত্বের সারমর্ম - অ্যানবায়োটিক ঘুমে সংরক্ষিত ছিল। আদিম প্রযুক্তি দ্বারা নয়, বরং সুনির্দিষ্টভাবে নিয়ন্ত্রিত ভূ-শক্তির প্রবাহ দ্বারা, যা মস্তিষ্ককে একটি অদৃশ্য কোকুনের মতো আবৃত করে রাখত। সেখানে, অনন্তের হৃদয়ে, নতুন জাতি অপেক্ষা করছিল। সত্যিই? কিন্তু এই আশা অন্য, আরও অশুভ, আরও ঘন ফিসফিসানির সাথে লড়াই করছিল: "যদি তারাও একই কাজ করে? যদি তারাও একই লোভের মধ্যে ডুবে যায়? এবং তুমি, নাথানিয়েল, কি আবার পতনের সাক্ষী হবে?" এই দ্বিধাটি তার বুককে ছিন্নভিন্ন করে দিচ্ছিল। এটি ব্যথা দিচ্ছিল।

নাথানিয়েল একটি মৃত বিশ্বের শেষ অবশেষ ছিল। একমাত্র বিবেক, যা শ্বাস নিচ্ছিল। তার শরীর ক্ষুধা, ঠান্ডা, বিকিরণের ভারী শ্বাসের সাথে লড়াই করছিল। কিন্তু তাকে তার নিজের অভ্যন্তরীণ নরক থেকে পালাতে না পারার কারণে হত্যা করা হচ্ছিল। অতৃপ্ত অপরাধবোধ থেকে।

— আমাকে কি আত্মসমর্পণ করা উচিত?! – সে কর্কশভাবে বলল। প্রশ্নটি অতল গহ্বর থেকে ফিরে এল। – নাকি আমি সবার অপরাধ বহন করতে অভিশপ্ত? একজন চিরন্তন প্রায়শ্চিত্তকারী?

বাতাস আবার নীরবতা দিয়ে উত্তর দিল। কেবল ছাই। এবং ভুলে যাওয়া। নাকি নয়? হারিয়ে যাওয়াদের মুখ তার চেতনায় ঘুরছিল – বিজ্ঞানী, কর্মী, শিক্ষক, শিশু, প্রেম, বন্ধু। সবাই তার অপরাধের অংশ ছিল। প্রতিটি মুখ – তার দেহে একটি অমোচনীয় কলঙ্ক। এবং তবুও... সে এখনও জীবিত ছিল।

— কেন?! – সে আবার ফিসফিস করে বলল, তার ভিতরের কণ্ঠের কাছে, যা তাকে ধরে রেখেছিল।

তখন, ঝড়ের উন্মত্ত গর্জনের মাঝে, তার সামনে বাতাস খুলে গেল। এক মুহূর্তের জন্য সে একটি স্বচ্ছ, বায়বীয় মূর্তি দেখতে পেল, যা আলো এবং স্মৃতি থেকে বোনা। মেলিনা। একটি হাসি, যা আর অস্তিত্বে ছিল না, কিন্তু ব্যথা এবং কোমলতা দিয়ে ঝলমল করছিল। তার চোখ, একসময় জীবন দ্বারা পূর্ণ ছিল, এখন দুঃখের গভীর কূপ ছিল, কিন্তু বিশাল বোঝাপড়ারও ছিল। সে কথা বলেনি। সে কেবল তার হাত বাড়িয়ে দিল – ক্ষমা এবং সান্ত্বনার একটি ভঙ্গি। নাথানিয়েল এমন একটি উষ্ণতা অনুভব করল, যা ঠান্ডাকে দূরে সরিয়ে দিল, এবং এমন একটি শান্তি, যা ঝড়কে নীরব করে দিল। কিন্তু যত দ্রুত সে আবির্ভূত হয়েছিল, তত দ্রুত মূর্তিটি বাতাসে দ্রবীভূত হয়ে গেল। এটি তাকে শোকের আরও গভীর, শক্তিশালী মাধ্যাকর্ষণ দিয়ে একা রেখে গেল। যেন স্বয়ং বিশ্ব তাকে তার হাত দিয়েছিল, আবার তাকে ছেড়ে যাওয়ার আগে।

সে উত্তরটি জানত। সে বেঁচে থাকার জন্য থাকেনি। সে সাক্ষী দেওয়ার জন্য বেঁচে ছিল। পুরো মানব ট্র্যাজেডির একটি আয়না হতে। শেষ ব্যক্তি হতে, যে মনে রাখে। এবং যদি কোথাও পাহাড়ের নিচে অন্য কোনো জীবন ঘুমিয়ে থাকে – যখন এটি জেগে উঠবে তখন সেখানে থাকা তার কর্তব্য ছিল। গল্পটি বলতে। সতর্ক করতে। যাতে তারা পুনরাবৃত্তি না করে। অথবা যাতে তারা জানে যে তারা একা নয়।

তার সামনের সমুদ্র কেবল জল ছিল না। এটি ছিল স্বয়ং সময়ের সারমর্ম – একটি কালো পৃষ্ঠ, যা তার মুখকে একটি মৃতের আয়নার মতো প্রতিফলিত করছিল, যেখানে কেবল তার চিত্রই নয়, বরং পুরো মানবজাতির মুখও দেখা যাচ্ছিল। মানব অস্তিত্বের বালির ঘড়িটি উল্টে দেওয়া হয়েছিল।

— এটা কি শুধু একটি স্বপ্ন নয়?! – সে নিজের কাছে ফিসফিস করছিল, মুষ্টিবদ্ধ হাত নিয়ে। নিজেকে চড় মারার ইচ্ছাটি ঠান্ডার চেয়ে বেশি শক্তিশালী ছিল। তার চোখের সামনে এই মৃত বিশ্বটি এত বিদেশী, এত বিকৃত ছিল যে এটি অবাস্তবতার সীমায় ছিল। ভয় একটি পরাবাস্তব দুঃস্বপ্নের সাথে মিশে গিয়েছিল। যেন সে বক্র আয়নার একটি গোলকধাঁধায় ঘুরছিল, যেখানে বাস্তবতা টুকরো টুকরো হয়ে ভেঙে যাচ্ছিল।

— কিছুই বাস্তব নয়। কিছুই না।

তার দৃষ্টি তার নিজের পায়ের ছাপের ছায়া ছাড়া আর কিছুই খুঁজে পেল না – ছাইয়ের উপর একটি অদৃশ্য হয়ে যাওয়া ছায়া।

---❤---

অধ্যায় 7: ধ্বংসের গর্জন শেষের

কয়েক মাস আগে। জাগরণের অবশিষ্ট সময়: ১৫,১২০:১৭:০৩ ঘন্টা।

বিশ্ব – সেই বিশ্ব, এখনও নিষ্পাপ আশা এবং মানবিক আকাঙ্ক্ষার নীরব ফিসফিসানিতে পূর্ণ – অস্ত যাচ্ছিল। একটি অতৃপ্ত মুখ দ্বারা গ্রাসিত, নগ্ন হয়ে ছাই হয়ে গিয়েছিল। আরমাগেডন বজ্রের মতো নয়, বরং একটি ধীর, যন্ত্রণাদায়ক পতন হিসাবে প্রকাশিত হচ্ছিল। প্রথমে সূর্য থেকে নির্গত শিখাগুলি এসেছিল, যা ম্যাগনেটোস্ফিয়ারকে একটি পুরানো কাপড়ের মতো ছিঁড়ে ফেলেছিল। তারপর – তিন দিনের অন্ধকার। আকাশ অন্ধকার হয়ে গেল। বাতাস ভারী হয়ে

গেল, যেন পৃথিবী শ্বাস নেওয়া বন্ধ করে দিয়েছে। শব্দগুলি চাপা পড়ে গেল। আতঙ্ক উঠল। কেবল ভয় নয়, বরং একটি সর্বগ্রাসী, বন্য হিস্টিরিয়া, যা গলা ছিঁড়ে ফেলছিল।

বিশৃঙ্খলা শুরু হলো। প্যারিস থেকে সিডনি পর্যন্ত। নিউ ইয়র্ক থেকে কেপটাউন পর্যন্ত। পৃথিবী একটি ফুটন্ত পাত্রে পরিণত হলো। ব্যাপক লুটপাট বার্লিনকে কেঁপে দিল, আগুন ব্রাজিলকে গ্রাস করছিল, রক্তাক্ত দাঙ্গা অসুস্থ মাংসের মতো রাষ্ট্রগুলিকে ছিঁড়ে ফেলছিল। "বিশ্ব ব্যবস্থার মহান চিত্রনাট্যকাররা" মরিয়া হয়ে নিয়ন্ত্রণের বিভ্রম বজায় রাখার চেষ্টা করছিল। কোনো লাভ হয়নি। সবচেয়ে ভয়ংকর ছিল চীন এবং ভারতে। লক্ষ লক্ষ জনসংখ্যা, ভয় এবং ক্ষুধা দ্বারা গ্রাসিত, একটি মারাত্মক হুমকিতে পরিণত হয়েছিল। কর্তৃপক্ষ জৈব অস্ত্র ছেড়ে দিল। এটি একটি অনিয়ন্ত্রিত মহামারীতে ছড়িয়ে পড়ল, একটি দুর্গন্ধের মতো ঘন ছিল।

এবং তারপর এটি এল – সম্পূর্ণ, নির্মম ধ্বংস। সংক্রমণ থামাতে তাদের হতাশায়, মার্কিন যুক্তরাষ্ট্র এবং রাশিয়া পারমাণবিক ক্ষেপণাস্ত্র নিক্ষেপ করল। বিশ্বের অন্য দিকে চীন দ্বিধা করল না – সঙ্গে সঙ্গে আগুন দিয়ে উত্তর দিল। ফলস্বরূপ বিস্ফোরণটি পৃথিবীর ভূত্বককে কেঁপে দিল, ব্যাপক ভূতাত্ত্বিক বিপর্যয় ঘটাল। মহাদেশগুলি বেঁকে গেল, গ্রহের ভেতর থেকে ছিঁড়ে গেল। পুরো শহরগুলি খোলা অতল গহ্বরে ভেঙে পড়ছিল, এবং পাহাড়ের মতো উঁচু ঢেউগুলি মহাদেশগুলিকে ভাসিয়ে নিয়ে যাচ্ছিল, তাদের পথের সবকিছু নিয়ে যাচ্ছিল। ঘন্টার মধ্যে। সবকিছু গ্রাস করে নিল।

গ্রহটি কাঁদছিল। থার্মোনিউক্লিয়ার বিস্ফোরণগুলি একটি চেইন প্রতিক্রিয়া শুরু করেছিল। ভূমিকম্পগুলি একটি বিশাল দানবের দাঁতের মতো জমিকে ছিঁড়ে ফেলছিল। ভূমিধস পাহাড়কে গ্রাস করছিল। ক্রুদ্ধ সমুদ্র বিশাল সুনামি তুলছিল। আগ্নেয়গিরিগুলি বিস্ফোরিত হলো। তারা লাভা উগরে দিচ্ছিল কালো, অশান্ত আকাশের নিচে। বৈদ্যুতিক স্রাবগুলি একটি অশুভ ওয়াল্টজ নাচছিল। বিশাল আগুনগুলি কালি এবং তেজস্ক্রিয় ধুলো নির্গত করল, একটি ঘন অ্যারোসল স্তর তৈরি করল। এটি সূর্যের আলোকে আটকে দিল। সবকিছুর উপরে একটি বরফ ঠান্ডা, নিস্প্রাণ রাত নেমে এল। পারমাণবিক শীতের শুরু। ঠান্ডা একটি ক্ষুধার্ত পশুর মতো ধ্বংসাবশেষের মধ্যে ছুটে গেল। হঠাৎ। কোনো সতর্কতা ছাড়াই। দীর্ঘ সময় ধরে। অনন্তকাল পর্যন্ত। পুরো পৃথিবীতে। কোনো ব্যতিক্রম ছাড়াই।

বিষাক্ত কণা ছড়িয়ে পড়ল – বিষের হলুদ মেঘ – যা অ্যাসিড বৃষ্টি নিয়ে এল, যা ত্বক, কংক্রিট এবং সমস্ত আশাকে ক্ষয় করে দিচ্ছিল। নরক একটি রূপক ছিল না। এটি চোখের সামনে দাঁড়িয়ে ছিল – জীবন্ত, শ্বাসপ্রশ্বাস নেওয়া, অতৃপ্ত। বাতাস – সালফার এবং ঘন ধুলোর গন্ধে পরিপূর্ণ। এটি ফুসফুসকে বিঁধছিল। পৃথিবী কাঁপছিল। গলিত লাভার ফোয়ারা বিস্ফোরিত হচ্ছিল। ধ্বংসাবশেষ আগুনের বৃষ্টির মতো পড়ছিল। ধ্বংসের একটি বধির কোলাহল: ভেঙে পড়া ভবনের গর্জন, মানুষের আর্তনাদ এবং উপাদানের গর্জন। সূর্য, তার শেষ অশুভ, রক্তাক্ত লাল ঝলক সহ, সবকিছুকে একটি দুঃস্বপ্নময় ছবিতে পরিণত করছিল। সমুদ্র – একটি অস্থির, বিশৃঙ্খল পরিবেশ। এমনকি স্বয়ং পদার্থও যেন তার নিজের ধ্বংসের সামনে হতবাক হয়ে কাঁপছিল। সে একটি মারাত্মক নাচ নাচছিল।

পুরো গ্রহটি একটি ভয়ংকর ছবিতে পরিণত হয়েছিল – একটি ক্যানভাস, যেখানে প্রকৃতি, যেন উন্মত্ত হয়ে, শিখা এবং বরফের ব্রাশ দিয়ে ছবি আঁকছিল। এবং একটি সম্পূর্ণ পরাজয়, চিরতরে ধূসর ধুলো এবং ধ্বংসাবশেষের একটি জ্বলন্ত নরকে নিমজ্জিত। পৃথিবী একটি দুর্ভেদ্য অন্ধকারে নিজেকে আবৃত করল, পীড়াদায়ক, নীরব আতঙ্ক। তার প্রতিধ্বনি নাথানিয়েলের মাথার খুলিতে বাজছিল।

হিমায়িত বিশ্ব।

তারপর... নীরবতা। বিশ্ব হঠাৎ জমে গেল। পৃথিবী পাথর হয়ে যাচ্ছিল – বরফের একটি সমাধি, যা মানব স্বপ্নের শেষ শ্বাসটি ছিনিয়ে নিয়েছিল। ভেঙে পড়ার আদিম ভয় একটি স্থির ঠান্ডার পথ দিল। এটি হাড়ের মজ্জা পর্যন্ত প্রবেশ করল। বরফ ঠান্ডা তরঙ্গ – একটি নীরব, সাদা প্লেগ – সবকিছু গ্রাস করে নিল। মানুষের অবশেষ সহ বসতিগুলি, একটি মারাত্মক আলিঙ্গনে আবদ্ধ। মুখোশগুলি একটি ভূতের তুষার দ্বারা আবৃত ছিল। দৈত্যাকার হিমবাহ, বিশাল সাপের মতো, ধীরে ধীরে, নীরবে হামাগুড়ি দিচ্ছিল, সবকিছু গ্রাস করে নিচ্ছিল। বাতাস, তীক্ষ্ণ বরফ সূঁচগুলিতে ক্রিস্টালাইজড, হাড় পর্যন্ত বিদ্ধ করছিল। এবং আকাশ, মেঘের একটি বরফ ঠান্ডা পর্দায় পরিণত, একটি বধির গর্জনের সাথে পৃথিবীর উপর ভেঙে পড়ছিল। এটি ভয়ংকর শূন্যতায় প্রতিধ্বনিত হলো।

যে বিশ্বকে নাথানিয়েল চিনত – বিজ্ঞান, শৃঙ্খলা এবং বিভ্রমের একটি বিশ্ব – তা সময়হীনতায় দ্রবীভূত হয়ে গেল। ঘৃণা এবং লোভ দ্বারা চালিত পাগলামির একটি কাজ বাইবেলের মাত্রার একটি বিপর্যয় ঘটাল। স্বয়ং পৃথিবী উপাদানগত ক্রোধ দিয়ে উত্তর দিল, নিজেকে কেঁপে উঠল এবং লাভা উগরে দিল। এবং নাথানিয়েল – একা, অন্তহীন অন্ধকার দ্বারা আবৃত – অনুভব করল যে সে নিজেই ভেঙে যাচ্ছে, তার চারপাশের বিশ্বের মতোই। করুণার কোনো জায়গা ছিল না। প্রকৃতি – একজন মা থেকে একজন নির্মম বিচারকে পরিণত হয়েছিল – সবকিছু মুছে দিল। সে এমন বিশৃঙ্খলায় হারিয়ে গিয়েছিল যা সে বুঝতে পারছিল না, কিন্তু যা তাকে অপ্রতিরোধ্যভাবে পরিবর্তন করছিল।

সে ভূতের চিৎকার শুনতে পাচ্ছিল, ঠান্ডা দ্বারা চাপা পড়ে। তারা বাতাসে নয়, বরং তার নিজের মাথার খুলিতে প্রতিধ্বনিত হচ্ছিল। যেন তারা সমস্ত মৃতদের কণ্ঠস্বর ছিল। এই অ্যাপোক্যালিপ্স থেকে তার ব্যক্তিগত প্রতিধ্বনি। জীবন স্পন্দিত হওয়া বন্ধ করে দিল। অন্ধকার গভীরতায় চাপা পড়ে গেল। কোনো পছন্দ ছিল না। কোনো পরিত্রাণও না। কিন্তু, কি ছিল?

বিশ্ব থেমে গেল। ভাঙা বসন্ত সহ একটি ঘড়ির মতো, যার কাঁটা নড়তে অস্বীকার করে। কেবল অতীতের একটি ভূতের শ্বাস রয়ে গেল। এবং মৃত্যুর হিমায়িত শ্বাস। অন্তহীন শূন্যতা ক্ষণস্থায়ী মুহূর্তগুলিকে গ্রাস করল, যেখানে অতীত এবং ভবিষ্যৎ মিশে গিয়েছিল। কোনো সূর্যোদয় ছিল না। কোনো সূর্যাস্তও ছিল না – কেবল রাত, দূরবর্তী, উদাসীন নক্ষত্র দ্বারা আলোকিত।

দীর্ঘ মাস পরে প্রকৃতি শান্ত হলো। সূর্য দুর্বলভাবে ক্ষতবিক্ষত ভূমিকে আদর করতে শুরু করল, ধূসর ধুলোর স্তরটি দুর্বল রশ্মি দিয়ে ছিদ্র করে। বৃষ্টি – অশ্রুর মতো তেতো, বিশ্বের ব্যথা শুষে নিয়েছে – ধ্বংসাবশেষ ভিজিয়ে, কালো নদী তৈরি করল। বিপর্যয়ের দাগগুলি সর্বত্র ছিল: ভূতের শহর, মোচড়ানো ধাতব কাঠামো, ভবনের অবশেষ যা ভাঙা দাঁতের মতো দাঁড়িয়ে ছিল, কালো হয়ে যাওয়া, কঙ্কালের মতো দাঁড়িয়ে থাকা গাছ দিয়ে ভরা মাঠ, এবং ধ্বংসাবশেষ দ্বারা পূর্ণ মহাসাগর। ঘন, শ্বাসরোধকারী নীরবতা, কেবল বাতাসের ঘর্ষণ দ্বারা বাধাগ্রস্ত, হারিয়ে যাওয়া সবকিছুর জন্য একটি শোকের স্তোত্রের মতো শোনাচ্ছিল।

নাথানিয়েল জানত: সবকিছু জন্ম নেয় এবং মরে। কিন্তু সে এটি একটি দুঃস্বপ্ন হিসাবে অভিজ্ঞতা করছিল, যা শেষ হতে অস্বীকার করে। তার হৃদয় একটি নীরব আর্তনাদ দ্বারা ছিন্নভিন্ন হয়ে গিয়েছিল। সে তার ভাইয়ের হাসি, তারপর চিৎকারগুলি মনে করল।

কেবল একটি জিনিস রয়ে গেল – একাকীত্ব, এত ঘন এবং বেদনাদায়ক যে এটি হারিয়ে যাওয়া সবকিছুর চেয়ে বেশি ভারী ছিল। এমন একটি বিশ্বের প্রতিধ্বনি হিসাবে যা একবার নিজেকে অমর বলে বিশ্বাস করত।

---❤---

অধ্যায় ৪: দেরিতে উপলব্ধি সে জানত।

সে সবসময় এটি জানত, তার নিজের গভীরে কোথাও, যুক্তির স্তরের নিচে লুকিয়ে ছিল – অবচেতন মনের সেই অন্ধকার, অনাবিষ্কৃত গুহায়, যেখানে ভয় এবং সত্য প্রাচীন পশুর মতো বাস করে। সে এই দুঃখজনক, পূর্বনির্ধারিত সমাপ্তি সম্পর্কে জানত, সেই অনিবার্য অতল গহ্বর সম্পর্কে, যার দিকে বিশ্ব উন্মত্ত, আত্মঘাতী গতিতে ছুটেছিল। সে এটি সংখ্যায়, বক্ররেখায়, গণনা মডেলগুলিতে দেখেছিল, কিন্তু সে এটি অনুভব করতে অস্বীকার করেছিল।

সে এটি মেলিনা থেকে সবচেয়ে বেশি জানত। তার ভালবাসা এবং জ্ঞান তার সন্দেহের ঝড়ের মধ্যে একমাত্র বাতিঘর ছিল, একমাত্র আলো যা ম্লান হতে অস্বীকার করেছিল, এমনকি যখন সে এটিকে ছাই দিয়ে ঢেকে দিয়েছিল। সে ধৈর্য সহকারে তাকে রক্ষা করার চেষ্টা করেছিল, তার অবিশ্বাসীর পাথুরে, অনুর্বর মাটিতে সত্যের বীজ বপন করতে। কিন্তু সে? সে বিশ্বাস করেনি। সে কিছুই করেনি। সে তার অনুরোধগুলি ক্রমাগত উপেক্ষা করেছিল, স্পষ্ট উত্তরগুলি উপেক্ষা করেছিল, যা সে তাকে মূল্যবান উপহার হিসাবে অফার করত, যেন সে একটি জীবন রক্ষাকারী ঔষধ প্রত্যাখ্যান করছে, যা একজন মরণশীলকে দেওয়া হচ্ছে যে অসুস্থতা স্বীকার করার জন্য খুব গর্বিত।

ফ্ল্যাশব্যাক: মেলিনা

সে কয়েক বছর আগের একটি মুহূর্ত মনে করল। মেলিনা তার সামনে দাঁড়িয়ে ছিল, সূর্যাস্তের পটভূমিতে একটি সিলুয়েট। তার চোখ একটি অটল, প্রায় বেদনাদায়ক বিশ্বাস প্রকাশ করছিল, যা তাকে বিরক্ত করত – এটি তাকে বিরক্ত করত, কারণ এটি তার সুশৃঙ্খল, যৌক্তিক নির্মাণগুলিকে দুর্বল করে দিচ্ছিল।

— নাথানিয়েল," – সে বলেছিল, তার কণ্ঠস্বর নরম ছিল, কিন্তু এমন একটি ওজন সহ, যা তার অহংকারের বর্মকে বিদ্ধ করত, – "তুমি তোমার নিজের অহংকারের জন্য অন্ধ। তুমি কেবল সংখ্যা দেখ, কিন্তু বিশ্ব অনুভূতিতে শ্বাস নেয়।

তখন সে কেবল অহংকারীভাবে, অবজ্ঞাপূর্ণভাবে হাসল, তার কথাগুলিকে একজন ধাত্রী দ্বারা বলা একটি নিষ্পাপ শিশুদের গল্পের মতো প্রত্যাখ্যান করে। কীভাবে একজন মহিলা অ্যালগরিদম, সমীকরণ এবং পূর্বাভাসের জটিল বিশ্ব বুঝতে পারে? তার বিশ্ব।

উপলব্ধি

এখন, যখন অতীতের ছাই বর্তমানের ধ্বংসাবশেষের উপর পড়ছিল, আশার শেষ, জ্বলজ্বলে স্ফুলিঙ্গকেও শ্বাসরোধ করছিল, সত্য তাকে আঘাত করল। এটি একটি মসৃণ উপলব্ধি ছিল না, এটি একটি শান্ত, আলোকিত সচেতনতা ছিল না। এটি ছিল একটি নৃশংস, কম্পনকারী আঘাত, যা তাকে শ্বাসরুদ্ধ করে রেখেছিল। সে এটি তার সৌর প্লেক্সাসে একটি ছুরিকাঘাত হিসাবে অনুভব করল, তীক্ষ্ণ, জ্বলন্ত, যেন কেউ তাকে আক্ষরিক অর্থেই বিদ্ধ করেছে। বাতাস তার ফুসফুস থেকে একটি কর্কশ, শ্বাসরুদ্ধ শব্দ সহ বেরিয়ে এল, যা খালি জায়গার মৃত নীরবতায় প্রতিধ্বনিত হলো।

একটি জমে যাওয়া স্পষ্টতার সাথে, সে তার সঠিকতা সম্পর্কে নিশ্চিত হলো। একটি আলোর ঝলকের মতো, যা তার রেটিনাকে ঝলসে দিয়েছিল, সে মনে করল কীভাবে সে তাকে কাঁপা কাঁপা গলায় সতর্ক করত, কীভাবে সে তাকে আসন্ন অতল গহ্বরের প্রতি চোখ খুলতে

চেষ্টা করত, তাকে পূর্বনির্ধারিত ট্র্যাজেডি থেকে রক্ষা করতে। কিন্তু সে, অহংকার দ্বারা অন্ধ, তার নিজের বিশাল অহং দ্বারা, তার প্রতিটি শব্দ নির্লজ্জভাবে উপেক্ষা করেছিল।

এখন, যখন সবকিছু অপ্রতিরোধ্যভাবে হারিয়ে গিয়েছিল – যখন তার অন্ধত্বের মূল্য ধোঁয়া ওঠা ধ্বংসাবশেষে, বিলিয়ন বিলিয়ন নীরব সমাধিতে, সালফার এবং মৃত্যুর গন্ধে পরিমাপ করা হচ্ছিল – সে তিক্তভাবে উপলব্ধি করল যে সে সবচেয়ে মূল্যবান জিনিসটি নষ্ট করেছে। একজন প্রেমময় মহিলার দূরদর্শিতা, যার সীমাহীন স্নেহকে সে নিরর্থক উচ্চাকাঙ্ক্ষা, নিয়ন্ত্রণ এবং ক্ষমতার জন্য একটি খালি তৃষ্ণা দ্বারা প্রতিস্থাপন করেছিল। একটি একক, নির্মম উপলব্ধির মুহূর্ত অন্ধকারকে ছিঁড়ে ফেলল। এটি একটি স্পষ্ট এবং বিশ্বাসযোগ্য ছবিতে ধাঁধার সমস্ত ছড়িয়ে ছিটিয়ে থাকা টুকরোগুলি একত্রিত করার জন্য যথেষ্ট ছিল।

এই মারাত্মক মুহূর্তে, সময় থেমে গেল। এটি একটি দেয়ালবিহীন ঘরে একটি অনন্ততায় পরিণত হলো, যেখানে অতীত এবং বর্তমান এক হয়ে মিশে গিয়েছিল। বিভ্রমের পর্দা হঠাৎ উঠে গেল এবং তার সামনে উত্তরের একটি প্যানোরামা প্রকাশিত হলো। তারা সবসময় সেখানে ছিল, খুব কাছে, কিন্তু সে তাদের দেখতে, তাদের সঠিক হিসাবে স্বীকার করতে অস্বীকার করেছিল। তার অতীতের প্রতিটি যন্ত্রণাদায়ক অংশ, প্রতিটি ঘটনা, তার ঠোঁটের প্রতিটি শব্দ, একটি একক সত্তায় মিশে গিয়েছিল – একটি শক্তিশালী, অনস্বীকার্য সত্যে, যা তাকে বজ্রপাতের মতো বিদ্ধ করেছিল, তাকে দুটি ভাগে বিভক্ত করে। তার আত্মা হঠাৎ জ্ঞান এবং ছড়িয়ে পড়া, বেদনাদায়ক উষ্ণতা দ্বারা পূর্ণ হয়ে গিয়েছিল, যা তার শিরায় প্রবাহিত হচ্ছিল, একই সাথে তাকে পোড়াচ্ছিল এবং তার ভুল ধারণা থেকে তাকে শুদ্ধ করছিল। একটি বিষ এবং একটি অমৃতের মতো।

নাথানিয়েল বিশ্বাস করল। কিন্তু খুব দেরি হয়ে গিয়েছিল। সে, অহংকার এবং বৌদ্ধিক ভুল ধারণার বন্দী, এখন বিশ্বাস করল। সে তার মিশন এবং গভীর অর্থের উপর বিশ্বাস করল। তার ভালবাসার উপর, যা এখন তার নিজের শেষের বাস্তবতাকে আলোকিত করেছিল, কিন্তু এটি পরিবর্তন করতে সক্ষম না হয়ে। অবশেষে সে তার বিশ্বাসের সমস্ত জ্ঞানী উত্তরের চাবিটি খুঁজে পেল, যা সে একসময় অন্তহীন ঘোরাঘুরিতে খুঁজছিল, কিন্তু যা সবসময় তার চোখের সামনে ছিল।

এবং তাতে কী? দেরি হয়ে গিয়েছিল... সে ভেঙে গিয়েছিল, অভিশপ্ত, অর্থহীন। তার নিজের অন্ধত্বের অন্তহীন ছাইয়ের মধ্যে একটি তুচ্ছতা।

শেষ ঘন্টাগুলি

তার মধ্যে একটি শিকারীর মতো দীর্ঘ ঘুম থেকে জাগ্রত হওয়া সচেতনতা তাকে নির্মমভাবে গ্রাস করল। তার গোপন চ্যানেলগুলির মাধ্যমে, গোপনীয়তা এবং ষড়যন্ত্রের একটি নেটওয়ার্ক দ্বারা পরিপূর্ণ, নাথানিয়েল ভয়ংকর খবরটি পেল।

সে এটি শুনল। কিন্তু তার সচেতনতা প্রতিরোধ করছিল, এটি গ্রহণ করতে অস্বীকার করছিল – যেন তার মস্তিষ্ক আতঙ্কে অস্বীকার করছিল, কুয়াশার দেয়াল, সাদা শব্দ তুলছিল। স্বজ্ঞাতভাবে সে ক্রমবর্ধমান, জমে যাওয়া ভয় সহ এটির আশা করছিল। সে তার অবচেতন মনের গভীরে খোদাই করা তারিখটি জানত, কিন্তু মরিয়া হয়ে এটি জোরে শুনতে চায়নি। এটি একটি মৃত্যুদণ্ড ছিল, যা তাকে ভবিষ্যৎ, সমস্ত আশা, স্বয়ং শ্বাস থেকে বঞ্চিত করছিল।

তার হৃদয়ের গভীরে সে অনুভব করছিল যে একটি পুরো বিশ্বের শেষ সেকেন্ডগুলি গণনা করা হচ্ছে। একটি ছোট, জেদি স্ফুলিঙ্গ তখনও জ্বলজ্বল করছিল, একটি অলৌকিকতার জন্য আশা করছিল, অনিবার্য থেকে একটি অসম্ভব অবকাশের জন্য।

এখন, তবে, ঠান্ডা, অনস্বীকার্য সত্যগুলি তার চোখের সামনে ছিল – তার সচেতনতায় খোদাই করা, যেন কেউ তার মাথায় একটি ভারী হাতুড়ি দিয়ে আঘাত করেছে, তার বিভ্রমগুলিকে ভেঙে চূর্ণ করে দিয়েছে। তার মুখের মধ্যে একটি টক পিত্তের স্বাদ ভরে গেল, তার গলায় আটকে গেল, তাকে যন্ত্রণাদায়কভাবে গিলতে বাধ্য করল, যেন সে তার নিজের অপরাধবোধ এবং অসহায়তায় ডুবে যাচ্ছিল। তার ফুসফুস সংকুচিত হচ্ছিল, বাতাস খুঁজছিল, কিন্তু কেবল মৃত্যুর স্বাদ পাচ্ছিল।

যত্ন সহকারে তৈরি করা পরিকল্পনা, তার পুরো ভবিষ্যৎ, একটি নিস্তেজ, জমে যাওয়া গর্জনের সাথে ভেঙে পড়ল, কেবল ধুলো এবং ভেঙে যাওয়া ধ্বংসাবশেষের একটি কর্কশ শব্দ রেখে গেল। ঘুমহীন রাতের স্মৃতি, যা বিশ্বকে কীভাবে বাঁচাতে হবে, মানবজাতির পাপের প্রায়শ্চিত্ত কীভাবে করতে হবে তা নিয়ে যন্ত্রণাদায়ক চিন্তাভাবনায় ব্যয় হয়েছিল, এখন তার চোখের সামনে অপযশকরভাবে ভেঙে পড়ছিল।

সে অপরাধী অনুভব করছিল, তার বুকে সীসার বোঝার মতো ভারী ছিল, যে সে যথেষ্ট করেনি, যে সে মেলিনার কথা শোনেনি, যার কণ্ঠস্বর এখন তার সচেতনতায় ধ্বনিত হচ্ছিল – অনুশোচনার একটি সুর। তার শরীরের প্রতিটি কোষ জ্বলছিল, আত্ম-অভিযোগ দ্বারা স্পন্দিত হচ্ছিল, যেন সে অদৃশ্য শিখা দ্বারা আবৃত ছিল, যা তাকে ভেতর থেকে পুড়িয়ে দিচ্ছিল।

অ্যাপোক্যালিপ্সের গর্জন

হঠাৎ, একটি বধির গর্জন বাইরের বাতাসকে ছিঁড়ে ফেলল। নাথানিয়েল কেঁপে উঠল, তার পুরো শরীর শক্ত হয়ে গেল, তার পেশীগুলি প্রায় একটি খিঁচুনিতে শক্ত হয়ে গেল, পরবর্তী আঘাতের প্রত্যাশায়। জ্বলন্ত ধ্বংসাবশেষ আগুনের গোলার মতো রাতকে ছিঁড়ে ফেলছিল, স্পন্দিত, অসহনীয় উষ্ণতার একটি পথ রেখে যাচ্ছিল, যা তার বদ্ধ স্থানেও পৌঁছাচ্ছিল, অদৃশ্য শক্তি দিয়ে দেয়াল ভেদ করছিল। চূর্ণ করা মেশিন এবং ভেঙে পড়া ভবনগুলি একটি বজ্রপাত এবং সংঘর্ষের সাথে ভেঙে পড়ছিল, যেন স্বয়ং আকাশ পৃথিবীর উপর পড়ছিল, তার মাথার উপর ভেঙে যাচ্ছিল। বাতাস চাপ দ্বারা কাঁদছিল, তার কান ছিঁড়ে ফেলছিল, প্রায় তাদের ফাটিয়ে দিচ্ছিল।

তার পায়ের নিচের মাটি গুঞ্জন করছিল এবং অপ্রতিরোধ্যভাবে কাঁপছিল, ধুলো মেঘে উঠছিল, তাকে দম বন্ধ করে দিচ্ছিল, তার ফুসফুস জ্বলছিল, প্রতিটি নিঃশ্বাসে পুড়িয়ে দিচ্ছিল, যেন এটি একটি বিষাক্ত মিশ্রণ। এটি একটি অতল গহ্বরে পরিণত হচ্ছিল, একটি খোলা মুখ, তাকে গ্রাস করতে প্রস্তুত।

তার হৃদয় পাগলের মতো স্পন্দিত হচ্ছিল, এমন শক্তি দিয়ে তার পাঁজরে আঘাত করছিল, যেন এটি তার বুক থেকে লাফিয়ে বের হয়ে এই নরক থেকে পালাতে চায়। প্রতিটি নতুন বিস্ফোরণ তাকে উন্মাদনার কিনারায় ঠেলে দিচ্ছিল, এবং আসন্ন ধ্বংসের ঠান্ডা, স্থির অনুভূতি তাকে পক্ষাঘাতগ্রস্ত করে দিচ্ছিল। সে নড়তে পারছিল না, তার নিজের আতঙ্কে আটকে ছিল, বাস্তবতার সাথে আবদ্ধ ছিল। নরক পৃথিবীতে ছড়িয়ে পড়েছিল, এটিকে একটি জ্বলন্ত পাত্রে পরিণত করেছিল, যেখানে মানবজাতি জ্বলছিল। পোড়া মাংস এবং গলিত ধাতুর গন্ধ তার নাক ভরে গেল, তার মস্তিষ্কে পৌঁছাল, সেখানে একটি মারাত্মক অভিশাপ হিসাবে আটকে গেল। তার সারমর্ম আতঙ্কে কাঁপছিল। সে অনুভব করছিল যে তার হাতের চুল উঠে যাচ্ছে, এবং তার ত্বক অবশ হয়ে যাচ্ছে, ভয়ের কারণে পিঁপড়াদের দ্বারা আবৃত ছিল, যা তার মেরুদণ্ড বেয়ে হামাগুড়ি দিচ্ছিল।

মানব পরিকাঠামো ধোঁয়া ওঠা ধ্বংসাবশেষে পরিণত হয়েছিল – তাদের আত্মতুষ্টির একটি স্মৃতিস্তম্ভ, অনিয়ন্ত্রিত প্রযুক্তিতে তাদের অন্ধ বিশ্বাসের, যা তাদের বিরুদ্ধে ফিরে এসেছিল।

অসহায়তা ছিল মৃত্যুর সমান, সম্পূর্ণ বিলুপ্তির সমান। সে ছিল শেষের একমাত্র সাক্ষী, এটি দেখার জন্য অভিশপ্ত, এটি পরিবর্তন করতে সক্ষম না হয়ে। সে নিশ্চিত ছিল যে ভয়ংকর পরিণতিগুলি প্রতিরোধ করা অসম্ভব। বিশ্ব অভিশপ্ত ছিল। প্রতিটি জীবন হারিয়ে গিয়েছিল। কেউ, এমনকি সবচেয়ে শক্তিশালীরাও – রাজা, রাজনীতিবিদ, বৈজ্ঞানিক প্রতিভা, ধনীরা – রক্ষা পাবে না, তারা এই তরঙ্গ দ্বারা ভেসে যাবে।

তখন, একটি ভেঙে পড়া ফোন সংযোগের মাধ্যমে, তার কানে ইলনের তীব্র, প্রায় অমানবিক চিৎকার পৌঁছাল, তার কণ্ঠস্বর গলা থেকে ছিঁড়ে বেরিয়ে আসার মতো ছিল, উন্মাদনার কিনারায় ছিল: "শেষ! কেবল বিশ্বের শেষ নয়, নাথানিয়েল, বরং নিয়ন্ত্রণের বিভ্রমের, আমাদের অভিশপ্ত অহংকারের!"

তার কণ্ঠস্বর একটি গর্জনে বাধাগ্রস্ত হলো, এবং তারপর: "একটি ভয়ংকর বজ্রপাত কালো আকাশকে ছিঁড়ে ফেলছে, প্রকৃতির উপাদানগত ক্রোধের একটি আয়না। একটি ঝলকানি আলো অন্ধকারকে বিদ্ধ করল, তারপরে একটি নরকীয়, জ্বলন্ত ঝড় এল, যা শহরগুলিকে গ্রাস করে নিল! তেজস্ক্রিয় মেঘ ছড়িয়ে পড়ছে, সবকিছুকে বিষাক্ত করছে, আমরা বিষাক্ত নিঃশ্বাস নিচ্ছি! মৃত্যুর গন্ধ সর্বত্র, এটি আমাদের ত্বকে শোষণ হচ্ছে! আধুনিক পরিকাঠামো একটি ধোঁয়া ওঠা ধ্বংসাবশেষে পরিণত হয়েছে, আমাদের আত্মতুষ্টির একটি স্মৃতিস্তম্ভ, আমাদের বোকামির! দুর্ভেদ্য অন্ধকার মহাদেশকে গ্রাস করছে! কংক্রিটের বাঙ্কারগুলি... চূর্ণ করা ধ্বংসাবশেষ! আমাদের বোকামির সমাধি! হাজার হাজার মানুষ ধ্বংসাবশেষে আটকে আর্তনাদ করছিল... সাহায্যের জন্য চিৎকার করছিল! শাটলগুলি – পালানোর আমাদের শেষ চেষ্টা – ব্যর্থ হয়েছে! আবদ্ধ, একই শক্তি দ্বারা চূর্ণ! আমি ককপিটের জানালায় আটকে আছি... সবকিছু একটি ধোঁয়া ওঠা ছাই! আমি মরিয়া হয়ে আপনার কাছে পৌঁছানোর চেষ্টা করছি, কিন্তু সেখানেও সম্ভবত কোনো পরিত্রাণের পথ নেই... ঢেউ আমাদের তাড়া করছে, নাথানিয়েল... ঘূর্ণিঝড় আমাদের বিমানকে একটি ধুলোর কণার মতো ছুড়ে মারছে! আপনার কাছে তিন ঘন্টার বেশি সময় নেই! আমাদের জ্বালানী ফুরিয়ে যাচ্ছে, এবং তার সাথে আমাদের শেষ সুযোগগুলিও!"

সংযোগটি একটি পপ এবং হিস্‌হিস শব্দ সহ বিচ্ছিন্ন হয়ে গেল, নাথানিয়েলকে একটি বধির, বেদনাদায়ক নীরবতায় রেখে গেল, যা তার সচেতনতার খালি জায়গায় প্রতিধ্বনিত হচ্ছিল। যখন ইলন চিৎকার করছিল, নাথানিয়েল প্রতিটি দৃশ্য তার চোখের সামনে একটি নৃশংস, অতিপ্রাকৃত স্পষ্টতার সাথে দেখছিল, যেন এটি সরাসরি তার রেটিনায় সিল করা হয়েছে, সে পলক ফেলতে, চোখ সরাতে সক্ষম না হয়ে। সে কেবল এটি দেখছিল না, বরং তার সত্তার প্রতিটি তন্তু দিয়ে এটি অনুভব করছিল – গ্রহের প্রতিটি কোণ ধ্বংসের কেন্দ্রস্থলে পরিণত হয়েছিল, এবং সে এটি অভিজ্ঞতা করছিল। সে জ্বলন্ত তাপ অনুভব করল, যা পারমাণবিক বিস্ফোরণ থেকে তার ত্বককে ঝলসে দিচ্ছিল, তাকে একটি ভূতের ব্যথা রেখে দিচ্ছিল, যা তাকে ভেতর থেকে পুড়িয়ে দিচ্ছিল। শ্বাসরুদ্ধকর ধোঁয়া এবং দুর্গন্ধময় নির্মাণ ধুলোর গন্ধ, যা তাকে শ্বাসরোধ করে দিচ্ছিল, তাকে অজ্ঞান না হওয়া পর্যন্ত কাশি দিতে বাধ্য করছিল, যখন তার ফুসফুস প্রতিটি নিঃশ্বাসে জ্বলছিল।

সে ভেঙে পড়া কংক্রিটের ভবনের নিচে চাপা পড়া হাজার হাজার মানুষের চিৎকার শুনতে পাচ্ছিল, অনুভব করছিল যে তার পায়ের নিচের মাটি কাঁপছে এবং ভেঙে যাচ্ছে, ধ্বংসের ভারে নিজেকে বিভক্ত করছে। সে পাহাড়ের মতো উঁচু ঢেউটি কল্পনা করল, যা তার দিকে ছুটে আসছে, তার শিরায় রক্ত জমে যাচ্ছিল, তাকে ভয়, অসহায়তা দ্বারা জমে দিচ্ছিল। সে ইলনের বিমানটিকে দেখল, অসহায়ভাবে ঘূর্ণিঝড় দ্বারা ছুড়ে ফেলা হচ্ছে, এবং তাদের

যন্ত্রণা অনুভব করল, যেন সে নিজেই বোর্ডে ছিল, প্রতিটি নিঃশ্বাসের জন্য, শেষ নিঃশ্বাসের জন্য লড়াই করছিল।

ইলনের প্রতিটি শব্দ তার সচেতনতায় প্রবেশ করছিল, একটি বর্ণনা হিসাবে নয়, বরং একটি নিষ্ঠুর, বাস্তব চিত্র হিসাবে, যা ঠিক এখনই অভিজ্ঞতা করা হচ্ছে, ক্ষুদ্রতম, বেদনাদায়ক বিস্তারিত পর্যন্ত, তাকে ভেতর থেকে ছিঁড়ে ফেলছিল, তাকে শ্বাসরুদ্ধ করে রেখেছিল, যা ঘটেছিল তার ভারে নিপীড়িত। এটি ছিল শেষ। চূড়ান্ত, অপ্রতিরোধ্য শেষ। তার মাথায় একটি গুঞ্জন শুরু হলো, যেন তার মাথার খুলি ফেটে যাবে, এবং সে তার কাঁপা কাঁপা হাত দিয়ে তার কপাল ধরল। ইলনের কথাগুলি প্রতিধ্বনিত হচ্ছিল, তার অপরাধবোধের একটি অশুভ প্রতিধ্বনি হয়ে উঠছিল, যা তাকে যন্ত্রণা দিচ্ছিল, তাকে শান্তি দিচ্ছিল না। সে জানত কী আসছে এবং তার চিন্তাভাবনায় মাত্রা এবং পরিণতির ঘন চিত্রটি একত্রিত হচ্ছিল, যা তাকে আরও বেশি নিচু এবং তুচ্ছ অনুভব করাচ্ছিল।

হাজার হাজার বার তারা ল্যাবরেটরিতে অ্যাপোক্যালিপ্সের মডেল তৈরি করেছিল, ধ্বংসের পথটি এঁকেছিল। কিন্তু কেউ আশা করেনি যে এটি কখনো ঘটবে, তাদের সময়ে নয়। কৃত্রিম বুদ্ধিমত্তার বিশ্লেষণাত্মক তথ্যকে অবমূল্যায়ন করা হয়েছিল, বিজ্ঞানীদের জ্ঞানকে উপেক্ষা করা হয়েছিল, মানব বোকামি এবং অহং-এর ধ্বংসাত্মক শক্তির গভীরতা বোঝা যায়নি। সে জানত: এই বিশ্বটি প্রযুক্তিগত কারণে নয়, বরং সীমাহীন মানব অহং এবং পাগলামির কারণে অভিশপ্ত ছিল, যা একটি ক্যান্সারের মতো ভেতর থেকে সভ্যতাকে খেয়ে ফেলেছিল, এটিকে একটি ফাঁপা, পচনশীল খোলসে পরিণত করেছিল, যা লোভ, আত্মকেন্দ্রিকতা এবং নিষ্ঠুরতা দ্বারা পূর্ণ ছিল। এবং এখন, মেলিনা দ্বারা ভবিষ্যদ্বাণী করা এই মারাত্মক মুহূর্তটি এসেছিল।

কেউ রক্ষা পাবে না। কেউ না। এটি অসম্ভব ছিল, কারণ প্রকৃতির উপাদানগত ক্রোধ থেকে লুকানোর কোনো জায়গা ছিল না। সভ্যতা একটি চূর্ণকারী পরাজয়ের তার পূর্ণ দুঃখজনক দীপ্তি সহ বিলীন হয়ে যাবে। কেউ ক্রুদ্ধ প্রকৃতির বিপর্যয় বা হতাশার গভীরতা ভবিষ্যদ্বাণী করতে পারেনি, যা তাদের একটি অন্ধকারের তরঙ্গের মতো গ্রাস করবে।

জীবন্ততা

নাথানিয়েল স্তব্ধ হয়ে গেল। তার শ্বাস থেমে গেল। তার ফুসফুস সংকুচিত হলো। সে আধ ঘন্টা ধরে নড়াচড়া না করে দাঁড়িয়ে ছিল, চিন্তা না করে, প্রতিক্রিয়া না করে, কেবল সেই শূন্যতায়, সেই সময়হীনতায় বিদ্যমান ছিল, যেখানে সে পড়ে গিয়েছিল। তার শরীর শক দ্বারা জমে গিয়েছিল, একটি হিমায়িত মূর্তির মতো, এবং তার কান একটি মৃত নীরবতা দ্বারা গুঞ্জন করছিল, যা তাকে বিশ্ব থেকে বিচ্ছিন্ন করে দিয়েছিল। ঠান্ডা প্রতিটি হাড়কে বিদ্ধ করছিল, তার মস্তিষ্কে পৌঁছাচ্ছিল, এটিকে জমে দিচ্ছিল, এটিকে বরফে পরিণত করছিল। তারপর তার মন ধীরে ধীরে, যন্ত্রণাদায়কভাবে, যেন একটি প্রচেষ্টার সাথে, পরিস্থিতিটি আবার বিশ্লেষণ করতে শুরু করল, টুকরোগুলি একত্রিত করতে।

সে সেই ঢেউয়ের প্রত্যাশা করছিল, যা তাকে অনন্তের মধ্যে টেনে নিয়ে যাবে, তার যন্ত্রণার অবসান ঘটাবে, তাকে নিষ্পেষণকারী অপরাধবোধ থেকে মুক্ত করবে, যা তাকে চাপ দিচ্ছিল। সে তার নিজের মৃত্যু, তার নিজের জীবন... এবং তার নিজের অসহায়তা অভিজ্ঞতা করছিল, উপলব্ধি করে যে সে কেবল ভাগ্যের একটি পুতুল ছিল, শেষটি দেখতে অভিশপ্ত, কিছু করতে সক্ষম না হয়ে, একেবারে কিছুই না।

— আমি এখনও জীবিত! – সে কর্কশভাবে বলল, তার কণ্ঠস্বর ছিল ভাঙা ইস্পাতের মতো কর্কশ, প্রায় অচেনা, কিন্তু এতে বিস্ময়ের একটি আভাস শোনা যাচ্ছিল। বিশ্বাস নয়, বরং বিশুদ্ধ, কাঁচা বিস্ময়।

তার চোখে বিস্ময় এবং সংকল্পের একটি তীক্ষ্ণ স্ফুলিঙ্গ ঝলমল করল, যা অন্ধকারকে ছিঁড়ে ফেলল, তার চোখের মণিতে জ্বলজ্বল করল। সে এটিকে একটি ব্যাখ্যাতীত প্রেরণা হিসাবে অনুভব করল, যা তার পুরো শরীরে বয়ে গেল, তাকে মুষ্টিবদ্ধ করতে বাধ্য করল, তার নখগুলি তার হাতের তালুতে বিঁধে গেল। সে নরকের মধ্য দিয়ে গিয়েছিল। এবং সে সেখান থেকে ফিরে আসছিল...

বেঁচে ছিল, অন্তত আপাতত, জীবিত ছিল। তার হৃদয় তার বুকে একটি ভারী ঘণ্টার গর্জনের মতো স্পন্দিত হচ্ছিল – আর ভয়ের নয়, বরং জীবনের জন্য একটি আহ্বান বা হয়তো... আশার জন্য একটি জীবন্ততা? তার নিজের স্পন্দনের শব্দই একমাত্র প্রমাণ ছিল যে সে এখনও বিদ্যমান, যে সে কেবল একটি প্রতিধ্বনি নয়।

---❤---

অধ্যায় ৭: মেলিনার কিংবদন্তি

আকাশ বিভক্ত হয়ে চিৎকার করার কয়েক দিন আগে, অন্ধকার পৃথিবীকে তিন অস্বাভাবিক দিনের জন্য গ্রাস করার কয়েক মাস পরে, নাথানিয়েল তার বিভ্রমপূর্ণ গুরুত্বের কোকুনে বসবাস করছিল। সে উদ্বেগজনক সংকেতের জন্য বধির ছিল না, যা দূরবর্তী বজ্রপাতের মতো প্রতিধ্বনিত হচ্ছিল। কেবল তার ব্যবহারিক মন, যুক্তির কংক্রিটের টাওয়ারে তালাবদ্ধ, ভূত নয়, বরং সুস্পষ্ট সমাধান খুঁজছিল। পারমাণবিক সংঘাতের খবরগুলি একটি দূরবর্তী পটভূমি ছিল – পর্দার উপর একটি অস্পষ্ট চিত্র। পরিচিত পরিস্থিতি সবসময় ছাড়, একটি দীর্ঘায়িত যুদ্ধবিরতি দিয়ে শেষ হতো। কখনো বাস্তব পরিণতি দিয়ে নয়।

স্থিতাবস্থা, যদিও অস্থির ছিল, এমন পরিমাণে বিচ্যুত হওয়ার কোনো বাস্তব সম্ভাবনা ছিল না। বিশ্বের বিপর্যয়গুলি তার কাছে খুব দূরবর্তী বলে মনে হয়েছিল – একটি অভেদ্য কাঁচের পিছনের একটি ছবি, শব্দ এবং গন্ধ থেকে বঞ্চিত। সে নিজেকে অপ্রাপ্য মনে করত, জনগণের "তুচ্ছ" সমস্যার উপরে, তাদের আতঙ্কের পশুর প্রবৃত্তির উপরে।

এখন, যখন কালো ধুলো একটি অশুভ বরফের মতো চাপা পড়ে থাকা সভ্যতার উপর পড়ছিল, প্রতিটি কণা কেবল তার ত্বক স্পর্শ করছিল না; এটি একটি মাইক্রোস্কোপিক সূঁচের মতো তার মধ্যে বিঁধে যাচ্ছিল। তার উপর একটি পীড়াদায়ক ওজন নেমে এল, তার বুকে একটি পাথরের মতো আটকে গেল, তার ফুসফুসকে পিষে ফেলছিল। সে শারীরিকভাবে, বাস্তবিকভাবে ভেঙে পড়া সবকিছুর ওজন অনুভব করছিল, প্রতিটি হারানো জীবনের – বিলিয়ন বিলিয়ন ভূত, এই কালো, সর্বগ্রাসী ধুলোর নিচে চাপা পড়ে ছিল।

একটি বেদনাদায়ক, জমে যাওয়া স্পষ্টতার সাথে, যা তার হাড়ের মজ্জা পর্যন্ত বিদ্ধ করছিল, নাথানিয়েল উপলব্ধি করল: সে আত্মপ্রেমের অপরাধ করেছিল, তার পুরো অর্থহীন জীবনে তার মারাত্মক সিদ্ধান্ত। সত্য তাকে এমন শক্তি দিয়ে আঘাত করল যে এটি তাকে দুটি ভাগে ভেঙে দিল, তার শ্বাস কেড়ে নিল। ব্যথা শারীরিক ছিল।

তার আঙুল, ঠান্ডা এবং ভয় দ্বারা শক্ত হয়ে গিয়েছিল, মরিয়া হয়ে ফোনের দিকে প্রসারিত হলো। সে তার দীর্ঘকাল ভুলে যাওয়া নম্বরটি একটি বন্য, উন্মত্ত প্রয়োজনের সাথে ডায়াল করল। একটি ডুবন্ত ব্যক্তির মতো, যে বাতাস খুঁজছে, কিন্তু কেবল জল পাচ্ছে। বোতামে প্রতিটি স্পর্শ যন্ত্রণাদায়ক ছিল, যেন সে গলিত সীসা স্পর্শ করছে, তার আঙুলের ডগা পুড়িয়ে দিচ্ছিল।

ফোনটি ক্রমাগত বাজছিল, বিধ্বস্ত বিশ্বের গভীর নীরবতায় বাজছিল। প্রতিটি রিং তার কান বিদ্ধ করছিল, তার খুলিকে কম্পিত করছিল। এটি তাকে বিরক্ত করছিল। এটি তার ভাগ্যকে উপহাস করছিল। সে অনুভব করছিল যে শব্দটি ঠান্ডা, ফাঁপা তার থেকে ফিরে আসছে, প্রশস্ত, নির্মম, তার নিজের বধিরতার কথা মনে করিয়ে দিচ্ছিল।

তার বুক একটি যন্ত্রণাদায়ক খিঁচুনিতে সংকুচিত হলো। তার গলা আটকে গেল। সে খিঁচুনি দিয়ে কাশি দিল, দম বন্ধ হয়ে গেল, যখন তার শরীর ব্যথায় দুটি ভাগে বাঁকছিল। তার হাঁটু নরম হয়ে গেল, যেন হাড়গুলি গলে গেছে। সে চেয়ারটি ধরে রাখল, যাতে সে অপরাধবোধের এবং ওজনের নিচে ভেঙে না পড়ে। সে পিত্ত অনুভব করল, যা তাকে ভেতর থেকে পুড়িয়ে দিচ্ছিল, তার মুখে আতঙ্কের একটি তিক্ত, ধাতব স্বাদ, যেন সে মরিচা চিবিয়েছিল। তার পুরো সত্তা কাঁপছিল, কুঁচকে যাচ্ছিল, এবং ঠান্ডা ঘাম তার পিঠ বেয়ে নেমে যাচ্ছিল, তার পোশাককে তার সাথে আটকে দিচ্ছিল।

এই মুহূর্তে, ঠান্ডা এবং সম্পূর্ণ একাকীত্ব দ্বারা আবৃত, সে সবকিছু দিতে প্রস্তুত ছিল – প্রতিটি শিরোনাম, প্রতিটি উচ্চাকাঙ্ক্ষা, সেই অহংকারের প্রতিটি কণা, যা তাকে ধ্বংস করেছিল – কেবল তার কণ্ঠস্বর শোনার জন্য। কিন্তু নীরবতা উত্তর দিল – ঘন, বধির, একটি দেয়ালের মতো, যা তাকে চিরতরে তার থেকে আলাদা করে দিয়েছিল।

মেলিনার উপহার

দুই বছর আগে, তার জন্মদিনে। নাথানিয়েল তার দিনের পর দিন একটি গুরুত্বপূর্ণ মিটিংয়ে নিমগ্ন ছিল, এমনকি তার নিজের জন্মদিনও উপেক্ষা করছিল। একটি কুরিয়ার পরিষেবা তার ব্যবসায়িক চিন্তাভাবনার প্রবাহকে বাধা দিল, তাকে একটি বড়, সাবধানে মোড়ানো বাক্স দিল। মেলিনা থেকে। তার অভিব্যক্তি ছিল টক – তার কাছ থেকে উপহারগুলি সবসময় তার কাছে খুব বেশি সংবেদনশীল, ব্যবহারিক মূল্য থেকে বঞ্চিত মনে হতো। সে তার কাঁধ ঝাঁকাল, বিরক্তি তাড়িয়ে দেওয়ার চেষ্টা করে। সে তার নিজের পূর্ববর্তী শ্রেষ্ঠত্ব থেকে সামান্য বমি বমি ভাব অনুভব করল। সম্ভবত অদ্ভুত অঙ্কন সহ আরেকটি বই, সে গোপন বিরক্তি সহ ভাবল। কিন্তু যখন সে বাক্সটি খুলল, তার হৃদয় এক মুহূর্তের জন্য কেঁপে উঠল, তার নিজের কাছে অপ্রত্যাশিতভাবে।

ভিতরে, একটি নরম লিনেন কাপড়ে মোড়ানো, একটি ছবি ছিল – একটি তপস্বী সরলতা সহ, কিন্তু একটি অনস্বীকার্য, সম্মোহক কমনীয়তা সহ। তার পাশে একটি ছোট, হাতে বাঁধাই করা হার্ডকভার বই ছিল – সম্পূর্ণরূপে তার কাজ, তার অঙ্কন এবং অদ্ভুত, প্রায় ভুলে যাওয়া প্রতীক সহ পাঠ্য দ্বারা পূর্ণ। একটি স্ক্রোলও ছিল, যা একটি শণের সুতো দিয়ে বাঁধা ছিল। যখন সে স্ক্রোলটি খুলল, মেলিনার হাতের লেখা তাকে বিদ্ধ করল। তার কণ্ঠস্বর তার মাথায় বাজল, একটি ঘণ্টার শব্দের মতো স্পষ্ট:

— প্রিয় নাথানিয়েল, আমি জানি যে আপনি এটি হয়তো অনুতাপ থেকে দেওয়ালে ঝুলিয়ে দেবেন, অথবা কেবল এটি নান্দনিকভাবে পছন্দ করার কারণে। কিন্তু আমি আশা করি যে একদিন আপনি তার পৃষ্ঠের বাইরে তাকাবেন। 'বনের গাছগুলো দেওয়ালে একটি ছবিতে পরিণত হবে' – এটিই চাবি। এবং বইটিতে আশার বীজ রয়েছে, শেষ অঙ্কুর। সবকিছু সেখানে আছে, দুর্গম গভীরতায় লুকিয়ে। যখন সময় আসবে, আপনি বুঝতে পারবেন। আমি আপনাকে ভালোবাসি।

সে সেই স্বাভাবিক, সহজাত অবজ্ঞার সাথে হেসেছিল, যা যেকোনো শব্দের চেয়ে বেশি হত্যা করে। কতবার সে তার ভবিষ্যদ্বাণীমূলক স্বপ্ন, "ভবিষ্যতকে দুর্গম গভীরতায় সংরক্ষণ" সম্পর্কে তার "ফ্যান্টাসি" শুনেছিল? হাজার বার। এবং হাজার বার সে সেগুলিকে প্রত্যাখ্যান

করেছিল, অলৌকিকতার, অযৌক্তিক ব্যাখ্যার যেকোনো সম্ভাবনার সামনে তার সচেতনতার দরজা বন্ধ করে দিয়েছিল। তার নিজের উচ্চাকাঙ্ক্ষা দ্বারা অন্ধ, মহত্ত্বের জন্য তার উন্মত্ত তাড়না দ্বারা, সে সবসময় মনে করত যে তার উপহারগুলিতে তার "গোপন উদ্দেশ্য" কেবল তার প্রতিরোধ ভাঙার জন্য নিষ্পাপ মহিলাদের কৌশল ছিল। সে তাকে এবং তার অনুভূতিগুলিকে বহুবার উপেক্ষা করেছিল এবং প্রত্যাখ্যান করেছিল।

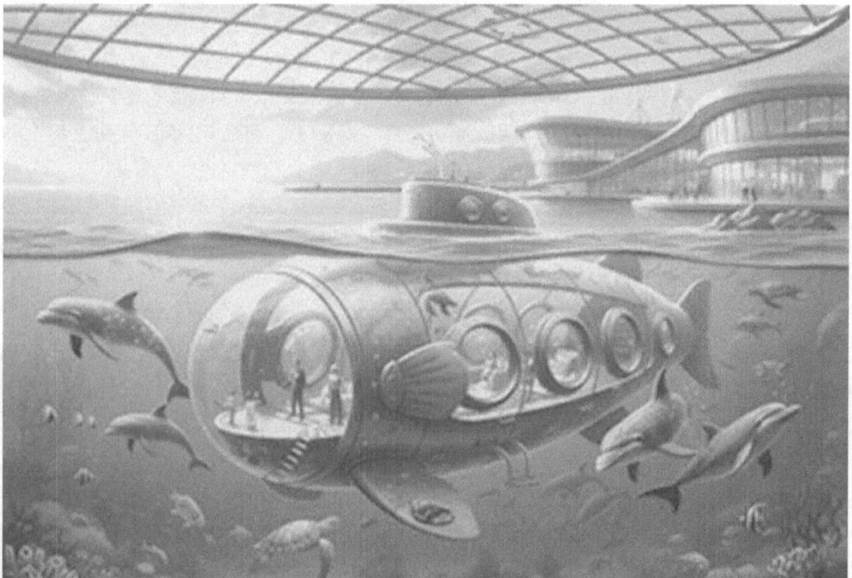

ধাঁধাটি সমাধান করা

কিন্তু এখন... তার মধ্যেকার জীবন্ততা একটি উপায় খুঁজছিল, মরিয়া হয়ে, একটি আটকে থাকা পশুর মতো, যা তার নিজের ফাঁদ চিবিয়ে খাচ্ছিল। সে অ্যাড্রেনালিনের একটি ঢেউ অনুভব করল, পরিত্রাণের জন্য একটি কাঁচা, আদিম আশা, যা হতাশার কুয়াশাকে বিদ্ধ করল। একটি চিন্তা বজ্রপাতের মতো তাকে বিদ্ধ করল: মেলিনা থেকে সেই রাতের বার্তা, যে সে তার প্রকল্পটি শেষ করেছে। যে সে সফল হয়েছে। এবং যখন মুহূর্তটি আসবে, এটি তাকে বাঁচাবে। এটি তাকে, তার সন্তানদের এবং তার নাতি-নাতনিদের বাঁচাবে – দুর্ভাগ্যবশত, কেবল তাদের জন্য জায়গা আছে।

সে মনে করল যে সে "আশার বীজ" নামে কিছু সম্পর্কে কথা বলেছিল। কিন্তু এটি ঠিক কী ছিল? এবং কোথায়? আবারও তখন, সে তাকে বিদ্রূপ দিয়ে, একটি উদাসীন বাক্য দিয়ে উত্তর দিল, যা তাকে অমানবীকরণ করে তুলল। আবারও সে তার মধ্যে এই অনুভূতিটি রেখে গেল যে প্রেম একটি তুচ্ছ শ্বাস ছিল। যে এটি কেবল একটি বিরক্তিকর বাধা ছিল। যে সে আবেগ থেকে পরিচালিত হয়। তার প্রতিটি চেষ্টা তাকে এই চ্যালেঞ্জে জড়িত করার জন্য ব্যর্থ হবে। যে সে স্বয়ংসম্পূর্ণ ছিল। সে বার্তাটি মুছে দিল। সে তাকে উত্তর দিল না। সে সেই পরজীবীকে তাড়িয়ে দিল, যা তার আত্মাকে খোঁচাতে চেষ্টা করছিল – কোমলতা, সহানুভূতি, মানবতা। সে তাকে খুঁজেনি, বরং তার নতুন অগ্রাধিকারগুলিতে ঝাঁপিয়ে পড়ল – তার অহংকারের এবং ক্ষমতা ও নিয়ন্ত্রণের জন্য তার সম্প্রদায়ের অন্তহীন তৃষ্ণা পূরণ করতে।

এখন তার মস্তিষ্ক পাগলের মতো কাজ করছিল, যেন এটি হারানো সময় পূরণ করার চেষ্টা করছিল, তার নিজের ভুলে যাওয়া থেকে স্মৃতি খনন করতে। সে তার সমস্ত বিরক্তিকর যুক্তি এবং ব্যাখ্যা মনে করার চেষ্টা করছিল, যা সে অসম্ভব হিসাবে প্রত্যাখ্যান করেছিল, তার নিজের সঠিকতায় নিশ্চিত হয়ে।

শেষ সুযোগ

এখন সে বুঝতে পারছিল যে সে তার জীবনে সবচেয়ে বড় ভুল করেছে। সে আবার তার নম্বরটি ডায়াল করল, কিন্তু ফোনটি গভীর নীরবতায়, মৃত ইথারে বাজছিল, যেন যন্ত্রণাদায়ক বিশ্ব এটিকে গ্রাস করছিল। তার হৃদয় ব্যথা এবং অনুতাপ দ্বারা সংকুচিত হচ্ছিল, একটি নিষ্ঠুর উপলব্ধি থেকে।

সে মনে করল যে সে তার লেখায় অদ্ভুত প্রতীক দেখেছিল। কীভাবে সে প্রাচীন জ্ঞান এবং গোপনীয়তার হস্তলিপি সম্পর্কে কথা বলত। এটি কি সম্ভব ছিল যে সে মানবজাতিকে বাঁচানোর একটি উপায় খুঁজে পেয়েছে? এবং সে এখন কোথায় ছিল, যখন তার তাকে সবচেয়ে বেশি প্রয়োজন ছিল? সে তার সমস্ত রহস্যময় বার্তা এবং স্বপ্নগুলি পাঠোদ্ধার করার চেষ্টা করছিল, তাদের অর্থ বোঝার চেষ্টা করছিল। সে কল্পনা, ধারণা এবং প্রকল্পের পুরো প্যালেটটি বিশ্লেষণ করার চেষ্টা করছিল...

সে তাকে দুই বছর ধরে দেখেনি। সে কী করেছে? সে কোথায়?!

তখন, এক মুহূর্তের জন্য, কিছু ঝলমল করল। যেন এটি একটি জ্ঞান ছিল, যা অন্ধকারকে ছিঁড়ে ফেলল। তার আত্মায় শান্তি এবং নীরবতা নেমে এল – বেদনাদায়ক, কিন্তু মুক্তিদায়কও। মোজাইকের টুকরোগুলির মতো, সমস্ত উপাদান একটি নিখুঁত সমগ্রে মিশে গেল। সেই কুখ্যাত রায়, যা সে একটি মন্ত্র হিসাবে পুনরাবৃত্তি করত: "...দেওয়ালে একটি ছবিতে," তার একটি ফাটল খুঁজে পেল এবং তার চিন্তাভাবনায় বাসা বাঁধল, সত্যকে বিস্ফোরিত করে।

সে তার অফিসের দেওয়ালে ছবির দিকে তাকাল। এটি ঠিক সেই ছবি ছিল – তার জন্মদিনের জন্য তার শেষ উপহার। তার উপহারগুলি তার কাছে এত বিরক্তিকর এবং বিরক্তিকর হয়ে গিয়েছিল, কিন্তু সে তাদের সহানুভূতি থেকে গ্রহণ করত। সে ছবিটি পছন্দ করেছিল এবং এটি তার দেওয়ালে ঝুলিয়েছিল। সে অনন্য নমুনার একজন সংগ্রাহক ছিল, এবং এটি তাকে স্টাডির সরলতা দিয়ে, এমন একটি লুকানো শক্তি দিয়ে মুগ্ধ করেছিল, যা সে তখন নাম দিতে পারত না।

সে কি একটি দানব ছিল! এই চিন্তাটি তার গলায় পিত্ত উঠতে অনুভব করাল, যা তাকে অ্যাসিডের মতো খেয়ে ফেলছিল। মরিয়া হয়ে উত্তর খুঁজছিল, এখন সে যন্ত্রণাদায়কভাবে তার স্মৃতিগুলি সমাধান করছিল, ঠিক তার এই উদ্দেশ্যগুলিতে। প্রতিটি শব্দ, প্রতিটি দৃষ্টি, যা তারা বিনিময় করেছিল, এখন একটি নতুন অর্থ পেয়েছিল। এটি একটি গোপন বার্তা পাঠোদ্ধার করার মতো ছিল, যা তার সচেতনতার গভীরতায় লুকিয়ে ছিল, যা সে নিজেই তালাবদ্ধ এবং গভীরভাবে চাপা দিয়েছিল।

সে যত বেশি অনুসন্ধানে গভীর হচ্ছিল, তত বেশি সে নিশ্চিত হচ্ছিল যে সত্য ছবির মধ্যে আছে, আবিষ্কার হওয়ার অপেক্ষায়। তাকে কেবল এটিকে অন্য চোখ দিয়ে দেখতে হয়েছিল – ভালবাসার চোখ দিয়ে, যা এতদিন তার কাছে অপরিচিত ছিল, অহং দ্বারা অন্ধ ছিল। সে তার সমস্ত মনোযোগ এবং অন্তর্দৃষ্টি দিয়ে এটির উপর মনোনিবেশ করল, এনকোড করা অর্থটি প্রকাশ করতে। সে সেই ইউটোপিয়াটি স্পষ্টভাবে মনে করল, যা সে তাদের ভাগ করে নেওয়ার শুরু থেকে আঁকত, যেখানে তারা একে অপরের সাথে দেখা করবে – কোনো এক সময়, কেবল

এক মুহূর্তে নিজেদের আবিষ্কার করার জন্য। সে সবসময় "একটি কাঁচের গম্বুজের নিচে আত্মার মিলন" সম্পর্কে কথা বলত। এবং সে অ্যাকাউন্ট, নতুন সম্পত্তির চুক্তি এবং প্রযুক্তিগত বিলাসিতার উজ্জ্বলতার মিলন সম্পর্কে চিন্তা করত।

এবং এখন, তার সামনে, ক্যানভাসের উপর একটি ভারী ধাতব মেশিন নিপুণভাবে চিত্রিত করা হয়েছে, একই স্বচ্ছ কাঁচের গম্বুজ সহ, একটি অন্তহীন জলের বিস্তারে নিমজ্জিত। এটি একটি আধুনিক, মার্জিত, সাবমেরিন ছিল – একটি জটিল, প্রতিভাশালী নির্মাণ। সে আগে কখনো তার বিস্তারিত লক্ষ্য করেনি, তার নিজের গুরুত্বে নিমজ্জিত ছিল। ছবিটি তাকে এমন একটি বিশ্বে নিয়ে যাচ্ছিল, যেখানে অতীত, বর্তমান এবং ভবিষ্যৎ মিশে গিয়েছিল। সাবমেরিনটি, নূহের জাহাজের মতো, সেই বন্যার থেকে পরিত্রাণের প্রতিশ্রুতি দিচ্ছিল, যা তাদের ইতিমধ্যেই গ্রাস করে ফেলেছিল।

কিন্তু এটি কি কেবল তার কল্পনার ফল ছিল, নাকি এমন একটি জায়গা সত্যিই অস্তিত্বে ছিল? সে তাকে যে ভালবাসা দিয়েছিল, তা ছিল একটি মানচিত্রের মতো, যা দুজনকে একটি গুপ্তধনের দিকে নিয়ে যাচ্ছিল। সে এটিকে চিহ্ন দিয়ে পূর্ণ একটি যাত্রায় পরিণত করেছিল। সে প্রতীক এবং ধাঁধা দ্বারা তার পথ আঁকছিল।

সাবমেরিনটি, কাঁচের গম্বুজটি, তার বিলীন হওয়া – এই সবগুলি ধাঁধার টুকরো ছিল, যা সে একত্রিত করতে পারত, যদি সে আগে তাকাত। এখন তাকে একমাত্র সম্ভাবনা বিশ্বাস করতে হয়েছিল। কিন্তু এই সাবমেরিনটি কোথায় ছিল? এই জায়গাটি কী ছিল, যা তাদের বাঁচাবে?

প্রশ্নগুলি তাকে কষ্ট দিচ্ছিল, কিন্তু একই সাথে তাকে একটি বন্য, নতুন আবিষ্কৃত আশা দিয়ে পূর্ণ করছিল। কোনো সময় নেই! সে কেঁপে উঠল, উপলব্ধি করে যে তার কত কম সময় বাকি আছে। সে কেঁপে উঠল। এটি বাস্তবতা ছিল।

মেলিনা তার কাজে এত ব্যবহারিক ছিল, কিন্তু সে কেবল এখনই এটি উপলব্ধি করছিল। স্পষ্টতই সে কেবল তার বাহ্যিক প্রতিফলন দেখেছিল। তার মনে স্মৃতিগুলি ঝলসে উঠল যে সে কীভাবে তার প্রতিটি লক্ষ্য অধ্যবসায় এবং অবিশ্বাস্য উচ্চাকাঙ্ক্ষা দিয়ে পূরণ করত, যা তখন তার কাছে কেবল মহিলাদের খেয়ালের মতো মনে হতো। সে তার আকাঙ্ক্ষার বিস্তারিত বিষয়ে উদ্দেশ্যমূলক এবং মনোযোগী ছিল। সে সবসময় যা চাইত তা পেত, এমনকি যদি তাকে মানুষ এবং ঘটনা পুনরায় তৈরি করতে হতো।

সে নিশ্চিত ছিল যে সে কোথাও একটি গম্বুজ সহ এই সাবমেরিনটি তৈরি করেছে। এবং এখন, সেই সমস্ত সময়, যা সে তাকে একসময় প্রতিশ্রুতি দিয়েছিল – সেই অন্তহীন ভবিষ্যতের মুহূর্তগুলি – একটি মুহূর্তের সংক্ষিপ্ততায় লুকিয়ে ছিল, যা তার কাছে এটিকে খুঁজে বের করার জন্য ছিল। নিজেকে নয়, বরং তার সন্তানদের, তার নাতি-নাতনিদের... এবং মানব জিনোমকে বাঁচাতে।

তার মন তাকে যৌক্তিকভাবে চিন্তা করতে বলছিল, কেবল তার কথায় নয়, বরং তার সমস্ত অঙ্গভঙ্গিতেও চিহ্ন খুঁজতে বলছিল। সে প্রায় নিশ্চিত ছিল যে সে তাকে পরিত্রাণের অবস্থানটি বারবার বলেছে। আবেগগুলি তাকে একটি ঘন, নিরবচ্ছিন্ন কুয়াশার মধ্যে টেনে নিয়ে যাচ্ছিল। সমুদ্র – অন্তহীন, গ্রাসকারী সমুদ্র – একমাত্র স্পষ্ট সুতো ছিল, যা সমস্ত ছড়িয়ে ছিটিয়ে থাকা উপাদানগুলিকে সংযুক্ত করছিল। কিন্তু ঠিক কোথায়, এই অন্তহীন জলের বিস্তারে, তাদের শেষ পরিত্রাণ লুকিয়ে ছিল? এটি কি যথেষ্ট কাছে ছিল, যাতে সে সময়মতো পৌঁছাতে পারে? কোনো পুরনো ছবি? হয়তো সে তার সচেতনতার গভীরে অবস্থানটি এনক্রিপ্ট করেছিল। — হ্যাঁ... একটি ছবি!

অজানায় পালানো

তার প্রতিক্রিয়া ছিল সহজাত, আদিম, যেকোনো যৌক্তিক চিন্তা থেকে মুক্ত, একটি মরিয়া আশা দ্বারা পরিচালিত। সে তার খালি অফিস থেকে কোনো মূল্যবান জিনিস নেয়নি, যেন বস্তুগত জিনিসগুলি ইতিমধ্যেই তাদের সমস্ত অর্থ হারিয়ে ধুলোয় পরিণত হয়েছে। সে দরজার দিকে ছুটে গেল, আশার শেষ সুতো দ্বারা পরিচালিত, যা তাকে একটি অদৃশ্য চুম্বকের মতো টেনে নিয়ে যাচ্ছিল।

— আমার কিছুর জন্য সময় নেই! – সে কর্কশভাবে বলল, যখন তার অভ্যন্তরীণ বিশৃঙ্খলা জরুরি অবস্থার ক্রমবর্ধমান অনুভূতির সাথে লড়াই করছিল। দলিল, জামাকাপড়, খাবার, জল সম্পর্কে চিন্তাগুলি একটি একক, জ্বলন্ত নিশ্চিততায় দ্রবীভূত হলো: – আমার সেখানে কিছুর প্রয়োজন নেই, যেখানে আমি আশা করি যে আমি যাব!

ছায়া দ্বারা গ্রাসিত গ্যারেজে, পেট্রোল এবং তেতো ধোঁয়ার ভারী গন্ধ দ্বারা পূর্ণ, নাথানিয়েল এক মুহূর্তের জন্য চকচকে গাড়ির সারির সামনে দ্বিধা করল। তার দৃষ্টি নীরব বৈদ্যুতিক জন্তুটির উপর স্থির হলো – সেই একই যা সম্পর্কে মেলিনা তাকে বহু বছর আগে ভবিষ্যতের একটি প্রায় ভবিষ্যদ্বাণীমূলক অন্তর্দৃষ্টি সহ বলেছিল। তার হৃদয় পাগলের মতো স্পন্দিত হচ্ছিল, যখন সে এটির দিকে দৌড়াচ্ছিল, তার ফোনের জ্বলজ্বলে পর্দার দিকে তাকিয়ে – এই ভেঙে পড়া বিশ্বের তার একমাত্র ডিজিটাল গাইড ছিল একটি ছবি, পরিত্রাণের একটি অস্পষ্ট প্রতিশ্রুতি।

শ্বাসরোধকারী ধুলো এবং তেতো ধোঁয়ার দুর্গন্ধ বিভক্ত বাতাসকে পূর্ণ করছিল। প্রতিটি নিঃশ্বাস একটি তীক্ষ্ণ, বিদ্ধকারী ব্যথা ছিল, যা তার ফুসফুসকে ছিঁড়ে ফেলছিল এবং পুড়িয়ে দিচ্ছিল। আহত সূর্যটি একটি ম্লান, মরতে থাকা অঙ্গারের মতো ফ্যাকাশে এবং শক্তিহীনভাবে জ্বলজ্বল করছিল, ঘন মেঘের মধ্য দিয়ে, যা তার অন্ধকার, নীরব নাচে রাস্তাগুলিকে গ্রাস করে নিয়েছিল। তার কানে মেলিনার স্পষ্ট, আবেশকারী কথাগুলি বাজছিল, যা নিচে লেখা ছিল: "আমার চুলে সূর্যোদয় দেখছ... আমি তোমার জন্য অপেক্ষা করছি!" সে তার স্মৃতিতে খোদাই করা জায়গাটি চিনত। তার চোখ তার ফোনের ম্লান পর্দার দিকে স্থির ছিল, যা একটি অস্পষ্ট, কিন্তু মারাত্মক ছবি দেখাচ্ছিল – জাগরণের একটি বিরক্তিকর গর্জন।

কোনো দ্বিধা ছাড়াই, সে স্টার্টার চালু করল। বেঁচে থাকা রাস্তাগুলি উন্মত্ত মানুষ দ্বারা পরিপূর্ণ ছিল, লক্ষ্যহীনভাবে ঘুরছিল, একটি দুঃস্বপ্নে ভূতের মতো। ভবনগুলি কর্কশ শব্দ করে ভেঙে পড়ছিল, এবং অ্যাম্বুলেন্সের তীক্ষ্ণ চিৎকার নীরবতার অবশেষকে ছিন্নভিন্ন করে দিচ্ছিল, যা আর নীরবতা ছিল না, বরং বিশুদ্ধ, অপ্রতিরোধ্য বিশৃঙ্খলা ছিল। এক মুহূর্তের জন্য তার মনে হলো যে সে পৃথিবীর নরকে পড়ে গেছে। উত্তেজনা তাকে শ্বাসরোধ করছিল। যানবাহন এবং ভিড়ের একটি গোলকধাঁধার মধ্য দিয়ে যন্ত্রণাদায়কভাবে ধীরে ধীরে চলার পরে, নাথানিয়েল অবশেষে তার ছেলের এককালের বাড়ির ধ্বংসাবশেষে পৌঁছাল – ধ্বংসাবশেষের একটি আকারহীন স্তূপ, যা থেকে ধোঁয়ার একটি পাতলা, বেদনাদায়ক সুতো উঠছিল।

— শুধু আমাকে বিশ্বাস করো! – সে চিৎকার করল, তার কণ্ঠস্বর আবেগ দ্বারা আঁচড়ানো, কিন্তু নতুন জন্ম নেওয়া বিশ্বাসের একটি ইস্পাতের সুতো সহ। – আশা আছে!

— লিয়া এখানে নেই! – অ্যান্থনি চিৎকার করল, তার কণ্ঠস্বর হিস্টিরিয়ার কিনারায় কাঁপছিল। – আমাদের তার বাড়িতে যেতে হবে! আমি তাকে এই নরকে ছেড়ে যাব না!

নাথানিয়েল স্টিয়ারিং হুইলটি শক্ত করে ধরল, যতক্ষণ না তার গাঁটগুলি সাদা হয়ে গেল।
— আমি জানি, বাবা। আমি জানি। কিন্তু সময় আমাদের চাপ দিচ্ছে।

সে অ্যান্থনিকে, উত্তেজিত এবং ক্রোধে আচ্ছন্ন, গাড়িতে তুলে নিল, যার সামনের জানালা একটি মাকড়সার জালের মতো ফাটল ছিল। তার মেয়ে, সারাহ, এবং তার জামাই, মাইকেল,

তাদের তিন সন্তানকে একসাথে চেপে ধরেছিল, অন্য একটি গাড়িতে তাদের অনুসরণ করল। নাথানিয়েল তাদের হতাশা এবং শক্তি দিয়ে আদেশ দিল: — কাছে থাকো! বিচ্যুত হয়ো না! একটি ভুল এবং এটি আমাদের ধ্বংস করে দেবে।

তারা উন্মত্ত গতিতে যাত্রা শুরু করল, দন্তযুক্ত ধ্বংসাবশেষের উপর একটি অশুভ নাচ নাচছিল। ভবনগুলি, একসময় গর্বের প্রতীক ছিল, এখন ছিঁড়ে গেছে এবং জ্বলছিল, কালো মেঘ নির্গত করছিল। কুয়াশা, চিটচিটে এবং শ্বাসরোধকারী, তাদের উপর ছড়িয়ে পড়ছিল, জীবনের শেষ স্ফুলিঙ্গকে আবৃত করে দিচ্ছিল।

— সে ওখানে! – অ্যান্থনি চিৎকার করল, একটি ভেঙে পড়া ভবনের দিকে ইশারা করে, যা থেকে কেবল একটি দেয়াল দাঁড়িয়ে ছিল।

নাথানিয়েল ব্রেক কষল, গাড়িটি একটি তীক্ষ্ণ, বেদনাদায়ক ঘর্ষণ শব্দ সহ স্লিপ করল। তারা লিয়াকে খুঁজে পেল, কোণে কুঁচকানো, তার মুখ ধুলোয় আবৃত, তার চোখ – প্রশস্ত খোলা, কিন্তু হারিয়ে গিয়েছিল, একটি ভূতের মতো। সে অপ্রতিরোধ্যভাবে কাঁপছিল। অ্যান্থনি তাকে জড়িয়ে ধরল, তাকে শান্ত করার জন্য ফিসফিস করে বলল, যা বিশৃঙ্খলায় হারিয়ে যাচ্ছিল।

— আমাদের যেতে হবে! – সারাহ চিৎকার করল, তার কণ্ঠস্বর আতঙ্কে ভেঙে গিয়েছিল।

কিন্তু তখনই, ধ্বংসাবশেষের ছায়ায়, তারা কিছু লক্ষ্য করল। একটি ছোট মূর্তি, ধ্বংসাবশেষের মধ্যে বসেছিল। একটি মেয়ে, পাঁচ বছরের বেশি নয়, একজন নবীর মতো পুরানো চোখ সহ, এবং তার বুকে একটি প্লাশ খেলনা চেপে ধরেছিল। শিশু

---❤---

অধ্যায় 10: পুনরুত্থিত বিশ্বের দুর্গন্ধ

নয়টি যন্ত্রণাদায়ক মাস। হতাশা এবং ভেঙে পড়া উদাসীনতার মধ্যে প্রসারিত আশার নয়টি চক্র। "নটিলাস" – আমাদের শেষ, ধাতব যন্ত্র – কেবল গর্জন করে বেরিয়ে আসেনি। এটি একটি পুনরুত্থিত পশুর গর্জনে ধূসর, আঠালো পৃষ্ঠের ঝিল্লি ভেদ করে বেরিয়ে এসেছিল, যা

হাজার বছরের ঘুমের পর তার প্রথম শ্বাস নিচ্ছিল। আলো! উজ্জ্বল নয়, কিন্তু প্রাকৃতিক, কাঁচের গম্বুজ ভেদ করে আসছিল, যেন পচা বিশ্বে একটি অদৃশ্য ফাটল খুলে গেছে। বাতাস, যা কিছুদিন আগেও পোড়া মাংস এবং ছাইয়ের দুর্গন্ধ বয়ে আনছিল, এখন অপবিত্র পৃষ্ঠকে আদর করছিল, বিষাক্ত মেঘের শেষ, আঠালো অবশেষ ছড়িয়ে দিচ্ছিল। বৃষ্টি, একটি একঘেয়ে, ক্লান্তিকর অধ্যবসায় সহ পড়ছিল, আর একটি অ্যাসিডের চাবুক ছিল না, বরং একটি ঠান্ডা, অন্তহীন কান্না ছিল, যা আঠালো ধুলো ধুয়ে ফেলছিল, যা বিশ্বকে লুকিয়ে রেখেছিল, তার কুৎসিত, বিকৃত সত্যটি প্রকাশ করে দিচ্ছিল।

আকাশ বর্ণহীন ছিল, ধূসর, একটি ম্লান স্মৃতির মতো, কিন্তু সেই শ্বাসরোধকারী, মারাত্মক ঘনত্ব অনুপস্থিত ছিল, যা আত্মাকে অতল গহ্বরের দিকে টেনে নিয়ে যেত। আমরা জীবিত ছিলাম। নরকে, আমরা জীবিত ছিলাম! কিন্তু কোনো উল্লাস ছিল না। প্রতিটি নিঃশ্বাস তার সাথে পচনশীল আশা এবং পোড়া বিভ্রমের গন্ধ বয়ে আনছিল। কয়েক দশকের পারমাণবিক শীতের দুঃস্বপ্নময় দৃশ্য তাদের সম্পূর্ণ ধ্বংসাত্মক মাত্রায় বাস্তবায়িত হয়নি। কিছু ঘটেছিল। একটি অপ্রত্যাশিত হস্তক্ষেপ – ভাগ্য? সিস্টেমে একটি ত্রুটি? অথবা হয়তো... একটি মহাজাগতিক ইচ্ছা, যা মানুষের বোঝার বাইরে? – বেশিরভাগ ক্ষেপণাস্ত্র উৎক্ষেপণকে ব্যর্থ করে দিয়েছিল। এই চিন্তাটি একটি বজ্রপাতের দ্বারা ফাটা একটি ঘণ্টার মতো আমার মনে বাজছিল, একটি একক, নিষ্ঠুর প্রশ্ন নিয়ে আসছিল: "কেন ঠিক আমাদের বাঁচানো হয়েছে? এবং কেন? কে? এটা কি ঈশ্বর ছিলেন? তার শক্তি কি ক্ষেপণাস্ত্রগুলির গতিপথ পরিবর্তন করেছিল? মেলিনা সবসময় বলত যে চেতনার বাস্তবতার উপর একটি শারীরিক ছাপ আছে... কিন্তু এখন কে এটা বিশ্বাস করতে পারে, যখন বিশ্ব একটি বিশাল, ধোঁয়া ওঠা কবরস্থান ছিল?"

ভয়ের ছন্দ

ক্রুদ্ধ সমুদ্রের বন্দী, সাবমেরিনটি একটি আহত, ধাতব তিমি মায়ের মতো ভাসছিল, যা ঠান্ডা জলে রক্তপাত করছিল, এবং প্রতিটি ফোঁটা একটি নীরব আর্তনাদ ছিল। ধাতুটি একটি তীক্ষ্ণ, যন্ত্রণাদায়ক শব্দ সহ গর্জন করছিল প্রতিটি নতুন সংঘর্ষে পানির স্রোতের সাথে – একটি মরণশীল দৈত্যের আর্তনাদ, যা আত্মসমর্পণ করতে অস্বীকার করে। জিপিএসগুলি নিরর্থকভাবে উপগ্রহ থেকে সংকেত ধরার চেষ্টা করছিল – আকাশ একটি শুকনো মস্তিষ্কের মতো মৃত ছিল। ইথার – জীবন থেকে খালি একটি গলার মতো খালি ছিল। পুরুষরা অদম্য হাইড্রোলিক সিস্টেমের সাথে লড়াই করছিল; তাদের কপাল থেকে ঘাম ঝরছিল, যখন তাদের আর্তনাদ корпуসে প্রতিধ্বনিত হচ্ছিল, মাতাল মাছের মতো ভাসমান সাবমেরিনের ভারসাম্য ফিরিয়ে আনার চেষ্টা করছিল। সেন্সরগুলি, তাদের সীমার বাইরে ওভারলোড হয়ে, একটি স্নায়বিক, আবেশকারী গুঞ্জন নির্গত করছিল – একটি পাগলামির শব্দ, যা ইস্পাতের দেয়ালের পিছনে লুকিয়ে ছিল। তাদের পর্দাগুলি সাদা শব্দ দ্বারা আবৃত ছিল, চোখকে ব্যথা পর্যন্ত বিরক্ত করছিল, যেন তারা কুৎসিত সত্যটি দেখাতে অস্বীকার করছিল। যন্ত্রের প্রতিটি কম্পন ছিল একটি শান্ত, অভ্যন্তরীণ ভয়ের কারণ, যা আমার পেটে বাসা বাঁধছিল, এটিকে অ্যাসিডের মতো খেয়ে ফেলছিল, যা ধীরে ধীরে তোমাকে দ্রবীভূত করে।

আমরা অভিশপ্ত ছিলাম। সবাই। এবং আমরা এটি আমাদের শরীরের প্রতিটি কোষ দিয়ে, আমাদের পেটের প্রতিটি সংকোচন দিয়ে জানতাম।

হতাশ আশার নোনা স্বাদ

যেন একটি নীরব আচার-অনুষ্ঠানে, আমরা সবাই ডিম্বাকৃতি টেবিলের চারপাশে বসেছিলাম, সংরক্ষিত শাকসবজি এবং মাংসের সাথে অল্প পরিমাণে রাতের খাবার খাচ্ছিলাম।

স্বাদটি ছিল একঘেয়ে, মুখহীন, একটি পুরানো নিঃশ্বাসের মতো, কোনো স্পষ্ট সুবাস ছাড়াই – কেবল পেটের জন্য একটি পচা, যেকোনো আনন্দ থেকে বঞ্চিত, জীবনের যেকোনো স্ফুলিঙ্গ থেকে বঞ্চিত। আমাদের হাত একসাথে, ঘর্মাক্ত, প্রত্যেকে তার নিজের দুঃস্বপ্নে মগ্ন, আমরা প্রার্থনায় পরিত্রাণ খুঁজছিলাম। আমাদের কণ্ঠস্বর চাপা ছিল, কিন্তু আন্তরিক, মরণশীল আশার ফিসফিসানির মতো, যা নীরব হতে, বিলীন হতে অস্বীকার করে।

আমি, নাথানিয়েল, আমার চোখ বন্ধ করলাম এবং দায়িত্বের ওজন অনুভব করলাম, যা আমাকে চাপ দিচ্ছিল – বিশাল এবং শ্বাসরোধকারী। আমি নিজেকে নূহের মতো অনুভব করছিলাম, যিনি তার ছোট জাহাজকে ধ্বংসের বন্যার মধ্য দিয়ে নিয়ে গিয়েছিলেন। কিন্তু এটি কি বিজয় ছিল? নাকি কেবল একটি অস্থায়ী অবকাশ, যা ভাগ্য থেকে ভিক্ষা করা হয়েছিল, বিশ্বের মূল্যে কেনা হয়েছিল? মৃত্যুর চৌকাঠ অতিক্রম করা হয়েছিল। কিন্তু এর বাইরে কি ভঙ্গুর আশা বা অজানা একটি অতল গহ্বর দ্বারা পূর্ণ একটি পথ প্রকাশিত হচ্ছিল, যেখানে সবচেয়ে দুর্বল আলোও চিরতরে ম্লান হয়ে যেতে পারে? ঘরে এই অকথিত প্রশ্নগুলির দ্বারা বাতাস ভারী হয়ে উঠছিল। প্রতিটি নিঃশ্বাস সীসার মতো ভারী ছিল, অজানার তিক্ততা দ্বারা পূর্ণ ছিল।

ভয়। নীরবতা। নিয়তি।

এই ক্ষণস্থায়ী মুহূর্তে আমাদের ভবিষ্যৎ কুয়াশায় আবৃত ছিল, যা মৃত্যুর আগের ধোঁয়ার চেয়েও ঘন ছিল। ভয়ংকর অতীত তখনও আমাদের আত্মার উপর একটি অশুভ, ঠান্ডা ছায়ার মতো ভারী ছিল, প্রতিটি হারানো হাসি, প্রতিটি অনুপস্থিত কণ্ঠস্বরের কথা মনে করিয়ে দিচ্ছিল। আমাদের হৃদয় অনিশ্চয়তার সাথে একটি স্নায়বিক, সুসংগত তালে স্পন্দিত হচ্ছিল – এই নতুন বিশ্বে একমাত্র ধ্রুবক ছন্দ। এবং আমাদের মন হাজার হাজার প্রশ্ন দ্বারা পাগলের মতো ছিঁড়ে যাচ্ছিল, দুর্ভেদ্য অন্ধকারে উত্তর খুঁজছিল। আমি আমার মুখে একটি তেতো স্বাদ অনুভব করলাম এই প্রশ্নগুলি থেকে, যা আমাকে ভেতর থেকে খেয়ে ফেলছিল:

— কেন ঠিক আমাদের বেঁচে থাকার জন্য নির্বাচিত করা হয়েছিল? এটি কি একটি আশীর্বাদ নাকি একটি অভিশাপ? — যখন সভ্যতা ধ্বংস হয়ে যায় তখন মানুষ হওয়া মানে কী? আমরা কে, যখন আমরা সবকিছু হারিয়েছি? — বাইরে আমাদের জন্য কী অপেক্ষা করছে? আমরা কি আবার সূর্য দেখতে পাব, নাকি কেবল একটি মৃত, তেজস্ক্রিয় আকাশ? — মানবজাতির ভবিষ্যৎ কী, যা একটি ধাতব কফিনে ভাসমান অল্প কিছু বেঁচে থাকা মানুষের মধ্যে হ্রাস পেয়েছে? চিরতরে বন্দী, নাকি এর চেয়ে বেশি কিছু?

প্রশ্নগুলি সংকীর্ণ ধাতব দেয়ালের মধ্যে ধ্বনিত হচ্ছিল, কোনো উত্তর না খুঁজে, মূর্ছা যাওয়া পর্যন্ত নিয়তির অনুভূতি বাড়িয়ে দিচ্ছিল। শ্বাসরোধ। বাতাসের অভাবের কারণে নয়, বরং অর্থের অভাবের কারণে, একটি পথের অভাবের কারণে।

কাঁচের কারাগার

সময় যেন থেমে গিয়েছিল। দিনগুলি একটি পীড়াদায়ক একঘেয়েমিতে মিশে গিয়েছিল, জলের ফোঁটার মতো, একের পর এক একটি অতল, কখনো না ভরা গর্তে পড়ছিল। আমরা এই মৃত, বিধ্বস্ত বিশ্বের একমাত্র জীবিত মানুষ ছিলাম, "নটিলাস"-এর সুরক্ষিত, কিন্তু সংকীর্ণ আশ্রয়ে ছিলাম। বন্দী। আমরা তিন মাসের বেশি সময় কাটিয়েছিলাম, কাঁচের গম্বুজটি খোলার সাহস না করে, বাইরের অদৃশ্য শত্রু থেকে ভয় পেয়ে – বিকিরণ, রূপান্তরিত ভাইরাস, বা কেবল... হিমায়িত, অন্তহীন নীরবতা। শিশুদের হাসি চাপা পড়ে গিয়েছিল, ফিসফিসানি দ্বারা প্রতিস্থাপিত হয়েছিল, এবং প্রাপ্তবয়স্করা সময়, দিন, নিজেদের সম্পর্কে ধারণা হারাচ্ছিল। তাদের দৃষ্টিতে একটি গভীর ক্লান্তি এবং উদাসীনতা পড়া যাচ্ছিল, একটি কুয়াশার মতো যা ধীরে

ধীরে সবকিছু গ্রাস করে, এমনকি অতীতের স্মৃতিও। কাঁচের হেলমেট, যদিও এটি আমাদের বাইরের বিধ্বস্ত বিশ্বের সাথে একটি প্রাণহীন ভিজ্যুয়াল যোগাযোগ দিত – ধূসর জল এবং ভাসমান ধ্বংসাবশেষের একটি বিশ্ব, যা মৃত আত্মার মতো দেখাচ্ছিল – বিচ্ছিন্নতার ক্রমবর্ধমান অনুভূতিকে নীরব করতে পারেনি। বন্দী। একটি স্পষ্ট, জমে যাওয়া অনুভূতি যে আমরা একটি সম্পূর্ণ অপরিচিত বিশ্বে শেষ নিঃসঙ্গ অনুসন্ধানকারী, যা আর আমাদের ছিল না।

আমি প্রায়শই কাঁচের দিকে তাকাতাম, জীবনের লক্ষণ খুঁজছিলাম, কিন্তু আমি কেবল অন্তহীন ধূসর জলের ভর দেখতাম, যা মৃত নীরবতায় আছড়ে পড়ছিল, এবং ধ্বংসাবশেষ, যা অতীতের ভূতের মতো স্রোতে ভাসছিল, প্রতিটি হারানো আশা, প্রতিটি হারানো জীবনের কথা মনে করিয়ে দিচ্ছিল।

একটি মৃত বিশ্ব। মৃত আশা। একটি মৃত ব্যবস্থা। নাকি নয়?

ভয়ের শ্বাস এবং আশার ফিসফিসানি

প্রতিটি দিন যাওয়ার সাথে সাথে বাতাস আরও বেশি শ্বাসরোধকারী হয়ে উঠছিল, ফিল্টারেশন সিস্টেমগুলি অক্লান্তভাবে, উন্মত্ত হৃদয়ের মতো গর্জন করা সত্ত্বেও। কৃত্রিম আলো সূর্যের অভাব পূরণ করতে পারেনি – আমাদের ত্বক ফ্যাকাশে হয়ে যাচ্ছিল, পার্চমেন্টের মতো, এবং চোখ – ক্লান্ত, দীপ্তি থেকে বঞ্চিত, নিভে যাওয়া নক্ষত্রের মতো। সেন্সরগুলি তাপমাত্রা, আর্দ্রতা, বিকিরণ এবং বাতাসের গঠন সম্পর্কে নিরপেক্ষ তথ্য দিচ্ছিল, কিন্তু আমরা প্রতিরক্ষামূলক পোশাক ছাড়া বাইরে যাওয়ার সাহস করতাম না, যেন আমরা ভয় পেতাম যে আমাদের শরীর ধুলোয় ভেঙে যাবে, যদি তারা বাইরের পরিবেশে উন্মুক্ত হয় – কারণ এটি নিশ্চিত নয়, বরং কারণ ভয় আমাদের পক্ষাঘাতগ্রস্ত করে ফেলেছিল, আমাদের গভীরে আটকে ছিল। সান্ত্বনাদায়ক তথ্য সত্ত্বেও, অজানার ছায়া ছিল, আমাদের ডুবো আশ্রয়ের প্রতিটি কোণে লুকিয়ে ছিল, একটি অদৃশ্য স্পর্শ দিয়ে আমাদের শ্বাসরোধ করছিল।

বৈজ্ঞানিক যন্ত্রের নির্ভুলতা পচনশীল জৈব-বর্জ্যের দুর্গন্ধ ধরতে পারত না, যা কখনও কখনও ফিল্টারগুলির মধ্য দিয়ে যেতে পারত, বা অদৃশ্য অণুজীবের উপস্থিতি, যা আমরা ভয় পেতাম যে মারাত্মক কিছুতে রূপান্তরিত হয়েছে। কখনও কখনও বাতাস এবং ঢেউ একটি নিস্তেজ, অশুভ শক্তি দিয়ে ধাতব корпуসে আঘাত করত, বাইরে আমাদের লুকিয়ে থাকা উপাদানের কথা মনে করিয়ে দিচ্ছিল – একটি অতৃপ্ত শিকারী, তার মুহূর্তের জন্য অপেক্ষা করছিল। প্রতিটি অস্বাভাবিক স্রোত, প্রতিটি অদ্ভুত শব্দ আমাদের আদিম, পশুর ভয়ে কুঁকড়ে যাওয়ার কারণ হয়েছিল। যন্ত্রগুলি বিকিরণ পরিমাপ করতে পারত। কিন্তু বাইরে লুকিয়ে থাকা অন্তহীন অজানা নয় – সবচেয়ে ভয়ংকর অনিশ্চয়তা। আমরা আমাদের নিজের ভয়ের বন্দী ছিলাম। মৃত্যুর। এমন একটি বিশ্বের, যা আমাদের ভুলে গেছে, বা আমাদের কখনো চিনত না।

মেলিনা সেখানে ছিল। নীরব। এবং চিন্তাশীল। তার দৃষ্টি একটি অভ্যন্তরীণ বিন্দুর উপর স্থির ছিল – হয়তো তার নিজের গহ্বরে, অকথিত গল্পে পূর্ণ। তার পাশে তার দুই ছেলে দাঁড়িয়ে ছিল – ইথান এবং মার্ক। তার পুত্রবধূরা, নিংড়ে নেওয়া লেবুর মতো ক্লান্ত দেখাচ্ছিল, যাদের জীবনীশক্তি পান করে ফেলে দেওয়া হয়েছে। এবং তার চারটি ছোট নাতি-নাতনি, যারা কখনও নীরব থাকত, কখনও আস্তে আস্তে কাঁদত – একটি কাঁপা কাঁপা ভবিষ্যৎ, যা সে সবকিছু দিয়ে সংরক্ষণ করার চেষ্টা করছিল, যাতে এটি বিলীন না হয়, যাতে তাদের অস্তিত্ব মহাবিশ্বের কেবল একটি খালি ফিসফিসানি না হয়।

শেষ বীজ

সাবমেরিনের সবকিছু ক্ষুদ্রতম বিস্তারিত পর্যন্ত গণনা করা হয়েছিল – বাতাস। খাবার। জল। কার্গো। আরও মানুষের জন্য কোনো জায়গা ছিল না। অন্য সবাই পুড়ে গিয়েছিল। বিশ্বের শিখায় ধ্বংস হয়ে গিয়েছিল। একটি বিলীন বিশ্ব। এবং আমরা প্রত্যেকে, বন্দী, নীরবভাবে বাকি প্রিয়জনদের জন্য শোক করছিলাম, যাদের মুখগুলি স্মৃতির কুয়াশায় ধীরে ধীরে ম্লান হয়ে যাচ্ছিল, যেন তারা কখনো অস্তিত্বে ছিল না, যেন তারা কেবল একটি স্বপ্ন ছিল। কিন্তু কোনো পছন্দ ছিল না। কোনো নির্বাচনের সম্ভাবনাও ছিল না – ভাগ্য নির্মম ছিল। অন্ধ। এবং বধির। এবং সে পাত্তা দেয়নি।

আমরা আঠারো জন ছিলাম – দশজন প্রাপ্তবয়স্ক, যারা অতীত এবং মানবজাতির সম্মিলিত অপরাধবোধের বোঝা বহন করছিল। এবং আটটি শিশু। ভবিষ্যতের জন্য শেষ আশার প্রতীক। একটি ডুবো নূহের জাহাজে বন্দী। একটি পরিবর্তিত বিশ্বের জন্য সংরক্ষিত, যা ঘুরে বেড়াচ্ছিল। শেষ। নতুন আশা? নাকি কেবল একটি গভীর পতনের শুরু?

আমি মেলিনার দিকে তাকালাম। সে একটি পোর্টালের কাছে দাঁড়িয়ে ছিল, মৃত গভীরতার দিকে তাকিয়ে ছিল। সেই মুহূর্তে সে আমার কাছে আগের চেয়ে শক্তিশালী মনে হয়েছিল – অটল। যেন ইস্পাত থেকে ঢালাই করা হয়েছে। কিন্তু তার চোখে একটি লুকানো ক্ষত ছিল। যা কেবল আমি পরিষ্কার দেখতে পেতাম। এই যে। তার বাম চোখের চারপাশে একটি নতুন বলিরেখা, যে রাতে বোমা পড়েছিল সেই রাত থেকে উদ্‌ভূত, একটি গহ্বরের মতো গভীর, অকথিত ব্যথায় পূর্ণ। একটি প্রশ্ন আমার সচেতনতায় বাসা বাঁধল। আমি উত্তর খুঁজে পেতে

চাইনি। কিন্তু আমি এটি ছিঁড়ে ফেলতে পারছিলাম না – এটি একটি পরজীবীর মতো ছিল। আমার গভীরে বিদ্ধ হয়েছিল, আমাকে ভেতর থেকে খাচ্ছিল:

— মেলিনা, কেন ঠিক তোমাকে ঈশ্বর আমাদের এখানে নিয়ে আসার জন্য বেছে নিয়েছিলেন? কেন আমরা রক্ষা পেয়েছি? কেন আমরা জীবিত?

মেলিনা ধীরে ধীরে তার মাথা ঘোরাল। সে আমার দিকে তাকাল। তার চোখ, হাজার বছরের জ্ঞান এবং একটি গভীর, অকথিত দুঃখ দ্বারা পূর্ণ, আমার সাথে দেখা করল। তাদের মধ্যে সবকিছু পড়া যাচ্ছিল – ক্ষতি, অপরাধবোধ, কিন্তু একটি লোহার দৃঢ়তাও। সে তার হাত তুলল, কাঁচ স্পর্শ করল, যেন সে বাইরের অদৃশ্য বিশ্বকে, একটি অতীত যুগকে বিদায় জানাচ্ছিল।

— আমরা কেবল বেঁচে থাকা মানুষ নই, নাথানিয়েল। – তার কণ্ঠস্বর একটি ফিসফিসানির মতো শোনাচ্ছিল, কিন্তু একটি অদৃশ্য শক্তি দ্বারা পূর্ণ ছিল, যা আমার প্রতিটি কোষ, আমার সত্তার প্রতিটি তন্তু বিদ্ধ করল। – আমরা বীজ। এবং তুমি... তুমি তাদের রক্ষক। আমাদের বন্দীদশা একটি উপহার। আবার বপন করার একটি সুযোগ।

মেলিনা ঘুরে দাঁড়াল, এবং তার দৃষ্টি ঘুমন্ত শিশুদের উপর স্থির হলো। একটি অশ্রু তার গাল বেয়ে গড়িয়ে পড়ল, কিন্তু দুর্বলতা থেকে নয়, বরং ভবিষ্যতের ভার থেকে, যা তার ক্লান্ত, কিন্তু অটল কাঁধের উপর ছিল।

---❤---

অধ্যায় 11: অ্যাপোক্যালিপ্সের মধ্য দিয়ে একটি যাত্রা

নাথানিয়েল স্টিয়ারিং হুইল আঁকড়ে ধরল, টায়ারের নিচে ভাঙা রাস্তার কম্পন অনুভব করছিল, তার চোখ তার মনের মধ্যে ঢুকে পড়ছিল—পান্না, তীক্ষ্ণ, অসহায়ত্ব দ্বারা জর্জরিত। সে সেগুলো এতবার দেখেছিল, তাকে আশা ভিক্ষা করতে, নিঃশর্ত, সীমাহীন ভালোবাসা দিয়ে তার পাথরের হৃদয় স্পর্শ করার একটি সুযোগের জন্য। আর এতবার সে প্রত্যাখ্যান করেছিল—ঠান্ডাভাবে, কোনো অনুভূতি ছাড়া। তখন সে যে কথাগুলো এত সহজে বলেছিল, এখন সেগুলো একটি ফলকের মতো তার চেতনার মধ্য দিয়ে যাচ্ছিল, প্রতিটি কঠোর শব্দ একটি বিশুদ্ধ, তিক্ত বিষ ছিল যা তাকে জ্বালাচ্ছিল।

"কোনো আশা নেই! আমি তোমাকে ভালোবাসি না, কারণ আমি সত্যি করে ভালোবাসতে বা আসক্ত হতে পারি না! তুমি কি চাও যে আমি তোমাকে মিথ্যা বলি?"

বছর আগে, সে একটি কম্পমান, সবেমাত্র শ্রবণযোগ্য কণ্ঠস্বর দিয়ে ফিসফিস করে বলেছিল, তার বড় সবুজ চোখ অশ্রুতে ভরে গিয়েছিল, একটি অন্তহীন, গ্রাসকারী সাগরে রূপান্তরিত হচ্ছিল যা তাকে ডাকছিল। সে কেবল একটি সুযোগ চেয়েছিল, একটি মুহূর্তের জন্য আকুল ছিল, স্বপ্ন দেখেছিল...

"আমাকে তোমাকে ভালোবাসতে দাও! তোমার হৃদয়ের চারপাশে দুর্গের দেয়াল তৈরি করো না! আমাকে তোমার আত্মাকে স্পর্শ করতে দাও!"

তার কণ্ঠস্বর কোমলতা এবং হতাশা থেকে ভেঙে গিয়েছিল, তাকে অনুরোধ করছিল। সেই স্মৃতি এখন তাকে বিদ্ধ করছিল, তার বুকের গভীরে বেদনাদায়ক, ক্ষয়কারী দোষে জ্বলছিল। তার হৃদয় পচনশীল মাংসের মতো লাগছিল, অনুশোচনা দ্বারা খাওয়া হচ্ছিল যা তাকে শ্বাসরোধ করছিল, তার শ্বাস কেড়ে নিচ্ছিল।

গাড়িগুলো একটি পিয়ারের কিনারায় আর্তনাদ করে থেমে গেল, যা একসময় ছিল, এখন কেবল একটি করুণ প্রতিচ্ছবি। জেটিটি মৃত ছিল, বিপর্যয় দ্বারা তার সমস্ত পরিচয় থেকে বঞ্চিত হয়েছিল, ধাতুর একটি কবরস্থানে রূপান্তরিত হয়েছিল। ভাঙা কংক্রিটের স্ল্যাবগুলো ভাঙা হাড়ের মতো জল থেকে বেরিয়ে এসেছিল, এবং জং ধরা রডগুলো অস্বাভাবিক, যন্ত্রণাদায়ক আকারে মোচড় দিয়েছিল যেন যন্ত্রণায় চিৎকার করছে।

কোনো জাহাজের কোনো চিহ্ন ছিল না—একটি সাবমেরিনের একটি ভূতও নয়, এমনকি একটি ভাঙা লাইফবোটও নয় যা পালানোর বিভ্রমের প্রতিশ্রুতি দিচ্ছিল। কেবল ফেনা ভরা ঢেউগুলো ক্রোধের সাথে তীরে আঘাত করছিল, যা লবণ, আয়োডিন এবং কিছু ভারী, পচনশীল—একটি মরা বিশ্বের নিঃশ্বাসের গন্ধ বহন করছিল।

নয়জন মানুষ সেখানে দাঁড়িয়েছিল, ধূসর, মন্থন করা সাগরের দিকে তাকিয়ে ছিল, প্রত্যেকে তাদের শ্বাস ধরে রেখেছিল, তাদের হৃদয় ফেটে যাওয়ার মতো অবস্থায় ধড়াস ধড়াস করছিল, তাদের চোখে একটি মরিয়া, নীরব অনুরোধ ছিল। পরিত্রাণের এত কাছাকাছি—এবং এখন অন্তহীন শূন্যতা ছাড়া আর কিছুই নেই।

সূর্য, ইতিমধ্যে ছাই রঙের মেঘের পিছনে ম্লান হয়ে যাচ্ছিল, ধীরে ধীরে নিভে যাচ্ছিল, আকাশকে লাল এবং কমলা রঙের অন্ধকার, রক্তাক্ত ছায়ায় রাঙাচ্ছিল, যেন ভোর নিজেই মারা যাচ্ছিল। আসন্ন রাতের ঠান্ডা তাদের জামাকাপড়ের নিচে প্রবেশ করছিল, মজ্জা পর্যন্ত বিদ্ধ করছিল।

"কিছু নেই!"

অ্যান্টনির কণ্ঠস্বর একটি ছিঁড়ে যাওয়া গর্জন ছিল, হতাশার একটি কাঁচা চিৎকার ছিল যা অন্ধকারকে ভেঙে চুরমার করে দিল এবং তাদের শেষ ভঙ্গুর আশাকে ধুলোয় পরিণত করল।

সারা বাচ্চাদের তার বিরুদ্ধে আরও শক্ত করে টেনে নিল, তাদের মুখ তার জামাকাপড়ে চাপা ছিল, তাদের তাড়া করা অদৃশ্য সন্ত্রাস থেকে আশ্রয় খুঁজছিল। লেয়াহ নাথানিয়েলের দিকে একটি নিভে যাওয়া, শূন্য দৃষ্টিতে তাকাল, যেটাতে কেবল আত্মসমর্পণ ছিল, যেকোনো সম্ভাবনার একটি সম্পূর্ণ অস্বীকার ছিল। আশার প্রতিটি কণা একটি ঘূর্ণিতে দ্রবীভূত হয়ে গিয়েছিল, কোনো চিহ্ন ছাড়াই অদৃশ্য হয়ে যাচ্ছিল।

পরিত্রাণের দানব

ঠিক যখন ঠান্ডা হতাশা তাদের গ্রাস করতে শুরু করছিল, যখন বাতাস অদৃশ্য অশ্রুতে ঘন হয়ে গিয়েছিল, তখন সাগরের গভীরতা থেকে কিছু বেরিয়ে এল।

প্রথমে—একটি গভীর, শক্তিশালী গর্জন যা তাদের পায়ের নিচে মাটি কাঁপিয়ে দিল, যেন পৃথিবী নিজেই যন্ত্রণায় ফাটছিল। তারপর—একটি বিশাল ছায়া ধীরে ধীরে ফেনা ভরা ঢেউ থেকে উঠে আসছিল।

একটি বিশাল, ধাতব কাঠামো বেরিয়ে এল, কালো, ভেজা, এবং একটি প্রাচীন, জাগ্রত দানবের মতো ঝলমল করছিল, যা হাজার বছরের ঘুম থেকে বেরিয়ে আসছিল, তার রূপরেখা তাদের চোখের সামনে জীবন্ত হয়ে ওঠা ভবিষ্যদ্বাণীমূলক দর্শনের কথা মনে করিয়ে দিচ্ছিল।

তার চারপাশের জল ফুটছিল এবং হিসহিস করছিল, বাষ্প ভুতুড়ে, ঘূর্ণিত মেঘে আকাশের দিকে উঠছিল। ধীরে ধীরে, হলের একটি অংশ পৃষ্ঠে স্থানান্তরিত হলো এবং একটি হ্যাচ খুলে গেল—একটি ফাঁক, তাদের কাছে আহ্বানকারী মুখ। এটি একজন ব্যক্তির মধ্য দিয়ে পিছলে যাওয়ার জন্য যথেষ্ট বড় ছিল কিন্তু একটি মরতে থাকা মানবতাকে ধরে রাখার জন্য খুব ছোট ছিল। এটি থেকে একটি সংকীর্ণ ধাতব প্ল্যাটফর্ম নেমে এল, একটি সেতুর মতো যা

ধ্বংসপ্রাপ্তদের তাদের পরিত্রাণের একমাত্র সুযোগের সাথে সংযুক্ত করছিল—অন্য একটি বিশ্বের একটি সেতু।

মেলিনা তার প্রযুক্তিগত জ্ঞান এবং ভবিষ্যদ্বাণীমূলক স্বপ্নগুলো থেকে ডিজাইন করা সাবমেরিনটি, যা বেঁচে থাকার জন্য তৈরি করা হয়েছিল, এখন একটি ফ্যান্টম, এমন একটি দর্শনের মতো আবির্ভূত হলো যা কেউ বিশ্বাস করার সাহস করত না—কিন্তু এটি এখানে, বাস্তব ছিল।

এক মুহূর্তের জন্য, কেউ নড়াচড়া করল না, ধাক্কায় পক্ষাঘাতগ্রস্ত হয়ে, ভারী শ্বাস নিচ্ছিল যেন তারা কিভাবে কাজ করতে হয় তা ভুলে গিয়েছিল। তারপর কেউ—হয়তো সারা—মেলিনার নামটি চেপে ধরল, এমন একটি নাম যা এখন একটি প্রার্থনা, একটি মন্ত্রের মতো শোনাচ্ছিল।

তাদের হৃদয় আগের চেয়ে দ্রুত স্পন্দিত হচ্ছিল, অ্যাড্রেনালিনের একটি হঠাৎ, বেদনাদায়ক ঢেউ দিয়ে পূর্ণ ছিল—জীবনের একটি পূর্বাভাস যা তাদের রক্তকে প্রজ্বলিত করেছিল।

অবতরণ

"একটি সাবমেরিন!" দৃশ্যটি তাদের পক্ষাঘাতগ্রস্ত করে দিল। ধাক্কা বিশুদ্ধ, অনিয়ন্ত্রিত অ্যাড্রেনালিনের সাথে মিশে গিয়েছিল, তাদের ঘটনাস্থলে আটকে রেখেছিল। এক মুহূর্তের জন্য, তারা সবকিছু ভুলে গিয়েছিল—বিশৃঙ্খলা, ভয়, ধ্বংসপ্রাপ্ত বিশ্ব। তাদের সামনে পরিত্রাণ দাঁড়িয়ে ছিল।

"এসো!" তার কণ্ঠস্বর বাতাসের উপর দিয়ে যাচ্ছিল, শান্ত কিন্তু শক্তিশালী। "আমাদের হাতে বেশি সময় নেই।"

কোনো দ্বিধা ছাড়াই, তারা তার দিকে দৌড়ালো। অ্যান্টনি প্ল্যাটফর্মে পা রাখল, তার পরে লেয়াহ এবং সারা, যারা দুটি শিশুকে হাত দিয়ে ধরে রেখেছিল, যখন মাইকেল ছোট উইলিয়ামকে বহন করছিল। নাথানিয়েল দ্বিধা করল, মেলিনার চোখের দিকে তাকাল, এবং সেখানে একটি অসীম সহানুভূতি—এবং একটি অসীম শক্তি দেখতে পেল।

সে একটি সবেমাত্র লক্ষণীয় হাসি দিয়ে তার দিকে মাথা নাড়ল। একে একে, তারা সিঁড়ি বেয়ে সাবমেরিনের অন্ধকার পেটে উঠল। প্রতিটি পদক্ষেপ অন্য একটি বিশ্বের চৌকাঠ পার হওয়ার মতো লাগছিল।

তাদের পিছনে হ্যাচটি একটি বধিরকারী ঝনঝনানির সাথে বন্ধ হয়ে গেল, বাইরের ধ্বংসপ্রাপ্ত বিশ্ব থেকে তাদের বিচ্ছিন্ন করে দিল। মাত্র কয়েক মুহূর্ত পরে, সাবমেরিনটি ডুবে যেতে শুরু করল, তাদের গভীরতার সুরক্ষার মধ্যে নিয়ে যাচ্ছিল।

নাথানিয়েল...

আমার হাঁটু ভেঙে গেল। দুর্বলতা থেকে নয়—প্রকাশ থেকে। বধিরকারী, অবিরাম সত্য থেকে যা আমাকে সাবমেরিনের ধাতব মেঝেতে নামিয়ে দিল।

বাইরের আলোর শেষ মিটমিট করা রশ্মি পোরথোলের মধ্য দিয়ে প্রবেশ করার জন্য সংগ্রাম করছিল কিন্তু দ্রুত ঘন, কালচে কালো জলের দ্বারা গ্রাস হয়ে গিয়েছিল। আমার শরীর এই লোহার দোলনার মধ্যে দুলছিল যাকে আমি হাস্যকরভাবে আরামদায়ক বলে ডাকতাম। বাইরে... বাইরে আমি জানতাম যে পৃথিবী ছাই রঙের বিভ্রমের একটি মন্থনকারী খাদে পরিণত হয়েছে। কিন্তু এখানে, ভিতরে, উষ্ণতা একটি ভুলে যাওয়া আলিঙ্গনের মতো আমার ত্বককে আদর করছিল, বাতাস শুকনো ছিল, এবং তার প্রতিটি অণু বাস্তবতার জন্য চিৎকার করছিল।

আমি যেন কয়েক দশকের কাদা ভরা স্বপ্ন থেকে ছিঁড়ে গেছি, যেন আমার সমস্ত অহংকার, আমার সমস্ত বছরের জীবাণুমুক্ত যুক্তি এবং কাল্পনিক বিভ্রমের নিরর্থক সাধনা এই এগিয়ে আসা সমুদ্র দ্বারা ধুয়ে গেছে, যা এখন আমাদের চারপাশে একটি ঠান্ডা আবরণের মতো জড়িয়ে ছিল—শেষের অগ্রদূত।

আমার দৃষ্টি, কোনো অদৃশ্য শক্তি দ্বারা পরিচালিত, মেলিনার উপর স্থির হয়ে গেল। সে কন্ট্রোল প্যানেলের পাশে দাঁড়িয়ে ছিল—তার নীরব অভয়ারণ্য। তার মুখ শান্ত ছিল, পাথর থেকে ভাস্কর্য করা, প্রায় বিচ্ছিন্ন, কিন্তু তার চোখ—ওহ, সেই চোখ!—তার মধ্যে অসংখ্য ভবিষ্যতের ছায়া ডুবে গিয়েছিল, এমন তীব্রতার সাথে মনিটরগুলিতে স্থির ছিল যেন সে কেবল ডেটা নয়, বরং ভাগ্যের বুননই দেখছিল।

তার হাতগুলো—সেই একই হাত যা আমি দুই বছর আগে দূরে ঠেলে দিয়েছিলাম, ছদ্ম-জ্ঞানের টাওয়ার তৈরি করতে খুব ব্যস্ত ছিলাম—এখন কীবোর্ডের উপর নাচছিল। প্রতিটি আন্দোলন ছিল সুনির্দিষ্ট, প্রায় বাদ্যযন্ত্রের মতো; প্রতিটি কিস্ট্রোক, আত্মবিশ্বাসী, চূড়ান্ত। যেন সে সর্বদা জানত। সর্বদা প্রস্তুত ছিল। আর আমি? আমি এমনকি আমার নিজের শ্বাসে বিশ্বাস করতে প্রস্তুত ছিলাম না।

"একদিন তুমি বুঝতে পারবে," সে জ্বলন্ত স্ক্রিন থেকে তার দৃষ্টি না তুলে ফিসফিস করল। তার কণ্ঠস্বর শান্ত ছিল, কিন্তু প্রতিটি শব্দ আমার সংশয়ের বর্ম ভাঙা একটি পাথর ছিল, একটি বিদ্ধকারী সত্য দিয়ে এটিকে বিভক্ত করে দিচ্ছিল। "সবকিছু সেখানেই আছে, দুর্ভেদ্য গভীরতায় লুকিয়ে আছে। এমনকি পরিত্রাণও। এমনকি... অলৌকিক ঘটনাও।"

অলৌকিক ঘটনা। শব্দটি কেবল আমার মনে প্রতিধ্বনিত হয়নি—এটি বিস্ফোরিত হয়েছিল, আমাকে ভিতর থেকে টুকরো টুকরো করে দিচ্ছিল।

ধুর! আমি, নাথানিয়েল, আমার সমস্ত বৌদ্ধিক মহানুভবতা, আমার সমস্ত "বৈজ্ঞানিক" অন্ধত্ব নিয়ে, একটি মনগড়া বাস্তবতায় বাস করেছিলাম যখন সে, মেলিনা, আমাদের বাঁচানোর জন্য একটি জাহাজ তৈরি করেছিল।

কেবল একটি উদ্ধারকারী জাহাজ নয়। কেবল একটি প্রকৌশলগত কীর্তি নয়।

ঈশ্বরের দোহাই—সে এই সাবমেরিনটি তৈরি করেছিল! একা! কোথা থেকে? কীভাবে? আমার মন যৌক্তিক উত্তরের জন্য, ব্লুপ্রিন্টের জন্য, সূত্রের জন্য চিৎকার করছিল। কিন্তু আমার হৃদয়—মাংসের সেই বিশ্বাসঘাতক পিণ্ডটি—ইতিমধ্যেই সেগুলোকে জানত। ভালোবাসা থেকে। এমন একটি প্রকাশ থেকে যা আমার "জ্ঞানের" চেয়ে অনেক বেশি বিশুদ্ধ। বৈজ্ঞানিক সূত্রের চেয়ে বড় কিছুতে বিশ্বাস থেকে, বোঝার সীমার বাইরে, আমার নিজের অহংকারের সীমার বাইরে।

যেন আমার মনে জ্বলতে থাকা একটি অভিশপ্ত রিলের ফিল্মে, তার সমস্ত ছবি আমার সামনে দিয়ে যাচ্ছিল—আর কেবল স্মৃতি নয়, বরং জীবন্ত, রক্তাক্ত ক্ষত যা আমার হৃদয়ের প্রতিটি স্পন্দনের সাথে স্পন্দিত হচ্ছিল।

আমি নয় বছর আগের আমার অহংকারী প্রশ্নটি শুনলাম, কথাগুলো অবজ্ঞার সাথে ঝরে পড়ছিল, এখন ফিরে এসে আমাকে কামড়াচ্ছে: "তুমি কি আমার কাছে তোমার জীবনের সাত বছর বিক্রি করবে?"

এবং তার উত্তর, ভবিষ্যদ্বাণীমূলক স্পষ্টতা নিয়ে আমার মাথায় প্রতিধ্বনিত হচ্ছিল, সাবমেরিনের ইস্পাতের দেয়ালে প্রতিধ্বনিত হচ্ছিল, আমাকে আমার মজ্জা পর্যন্ত কাঁপিয়ে দিচ্ছিল:

"না! সেগুলো বিক্রির জন্য নয়! আমি সেগুলো তোমাকে দিয়ে দেব! আমার পুরো সত্তা দিয়ে! আমার আত্মার প্রতিটি ফাইবার দিয়ে!"

এবং সে সেগুলো দিয়েছিল, কিছু পরী মায়ের মতো... বছরের পর বছর নির্জনতা। অন্তহীন, অমানবিক প্রচেষ্টা যা অন্য যে কাউকে পিষে ফেলত। তার পুরো সত্তা।

আমাকে বাঁচানোর জন্য। আমার পরিবারকে বাঁচানোর জন্য।

আমার পরিবার!

কৃতজ্ঞতা আমাকে ফুটন্ত জলের মতো শ্বাসরোধ করছিল, যা আমার গলা পুড়িয়ে দিচ্ছিল। এটি আমার অবিশ্বাসের জ্বলন্ত অনুশোচনার সাথে মিশে গিয়েছিল, যা বিষের মতো আমার অন্ত্রকে ক্ষয় করছিল, এবং আমার নিজের নীতির বিদ্ধকারী বিশ্বাসঘাতকতার সাথে, যা এখন এত তুচ্ছ, এত অযৌক্তিক মনে হচ্ছিল।

মেলিনা যখনই একমাত্র ব্যক্তি ছিল যে সত্য দেখেছিল, তখন আমি বাতাসে তলোয়ার ঘোরানোর জন্য ভালোবাসা এবং অন্তর্দৃষ্টি থেকে মুখ ফিরিয়ে নিয়েছিলাম।

সেই সত্যটি আমাকে পিষে ফেলল এবং আমাকে একবারে পুনরুজ্জীবিত করল, অনুশোচনা এবং বন্য, উন্মত্ত আনন্দের মধ্যে আমাকে প্রসারিত করল।

আমার পরিবার রক্ষা পেয়েছিল। আমি তাদের বাঁচাতে পেরেছিলাম। না। সে তাদের বাঁচিয়েছিল।

আমি? আমি আমার পূর্ববর্তী জীবনের কাছে মৃত ছিলাম। আমাকে বেঁচে থাকার জন্য বেছে নেওয়া হয়েছিল—কিন্তু আমার নিজের ইচ্ছায় নয়। তার ইচ্ছায়।

এটি কি একটি শাস্তি ছিল নাকি একটি উপহার?

যে একমাত্র উত্তর দিতে পারত সে ছিল সে।

এবং "সবকিছু সেখানে আছে, দুর্ভেদ্য গভীরতায় লুকিয়ে আছে" বলতে সে ঠিক কী বোঝাতে চেয়েছিল?

কেবল ঢেউয়ের নিচে এখন লুকিয়ে থাকা বিশ্বই নয়, বরং মেলিনা সর্বদা যে উত্তরগুলো খুঁজছিল? যে উত্তরগুলো আমি এত জেদ করে প্রত্যাখ্যান করেছিলাম, সেগুলোকে যুক্তি এবং Cynicism এর পাহাড়ের নিচে চাপা দিয়েছিলাম যা এখন আমার মনে কোনো চিহ্ন ছাড়াই ধুলোয় ভেঙে পড়েছিল।

ধাতু ধাতুর বিরুদ্ধে ঘষা লাগল। একটি তীক্ষ্ণ, কড়া চিৎকার আমার হাড়গুলোকে বিদ্ধ করল—কাঁচের গম্বুজকে টাইটানিয়াম ক্যাপসুল থেকে আলাদা করা হ্যাচটি বাতাসে কামড় দিল এবং একটি চূড়ান্ত, অশুভ ওজন দিয়ে বন্ধ হয়ে গেল।

আমি একটি হালকা ঝাঁকুনি অনুভব করলাম, প্রায় আমার নিচে থাকা বিশাল যন্ত্রটির একটি দীর্ঘশ্বাস।

সাবমেরিনটি ধীরে ধীরে নেমে যাচ্ছিল, পৃষ্ঠের নিচে আরও গভীরে ডুব দিচ্ছিল।

উপরে, কেবল ফেনার ঘূর্ণিত বলয় বাকি ছিল, মৃত সাগরের মুখের উপর দাগের মতো।

তারপর, তার অদ্ভুত নীরব ইঞ্জিনগুলির একটি শক্তিশালী ঢেউ দিয়ে একটি ক্ষুধার্ত পশুর মতো দূরত্ব গ্রাস করে, আমরা বিশ্বের গভীরতম আবদ্ধ সাগরের গভীরতায় যাত্রা শুরু করলাম।

এটি কেবল জলের একটি শরীর ছিল না বরং একটি মুখ ছিল, যা আমাদের চিরকালের জন্য তার অন্ধকার, শাশ্বত নীরবতায় সংরক্ষণ করে বন্ধ এবং গ্রাস করার জন্য প্রস্তুত ছিল।

এবং আমি, পোরথোলে আমার ক্ষীণ প্রতিচ্ছবি মেলিনার ফ্যাকাশে মুখের সাথে মিশে যেতে দেখছি, আমার জাগ্রত রক্তের প্রতিটি স্পন্দনের সাথে জানতাম—এটি কেবল একটি নতুন, অজানা যাত্রার শুরু ছিল।

কেবল সাগরের অন্তহীন, অন্ধকার গভীরতার মধ্য দিয়ে নয়, বরং আমার নিজের আত্মার আরও অনাবিষ্কৃত গভীরতার মধ্য দিয়ে, যা সবেমাত্র বিভ্রমের lethargy থেকে জেগে উঠেছিল।

---♥---

অধ্যায় 12: পুনরুজ্জীবিত বিশ্বের দুর্গন্ধ

নয়টি যন্ত্রণাদায়ক মাস। নয়টি হতাশার বৃত্ত, আশা এবং ভেঙে পড়া apathy এর মধ্যে প্রসারিত।

নটিলাস—আমাদের চূড়ান্ত, ধাতব যন্ত্রটি—কেবল বিস্ফোরিত হয়নি। এটি হাজার বছরের ঘুম থেকে জেগে ওঠা একটি পুনরুজ্জীবিত পশুর গর্জনের সাথে পৃষ্ঠের ধূসর, আঠালো ফিল্মটি বিদ্ধ করেছিল, যা তার প্রথম শ্বাস নিচ্ছিল।

আলো! উজ্জ্বল নয়, তবে প্রাকৃতিক, কাঁচের গম্বুজের মধ্য দিয়ে ফিল্টার করা হচ্ছিল যেন পচে যাওয়া বিশ্বে কোনো অদৃশ্য ফাটল খুলে গিয়েছিল। বাতাস, যা কিছুদিন আগেও পোড়া মাংস এবং ছাইয়ের দুর্গন্ধ বহন করত, এখন অপবিত্র পৃষ্ঠকে আদর করছিল, বিষাক্ত মেঘের শেষ আটকে থাকা টুকরোগুলো ছড়িয়ে দিচ্ছিল।

বৃষ্টি, যা একঘেয়ে, ক্লান্তিকর অধ্যবসায় নিয়ে পড়েছিল, তা আর একটি অ্যাসিডের scourge ছিল না, বরং একটি ঠান্ডা, অন্তহীন কান্না ছিল যা বিশ্বকে লুকিয়ে থাকা আটকে থাকা ধুলো ধুয়ে ফেলছিল, তার কুৎসিত, বিকৃত সত্যকে প্রকাশ করছিল।

আকাশ বর্ণহীন, ধূসর রয়ে গিয়েছিল, একটি ম্লান স্মৃতির মতো, কিন্তু সেই শ্বাসরুদ্ধকর, মারাত্মক ঘনত্ব যা আত্মাকে অতল গহ্বরে টেনে নিয়ে যাচ্ছিল, তা চলে গিয়েছিল। আমরা বেঁচে ছিলাম। ধুর, আমরা বেঁচে ছিলাম।

কিন্তু কোনো আনন্দ ছিল না। প্রতিটি নিঃশ্বাস পচে যাওয়া আশা এবং পোড়া বিভ্রমের গন্ধ বহন করছিল।

এক দশকের দীর্ঘ পারমাণবিক শীতের দুঃস্বপ্নের scenario গুলো তাদের সমস্ত ধ্বংসাত্মক মাত্রায় সম্পূর্ণরূপে বাস্তবায়িত হয়নি। কিছু একটা হয়েছিল। একটি অপ্রত্যাশিত হস্তক্ষেপ—ভাগ্য? একটি সিস্টেমের ত্রুটি? অথবা সম্ভবত... মানব বোঝার বাইরের একটি মহাজাগতিক ইচ্ছা?—অনেক ক্ষেপণাস্ত্র উৎক্ষেপণ থেকে বিরত ছিল।

সেই চিন্তাটি আমার মনে একটি ঘণ্টা বাজানোর মতো প্রতিধ্বনিত হচ্ছিল যা বজ্রপাতের দ্বারা ফাটল ধরেছিল, যা একটি একক, নিষ্ঠুর প্রশ্ন বহন করছিল:

কেন আমাদের রেহাই দেওয়া হয়েছিল? এবং কেন? কে? ঈশ্বর কি? তার শক্তি কি ক্ষেপণাস্ত্রগুলির গতিপথ পরিবর্তন করেছিল?

মেলিনা সর্বদা বলত যে চেতনা বাস্তবতায় একটি শারীরিক ছাপ রেখে যায়...

কিন্তু এখন কে এটি বিশ্বাস করতে পারত, যখন পৃথিবী একটি বিশাল, ধূমপান করা কবরে পরিণত হয়েছিল?

ভয়ের ছন্দ

ক্ষিপ্ত সাগরের দ্বারা বন্দী হয়ে, সাবমেরিনটি একটি আহত, ধাতব তিমি মায়ের মতো ভেসে যাচ্ছিল, যা ঠান্ডা জলের মধ্যে রক্তপাত করছিল, প্রতিটি ফোঁটা একটি নীরব আর্তনাদ।

ধাতু একটি তীক্ষ্ণ, যন্ত্রণাদায়ক শব্দে গোঙাচ্ছিল, যা জলের নিচের স্রোতের সাথে প্রতিটি নতুন সংঘর্ষে হচ্ছিল—একটি মরা দৈত্যের গোঙানি যা আত্মসমর্পণ করতে অস্বীকার করছিল।

জিপিএস ইউনিটগুলো উপগ্রহ থেকে সংকেত ধরার জন্য নিরর্থকভাবে সংগ্রাম করছিল—আকাশ মৃত ছিল, একটি শুকিয়ে যাওয়া মস্তিষ্কের মতো।

বাতাসের ঢেউ—খালি, জীবনের থেকে নিষ্কাশিত একটি গলার মতো।

পুরুষরা বিদ্রোহী হাইড্রোলিক সিস্টেমের সাথে লড়াই করছিল; তাদের কপাল থেকে ঘাম ঝরছিল যখন তাদের গোঙানি হলের মধ্য দিয়ে প্রতিধ্বনিত হচ্ছিল, সাবমেরিনের ভারসাম্য পুনরুদ্ধার করার জন্য লড়াই করছিল, যা একটি মাতাল মাছের মতো ভাসছিল।

সেন্সরগুলো তাদের সীমা পর্যন্ত ওভারলোড হয়ে, একটি স্নায়বিক, অবিরাম গুঞ্জন নির্গত করছিল—ইস্পাতের বাধার ঠিক বাইরে লুকিয়ে থাকা উন্মাদনার শব্দ।

মনিটরগুলো সাদা noise দিয়ে আবৃত ছিল, চোখ জ্বালা করা পর্যন্ত বিদ্ধ করছিল, যেন কুৎসিত সত্যটি প্রদর্শন করতে অস্বীকার করছিল।

ক্ষতিগ্রস্ত সৌর প্যানেলগুলি, একটি পতিত ফেরেশতার ছেঁড়া, ঝলমলে ডানার মতো হল থেকে ঝুলছিল, পৃষ্ঠের উপরে প্রাণহীনভাবে জ্বলজ্বল করছিল। শেষ হয়ে যাওয়া ব্যাটারিগুলি কেবল অত্যাবশ্যক সিস্টেমগুলিকে টিকিয়ে রেখেছিল, ক্লান্ত ফুসফুসের মতো সাঁই সাঁই করছিল।

ভাঙা অ্যান্টেনাগুলি ডেকের উপরে একটি দাঁতওয়ালা হাড়ের মতো বেরিয়েছিল—মৃত শুঁড়গুলি নীরব পৃষ্ঠের দিকে পৌঁছাচ্ছিল, কোনো কিছুর সাথে সংযোগ খুঁজছিল।

যন্ত্রগুলির প্রতিটি ঝলকানি একটি শান্ত, অভ্যন্তরীণ ভয়ের কারণ ছিল যা আমার পেটে স্থির হয়েছিল, অ্যাসিডের মতো এটিকে ক্ষয় করছিল যা ধীরে ধীরে তোমাকে দ্রবীভূত করে।

আমরা ধ্বংসপ্রাপ্ত ছিলাম। আমরা সবাই। এবং আমরা এটি আমাদের দেহের প্রতিটি কোষে, আমাদের অন্ত্রের প্রতিটি আঁটসাঁট হওয়াতে জানতাম।

মরিয়া আশার লবণাক্ত স্বাদ

যেন একটি নীরব আচারে, আমরা সবাই ডিম্বাকৃতির টেবিলের চারপাশে বসেছিলাম, টিনজাত সবজি এবং মাংসের সামান্য অংশ খাচ্ছিলাম।

স্বাদটি অভিন্ন, বৈশিষ্ট্যহীন ছিল, বাসি শ্বাসের মতো, কোনো স্বতন্ত্র সুগন্ধ ছাড়া—কেবল পেটের জন্য সজ্জা, সমস্ত আনন্দ থেকে বঞ্চিত, জীবনের যেকোনো স্ফুলিঙ্গ থেকে বঞ্চিত।

আঙুলগুলো জড়িয়ে, ঘর্মাক্ত হাতে, প্রত্যেকে তাদের নিজেদের দুঃস্বপ্নে হারিয়ে, আমরা প্রার্থনায় পরিত্রাণ খুঁজছিলাম। আমাদের কণ্ঠস্বর চাপা ছিল কিন্তু আন্তরিক ছিল—মরা আশার একটি ফিসফিসানি যা নীরব হতে, অদৃশ্য হয়ে যেতে অস্বীকার করছিল।

আমি, নাথানিয়েল, আমার চোখ বন্ধ করে আমার উপর চাপানো দায়িত্বের ওজন অনুভব করলাম—বিশাল এবং শ্বাসরুদ্ধকর।

আমি নোহের মতো অনুভব করছিলাম, ধ্বংসের বন্যার মধ্য দিয়ে তার ছোট জাহাজ বহন করছিলাম।

কিন্তু এটি কি বিজয় ছিল? নাকি কেবল একটি অস্থায়ী বিরতি, যা ভাগ্য থেকে ভিক্ষা করা হয়েছিল, বিশ্বের মূল্যে কেনা হয়েছিল?

মৃত্যুর দোরগোড়া পার হয়ে গিয়েছিল।

কিন্তু এটি কি ভঙ্গুর আশার সাথে সারিবদ্ধ একটি পথ প্রকাশ করেছিল, নাকি অনিশ্চয়তার একটি অন্তহীন অতল গহ্বর, যেখানে এমনকি ক্ষীণতম ঝলকও চিরতরে অদৃশ্য হয়ে যেতে পারে?

কক্ষের বাতাস এই অনুচ্চারিত প্রশ্নগুলো দিয়ে ঘন হয়ে গিয়েছিল। প্রতিটি নিঃশ্বাস সীসার মতো ভারী ছিল, অজানার তিক্ততায় পূর্ণ ছিল।

ক্লস্ট্রোফোবিয়া। নীরবতা। ধ্বংস।

সেই স্থগিত মুহূর্তে, আমাদের ভবিষ্যৎ মৃত্যুর ধোঁয়ার চেয়ে ঘন কুয়াশায় আবৃত ছিল। ভয়ঙ্কর অতীত এখনও একটি অশুভ, ঠান্ডা ছায়ার মতো আমাদের আত্মার উপর ঝুলছিল, প্রতিটি হারানো হাসি, প্রতিটি হারিয়ে যাওয়া কণ্ঠস্বরের একটি অনুস্মারক।

আমাদের হৃদয় অনিশ্চয়তার সাথে একটি স্নায়বিক, সুসংগত ছন্দে স্পন্দিত হচ্ছিল—এই নতুন বিশ্বের একমাত্র constante ছন্দ।

এবং আমাদের মন হাজার হাজার প্রশ্ন দিয়ে নিজেদের ছিন্নভিন্ন করছিল, অভেদ্য অন্ধকারে উত্তর খুঁজছিল।

এই প্রশ্নগুলো আমার ভিতরে আমাকে কুড়ে কুড়ে খাচ্ছিল তার থেকে আমার মুখে একটি তিক্ত স্বাদ অনুভব করলাম:

— কেন আমাদের বেঁচে থাকার জন্য বেছে নেওয়া হয়েছিল? এটি কি একটি আশীর্বাদ নাকি একটি অভিশাপ?

— যখন সভ্যতা ধ্বংস হয়ে গেছে তখন মানুষ হওয়া মানে কী? যখন আমরা সবকিছু হারিয়েছি তখন আমরা কে?

— বাইরে আমাদের জন্য কী অপেক্ষা করছে? আমরা কি আবার সূর্য দেখতে পাব, নাকি কেবল একটি মৃত, বিকিরণযুক্ত আকাশ?

— মানবজাতির ভবিষ্যৎ কী, যা একটি ধাতব কফিনে ভেসে বেড়ানো কয়েকজন বেঁচে যাওয়া মানুষের মধ্যে হ্রাস পেয়েছে? চিরকালের জন্য বন্দী—নাকি আরও কিছু?

প্রশ্নগুলো সংকীর্ণ ইস্পাতের দেয়ালের মধ্য দিয়ে প্রতিধ্বনিত হচ্ছিল, কোনো উত্তর না খুঁজে, ধ্বংসের অনুভূতিকে বাড়িয়ে দিচ্ছিল যতক্ষণ না এটি অজ্ঞান হওয়ার পর্যায়ে চলে গিয়েছিল। শ্বাসরোধ। বাতাসের অভাব থেকে নয়, বরং অর্থের অভাব থেকে। একটি পথের অভাব থেকে।

কাঁচের কারাগার

সময় যেন থেমে গিয়েছিল। দিনগুলো নিপীড়নমূলক একঘেয়েমিতে একত্রিত হয়েছিল, জলের ফোঁটার মতো যা একটি অন্তহীন গর্তে একের পর এক পড়ে, যা কখনো পূর্ণ করা যায় না।

আমরা এই মৃত, বিধ্বস্ত বিশ্বে একমাত্র জীবন্ত মানুষ ছিলাম, নটিলাসের নিরাপদ কিন্তু সংকীর্ণ আশ্রয়ে সীমাবদ্ধ।

বন্দী।

তিনটি যন্ত্রণাদায়ক মাসেরও বেশি সময় ধরে, আমরা বাইরে অদৃশ্য শত্রুকে—বিকিরণ, mutated virus, বা কেবল... হিমশীতল, অন্তহীন নীরবতাকে ভয় পেয়ে কাঁচের গম্বুজটি খোলার সাহস করিনি।

বাচ্চাদের হাসি ম্লান হয়ে গিয়েছিল, ফিসফিসানি দ্বারা প্রতিস্থাপিত হয়েছিল, এবং প্রাপ্তবয়স্করা সময়, দিনের, নিজেদের অনুভূতি হারিয়েছিল।

তাদের চোখে, একটি গভীর ক্লান্তি এবং apaty একটি কুয়াশার মতো ছড়িয়ে পড়ছিল যা ধীরে ধীরে সবকিছু গ্রাস করছিল—এমনকি অতীতের স্মৃতিগুলোকেও।

কাঁচের গম্বুজটি, যদিও আমাদের বিধ্বস্ত বাইরের সাথে প্রাণহীন দৃশ্যমান যোগাযোগ প্রদান করছিল—ধূসর জল এবং মৃতদের আত্মার মতো ভেসে আসা ধ্বংসাবশেষের একটি বিশ্ব—বিচ্ছিন্নতার ক্রমবর্ধমান অনুভূতিকে নিস্তেজ করতে পারেনি।

বন্দীরা।

সেই স্পষ্ট, পক্ষাঘাতগ্রস্ত অনুভূতি যে আমরা এমন একটি বিশ্বে শেষ নির্জন অনুসন্ধানকারী ছিলাম যা আর আমাদের ছিল না।

প্রায়শই, আমি কাঁচের মধ্য দিয়ে তাকিয়ে থাকতাম, জীবনের লক্ষণ খুঁজতাম, কিন্তু আমি যা দেখতাম তা হলো অন্তহীন ধূসর ঢেউ যা অন্ত্যেষ্টিক্রিয়ার নীরবতায় ভেঙে পড়ছিল এবং ধ্বংসাবশেষ যা অন্য যুগের ফ্যান্টমের মতো স্রোতে ভেসে যাচ্ছিল, প্রতিটি হারানো আশা, প্রতিটি নিভে যাওয়া জীবনের অনুস্মারক।

একটি মৃত বিশ্ব। মৃত আশা। একটি মৃত ব্যবস্থা। নাকি এটা ছিল?

ভয়ের শ্বাস এবং আশার ফিসফিসানি

প্রতিটি চলে যাওয়া দিনের সাথে, বাতাস আরও শ্বাসরুদ্ধকর হয়ে উঠছিল, যদিও পরিস্রাবণ সিস্টেমগুলো পাগলাটে হৃদয়ের মতো নিরলসভাবে গুঞ্জন করছিল।

কৃত্রিম আলো সূর্যের বিকল্প হতে পারেনি—আমাদের ত্বক পার্চমেন্টের মতো ফ্যাকাশে হয়ে গিয়েছিল, আমাদের চোখ ক্লান্ত, নিভে যাওয়া তারার মতো তাদের luster থেকে বঞ্চিত হয়েছিল।

সেন্সরগুলো নিরপেক্ষ রিডিং দিচ্ছিল—তাপমাত্রা, আর্দ্রতা, বিকিরণ, বাতাসের গঠন—কিন্তু আমরা সুরক্ষামূলক পোশাক ছাড়া বাইরে পা রাখার সাহস করিনি, যেন আমরা ভয় পাচ্ছিলাম যে আমাদের শরীর ধুলোয় ভেঙে যাবে যদি এটি পরিবেশের সংস্পর্শে আসে—এর কারণ এটি নিশ্চিত ছিল না, বরং ভয় আমাদের পক্ষাঘাতগ্রস্ত করে ফেলেছিল, আমাদের ভিতরের গভীরে আঁকড়ে ধরেছিল।

আশ্বাসদায়ক ডেটা সত্ত্বেও, অজানার ছায়া hovering করছিল, আমাদের ডুবো আশ্রয়ের প্রতিটি কোণে পিছলে যাচ্ছিল, একটি অদৃশ্য স্পর্শ দিয়ে আমাদের শ্বাসরোধ করছিল।

বৈজ্ঞানিক যন্ত্রের নির্ভুলতা পচনশীল জৈব-বর্জ্যের দুর্গন্ধ নিবন্ধন করতে পারত না, যা কখনও কখনও ফিল্টারের মধ্য দিয়ে পিছলে যেতে সক্ষম হতো, বা অদৃশ্য অণুজীবের উপস্থিতি, যা আমরা ভয় পেতাম যে মারাত্মক কিছুতে রূপান্তরিত হয়েছে।

কখনও কখনও, বাতাস এবং ঢেউ একটি নিস্তেজ, অশুভ শক্তি দিয়ে ধাতব হলের উপর আঘাত করত, বাইরে লুকিয়ে থাকা মৌলিক শক্তির কথা মনে করিয়ে দিচ্ছিল—একটি insatiable শিকারী তার সুযোগের জন্য অপেক্ষা করছিল।

প্রতিটি অদ্ভুত স্রোত, প্রতিটি অপরিচিত শব্দ আমাদের আদিম, পশুর ভয়ে সংকুচিত করে তুলত।

যন্ত্রগুলি বিকিরণ পরিমাপ করতে পারত। কিন্তু তার বাইরে থাকা অন্তহীন অজানা পরিমাপ করতে পারত না—সবচেয়ে ভয়ঙ্কর অনিশ্চয়তা।

আমরা আমাদের নিজেদের ভয়ের বন্দী ছিলাম।

মৃত্যুর।

এমন একটি বিশ্বের, যা আমাদের ভুলে গিয়েছিল—বা কখনও জানত না।

মেলিনা সেখানে ছিল। নীরব। চিন্তাশীল। তার দৃষ্টি কোনো অভ্যন্তরীণ বিন্দুতে স্থির ছিল—সম্ভবত তার নিজের অতল গহ্বর, বলা হয়নি এমন গল্পে পূর্ণ।

তার পাশে তার দুই ছেলে দাঁড়িয়ে ছিল—ইথান এবং মার্ক। তার পুত্রবধূরা ক্লান্ত দেখাচ্ছিল, যেন vitality পান করে ফেলে দেওয়া লেবুর মতো।

এবং তার চার তরুণ নাতি-নাতনি, যারা কখনও কখনও নীরব হয়ে যেত, কখনও কখনও মৃদুভাবে কাঁদত—একটি কম্পমান ভবিষ্যৎ যা সে যে কোনো মূল্যে রক্ষা করার চেষ্টা করত,

যাতে এটি অদৃশ্য না হয়ে যায়, যাতে সবকিছু বৃথা না হয়, যাতে তাদের অস্তিত্ব মহাবিশ্বের কেবল একটি ফাঁপা ফিসফিসানিতে পরিণত না হয়।

শেষ বীজ

সাবমেরিনের সবকিছু ক্ষুদ্রতম বিস্তারিত পর্যন্ত গণনা করা হয়েছিল—বাতাস। খাবার। জল। কার্গো।

বেশি মানুষের জন্য কোনো জায়গা ছিল না।

বাকি সবাই incinerated হয়েছিল।

বিশ্বের শিখায় ধ্বংস হয়েছিল।

একটি বিশ্ব মুছে গিয়েছিল।

এবং আমাদের প্রত্যেকে, বন্দী, প্রিয়জনদের জন্য নীরবে শোক করছিল, যাদের মুখগুলো ধীরে ধীরে স্মৃতির কুয়াশায় ম্লান হয়ে যাচ্ছিল, যেন তারা কখনও অস্তিত্বে ছিল না, যেন তারা কেবল একটি স্বপ্ন ছিল।

কিন্তু কোনো পছন্দ ছিল না। বেছে নেওয়ার কোনো সুযোগ ছিল না—ভাগ্য ছিল নির্মম। অন্ধ। বধির। এবং উদাসীন।

আমরা আঠারোটি আত্মা ছিলাম—দশজন প্রাপ্তবয়স্ক, অতীতের বোঝা এবং মানবতার সম্মিলিত দোষ বহন করছিলাম।

এবং আটটি শিশু।

ভবিষ্যতের শেষ আশার একটি প্রতীক।

একটি ডুবো নোহের জাহাজে বন্দী। Limbo তে ভেসে বেড়ানো একটি পরিবর্তিত বিশ্বের জন্য সংরক্ষিত।

শেষ।

একটি নতুন আশা?

নাকি কেবল একটি গভীর descend এর শুরু?

আমি মেলিনার দিকে তাকালাম। সে পোরথোলের পাশে দাঁড়িয়েছিল, মৃত গভীরতার দিকে তাকিয়ে ছিল।

সেই মুহূর্তে, সে আগের চেয়ে শক্তিশালী দেখাচ্ছিল—অটল।

যেন ইস্পাত থেকে তৈরি।

কিন্তু তার চোখে একটি লুকানো ক্ষত ছিল। যা কেবল আমিই স্পষ্টভাবে দেখতে পারতাম।

সেখানে ছিল। তার বাম চোখের পাশে একটি নতুন বলি, যা বোমা পড়ার রাতে জন্মগ্রহণ করেছিল, বলা হয়নি এমন ব্যথায় ভরা একটি খাদের মতো গভীর।

একটি প্রশ্ন আমার মনে গেঁথে গিয়েছিল।

আমি উত্তরটি খুঁজে বের করতে চাইনি। কিন্তু আমি এটিকে ছিঁড়ে ফেলতে পারিনি—এটি একটি পরজীবীর মতো ছিল। আমার ভিতরে গভীরে গেঁথে, কুড়ে কুড়ে খাচ্ছিল:

— মেলিনা, কেন তোমাকে ঈশ্বর আমাদের এখানে আনার জন্য বেছে নিয়েছিলেন? কেন আমাদের বাঁচানো হয়েছে? আমরা কেন বেঁচে আছি?

মেলিনা ধীরে ধীরে তার মাথা ঘুরিয়ে দিল। সে আমার দিকে তাকাল।

তার চোখ, সহস্রাব্দের জ্ঞান এবং কিছু গভীর, অনুচ্চারিত দুঃখ দিয়ে পূর্ণ, আমার চোখের সাথে মিলিত হলো।

সেগুলোতে সবকিছু ছিল—ক্ষতি, দোষ, কিন্তু একটি ইস্পাতের সংকল্পও ছিল।

সে তার হাত তুলল এবং কাঁচটি স্পর্শ করল, যেন বাইরের অদৃশ্য বিশ্বের, একটি চলে যাওয়া যুগের বিদায় জানাচ্ছে।

"আমরা বেঁচে থাকা মানুষের চেয়েও বেশি কিছু, নাথানিয়েল।"

তার কণ্ঠস্বর একটি ফিসফিসানির মতো শোনাচ্ছিল, কিন্তু এটি একটি অদৃশ্য শক্তি বহন করছিল যা আমার প্রতিটি কোষ, আমার সত্তার প্রতিটি ফাইবার বিদ্ধ করছিল।

"আমরা বীজ। এবং তুমি... তুমি তাদের রক্ষক। আমাদের বন্দীদশা একটি উপহার। আবার বপন করার একটি সুযোগ।"

মেলিনা ঘুরে দাঁড়াল, তার দৃষ্টি ঘুমন্ত শিশুদের উপর স্থির হলো। একটি অশ্রু তার গাল বেয়ে নেমে এল—কিন্তু দুর্বলতা থেকে নয়।

ভবিষ্যতের ভার থেকে, যা তার ক্লান্ত, অটল কাঁধের উপর বিশ্রাম নিচ্ছিল।

---❤---

অধ্যায় 13: শেষ বেঁচে থাকা ব্যক্তি

এখন... নাথানিয়েল জলে পা রাখল। একটি শীতলতা, যা তার রক্ত পান করছিল, তাকে ঘিরে ধরল, তার নিজের আত্মার বিকৃত চিত্রকে প্রতিফলিত করছিল। তার চিন্তাগুলি, জোয়ারের ঢেউয়ের মতো, তার মাথার খুলি ভেঙে দিচ্ছিল, তার পিছনে একটি বিধ্বস্ত বিশ্ব রেখে যাচ্ছিল। সে বিচ্ছিন্ন ছিল। সীসার নীরবতা তাকে চাপ দিচ্ছিল, শ্বাসরোধ করছিল।

— এটা কি শেষ?" – একটি কণ্ঠ, একটি ভুলে যাওয়া প্রবৃত্তির প্রতিধ্বনি, তার বুকে গর্জন করল। নিজের কাছে, নীরব দৃশ্যের কাছে একটি প্রশ্ন।

তার চোখের সামনে তার জীবনের বেদনাদায়ক ধ্বংসাবশেষ ভেসে উঠল। হারানো সিংহাসন নয়, বরং ভাঙা মুকুটের তীক্ষ্ণ টুকরোগুলি তাকে কষ্ট দিচ্ছিল, তার হাতের তালু বিদ্ধ করছিল। অনিশ্চয়তা এবং বিভ্রমপূর্ণ দুর্গের শ্বাসরোধকারী ধুলো, যা একটি গর্জনের সাথে ভেঙে পড়েছিল। এখন তার কাছে কেবল একটি যন্ত্রণাদায়ক অজানা ছিল। তাকে একটি মিশন পূরণ করতে হয়েছিল, যা বিশ্বের চেয়ে বেশি ভারী ছিল, একা। কোনো কম্পাস, কোনো মানচিত্র, কোনো তারা ছাড়া। তার অস্তিত্বের প্রতিটি সেকেন্ড একটি মরিচা ধরা পেরেক ছিল, যা তার দেহ বিদ্ধ করছিল।

নাথানিয়েল, বিস্ময়ের মাস্টার, সবচেয়ে বড়টি দ্বারা ধরা পড়েছিল – জাংজওয়াং। সে, প্রতিক্রিয়ার পরিচালক, দাবা খেলোয়াড়, যিনি টুকরোগুলি সরান, এখন একটি টুকরা ছিল। স্বয়ং মহাবিশ্ব তাকে একটি অপ্রত্যাশিত, অসম্ভব পদক্ষেপ অফার করেছিল। সে অপ্রস্তুত ছিল। সে নগ্ন ছিল। জীবন, যা সে সবসময় তার দাবা খেলার বোর্ড হিসাবে মনে করত, একটি দুর্ভেদ্য অন্ধকারে পাশা খেলার খেলায় পরিণত হয়েছিল। এবং সে, কারসাজির মাস্টার, নিজেকে একটি হিংস্র ঝড়ের মধ্যে একটি অসহায়, পরিত্যক্ত শিশু হিসাবে অনুভব করছিল। তার শরীরের প্রতিটি তন্তু অসহায়ত্বে চিৎকার করছিল। সে একটি অনিয়ন্ত্রিত, যন্ত্রণাদায়ক খিঁচুনিতে কাঁপছিল, যা তাকে কুঁচকে যাওয়ার কারণ হয়েছিল।

বিশ্ব তাকে চ্যালেঞ্জ জানাল। তাকে অপমান করল। কোনো সতর্কতা ছাড়াই, কোনো সুযোগ ছাড়াই। ঈশ্বর, যদি তিনি অস্তিত্বে থাকতেন, তাকে একটি নৃশংস পরীক্ষার অধীন করছিলেন, সেই সমস্ত পাঠের পরে যা নাথানিয়েল শিখতে অস্বীকার করেছিল। পরীক্ষাটি একটি খোলা স্নায়ুর মতো ছিল, যা ঠান্ডা বাতাসে কম্পন করছিল। প্রতিটি ফোঁটা, যা সে পান করত তা বিষের মতো ছিল। নাথানিয়েল অনুভব করছিল যে তার শক্তি বরফের মতো গলে যাচ্ছে। তারা

একটি খোলা ক্ষত থেকে রক্তের মতো ফুরিয়ে যাচ্ছিল, তাকে একটি অসহায় পুলে পরিণত করছিল, যা তার আকার ধরে রাখতে পারে না।

— কোথায় আমি ভুল করেছি?" – প্রশ্নটি তার মাথার খুলিতে বাজছিল, তার নিজের শ্বাসের শব্দের চেয়ে জোরে, খালি দিগন্তে প্রতিধ্বনিত হচ্ছিল।

সে একা ছিল। ঠিক যেমনটি সে একসময় পছন্দ করত, তার বিশ্বের চারপাশে দুর্গম দেয়াল তৈরি করে। তার জ্ঞান এবং আত্ম-নিয়ন্ত্রণের বাতিঘর। এখন, তবে, বিচ্ছিন্নতা তাকে ঘিরে ধরছিল এবং তাকে বন্দী করে রাখছিল – তার পছন্দ দ্বারা নয়, বরং একটি অনিবার্য, যাবজ্জীবন রায়ে। একাকীত্বের দুর্গ, যা সে নিজেই তৈরি করেছিল, এখন একটি অভিশাপ ছিল। তার নিজের অহংকারের একটি সমাধিক্ষেত্র। একটি বেদনাদায়ক স্পষ্টতার সাথে সে উপলব্ধি করছিল: তাকে বিশ্বাস করতে হয়েছিল, ঘনিষ্ঠতা অনুমতি দিতে হয়েছিল, নিজেকে উত্সর্গ করার অনুমতি দিতে হয়েছিল। একক নাচগুলি মানুষের একটি বিশেষাধিকার নয়, বরং একটি শ্বাসহীন স্থানে একটি নিঃসঙ্গ ঘোরাঘুরি। এই জ্ঞান তাকে ভেতর থেকে ছিঁড়ে ফেলছিল এবং অ্যাসিডের মতো পুড়িয়ে দিচ্ছিল।

এই পরম, বিদ্ধকারী বিচ্ছিন্নতা এখন তার আত্মায় একটি মরুভূমির মতো প্রসারিত হয়েছিল – অন্তহীন, অনুর্বর। এটি তাকে শারীরিকভাবে, মৃত্যু পর্যন্ত শ্বাসরোধ করছিল। বিচ্ছিন্নতা, যা সে তার নিজের, নিষ্ঠুর নিয়ম দ্বারা তৈরি করেছিল, এখন কেবল তাকে চাপ দিচ্ছিল না, বরং তাকে চারদিক থেকে পিষে ফেলছিল। যেন অদৃশ্য দেয়ালগুলি তার চারপাশে ভেঙে পড়ার জন্য বদ্ধ হচ্ছিল। তার নিজের আরোপিত বিচ্ছিন্নতার শীর্ষে পৌঁছে, সে অনুভব করছিল যে ঠান্ডা তার হাড়ের মধ্যে হামাগুড়ি দিচ্ছিল, তাকে অচেনা করে তুলছিল। প্রতিটি চিন্তা, প্রতিটি আন্দোলন। সে তার নিজের মনের গোলকধাঁধায় একজন বন্দী ছিল, তার অহংকারী, ফাঁপা সত্যের প্রতিধ্বনির মধ্যে যাবজ্জীবন কারাদণ্ডে দণ্ডিত হয়েছিল। তার সমস্ত জ্ঞান, তার সমস্ত তত্ত্ব ভেঙে পড়েছিল এবং বিচ্ছিন্নতার নৃশংস বাস্তবতার সামনে লক্ষ লক্ষ টুকরো হয়ে গিয়েছিল। সে নগ্ন ছিল, নিজের এবং তার নিজের দানবের সাথে একা, অনন্তের মধ্যে একটি একক পরমাণুর মতো অন্তহীন স্থানে ঝুলছিল। একটি ভুলে যাওয়া দেবতার মতো, যা নির্মম মহাজাগতিক বাতাস দ্বারা বয়ে যাচ্ছিল। সময় এবং স্থানের বাইরে, পরিচিত সবকিছু থেকে বিচ্ছিন্ন, শারীরিক বিশ্বের সাথে যেকোনো সংযোগ থেকে বিচ্ছিন্ন। তার সমস্ত বৈজ্ঞানিক জ্ঞান, তার সমস্ত দার্শনিক যুক্তি এই সম্পূর্ণ ধ্বংসের মুহূর্তে একটি অকেজো উপহাস, শক্তিহীন প্রমাণিত হয়েছিল। সে তিক্ততা অনুভব করছিল, যা তার গলাকে পুড়িয়ে দিচ্ছিল – অসহনীয়, তার নিজের আত্ম-ধ্বংসের মতো সুস্বাদু।

নিজের সাথে একা, একটি একক প্রশ্ন ধ্বনিত হচ্ছিল, একটি তীক্ষ্ণ চিৎকারের মতো নীরবতাকে বিদ্ধ করছিল: – এটা সবকিছুর অর্থ কী? এটা কি কেবল কোনো উদ্দেশ্য এবং দিকনির্দেশনা ছাড়াই পরমাণুর একটি এলোমেলো কম্পন, নাকি এই আলিঙ্গনহীন আলিঙ্গনের বাইরে আরও কিছু অস্তিত্ব আছে, এমন কিছু যা আমি দেখতে এবং গ্রহণ করতে অস্বীকার করেছি?

সে তার নিজের চেতনার কালো শূন্যতায় উত্তর খুঁজছিল, কিন্তু সে যা পেয়েছিল তা ছিল পুরানো সন্দেহের অনুরণন, ভয়ের ভূত, যা ভুলে যাওয়া সত্যগুলি ফিসফিস করছিল, যা তাকে নির্মমভাবে তাড়া করছিল।

তার শরীর দুর্বল হয়ে পড়ছিল, কাজ করতে অস্বীকার করছিল। তার মন – কেবল একটি বিভ্রান্ত গোলকধাঁধা নয়, বরং একটি ফাঁদ, যেখানে সে অসহায়ভাবে ঘুরছিল। ক্ষুধা এবং তৃষ্ণা ছিল তীক্ষ্ণ দাঁত, নখ, যা তার অভ্যন্তরীণ অংশগুলি ছিঁড়ে ফেলছিল। তার শরীরের প্রতিটি তন্তু চিৎকার করছিল এবং রক্তপাত করছিল। ক্লান্তি একটি ভারী, সীসার স্তরের মতো ছিল, যা তার

চোখের পাতার উপর একটি কালো পর্দা ফেলে দিচ্ছিল, যা তাকে চোখ বন্ধ করতে দিচ্ছিল না। কিন্তু তার গভীরতম ক্ষুধা ছিল মানুষের স্পর্শের জন্য, উষ্ণতার জন্য, সান্ত্বনাময় ঘনিষ্ঠতার জন্য, নিঃশর্ত ভালবাসার জন্য। মানুষের উপস্থিতির একটি নির্মম প্রয়োজন, যা তার আত্মাকে যেকোনো শারীরিক ব্যথার চেয়ে বেশি ছিঁড়ে ফেলছিল, যা সে কখনো অনুভব করেছিল। সে কেবল তার শারীরিক স্বাধীনতা হারায়নি, বরং জীবন্ত বিশ্বের সাথে, প্রতিটি মানব আত্মার সাথে তার মানসিক সংযোগও হারিয়েছিল। তার চারপাশের সবকিছু ছিল মুখহীন, ঠান্ডা এবং প্রতিকূল, একটি মৃত গ্রহ। সে একটি হারিয়ে যাওয়া মহাকাশযানের মতো ভাসছিল, মহাবিশ্বের অন্ধকার মহাসাগরে লক্ষ্যহীনভাবে, কোনো দিকনির্দেশনা, কোনো উদ্দেশ্য, পরিত্রাণের কোনো আশা ছাড়াই।

— সবকিছু নিয়ন্ত্রণে ছিল, তাই না?" – তার পুরানো কণ্ঠস্বর ফিসফিস করল। – "এবং এখন? তুমি এতিম। তোমার ধ্বংসকে হাততালি দেওয়ার জন্য কেউ বাকি নেই।

সে একটি অপরিচিত স্থানে একা ছিল, একটি বিকৃত মাত্রা এবং সময়হীনতায়, যেখানে পরিচিত আইনগুলি বিদ্যমান ছিল না। সে সন্দেহ করছিল যে সে আদৌ জীবিত কিনা, তার জীবনের নিজস্ব সংজ্ঞা অনুসারে। সে বিশ্ব সম্পর্কে তার সমস্ত অহংকারীভাবে নির্মিত জ্ঞান, বাস্তবতার তার নিজস্ব সংজ্ঞা সম্পর্কে সন্দেহ করছিল। সে ঈশ্বরকে অস্বীকার করছিল, কিন্তু একই মুহূর্তে তার কাছে প্রার্থনা করছিল। সে এই নীরব আলিঙ্গনে পথ, অর্থ, আত্মবিশ্বাস খুঁজছিল, যা তাকে ঘিরে রেখেছিল। সে আর নিজেকে খুঁজছিল না – কারণ তার কেবল নিজেকেই ছিল... কিন্তু তার কাছে কোনো আয়না ছিল না, কোনো সংশোধনকারী ছিল না, যেখানে সে ভাগ্যের নিষ্ঠুর নিয়মগুলি পরিমাপ এবং মূল্যায়ন করতে পারে, যা ঈশ্বর তার উপর রেখেছিলেন। সে তার নিজের পতনের, তার নিজের নরকের একমাত্র পরিমাপ ছিল।

সম্পূর্ণ, ভয়ংকর অজানা অবস্থায়, সে দাঁড়িয়ে ছিল – একমাত্র বেঁচে থাকা ব্যক্তি, বা হয়তো কেবল একজন বেঁচে থাকা ব্যক্তির প্রতিধ্বনি, তার একমাত্র আদালতের মুখোমুখি – তার নিজের বিবেকের আদালত, যা তাকে পুড়িয়ে দিচ্ছিল এবং তাকে ছাইয়ে পরিণত করছিল।

নাথানিয়েলের চিন্তায় ছিন্নভিন্ন কুয়াশা...

হতাশার এই মুহূর্তে, গোলাপ ফুলের সুবাস – তার সুবাস, পুরানো চিঠি এবং পুরানো স্মৃতির একটি নিঃশ্বাস সহ, কিন্তু সদ্য ফোটা জীবনেরও – একটি বেদনাদায়ক তীব্রতার সাথে আমাকে আঘাত করল, সরাসরি সেই স্মৃতিতে বিদ্ধ হলো যা মরতে অস্বীকার করেছিল। তার কণ্ঠস্বর। অন্য সময়ের সঙ্গীতের মতো – শান্ত, কিন্তু তীক্ষ্ণ, স্মৃতির গভীরতা থেকে উদ্ভূত, নীরবতাকে ভেদ করল, যা আমি বাস করতে অভ্যস্ত ছিলাম। যেন আমি আবার সেই সবুজ চোখগুলির দিকে তাকাচ্ছিলাম, যেখানে তার বিশ্বাস এবং বিশুদ্ধ, নিষ্পাপ ভালবাসার পুরো বিশ্বটি গুটিয়ে ছিল। এখন আমি আমার অহংকারের নিজের দেয়ালে বেদনাদায়কভাবে ধাক্কা খাচ্ছিলাম, যা আমার ভয় থেকে ইট ইট করে তৈরি করা হয়েছিল, নিজেকে এবং... তাকে রক্ষা করার জন্য? আসল, গভীর, উন্মোচনকারী ঘনিষ্ঠতা থেকে। আমি বুঝতে পারছিলাম না কেন আমার বর্তমান এতিমতা এত যন্ত্রণাদায়কভাবে সেই হারানো মুহূর্তগুলির সাথে, এই অদ্ভুত, ভাগ করা নয় এমন সংযোগের সাথে মিশে গিয়েছিল। কেন এই ক্ষতিটি আমার শক্ত সত্তার গভীরতায় একটি বেদনাদায়ক পরীক্ষার সাথে চিহ্নিত করা হচ্ছিল? আমাকে কিছু অপরিহার্য জিনিস উপলব্ধি করতে হয়েছিল, এমন কিছু যা আমি মিথ্যা পাহাড়ের নিচে কবর দিয়েছিলাম।

— নাথানিয়েল, আমার দিকে তাকাও! দয়া করে, আমাকে সত্যি সত্যি দেখ! আমার নিঃশর্ত ভালোবাসা অনুভব করো... এটিই একমাত্র জিনিস যা অবশিষ্ট আছে।" – "তোমার সেই বাস্তবতা এখন কোথায়, নাথানিয়েল, যা তুমি এত অহংকারীভাবে একমাত্র হিসাবে অফার

করেছিলে? মনে আছে কীভাবে প্রতিটি মুহূর্তে তুমি আমাকে পছন্দের নিষ্ঠুরতার মুখোমুখি করেছিলে: তোমার ভালোবাসায় বিশ্বাস করা এবং অজানা দিকে আত্মবিশ্বাসের সাথে ছেড়ে দেওয়া, নাকি এই সন্দেহে আত্মসমর্পণ করা যে তুমি আমার বিশুদ্ধ অনুভূতি নিয়ে আত্মাহীনভাবে খেলছো? দেখো, কেবল আমার নিঃশর্ত, নিবেদিত ভালবাসাই বাস্তব ছিল! মনে আছে কীভাবে আমি তোমাকে তোমার অহংকারী বিভ্রমের চেয়ে আমার বাস্তবতায় বিশ্বাস করার পছন্দের মুখোমুখি করেছিলাম – কিন্তু তুমি তোমার সন্দেহে আত্মসমর্পণ করেছিলে?

প্রশ্নটি শূন্যতায় ঝুলে ছিল। এটি আমার মাথার খুলির খালি জায়গায় প্রতিধ্বনিত হচ্ছিল, একটি খালি কবরে একটি প্রতিধ্বনির মতো উত্তরহীন, যেন তার ভূত দ্বারা বলা হয়েছে, একটি ভূত যা দীর্ঘকাল আগে মরে যাওয়া শব্দের স্বাদ সহ। এখন আমি আমার সমস্ত বিধ্বস্ত বিশ্ব উল্টে দিতে প্রস্তুত ছিলাম, প্রতিটি ধ্বংসাবশেষ খনন করতে, আমার নিজের অবশ অনুভূতি এবং খালি জায়গার সত্যটি খুঁজে বের করতে, যা সে আমার আত্মায় চিরতরে রেখে গিয়েছিল। সে আমাকে এত কোমলভাবে, কম্পন সহ ফিসফিস করত... সে আমাকে কষ্টকর কথা বলত, কিন্তু আমি তাকে শুনতাম না, বিশ্ব সম্পর্কে আমার নিজের পাথুরে ধারণা দ্বারা অন্ধ ছিলাম, যা ধুলোয় ভেঙে গিয়েছিল। এবং সে আমাকে সেই বেদনাদায়ক উত্তরগুলিতে নিয়ে যাওয়ার জন্য নীরবে প্রার্থনা করছিল, যা আমি এখন মরিয়া হয়ে খুঁজছিলাম। ঈশ্বরের ইচ্ছার কাছে, যাতে আমরা সেগুলি একসাথে খুঁজে বের করতে পারি, যাতে আমি জ্ঞান পেতে পারি... এবং আত্ম-ধ্বংসকারী মানব প্রতিচ্ছবিগুলিকে বাঁচাতে পারি – আমার নিজের প্রতিচ্ছবি সহ।

— যদি তুমি এই বিশ্বের শেষ বেঁচে থাকা ব্যক্তি হও – তুমি এই একাকীত্ব দিয়ে কী করবে? তুমি নির্ঘুম রাতে কী ভাববে, যখন তোমার পাশে কেউ থাকবে না, যখন এমনকি নক্ষত্ররাও তোমার থেকে মুখ ফিরিয়ে নিয়েছে? তুমি কী অনুভব করবে, যখন তোমার ব্যথা ভাগ করে নেওয়ার, তোমাকে জড়িয়ে ধরার জন্য কেউ থাকবে না – এমনকি কেবল তোমাকে বলতে যে তুমি বিদ্যমান? তুমি কীভাবে তোমার অর্থহীন অস্তিত্বের বাকি অংশটি বাঁচবে, যা যেকোনো রায়ের চেয়ে বেশি ভারী একটি রায়? তুমি কি এমন এক পরম, স্থির বিচ্ছিন্নতায় নিজেকে পাবে না, যা তুমি কল্পনাও করতে পারো না? তুমি কি উৎস, অর্থ এবং উদ্দেশ্য ছাড়া আলোর একটি হারিয়ে যাওয়া রশ্মির মতো হবে না, একা ঘুরতে অভিশপ্ত?

মেলিনার কণ্ঠস্বর আমাকে জিজ্ঞাসা করছিল। এটি আমার মধ্যে একটি বরফ শিখরের মতো প্রবেশ করছিল, আমাকে এমন দুঃখ দিয়ে বিদ্ধ করছিল, যা যেন কোথাও থেকে এবং সবকিছু থেকে আসছিল, আমার প্রতিটি হারানো সুযোগ থেকে, প্রতিটি অকথিত শব্দ থেকে।

---❤---

অধ্যায় 14: নীরবতায় হারিয়ে যাওয়া

২১ ঘন্টা, ৩৩ মিনিট এবং ১৪ সেকেন্ড আগে... নাথানিয়েল।

নীরবতা কেবল ভারী ছিল। ঘন, আঠালো, চাপানো। আমি কেবল আমার নিজের নিঃশ্বাস শুনতে পাচ্ছিলাম – ভারী, অনিয়মিত, যেন আমার ফুসফুস বালি দিয়ে পূর্ণ ছিল। কয়েক মাস ধরে। আমি তাদের দিকে তাকালাম। তাদের মুখগুলি, ফ্যাকাশে, নিপীড়িত, আমার নিজের নরককে প্রতিফলিত করছিল। কিন্তু আশাও। একটি ছোট, ভঙ্গুর আশা, একটি সুতোয় ঝুলছিল।

— আমি একা নেমে যাব।

আমার কণ্ঠস্বর। আমি এটি চিনতে পারলাম না। একটি কর্কশ, বিদেশী, একটি রায় কর্কশভাবে বলা হয়েছিল একটি বায়ুরোধী ইস্পাতের গর্ভে। প্রতিটি অক্ষর ধাতব দেয়ালে আঘাত করছিল, ধ্বনিত হচ্ছিল, প্রতিধ্বনিত হচ্ছিল, যতক্ষণ না এটি আমার মাথার খুলিতে

একটি বেদনাদায়ক রিংয়ে পরিণত হলো। এটি কেবল একটি সিদ্ধান্ত ছিল না। এটি ছিল... প্রায়শ্চিত্ত। তাদের জন্য, আমাদের জন্য একটি পথ তৈরি করার জন্য একটি শেষ, মরিয়া প্রচেষ্টা। আমি সবকিছু সহ্য করতে প্রস্তুত ছিলাম। প্রতিটি সিদ্ধান্ত। প্রতিটি নিষ্ক্রিয়তা। এমনকি বিশ্বাসের প্রতিটি প্রত্যাখ্যান করা ফিসফিসানিও। কোনো ফিরে যাওয়ার পথ ছিল না। কেবল সামনে, সেই দুর্ভেদ্য অতল গহ্বরে, যা আমাকে ডাকছিল।

আরও একটি যন্ত্রণাদায়ক মাস। প্রতিটি মিনিট একটি শতাব্দীর মতো দীর্ঘ মনে হচ্ছিল। প্রত্যাশা, বিষাক্ত সন্দেহ দ্বারা বোনা। এবং তারপরে, অবশেষে, হ্যাচটি আর্তনাদ করল। এটি একটি মরণশীল দৈত্যের মতো ঘর্ষণ শব্দ করল, যা অন্য বিশ্বের আলোর দিকে তার চোখের পাতা তুলছে। অজানা জিনিসের শ্বাস আমাকে চুষে নিল – ভারী এবং আর্দ্র। পচা শৈবাল, মরিচা এবং... অন্য কিছুর গন্ধ। কিছু গভীর, আদিম মন্দ, যা আমার ত্বকে হামাগুড়ি দিচ্ছিল, আমাকে একটি ঠান্ডা কফিনের মতো ঘিরে ফেলছিল। আমার হৃদয় ধাক্কা মারল। পাগলের মতো। একটি উন্মত্ত ড্রামের মতো, যা আমার বুক থেকে পালাতে চেষ্টা করছিল।

একটি পদক্ষেপ। অনিশ্চিত। কাঁপা কাঁপা। খালি চারপাশের দিকে প্রথম পদক্ষেপ। আমি আমার পিছনে সাবমেরিনটি রেখে যাচ্ছিলাম, যা তীরে কাদার মধ্যে আটকে ছিল। তাদের মুখ – ফ্যাকাশে, উদ্বিগ্ন – তারা অপেক্ষা করছিল। তারা আমার ফিরে আসার অপেক্ষা করছিল। সংবাদ। ভবিষ্যতের জন্য। একটি ভবিষ্যৎ, যা এখন একটি সুতোয় ঝুলছিল, যে কোনো মুহূর্তে ছিঁড়ে যাওয়ার জন্য প্রস্তুত।

আমি হারিয়ে গেলাম। কেবল শারীরিকভাবে নয়। আমি অনুসন্ধানে হারিয়ে গেলাম। জলের জন্য। জীবনের চিহ্নের জন্য। এমনকি আগামীকালের জন্য সবচেয়ে ছোট, অভিশপ্ত প্রতিশ্রুতির জন্যও, যা আমাকে চালিয়ে যাওয়ার শক্তি দেবে। যখন আমি ফিরে আসলাম, সাবমেরিনটি... সেখানে ছিল না। যেন পৃথিবী, না, কালো শূন্যতা, এটিকে গ্রাস করে নিয়েছে। কোনো চিহ্ন ছাড়াই। আমি ফিরে আসছিলাম। আমি ঘুরে বেড়াচ্ছিলাম। অন্তহীন, মরিয়া বৃত্তে। এবং তখন... ঠান্ডা, ভয়ংকর সত্য আমাকে আঘাত করল। আমি উন্মত্ত হয়ে গেলাম। আমি ঘুরছিলাম। ধাপে ধাপে। এই বিভ্রমের সাথে আঁকড়ে ধরে যে আমি ভুল পথে এসেছি, যে আমি তাদের পরবর্তী পাথুরে বাঁকের পিছনে খুঁজে পাব। কিন্তু সে আবির্ভূত হলো না। প্রতিটি সেকেন্ড অনন্ততায় প্রসারিত হচ্ছিল। এবং আশা... এটি কেবল একটি মরণশীল ধুলোয় পরিণত হলো। প্রতিটি ঢেউ, তীরে আছড়ে পড়ছিল, ফিসফিস করছিল: "তুমি একা।"

আমি অনেকক্ষণ হাঁটলাম। আমার পায়ে রক্তপাত হলো। আমি শুকনো বালির উপর লাল চিহ্ন রেখে যাচ্ছিলাম। প্রতিটি কাঁটাযুক্ত ঝোপ আমার ত্বক ছিঁড়ে ফেলছিল। প্রতিটি ধারালো শেল আমার পায়ের তলায় একটি রক্তাক্ত চিহ্ন রেখে যাচ্ছিল। ব্যথা... এটি ছিল আমার একমাত্র বিশ্বস্ত সঙ্গী। আমি লক্ষ্যহীনভাবে ঘুরে বেড়াচ্ছিলাম। দিনের বেলা জ্বলন্ত সূর্যের নিচে, যা আমার হাড় পুড়িয়ে দিচ্ছিল। রাতে বরফ ঠান্ডা দুর্ভেদ্য গোধূলিতে, যা প্রতিটি তন্তুকে স্থির করে দিচ্ছিল, আমাকে একটি বরফের মূর্তিতে পরিণত করছিল। যেন আমি একই খালি জায়গায় ফিরে আসছিলাম। কিছুই ছিল না। আমি প্রার্থনা করলাম। সমস্ত দেবতাদের কাছে। আমি শৈশবের ভুলে যাওয়া মন্ত্র ফিসফিস করলাম। এমন শব্দ যা আমি আমার সচেতনতা থেকে দীর্ঘকাল মুছে ফেলেছিলাম। আমি কাঁদলাম। আমার জীবনের প্রথমবার। কোনো লজ্জা ছাড়াই। কোনো সংযম ছাড়াই। তেতো, শ্বাসরোধকারী অশ্রু, যা আমার বিকৃত গালে জ্বলছিল। আমি জানতাম না কী ঘটেছিল। তারা কোথায় অদৃশ্য হয়ে গিয়েছিল? আমি বিশ্বাস করতে অস্বীকার করছিলাম যে তারা এই মৃত বিশ্বে আমার জন্য অপেক্ষা করতে ছেড়ে দিয়েছে। এই চিন্তাটি... এটি যেকোনো শারীরিক ব্যথার চেয়ে বেশি ভয়ংকর ছিল। রাতের ঠান্ডার চেয়ে বেশি জমে যাওয়া।

আমি ঠান্ডা বালির উপর ভেঙে পড়লাম। একটি খালি দৃষ্টি অন্তহীন, উদাসীন সমুদ্রের দিকে তাকিয়ে। আছড়ে পড়া ঢেউয়ের নিস্তেজ শব্দ আমার নিজের হৃদস্পন্দনের উন্মত্ত স্পন্দনের সাথে মিশে যাচ্ছিল। আমার ক্ষতবিক্ষত পায়ের নিচে বালির ঠান্ডা স্পর্শ। অন্তহীন, খালি বিশ্ব, উদাসীন নক্ষত্র দ্বারা পূর্ণ। এই সব এখন চিৎকার করছিল। অসহায়তায় চিৎকার করছিল। আমি সবকিছু হারিয়ে ফেলেছিলাম। বিশ্ব। আমার প্রিয়জন। এবং সবচেয়ে খারাপ – নিজেকে। আমার শয়তানি আত্মা। আমার মধ্যে অপরাধবোধ, অনুতাপ এবং পক্ষাঘাতগ্রস্ত ভয়ের একটি ঝড় বইছিল। এটি আমাকে টুকরো টুকরো করে ছিঁড়ে ফেলছিল। আমি নিজেকে মুক্ত করতে না পেরে।

আমি, নাথানিয়েল। গণনার মানুষ। যুক্তির। অনস্বীকার্য সত্যের। এবং এখন... অজানার মুখহীন মুখের মুখোমুখি। দিশেহারা। কোনো সমর্থন ছাড়া। যেন আমার পায়ের নিচের মাটি একটি দুর্ভেদ্য অতল গহ্বরে পড়ে গিয়েছিল। আমার মস্তিষ্ক কাজ করতে অস্বীকার করছিল। ভাঙা। শক দ্বারা অবরুদ্ধ। কিন্তু হয়তো... ঠিক এই চূর্ণকারী নিয়ন্ত্রণ হারানোর মাধ্যমে... ঠিক এটি আমাকে কিছু নতুন আবিষ্কার করতে দেবে। আমার শক্ত আত্মায়। সহানুভূতি। বিনয়। একটি জ্বলজ্বলে, প্রায় মরিয়া বিশ্বাস। যা আমি আগে চিনতাম না।

আমি ছোট ছোট জিনিসগুলিতে মনোযোগ দিতে শুরু করলাম। বাতাসের দ্বারা বয়ে যাওয়া বালির উপর চাপড় মারা নিঃসঙ্গ বালুকণাগুলিতে। খালি মাথার উপরে ধীর, পরিমাপিত চলাচলে বৃত্তাকার নিঃসঙ্গ পাখিদের উপর। দূরবর্তী, ঠান্ডা নক্ষত্রের উপর, যা রাতের আকাশে উদাসীনভাবে জ্বলজ্বল করছিল, যেন তারা আমার যন্ত্রণা দেখছিল। এই কঠোর সরলতায়। সম্পূর্ণ পরিত্যাগের এই অবস্থায়। আমি একটি অদ্ভুত, অপ্রত্যাশিত সান্ত্বনা খুঁজে পেলাম। এবং একটি ছোট, সবেমাত্র লক্ষণীয় আশা।

আমি এতিম ছিলাম। এই মৃত ল্যান্ডস্কেপে। তার নিজের মরণশীলতার মুখোমুখি। আমার সমস্ত বিশাল পরিকল্পনা। আমার সমস্ত উচ্চাকাঙ্ক্ষা। অকেজো। অ্যাপোক্যালিপ্সের বাতাসে ধূসর ধ্বংসাবশেষ। আমি কি কেবল একটি দুর্ঘটনাজনিত শিকার ছিলাম? নাকি কোনো বড়, দুর্বোধ্য পরিকল্পনার অংশ? যা মানুষের বোঝার বাইরে? ভারী প্রশ্নগুলি বাতাসে ঝুলে ছিল। ধুলোর মতো। কিন্তু তারা আমাকে আর শ্বাসরোধ করছিল না। তারা আমার নতুন অস্তিত্বের অংশ ছিল। আমার ভাগ্যের।

আমি আমার আদিম সত্তার কাছে নিজেকে ছেড়ে দিলাম। বেঁচে থাকার প্রবৃত্তির কাছে। এবং ঈশ্বরের অস্পষ্ট ইচ্ছার কাছে। যদি তিনি বিদ্যমান থাকতেন। যদি তিনি এই সমস্ত বিশৃঙ্খলার মধ্যে কোনো অর্থ দেখতে পেতেন। আমার হৃদয়ের গভীরে। একটি জ্বলজ্বলে, অস্থির বিশ্বাস সহ। আমি বিশ্বাস করতাম। যে আমার প্রিয়জনরা আমার ছাড়া সামলে নিতে পারবে। তারা যেখানেই থাকুক না কেন। যে কোথাও সেখানে, গভীরতায় বা দিগন্তের ওপারে, জীবনের জন্য ছোট আশা তখনও জ্বলছিল। আমার একাকীত্ব সত্ত্বেও। এবং হয়তো, একদিন, এটি আবার ফুলবে। মরুভূমিতে একটি ফুলের মতো। একটি বিধ্বস্ত বিশ্বের মধ্যে।

---❤---

অধ্যায় 15: প্রজ্বলন

কিন্তু, কি ছিল?

তারা কি নিচের অন্ধকারে, গোধূলির দুর্ভেদ্য আশ্রয়ে বেঁচে ছিল? নাকি একটি হঠাৎ, বিশ্বাসঘাতক পতন তাদের চিরতরে সমুদ্রের জমে যাওয়া শ্বাসে গ্রাস করে নিয়েছে? ভয়ংকর চিত্রগুলি আমার সচেতনতায় ঢেলে দিচ্ছিল – একটি জলপ্রপাত নয়, বরং হতাশার একটি

সুনামি, যা আমাকে প্লাবিত করছিল, আমাকে হতাশার একটি নিস্তেজ ছায়ায় নিমজ্জিত করছিল। আবেগগুলি পরিবর্তিত হচ্ছিল; তারা আমার ভিতরে সংঘর্ষ করছিল, খনিগুলির মতো বিস্ফোরিত হচ্ছিল, মাংস নয়, বরং আমার আত্মাকে ছিঁড়ে ফেলছিল। একটি অভ্যন্তরীণ গর্জন, সবচেয়ে গভীর ভূমিকম্পের চেয়ে শক্তিশালী, আমাকে সচেতনতার অন্ধকার, আশাহীন উপত্যকার দিকে ধাক্কা দিচ্ছিল। আমি করুণার জন্য নীরবে প্রার্থনা করলাম – মৃত্যুর কাছে। কিন্তু সে হৃদয়হীন ছিল এবং আসেনি, আমাকে কষ্ট পেতে, আমার নিজের নরকে পুড়তে রেখেছিল, যার শিখা আমাকে ভেতর থেকে পুড়িয়ে দিচ্ছিল। আমি জমে গিয়ে অপেক্ষা করছিলাম, কীসের জন্য জানি না, আলোর কোনো ঝলক না দেখে, একটি নিস্তেজ ছায়ার জন্য নির্ধারিত, যা আমার চোখের সামনে একটি ম্যাকাব্রে নৃত্যের মতো নাচছিল। আমি একটি অবশ আত্মা দিয়ে সহ্য করছিলাম, যেন আমার শিরায় রক্ত তরল নাইট্রোজেনে পরিণত হয়েছে, আমাকে একটি জীবন্ত, শ্বাসপ্রশ্বাস নেওয়া বরফের ভাস্কর্যে পরিণত করেছে, আমার নিজের দেহের একটি বন্দী।

আর এক মুহূর্ত, কেবল আরও একটি যন্ত্রণাদায়ক, বিদীর্ণকারী মুহূর্ত... দেখো, আমার হৃদয় যেন আমার বুক থেকে বিচ্ছিন্ন হয়ে গেল, উপরে উড়ে গেল, একটি অস্পষ্ট জাদুর জোয়ার দ্বারা আকৃষ্ট হলো, একটি আহত পাখির মতো, যা মরিয়া হয়ে ঝড়ের উপরে উঠতে চেষ্টা করছে। তারপর সমস্ত অসহনীয় উদ্বেগ একটি গর্জনের সাথে আমার উপর নেমে এল – একটি পুরো, বিধ্বস্ত বিশ্বের ওজন। এটি প্রতিটি স্ফুলিঙ্গ, প্রতিটি বিভ্রমকে চূর্ণ করে দিচ্ছিল; তাদের ধূসর, প্রাণহীন ধ্বংসাবশেষে পরিণত করছিল। আমার প্রতিটি অংশ যা একবার বিশ্বাস করেছিল, এখন অজানার অতল গহ্বরে দ্রবীভূত হচ্ছিল।

আমি সারা রাত জেগে ছিলাম, অন্তহীনতার দিকে তাকিয়ে, আমার শরীরকে জমে যাওয়া ঠান্ডা বিদ্ধ করছে তা অনুভব না করে। বালি আমার হাতের তালুকে আঁচড়ে দিচ্ছিল, যখন আমি নির্মম সীমার দিকে তাকাচ্ছিলাম, যেখানে আকাশ সমুদ্রকে আলিঙ্গন করত, সূর্যোদয়ের পূর্বাভাস দিচ্ছিল। তার রশ্মি, আমাকে বিদ্ধ করা তলোয়ারের মতো তীক্ষ্ণ, কেবল রাতকে নয়, বরং আমার গভীরে জমে থাকা বছরের খালি প্রসারকে কেটে দিচ্ছিল। এই প্রসারটি ছিল আমার সারমর্ম, যা আমার মেরুদণ্ড বেয়ে হামাগুড়ি দিচ্ছিল, প্রতিটি চিন্তাকে, প্রতিটি অনুভূতিকে স্থির করে দিচ্ছিল, যতক্ষণ না আমার শরীর নীরবতার একটি হিমশীতল মন্দিরে পরিণত হলো, একটি নিস্তেজ ছায়ায় আবৃত, যেখানে আমার আত্মা নীরবতায় কষ্ট পাচ্ছিল।

প্রতিটি সেকেন্ড চলে যাওয়ার সাথে সাথে ক্ষতির বিশাল মাত্রা প্রকাশ পাচ্ছিল – আমার ব্যক্তিগত, অ্যাপোক্যালিপ্টিক বিপর্যয়ের। আমি কয়েক দশক ধরে আমার জীবনকে একজন লোভী স্বর্ণসন্ধানীর মতো বুনেছিলাম, কেবল ঝলকের দিকে তাকাচ্ছিলাম, মরীচিকা তাড়া করছিলাম – ক্ষমতা, অগণিত সম্পদ, ব্যাপক জ্ঞান। আমি অন্ধ ছিলাম, অভিশপ্তভাবে অন্ধ ছিলাম আসল ধনগুলির প্রতি, যা আমি আমার হাতের তালুতে ধরে রেখেছিলাম – এবং আমি তাদের ছেড়ে দিয়েছিলাম। এখন আমি বুঝলাম:

— ভালোবাসা? এটি ছিল একটি ক্ষণস্থায়ী শিহরণ, যা তার পিছনে এমন তিক্ততা রেখে গিয়েছিল, যা আমার গলাকে পুড়িয়ে দিচ্ছিল। যেন আমার ফুসফুস মৃত স্মৃতির মরণশীল ধুলো দিয়ে পূর্ণ ছিল। আমার মনে একটি ক্ষণস্থায়ী স্মৃতি ঝলমল করল: একটি গ্রীষ্ম, সদ্য কাটা ঘাসের গন্ধ এবং মেলিনার হাসি, যা উষ্ণ বাতাসে ছড়িয়ে পড়ছিল। এক সেকেন্ডের একটি অংশে, উষ্ণতা আমার রক্ত প্রবাহিত করল। দুর্ভাগ্যবশত, আমি এটিকে উদাসীনতা দিয়ে নিভিয়ে দিলাম, এবং ভিতরে প্রবেশ করা ঠান্ডা উপস্থিতি আমাকে একটি ঠান্ডা কফিনের মতো ঘিরে ফেলল।

— বন্ধুত্ব? একটি সুবিধাজনক জোট, যা প্রথম পরীক্ষার চাপে শুকনো মাটির মতো ভেঙে পড়েছিল, আমাকে একটি মিথ্যা বিশ্বের মধ্যে একা রেখে গিয়েছিল।

— পরিবার? একটি বোঝা। শৃঙ্খল। আমি তাদের একসময় এমন সহজভাবে, এমনকি উপহাস সহ ছিঁড়ে ফেলেছিলাম, এবং এখন তাদের খালি প্রসার আমাকে ছিঁড়ে ফেলছিল, যেকোনো শারীরিক ক্ষতের চেয়ে বেশি বেদনাদায়ক।

এখন, যখন সবকিছু সকালের কুয়াশার মতো বাষ্পীভূত হয়ে গিয়েছিল – যেন কেউ সমস্ত বাতাস, বিশ্বের সমস্ত অর্থ চুষে নিয়েছিল – আমি যে বাতাস শ্বাস নিচ্ছিলাম তা একটি হিমশীতল নীরব আলিঙ্গনে পরিণত হয়েছিল, যা আমার রক্তকে জমাট বাঁধছিল। আমি আমার অস্তিত্বের স্থির আর্দ্রতা স্পর্শ করছিলাম। আমি একজন প্রসিকিউটর, বিচারক এবং জল্লাদ ছিলাম, সব একসাথে, নিজেকে একটি ধীর, যন্ত্রণাদায়ক মৃত্যুর জন্য দণ্ডিত করেছিলাম। স্বার্থপর ভুলের কারণে, যা এখন আমার আত্মাকে জীবন্ত অঙ্গারের মতো পুড়িয়ে দিচ্ছিল, আমার দেহের গভীরে বিদ্ধ হচ্ছিল, সম্পূর্ণভাবে জ্বলে যাওয়ার কোনো সম্ভাবনা ছাড়াই।

আমি একটি দীর্ঘ, প্রতারণামূলক স্বপ্ন থেকে জেগে উঠেছিলাম। একটি বিভ্রম। এটি টুকরো টুকরো হয়ে ধুলোয় ভেঙে যাচ্ছিল, নিচে এমন একটি বিশ্ব প্রকাশ করে দিচ্ছিল, যা আমি কখনো সন্দেহও করিনি – ব্যথার একটি বিশ্ব, কিন্তু সত্যেরও। আমি এটি উন্মুক্ত চোখ দিয়ে দেখতে শুরু করলাম, যেন বিশ্বাসঘাতক পর্দাটি উঠে গেছে। এই যে। আমি বুঝলাম – বস্তুগত খোলসের বাইরে একটি গভীর, অদৃশ্য মাত্রা বিদ্যমান। এটি আমাকে ডাকছিল। আমি প্রাচীন, প্রায় ভুলে যাওয়া ফিসফিসানি শুনতে পাচ্ছিলাম, যা আমার মাথার খুলির গহ্বরে একটি হারিয়ে যাওয়া সভ্যতার প্রতিধ্বনির মতো প্রতিধ্বনিত হচ্ছিল। আমার আত্মায় অর্থহীনতার জন্য একটি অপ্রতিরোধ্য, সর্বগ্রাসী তৃষ্ণা উঠছিল। জ্ঞানের জন্য নয়, ক্ষমতার জন্য নয়। আধ্যাত্মিকতার জন্য। কোনো বিশাল কিছুর সাথে একটি অদৃশ্য সংযোগের জন্য। ঈশ্বরের জন্য। অর্থের জন্য।

আমার একমাত্র সম্পত্তি ছিল স্মৃতির ভূতের ছায়া। এবং ঠিক এটিই আমাকে উন্মাদনার কিনারায় ঠেলে দিচ্ছিল – এমন অতীত দখল করা, যা তোমাকে পুড়িয়ে দেয়, তোমাকে হাড় পর্যন্ত ছাই করে দেয়, যখন তোমার শরীর শ্বাস নিতে থাকে। আমার বিশ্বদর্শন অপ্রতিরোধ্য শক্তির চাপে উল্টে যাচ্ছিল, যেন স্বয়ং পৃথিবী আমার পায়ের নিচে কাঁপছিল, আমাকে গ্রাস করতে প্রস্তুত। আমি আমার চিন্তাভাবনাকে সরিয়ে দিলাম, একটি নিপীড়িত, তাড়া করা পশুর মতো, তার দিকে। ঈশ্বরের দিকে। সেই সত্তার দিকে, যার গোপনীয়তা আমি একসময় হৃদয় দিয়ে নয়, বরং একটি স্ক্যাল্পেল দিয়ে প্রকাশ করতে চেয়েছিলাম, যাকে আমি ব্যবচ্ছেদ এবং বিশ্লেষণ করতে চেয়েছিলাম, যেন ঈশ্বর একটি শারীরবৃত্তীয় অঙ্গ ছিলেন।

আমার সচেতনতায় আমার আগের জীবনের প্রশ্নগুলি প্রতিধ্বনিত হচ্ছিল। যেগুলি আমি নিজেকে জিজ্ঞাসা করতাম, এবং আত্মতুষ্ট উত্তরগুলি, যা মিথ্যা তৃপ্তি বয়ে আনত। এখন সেগুলি একটি উপহাসের মতো শোনাচ্ছিল। একটি বিষাক্ত বিদ্রূপ, যা একটি ছুরির চেয়ে বেশি তীক্ষ্ণ, সরাসরি আমার হৃদয় বিদ্ধ করছিল। আমি এত কিছু জানতাম। কেবল জানতাম না – আমি জ্ঞানের পুরো গ্রন্থাগার গ্রাস করেছিলাম, কিন্তু কোনো লাইন, কোনো সত্য অভিজ্ঞতা না করে। আমি প্রতিটি দর্শন, প্রতিটি অতীন্দ্রিয় শিক্ষা, প্রতিটি বৈজ্ঞানিক তত্ত্ব বিশ্লেষণ করেছিলাম। আমি দৃশ্যমান নিয়মগুলি পুরোপুরি বুঝেছিলাম, যেন আমি মহাবিশ্বের চাবি ধরে রেখেছি, কিন্তু আমি আমার নিজের আত্মার তালা খুলতে পারছিলাম না।

আমার অতি-বুদ্ধিমান মন একটি নির্মম বিশ্লেষণাত্মক যন্ত্র ছিল – ঠান্ডা, নির্ভুল, নির্মম। যুক্তি – আমার পথপ্রদর্শক, অভিজ্ঞতামূলক অভিজ্ঞতা – সত্যের একমাত্র পরিমাপক। আমি জ্ঞান এবং অভিজাত্যের উচ্চতা দখল করেছিলাম, একটি গোপন সমাজের অংশ, যা ঘটনার সুতো টানত, ভাগ্য পরিচালনা করত। একটি ঘর, গাঢ় কাঠ দিয়ে আবৃত। কণ্ঠের একটি নিস্তেজ

গুঞ্জন। আমি, টেবিলের মাথায়, একটি অমোঘ সিদ্ধান্তের জন্য হাত তুলেছিলাম, যা হাজার হাজার জীবনকে চূর্ণ করবে। আমার চোখ না ঝাপটে। আমি শক্তিশালী ছিলাম, প্রভাবশালী ছিলাম, আমার সিদ্ধান্তগুলি লক্ষ লক্ষের ভাগ্যকে আকার দিত। এবং কিছুই আমার লোহার নিয়ম ভাঙতে, আমার সীমানা প্রসারিত করতে, আমাকে আমার অহংকারী তত্ত্বগুলি নিয়ে প্রশ্ন তুলতে উস্কানি দিতে পারেনি। সুস্পষ্ট আকারে জীবন আমার জন্য যথেষ্ট গবেষণার ক্ষেত্র ছিল – আমি তার প্রতিটি ফোঁটা পান করতে চেয়েছিলাম। একই সাথে কয়েকটি জীবন বাঁচতে চেয়েছিলাম, কারণ একটি জীবন আমার কাছে একটি করুণ সীমাবদ্ধতা বলে মনে হয়েছিল, একটি অন্তহীন মহাসাগরের এক ফোঁটা জলের মতো।

আমি সবকিছু চেয়েছিলাম, গভীর না হয়ে, শিকড় না ফেলে। আমি মানুষ, বন্ধু, প্রেমিকদের থেকে সহজে এবং নাটক ছাড়াই নিজেকে বিচ্ছিন্ন করে নিতাম। আমি এমন সবকিছুর প্রেমে পড়তাম যা আমার বৌদ্ধিক কৌতূহলকে সংক্ষিপ্তভাবে উত্তেজিত করত। আমি পরিস্থিতিগুলিকে বৈচিত্র্যময় করতাম, কখনও কখনও নিষ্ঠুর অশ্লীলতা সহ, যতক্ষণ না এটি আমার আত্মাহীন সংগ্রহে আরেকটি ট্রফি যোগ করত। যতক্ষণ না এটি আকর্ষণীয় ছিল, যতক্ষণ না শিহরণটি নিভে যেত, যতক্ষণ না আমি সেই সমস্ত প্রলোভন ধ্বংস না করতাম, যা আমাকে আবদ্ধ করতে এবং আমার আত্মকেন্দ্রিক শৃঙ্খলা ব্যাহত করতে পারে। আমার নিজের, অহংকারীভাবে বন্ধ আত্মার গভীরতা আমার জন্য যথেষ্ট ছিল। আমি এভাবেই প্রশিক্ষিত হয়েছিলাম, এভাবেই বেঁচেছিলাম – একজন সংবেদনশীল পর্যবেক্ষক হিসাবে, একজন সহানুভূতিশীল অংশগ্রহণকারী হিসাবে নয়। একজন সার্জনকে অধ্যয়ন করা, রোগীর ব্যথা, কিন্তু তার নিজের নয়।

আমার মানগুলি অন্যদের জন্য একটি অপ্রাপ্য উচ্চতা ছিল, এবং সেই উচ্চতাগুলি – মিথ্যা আত্মবিশ্বাসের আমার আরামদায়ক অঞ্চল, একটি বিভ্রমপূর্ণ মিশন এবং ভাল সম্পর্কে একটি বিকৃত ধারণার একটি আত্মতুষ্ট আশ্রয়। আমার নিজের, ক্ষণস্থায়ীতার বালির উপর নির্মিত নিয়ম, যা আমার পায়ের নিচে ভেঙে পড়ছিল। আমি আমার আত্মার ফিসফিসানিকে ক্রমাগত অস্বীকার করেছিলাম, যা বস্তুগত জিনিসের বাইরে কিছু চেয়েছিল – তার আসল আবিষ্কারের জন্য। আমি উপলব্ধি করিনি যে এটি একটি অমূল্য, চিরন্তন জ্ঞান বহন করে, যে এটি অসংখ্য অস্তিত্বের মধ্য দিয়ে গেছে এবং এখন একটি নতুন আহ্বান সহ বিভ্রমের গোলকধাঁধা থেকে একটি উপায় খুঁজছে – তার সম্পূর্ণতা অর্জন করতে, তার স্রষ্টার দিকে উঠতে।

আমার বন্ধ সমাজের দ্বারা ঈর্ষান্বিতভাবে সংরক্ষিত সমস্ত গোপনীয়তা ঈশ্বরের মহান রহস্যের সামনে করুণ এবং শক্তিহীন ছিল, যা কেবল একটি খোলা হৃদয় এবং বিনয় দিয়ে অভিজ্ঞতা করা যেতে পারে। এবং একটি জীবন যথেষ্ট নয়। নিজের ইচ্ছা, যত বেশি দৃঢ়প্রতিজ্ঞ হোক না কেন, একটি অন্তহীন মহাসাগরে কেবল একটি ছোট নৌকা। স্ব একটি সমগ্র থেকে অবিচ্ছেদ্য স্ফুলিঙ্গ, কিন্তু এর সম্পূর্ণতা ঠান্ডা বিচ্ছিন্নতায় নয়, বরং সক্রিয় সহ-সৃষ্টিতে এবং সর্বব্যাপী সত্তার মধ্যে তার অনন্যতার পূর্ণ প্রকাশে অর্জিত হয়। এই সচেতনতা আমাকে একটি বজ্রপাতের মতো আঘাত করল, আমার নিজের বিভ্রমের কালো তন্তু ছিঁড়ে ফেলল।

হঠাৎ, নোনা বাতাসের একটি শ্বাস আমার মুখে স্পর্শ করল, একটি অপরিচিত তীর থেকে একটি দূরবর্তী, সবেমাত্র লক্ষণীয় ফিসফিসানি বয়ে আনল। সবকিছু কি শেষ হয়নি?

---❤---

অধ্যায় 16: শূন্যতা ও প্রেতাত্মা

চিন্তাগুলো যন্ত্রণাদায়ক ফ্যান্টম যন্ত্রণার রূপ নিচ্ছিলো। জীবন আর মৃত্যুর মধ্যবর্তী সীমারেখায় অসচেতনভাবে পাওয়া প্রতিটি শিহরণ, এখন এই তীব্র বিচ্ছিন্নতায় এক ভয়াবহ স্পষ্টতার সাথে সচেতন হয়ে উঠছিলো। একটি ধারালো ফলক যেন আমার চেতনাকে ধীরে ধীরে টুকরো টুকরো করে বিদীর্ণ করছিলো।

আমি ঠান্ডা বালিতে শুয়ে পড়লাম। তার রুক্ষ জমিন আমার হাতের তালুতে বিঁধছিল, প্রতিটি নুড়ি যেন এক-একটি ছোট্ট ফলক। সমুদ্রের বাতাস আমার অনাবৃত ত্বককে এক শীতল, উদাসীন কোমলতায় জড়িয়ে ধরছিল, আর ঢেউগুলো আমার পায়ের বালি চাটা দিচ্ছিলো। একটি ছান্দিক ফিসফাস যা কোনো গানের মতো শোনাচ্ছিলো না, বরং আমার মরণাপন্ন সত্তার জন্য একটি শোকগাথার মতো মনে হচ্ছিলো। সূর্যের রশ্মি আমার চোখের পাতা ভেদ করে আসছিল, যেন আমাকে জ্বালিয়ে দিতে চাইছে। আমি নড়লাম না। আমি নিজেকে আগত আবেগের কাছে, অপরিচিত অনুভূতির কাছে ছেড়ে দিলাম। আমি তাদের শরীরের প্রতিটি আঁশে মিশে যেতে দিলাম, যেন তারা আমাকে এক অন্তহীন অস্তিত্বহীনতার দিকে নিয়ে যাচ্ছিলো, যেখান থেকে আর ফেরা সম্ভব নয়। প্রতিটি কোষ চিৎকার করছিলো।

আমি একা।

শব্দটি এক উন্মত্ত, পক্ষাঘাতগ্রস্ত দুঃখ বয়ে আনছিল, ভাগ্যের এক বোঝা, যা আশার প্রতিটি নিঃশ্বাসকে দমিয়ে দিচ্ছিল। আমি নিঃশব্দে শব্দটি বারবার আওড়ালাম, যতক্ষণ না আমি অবশেষে তার সম্পূর্ণ, ভয়াবহ অর্থটি উপলব্ধি করতে পারলাম।

— আমি সত্যিই একা,— আমার কণ্ঠস্বর ছিলো ভাঙ্গা কাঁচের মতো, যা মৃত নীরবতাকে বিদীর্ণ করছিলো। — উন্মত্তভাবে একা। অনিবার্যভাবে একা! মৃত বস্তুগত জগতে এক জীবন্ত, কম্পমান কণার মতো, যা নিজেকে পুনরুৎপাদন বা ক্লোন করতে পারে না। আর আমার আত্মা? সেও একা, কারণ বাকিরা কোথাও দূরে চলে গেছে, কিন্তু আমি এখানে অদৃশ্য শৃঙ্খলে আবদ্ধ, অতিক্রম করার শক্তি আমার নেই। আমি নিশ্চিত নই কোথায়, কেন, বা কতক্ষণ এই যাত্রা চলবে। যদি সেখানেও একই সীমাহীন একাকীত্ব আমার জন্য অপেক্ষা করে থাকে? যদি বাকি সবাই কোনো অজানা মাত্রায় ভেসে গিয়ে আমাকে এই জনশূন্য তীরে চিরকালের জন্য ছেড়ে দিয়ে থাকে?

এই চিন্তা আমাকে পুড়িয়ে দিচ্ছিল। এটি আমাকে এক বন্য, অনিয়ন্ত্রিত আগুনের মতো গ্রাস করছিলো, যা তার পথের সবকিছুকে ছাই করে দিচ্ছিল।

শেষ জীবিত ব্যক্তি হিসেবে, আমি এক বিশাল, অসহ্য দায়িত্ব বহন করছিলাম – মানবতাকে বাঁচিয়ে রাখা, যা অবশিষ্ট আছে তাকে অর্থ দেওয়া। কিন্তু আমি কীভাবে জীবন চালিয়ে যাব, যখন আমি জানতাম না যে মানবজাতির এই নিভন্ত স্ফুলিঙ্গকে উত্তরাধিকারসূত্রে পাওয়ার মতো কেউ থাকবে কিনা? আমি এক জনশূন্য দ্বীপে রোপণ করা একাকী গাছের মতো ছিলাম – এখনও জীবিত, কিন্তু অর্থহীন, ধীরে ধীরে শুকিয়ে যাওয়ার জন্য অভিশপ্ত। আমি মানব জীবনের একমাত্র ধারক হতে পারি। এই দায়িত্ব আমাকে উন্মত্ততার দ্বারপ্রান্তে ঠেলে দিচ্ছিল, আমার মাথার খুলিতে প্রতিধ্বনিত এক মৌলিক চিৎকারে পরিণত হচ্ছিলো, যা এটিকে টুকরো টুকরো করে দিচ্ছিল।

— না, না, না! — আমি মরিয়া হয়ে ফিসফিস করে বলছিলাম, যেন শব্দগুলো বাস্তবতা পরিবর্তন করতে পারবে। — অনুগ্রহ করে, তাদের ফিরে আসতে দাও!

একটি অন্ধ আশা ধিকি ধিকি জ্বলছিলো, কষ্টদায়ক, কিন্তু জেদি, যে আমার প্রিয়জনরা ফিরে আসবে। তারা একটি মরীচিকার মতো আবির্ভূত হবে, শূন্য থেকে বাস্তব হয়ে উঠবে। আমি তাদের শক্তভাবে জড়িয়ে ধরতাম, তাদের সেই সব উষ্ণতা আর নৈকট্য দিতাম যার জন্য

আমি তৃষ্ণার্ত ছিলাম। আমি তাদের দুর্বলতা রক্ষা করতাম। আমি ঈশ্বরের সৃষ্টিকে টিকে থাকার, তার প্রতিমূর্তি এবং সাদৃশ্যে নিজেকে উপলব্ধি করার, জীবন চালিয়ে যাওয়ার একটি সুযোগ দিতাম।

শব্দগুলো, আজ এত অপ্রয়োজনীয়, আমার মনে এক বিস্ফোরিত আগ্নেয়গিরির মতো বিতর্ক করছিলো, লুকানো সত্য দিয়ে আমাকে দমিয়ে দেওয়ার চেষ্টা করছিলো। তারা অপ্রয়োজনীয়, কষ্টদায়ক, এমন একটি জগৎ তৈরি করছিলো যা এখন কেবল এক ভৌতিক কল্পনা, প্রতি সেকেন্ডে যা ভেঙে যাচ্ছিলো। চিন্তাগুলো প্রবাহিত হচ্ছিল, এই হারিয়ে যাওয়া জগৎকে যন্ত্রণাদায়ক স্পষ্টতার সাথে আঁকছিল, প্রতিটি চিন্তা হৃদয়ে বিঁধে থাকা একটি ফলকের মতো, যা হারানোর কথা মনে করিয়ে দিচ্ছিলো।

নীরবতা ছিলো।

এত বধিরকারী নীরবতা যে সময় যেন থেমে গিয়েছিল। জগৎ তার শেষ নিঃশ্বাসে জমে গিয়েছিল। বিচ্ছিন্নতা আমাকে এক বরফ-শীতল কোটের মতো আবৃত করে ফেলেছিল, যা প্রতিটি আন্দোলন, প্রতিটি চিন্তাকে পক্ষাঘাতগ্রস্ত করে তুলেছিল। আমার অভ্যন্তরীণ কণ্ঠস্বর ফিসফিস করে বলছিল যে আমার জীবন ছিল একটি বিভ্রম, আর এখন কেবল শূন্যতা অবশিষ্ট আছে। আমি তার বাস্তবতা নিয়ে সন্দেহ করছিলাম, কারণ এই বিচ্ছিন্ন অস্তিত্বে আমি কোনো অর্থ দেখতে পাচ্ছিলাম না। আমার জীবনকে অযৌক্তিক মনে হচ্ছিল, কোনো উচ্চতর উদ্দেশ্যহীন, নিঃশ্বাস নেওয়া বা বেঁচে থাকার কোনো কারণই নেই। কেন?

একটি অর্ধ-তন্দ্রা আমাকে গ্রাস করলো, প্রায় ঘুম। এতে আমি অস্পষ্ট সিলুয়েট, দূরবর্তী, ভৌতিক জিনিস দেখলাম। আমার দিকে হাত বাড়ানো, কিন্তু এক দুর্ভেদ্য কুয়াশার ওপারে। আমি একটি ফিসফাস শুনলাম, কোনো শব্দ নয়, বরং একটি সুর – পুরোনো, ভুলে যাওয়া, প্রতিশ্রুতিপূর্ণ। এটি কি কোনো স্মৃতি ছিল? নাকি একটি ডাক? আমি একটি স্পন্দিত হৃদয় নিয়ে জেগে উঠলাম, এই অনুভূতি নিয়ে যে আমি একা নই... অন্তত পুরোপুরি একা নই।

স্মৃতিগুলো...

আহ, স্মৃতিগুলো! তারা ঝাঁক বেঁধে আমার মাথার খুলিতে পাগল বাদুড়ের মতো ধাক্কা দিচ্ছিল, ব্যথা, আনন্দের চিৎকার, তিক্ত অনুশোচনা এবং অভিশপ্ত আশার এক ঘূর্ণি। প্রতিটি চিন্তা, একটি ধাঁধার ভাঙ্গা হাড়ের টুকরো, যা আমি উন্মত্তভাবে একত্রিত করার চেষ্টা করছিলাম, কারণ আমার চোখের সামনে যা ছিল তা হলো এক ম্লান, অস্তিত্বহীন ছবি। তার অনুপস্থিত উপস্থিতি আমার মনে যেকোনো বাস্তব চিত্রের চেয়ে জোরে প্রতিধ্বনিত হচ্ছিল। আমার আঙ্গুলগুলো যখন উন্মত্তভাবে এই টুকরোগুলো একত্রিত করছিলো, তখন আমার সামনে এমন কিছু প্রকাশ পেতে শুরু করলো... যা আমার চেয়ে বড়, আমি যে জগৎকে জানতাম তার চেয়েও বড়। এক মহাজাগতিক চিত্র, বিশাল, গ্রাসকারী। আমি কেবল এলোমেলো ঘটনার সমষ্টি ছিলাম না, বরং এক স্পন্দিত পরমাণু, এক অস্পষ্ট মহাজাগতিক পরিকল্পনার এক ক্ষুদ্র, কিন্তু অপরিহার্য অংশ। যা কিছু বিদ্যমান ছিল তার সাথে আমি সংযুক্ত ছিলাম – সূর্যের জীবন্ত আভার সাথে, সমুদ্রের অতল গভীরতার নিঃশ্বাসের সাথে, তারার ঠান্ডা, উদাসীন আলোর সাথে। আমি এক অদ্ভুত, জ্বলন্ত অভ্যন্তরীণ শান্তি অনুভব করছিলাম, এক আত্মসমর্পণ যা বিপরীতভাবে ব্যথা ও একাকীত্বের গভীরতা থেকে জন্ম নিচ্ছিল, যা আমার প্রতিটি কোষকে ক্ষয় করে যাচ্ছিল। আমি অর্থ খুঁজতে শুরু করলাম। ধুলো আর বস্তুর মধ্যে নয়, বরং তার বাইরের শূন্যতার মধ্যে।

মরিয়া হয়ে, আমার শেষ শক্তিতে, আমি এই স্মৃতিগুলোকে রক্ষা করার চেষ্টা করছিলাম। তাদের প্রতিটি অনুভূতি আমি আমার মধ্যে ফিরিয়ে নিচ্ছিলাম, মূল্যবান পাথরের মতো, আমার

আত্মা থেকে ছিঁড়ে নেওয়া টুকরোগুলোর মতো। এই মৃত, ক্ষয়িষ্ণু ভূমিতে তারাই আমার একমাত্র সম্পদ ছিল – আমার একমাত্র সান্ত্বনা, আমি একসময় যা ছিলাম তার একমাত্র সেতু।

— এখন কেন? — আমি ফিসফিস করে বললাম, নীরবতায় নয়, বরং আমার নিজের কণ্ঠের আর্তনাদে, আমার কণ্ঠস্বর যন্ত্রণায় ভেঙে যাচ্ছিল। — কেন ঠিক এখন, যখন সবকিছু শেষের দ্বারপ্রান্তে? এটি কি আগে হতে পারত না? আমি কি কিছু রক্ষা করতে পারতাম?

চিন্তাগুলো... ওহ, এই চিন্তাগুলো! আমি তাদের জোর করে ধরে রাখলাম, তাদের আমার অবচেতনের কাছে বন্দী করে রাখলাম, যাতে আমার আহত আত্মাকে কোথাও... দূরে এক অমূল্য বোঝা সরবরাহ করতে পারি। অনন্তকাল এখন কোনো বিমূর্ত ধারণা ছিল না, বরং এক জীবন্ত, স্পন্দিত বাস্তবতা ছিল যা আমার শিরায় প্রবাহিত হচ্ছিল, আমাকে কোনো বিশাল, শাশ্বত কিছুর সাথে সংযুক্ত করছিলো। প্রতিটি চিন্তা, প্রতিটি কম্পমান অনুভূতি আমাকে সময়ের অনন্তকাল এবং স্থানের বিশালতার মধ্যে নিক্ষেপ করছিলো, আমাকে জীবনেরই এক ছোট, কিন্তু অপরিহার্য অংশ মনে করিয়ে দিচ্ছিল। আলোকের ফোটনগুলির প্রবাহ, যা অর্থ এবং মানব চক্রের নিয়তি বহন করছিলো, আমার কাছে ঈশ্বরের চিন্তার মতো মনে হচ্ছিল, যিনি জীবনকে নিঃশ্বাস দিচ্ছিলেন। এবং আমার, নিজের চিন্তাভাবনা, আবেগ এবং অনুভূতি দিয়ে এটি প্রবেশ করার অধিকার ছিল, আমি আবার সমগ্রে ফিরে আসছিলাম – সৃষ্টির মধ্যে এক সৃষ্টি, অনন্তের এক অংশ।

এই সর্বব্যাপী অনুভূতি আমার প্রতিটি কোষে স্পন্দিত হচ্ছিল – একটি প্রবাহ, একটি ধাক্কা, একটি বিকিরণ... এবং একটি ধীর, যন্ত্রণাদায়ক প্রত্যাবর্তন পথ। যেন আমি আমার জীবনের সমস্ত প্রজ্ঞা বহন করছিলাম এবং এটি কোথাও টেনে নিয়ে যাচ্ছিলাম। এমন এক জীবনের জন্য অভিশপ্ত যা ধীরে ধীরে তার মর্মান্তিক শেষের দিকে, তার একাকী জল্লাদের দিকে টেনে নিয়ে যাচ্ছিল, যে আমার জন্য অপেক্ষা করছিলো। শেষ কথা? না বলা চিৎকার? আমি চিৎকার করতে চেয়েছিলাম, আমার বিচ্ছিন্নতার অদৃশ্য দেয়ালে আঘাত করতে চেয়েছিলাম, অভ্যন্তরীণ ব্যথা, হতাশার কারণে নিজের ত্বকে আটকা পড়তে পারছিলাম না। কিন্তু আমার গভীরে আমি জানতাম যে সবকিছু ইতিমধ্যেই বলা হয়েছে, ত্বরিত হয়েছে, অনিবার্য...

আমার অহংকারী আত্মা প্রচণ্ডভাবে বিদ্রোহ করছিলো, লাথি মারছিলো, জীবন যে কেবল এক শূন্য বস্তুগত অস্তিত্বের চেয়ে অনেক বড়, এই ধারণাটি গ্রহণ করতে অস্বীকার করছিলো। এটি তার বিভ্রমপূর্ণ ক্ষমতা ধরে রাখতে চেয়েছিল, অর্থহীনভাবে লড়াই চালিয়ে যেতে চেয়েছিল, এমনকি যদি সে জানতো যে এটি ব্যর্থতায় অভিশপ্ত। আমার আত্মা, এই চরম অভিজ্ঞতা দ্বারা জাগ্রত হয়ে, পরিচিতির বাইরে, বিভ্রমের বাইরে আরও গভীরে প্রবেশ করতে চেয়েছিল। কোথায় – আমি এখনও জানতাম না। আমি আমার অহংকারের ভারী শৃঙ্খল থেকে মুক্ত হতে, অনন্তের সাথে মিশে যেতে, শাশ্বত কিছুর অংশ হতে, অস্তিত্বের বিশাল সত্তার অংশ হতে চেয়েছিলাম। এটিই ছিল আসল যুদ্ধ – আমার আত্মার মধ্যে আলো বনাম অন্ধকার, ভালো বনাম মন্দ, অতীত বনাম ভবিষ্যৎ... যদি এই মানব ধারণাগুলো এই ভাঙ্গা, ধ্বংসপ্রাপ্ত জগতে এখনও বাস্তবতাকে প্রতিফলিত করে থাকে।

স্মৃতিগুলো আমাকে অনেক দূরে টেনে নিয়ে গেল, যেন তারা এই অবতারের সীমা অতিক্রম করে অন্য অস্তিত্বে, ভৌতিক, অপরিচিত বিশ্বে চলে গিয়েছিল, যা একইসাথে বাস্তব এবং অবাস্তব ছিল। আমি অস্পষ্ট মুখগুলো মনে করতে পারছিলাম, যা আমি কখনো দেখিনি, কিন্তু যাদের বৈশিষ্ট্য আমার স্মৃতিতে একটি স্বপ্নের রক্তাক্ত স্মৃতির মতো খোদাই করা ছিল। এমন স্থান যা ছিল অনেক আগের সময়ের মুখবন্ধ, কিন্তু তাদের অনুভূতি ছিল যন্ত্রণাদায়কভাবে বাস্তব, স্পর্শযোগ্য। হঠাৎ তারার মতো চোখওয়ালা একজন মানুষের ছবি এলো। আমি তার

কণ্ঠস্বর শুনলাম, কিন্তু শব্দগুলো ধোঁয়ার মতো মিশে গেল, কেবল কোমলতা আর কষ্ট রেখে গেল। এটা কি স্বপ্ন ছিল? নাকি এক দীর্ঘ ভুলে যাওয়া বাস্তবতার প্রতিধ্বনি?

একটি ক্রমবর্ধমান, হিমশীতল নিশ্চিততার সাথে আমি বুঝতে পারছিলাম যে আমার আত্মা অমর, যে এটি অসংখ্য পুনর্জন্মের মধ্য দিয়ে, জীবনের অগণিত চক্রের মধ্য দিয়ে গেছে। মৃত্যু কোনো চূড়ান্ত সমাপ্তি ছিল না, বরং অন্য অবস্থায়, অস্তিত্বের নতুন ধাপে এক যন্ত্রণাদায়ক রূপান্তর ছিল। এখন যেন আমি একটি দীর্ঘ, ভুলে যাওয়া ঘুম থেকে জেগে উঠছিলাম এবং বুঝতে পারলাম যে জীবন অবিরাম, চিরন্তন জন্ম, মৃত্যু এবং পুনর্জন্ম, অনন্তের দিকে, স্রষ্টার দিকেই এক সর্পিল গতি।

এক বিশাল, মর্মস্পর্শী উপলব্ধি আমাকে আঘাত করলো, যা কেবল সময় ও আকৃতিহীন শব্দ দ্বারা বর্ণনা করা যেতে পারে। প্রতিটি শব্দ আমার চারপাশের শূন্যতায় প্রতিধ্বনিত হলো, এক ঘণ্টার শেষ ঘণ্টার ধ্বনির মতো যা বাজতে থামে না:

— উন্মত্ততা... আশাহীনতা... অর্থহীনতা... কালহীনতা... সীমাহীনতা... অনন্তকাল... এবং বিচ্ছিন্নতা।

— একাকীত্ব? — একটি অভ্যন্তরীণ কণ্ঠস্বর শোনা গেল, যেন আমার নিজের, পরাজিত অহংকার শেষবারের মতো প্রতিরোধ করছিলো, পরিচিতের সাথে আঁকড়ে থাকার চেষ্টা করছিলো। — এই অনন্তকালেও?

— হ্যাঁ... বিচ্ছিন্নতা, কিন্তু স্বাধীনতাও,— আমি ফিসফিস করে বললাম, আমার শরীরের প্রতিটি কোষ এই নতুন, ভয়ানক বোঝার কারণে কম্পিত হচ্ছে। — এই তো! শেষ কেবল এক নতুন শুরু, শৃঙ্খল থেকে মুক্ত।

---❤---

অধ্যায় 17: গিরগিটির মুখোশ

স্মৃতি।

আমার অভিশাপ। আমার মুক্তি। এখন যখন অন্য সবকিছু ভেঙে পড়েছে, তারাই আমার একমাত্র আশ্রয়, আমার শেষ দুর্গ।

প্রায়শই, আমি এক নকল উদাসীনতা, একটি কৌতুকপূর্ণ হাসি বা এড়িয়ে যাওয়ার মতো সুরে পরিচিতদের কাছে বলতাম যে কিছু তথ্য আমার হাত ফসকে যায়। কী জঘন্য মিথ্যা! আমার স্মৃতি কেবল ভালো ছিল না – এটি ছিল এক দৈত্য, এক ঢালাই ইস্পাতের ভল্ট, যা প্রতিটি সংখ্যা, তারিখ, নাম, ঘটনা, শব্দ, এমনকি একটি আবেগপূর্ণ ছাপের সবচেয়ে সূক্ষ্ম কম্পনকেও নির্দয়ভাবে সংরক্ষণ করতো। প্রতিটি অঙ্গভঙ্গি, প্রতিটি দৃষ্টি, প্রতিটি চাপা অপমান।

ফ্ল্যাশব্যাক: সিনেটর

— ন্যাথানিয়েল, বন্ধু! তোমার সাথে আবার দেখা করে আমি আনন্দিত। এই চুক্তি... মধ্য আফ্রিকায় এই খনি ছাড়গুলো... একটি বিশাল সুযোগ, তাই না? আমাদের দুজনের জন্যই লাভ।

সিনেটরের কণ্ঠস্বর মোটা, অতিরিক্ত বন্ধুত্বপূর্ণতায় ভরা ছিল, যা কাঁচের উপর আঙ্গুলের আঁচড়ের মতো লাগছিলো। আমি দেখছিলাম। আমি তার বিপরীতে বসেছিলাম সেই দম বন্ধ করা অফিসে, যেখানে বাতাসে দামি তামাক, বাসি ক্ষমতা এবং চাপা, প্রায় অশ্লীল লোভের গন্ধ ছিল। আমি সবকিছু জানতাম। আমি তার প্রস্তাবের প্রতিটি শব্দ, প্রতিটি ধারা, প্রতিটি অন্তর্নিহিত অর্থ ব্যবচ্ছেদ করেছিলাম। আমার কাছে এমন তথ্য ছিল যা সে কল্পনাও করতে পারতো না যে

আমার কাছে আছে – মিথ্যেগুলো উদ্ঘাটন করার এক সহজাত প্রবৃত্তি, যা বছরের পর বছর ধরে শীতল বিশ্লেষণের দ্বারা সমর্থিত ছিল।

— বিশাল, সিনেটর। অবশ্যই। কিন্তু... আসুন আমরা সুনির্দিষ্ট হই। আমি ঠিক কী লাভ করছি? মাথাব্যথা ছাড়া, অবশ্যই।

আমার কণ্ঠস্বর – শান্ত, প্রায় বিরক্ত, যেন একটি জমে যাওয়া হ্রদের পৃষ্ঠ, যার নিচে একটি অতল গহ্বর লুকিয়ে আছে। সিনেটর হাসলেন। একটি প্রশস্ত, প্রদর্শনীমূলক হাসি যা তার চোখে পৌঁছায়নি, সেই ছোট, ঘোলা কাঁচের মতো চোখগুলোয়। এবং তখন আমি দেখলাম। একটি মাইক্রো-অভিব্যক্তি। তার বাম চোখ। একটি সূক্ষ্ম কম্পন। তার চোখের পাতার নিচে আটকে থাকা একটি ছোট, অস্থির পাখির মতো, মরিয়া হয়ে পালানোর পথ খুঁজছিল।

— শর্তগুলো... আপনার জন্য বেশ... চমৎকার দেখাচ্ছে। প্রায় খুব অনুকূল। যেন... আমি কিছু মিস করছি, সিনেটর। কিছু ছোট... নাকি বিশাল কিছু?

কম্পনটি তীব্র হলো। খুব সামান্য। কিন্তু আমার কাছে – এটি ছিল সেই তালা যা তার লুকানো ভয়ের দরজা খুলে দিচ্ছিলো। সেই মিথ্যা যা সে এই সব প্রদর্শনীর আড়ালে লুকানোর চেষ্টা করছিলো। একটি মাইক্রো-অভিব্যক্তি, যা হাজার শব্দের চেয়েও শক্তিশালী, শত স্বীকারোক্তির চেয়েও বেশি প্রকাশকারী। যখন সে তার মিথ্যা সংখ্যা এবং প্রতিশ্রুতির জাল বুনতে থাকলো, আমি ইতিমধ্যেই চুক্তিটির পচা মূলটি দেখে ফেলেছিলাম, সেই কীটগুলো যা তার ভিত্তি ক্ষয় করছিলো।

— ন্যাথানিয়েল, আপনি একজন সম্মানের মানুষ! কোনো কিছুই গোপন করা নেই। সবকিছু স্বচ্ছ। অবশ্যই, অঞ্চলটির কিছু... বিশেষত্ব আছে, কিন্তু... সেগুলো নগণ্য। আমাকে বিশ্বাস করুন।

তিনি সামান্য কাশি দিলেন, তার সিল্কের টাই ঠিক করলেন, তার দৃষ্টি এক সেকেন্ডের জন্য সরে গেল – ওজনের প্রায় অদৃশ্য স্থানান্তর, যা আমার কাছে একটি উজ্জ্বল আলোর মতো ছিল।

— এই কম্পনের দাম কত? এতে কত হতাশা লুকিয়ে আছে? বিশেষত্ব, সিনেটর? দয়া করে ব্যাখ্যা করুন। কারণ আমার... গণনা কিছু... মারাত্মক অমিল দেখাচ্ছে।

আমার অভিব্যক্তি অপ্রতিরোধ্য রইলো। পাথরের মতো। ভেতরে – আমি বিশ্লেষণ করছিলাম, গণনা করছিলাম, অ্যালগরিদম তৈরি করছিলাম। কক্ষের টান তীব্র হলো। বাতাস ঘন, চটচটে হয়ে গেল। তিনি ঘামতে শুরু করলেন, তার কপালে ছোট ফোঁটা দেখা দিল। তার বাম চোখ পাগলের মতো কাঁপতে লাগলো। এটা মজাদার ছিল। আমি তাকে কষ্ট পেতে দেখছিলাম। তার সমস্ত চেষ্টা সত্ত্বেও কীভাবে মিথ্যা তার উপর লেখা হচ্ছিলো। এটি ছিল লুকোচুরি খেলার মতো, যেখানে শিশুটি ঘরের মাঝখানে দাঁড়িয়ে নিজেকে অন্ধ এবং নিষ্পাপ মনে করে অদৃশ্য বলে মনে করে।

— সিনেটর, আপনি ভুলে যাচ্ছেন যে আমি কেবল শব্দ শুনি না। আমি উদ্দেশ্য দেখতে পাই। এবং এই মুহূর্তে, আপনার উদ্দেশ্য... বেশ সস্তা, প্রায় অর্থহীন। আপনি কী লুকাচ্ছেন? একটি পরিবেশগত বিপর্যয়? একটি রাজনৈতিক কেলেঙ্কারি? নাকি আপনি কেবল মনে করেন যে আমি এই শূন্য সততার মুখোশ বিশ্বাস করার মতো যথেষ্ট বোকা?

আমি সামান্য ঝুঁকে গেলাম, আমার কণ্ঠ আরও শান্ত হলো, প্রায় প্রলোভনমূলক, কিন্তু শীতল হুমকি দিয়ে ভরা, যার ফলক তার মাথার উপরে ঝুলছিল:

— জুগজওয়াং, সিনেটর?

সিনেটরের মুখ ফ্যাকাশে হয়ে গেল। রক্ত যেন তার শরীর থেকে বেরিয়ে গেল। তার চোখের ঝলক নিভে গেল, তার জায়গায় এলো বিশুদ্ধ, অপ্রতিরোধ্য, পশুর মতো ভয়। বিজয়ের

মুহূর্ত। আমি কিছুই অনুভব করিনি। কেবল নিশ্চিতকরণ। মানব বোকামি এবং লোভের মোজাইকের আরও একটি টুকরো।

ফ্ল্যাশব্যাক: মেলিনা

তারপর আমার মেলিনার কম্পমান কণ্ঠস্বর মনে পড়ে, যখন সে প্রথমবার আমাকে ফিসফিস করে বলেছিল – আমি তোমাকে ভালোবাসি।

একটি শব্দ তরঙ্গ। ডেসিবেল। টোন। ফ্রিকোয়েন্সি। এর বেশি কিছু নয়। আমি তার টোন বিশ্লেষণ করতে, আবেগপূর্ণ প্রতিধ্বনি গণনা করতে খুব ব্যস্ত ছিলাম। কারসাজির সম্ভাবনা গণনা করতে। অর্থ অনুভব করার পরিবর্তে। তাকে স্পর্শ করার পরিবর্তে। কেন? কারণ আমি একটি মুখোশ ছিলাম। এবং এই মুখোশ আমাকে শ্বাসরোধ করছিলো।

আমি ছিলাম এক হেঁয়ালি। বিশেষ করে তাদের জন্য, যারা আমার সান্নিধ্য থেকে লাভ খুঁজতো। আমার নির্বাচিত স্মৃতিভ্রমের দাবি এই রহস্য, এই অজানার আভা বজায় রেখেছিল, যা তাদের পতঙ্গের মতো আলোর দিকে আকর্ষণ করতো। গিরগিটি – প্রয়োজনের উপর নির্ভর করে পরিবর্তিত আরেকটি মুখোশ, শিকারের উপর নির্ভর করে। নাকি এমন স্মৃতি যা তুষ থেকে সোনা আলাদা করে? কেউ নিশ্চিতভাবে জানতো না। প্রতিটি সাক্ষাৎ, প্রতিটি ব্যক্তি, প্রতিটি সম্পর্ক আমার চেতনার সুড়ঙ্গে গভীর ভাবে খোদাই করা অলঙ্ঘনীয় চিহ্ন রেখে যেতো। কিছুই অদৃশ্য হতো না। সবকিছু নিয়ন্ত্রণে ছিল। আমার নিয়ন্ত্রণে।

বা অন্তত আমি তাই মনে করতাম। সেই দিনটি আসার আগে, যখন নিয়ন্ত্রণ একটি বিভ্রমে পরিণত হয়েছিল, এক অভিশপ্ত জাদুকরের অর্থহীন অঙ্গভঙ্গি। আর মুখোশটি মুখের সাথে মিশে যেতে শুরু করলো, যতক্ষণ না আমি বুঝতে পারলাম যে এটি ছাড়া আর কিছুই অবশিষ্ট নেই। নিখুঁত মুখের পেছনে শূন্যতা।

এবং তারপর... যখন অন্যেরা চলে যেতো, ভুলে গিয়ে বা অতীতকে বিকৃত করে, আমি আমার ভৌতিক স্মৃতির সাথে একা থাকতাম, একটি ব্যক্তিগত কারাগারের তত্ত্বাবধায়কের মতো। আমি বারবার তাদের পর্যালোচনা করতাম, এক নির্মম গোয়েন্দার মতো, যে আমার দুর্দশার অপরাধীর পরিচয় খুঁজছে। আমি কারণ, উপলক্ষ এবং মারাত্মক পরিস্থিতি বিশ্লেষণ করতাম, অন্যের ভুলের সুতো খুলে ফেলতাম এবং চিন্তাভাবনার মধ্যে ফাঁক খুঁজে বের করতাম। প্রায়শই, এক অপ্রত্যক্ষ, কারসাজিপূর্ণ উপায়ে, আমি তাদের কাছে দাম্ভিকভাবে সর্বজনীন পাঠ উপস্থাপন করার চেষ্টা করতাম, যেন আমি এক ওরাকল যে রায় দিচ্ছে, নিজের রাক্ষসদের দ্বারা ছিন্নভিন্ন হওয়া কোনো মানুষ নই।

ফ্ল্যাশব্যাক: এলিজাবেথ

তার নাম এখনও আমার মধ্যে এক ফাঁপা ঘণ্টার মতো প্রতিধ্বনিত হয়, যা চিরকাল বাজতে অভিশপ্ত। কোনো সুরের মতো নয়, বরং একটি কর্কশ, ধাতব আওয়াজের মতো, যা আমার ভিতরের জগতের নীরবতাকে ছিঁড়ে ফেলে। সে ছিল বুদ্ধিমান, যন্ত্রণাদায়কভাবে। উচ্চাকাঙ্ক্ষী, তার চোখে ছিল শিকারীর মতো ঝলক। এবং সুন্দরী, যা তোমাকে প্রলুব্ধ করতে, তার জালে মুগ্ধ করতে পারতো। সে আমাকে তার স্বপ্নের আকাঙ্ক্ষায় জড়ানোর চেষ্টা করেছিল, আমাকে ক্ষমতা এবং প্রভাবের শিখরে পৌঁছানোর জন্য একটি ধাপ হিসেবে ব্যবহার করার চেষ্টা করেছিল, যা আমি আয়ত্ত করেছিলাম। কৌতুকপূর্ণ, তাই না? সে ক্ষমতা খুঁজছিল, যা আমি অনেক আগেই প্রতিষ্ঠা করেছিলাম যে এটি কেবল আরেকটি ফাঁকা বাক্স।

আমার মনে আছে সেই দিনটি। আমার অফিসে পুরোনো ওকের গন্ধ, তার হালকা, সাইট্রাস পারফিউমের সাথে মিশেছিল, যা এখন আমার কাছে এক মিষ্টি বিষের মতো মনে হয়, যা আমাকে ধীরে ধীরে হত্যা করছে। সে আমার সামনে দাঁড়িয়েছিল, ঝলমলে লাল পোশাকে – এমন একটি রঙ যা সে সবসময় তার আগুন, তার জীবন এবং আধিপত্যের তৃষ্ণা প্রকাশ করতে বেছে নিতো। আমাদের যৌথ প্রকল্প, আমাদের ভবিষ্যৎ নিয়ে কথা বলার সময় তার চোখে এক ঝলক জ্বলছিল। মধ্যম মানের কোনো উপন্যাস থেকে নেওয়া শব্দ, কিন্তু তার জন্য এমন ভার, এমন প্রতিশ্রুতিপূর্ণ শূন্যতায় ভরা।

আমি কেবল দেখছিলাম। ঠাণ্ডা মাথায়। আমার প্রতিটি শব্দ, প্রতিটি দৃষ্টি, প্রতিটি সচেতনভাবে বিলম্বিত উত্তর – সবকিছু একটি সার্জিক্যাল স্কালপেলের আঘাতের মতো নিখুঁতভাবে গণনা করা হয়েছিল। আমি এমন পরিস্থিতি তৈরি করছিলাম যেখানে সে ধীরে ধীরে প্রেমে পড়ছিল। আমার প্রেমে নয়, ন্যাথানিয়েলের প্রেমে নয়, বরং আমার বিভ্রমের প্রেমে, আমার তৈরি করা নিখুঁত দানবের প্রেমে। একটি দানব যা তাকে তার আকাঙ্ক্ষিত সবকিছু দিতে পারতো – ক্ষমতা, স্বীকৃতি, ঝলক, এই পৃথিবীর অন্তহীন অহংকার।

সে এই ধারণা দ্বারা প্রলুব্ধ হয়েছিল যে সে আমাকে—অথবা আমার প্রভাব—আয়ত্ত করতে পারে। সে এমন ধরনের রাজকন্যা ছিল যারা বিশ্বাস করে যে তাদের সৌন্দর্যের কারণে তারা সবকিছু পাওয়ার যোগ্য। নির্লজ্জভাবে, সারবস্তুহীন, আত্মাহীনভাবে নিজেকে, তার শরীরকে বিক্রি করতে প্রস্তুত ছিল, যা সে বিশ্বাস করতো যে তার অধিকার। সেই আধুনিক নারীদের প্রত্নরূপ, যারা বাজারে পণ্যের মতো নিজেদের শরীর দিয়ে সেবা বিনিময়ে ক্ষমতা ও অবস্থান পায়। একটি পণ্য, যা নিজেকে মহাবিশ্বের মালিক মনে করে। এবং আমি তাকে বিশ্বাস করতে দিয়েছিলাম। আমি তার সাথে একটি ইঁদুরের মতো খেলছিলাম, যা নিরর্থকভাবে ধাঁধা থেকে বের হওয়ার পথ খুঁজছে। প্রতিটি হাসি, প্রতিটি স্পর্শ, প্রতিটি প্রতিশ্রুতি – একটি টোপ, পনিরের একটি সূক্ষ্ম সুগন্ধ।

অবশেষে, সেই মুহূর্তটি এলো। তার মুখ ফ্যাকাশে ছিল, তার লাল পোশাকটি তার ফ্যাকাশে ত্বকের বিপরীতে হাস্যকর, প্রায় করুণ দেখাচ্ছিল। সে আমার ডেস্কের সামনে দাঁড়িয়েছিল, হাঁটু গেড়ে বসার মতো, কিন্তু আসলে তা নয়।

— ন্যাথানিয়েল, দয়া করে... দয়া করে। আমাকে বলো... বলো যে এই সব মিথ্যা ছিল না। — তার কণ্ঠস্বর কর্কশ ছিল, হতাশা দ্বারা ছিন্ন, একটি ভেঙে পড়া বিভ্রমের ব্যথা। সে কাঁপছিল, বাতাসের পাতার মতো।

আমি তাকে দেখছিলাম। এটা কি ছিল? হতাশা? দুর্বলতা? এটা কি পরিকল্পনার অংশ ছিল? আমি বিশ্লেষণ করলাম।

— এই সব কি একটা খেলা ছিল? সেই সব কথোপকথন... অর্থ নিয়ে, ভবিষ্যৎ নিয়ে... আমাদের নিয়ে? — তার শব্দগুলো অভিযোগে পরিণত হচ্ছিলো, যা আমার কাছে খুব কমই পৌঁছাচ্ছিল, আমার অফিসের বিশাল নীরবতায় একটি প্রায় অস্পষ্ট শব্দ।

আমার চেতনায় একটি হালকা সুড়সুড়ি অনুভব করলাম। না, সহানুভূতি নয়। তৃপ্তি। নিখুঁতভাবে সম্পাদিত কারসাজির বিশুদ্ধ, ক্লিনিকাল তৃপ্তি। সে ভেঙে পড়েছিল, আমার মনোযোগের জন্য নিজেকে অপমান করছিল, একটি শব্দের জন্য, একটি দৃষ্টির জন্য। আমি কিছুই অনুভব করিনি। একেবারে কিছুই না। কেবল দেখছিলাম। কোনো আবেগ নেই। কেবল বিশ্লেষণ। এটি ছিল একটি জটিল দাবা খেলার মতো, যেখানে আমি সবসময় প্রতিটি চালের পূর্বাভাস দিয়ে জিততাম।

সে গভীর নিঃশ্বাস নিলো, যেন শেষ শক্তি একত্রিত করে, এবং সেই শব্দগুলো উচ্চারণ করলো যা আমার উদাসীনতার বর্মকেও ভেদ করেছিল – তাদের ব্যথার জন্য নয়, বরং তাদের হতবাক করা, অপ্রকাশিত নির্লজ্জতার জন্য, তার নিজের মূল্যের সাহসী বিভ্রমের জন্য।

— আমি... আমি শুধু তোমার পাশে থাকতে চাই, ন্যাথানিয়েল। তুমি যা তৈরি করছো তার অংশ হতে চাই। তোমার জগতে প্রবেশাধিকার পেতে চাই। তোমার ক্ষমতায়। আমি তোমাকে... এমন সবকিছু দিতে পারি যা অন্যেরা পারে না। শুধু আমাকে দেখুন! শুধু আমাকে একটি সুযোগ দিন!

তার চোখের মধ্যে, হতাশার মাঝে, শিকারীর মতো আকাঙ্ক্ষার একটি ঝলক জ্বলে উঠলো, একটি অপ্রকাশিত উচ্চাকাঙ্ক্ষার। ভালোবাসা নয়। স্নেহ নয়। কেবল ক্ষমতার প্রতি নগ্ন, নির্মম আকাঙ্ক্ষা, একটি সাপের শুকিয়ে যাওয়া চামড়ার মতো নারীসুলভ কারসাজির শেষ অবশেষ দিয়ে মোড়ানো। সে কাঁদছিল না। সে দর কষাকষি করছিল। নিজেকে একটি বাজি হিসেবে উপস্থাপন করছিল এমন একটি চুক্তিতে যা সে ইতিমধ্যেই হেরে গিয়েছিল। এক মুহুর্তের জন্য আমি আমার ভ্রু সামান্য উপরে তুললাম, কিন্তু সাথে সাথে তা দমন করলাম। নির্লজ্জতা। ঔদ্ধত্য। এবং তবুও, কত অনুমানযোগ্য। ঘৃণিত অনুমানযোগ্যতা।

— এলিজাবেথ, — আমি ফিসফিস করে বললাম, আমার কণ্ঠস্বর – সমতল, প্রতিধ্বনিহীন, মার্বেলের মতো ঠান্ডা। — তুমি কি কখনো বিশ্বাস করেছিলে যে আমার বাস্তবতায় 'আমাদের' মতো কোনো... বিমূর্ততার জায়গা আছে? সবকিছুই কেবল সিস্টেম। গণনা। তুমি একটি চলক ছিলে। একটি আকর্ষণীয় চলক, আমি স্বীকার করি। কিন্তু এখন তুমি নিঃশেষিত। অকেজো।

এটাই ছিল শেষ বিন্দু। তার মুখ বিকৃত হলো। দুঃখের কারণে নয়, বরং একটি প্রাচীন ফুরির মুখোশের মতো কদাকার ক্রোধে।

— তুমি... তুমি একটি জারজ! সব মিথ্যা ছিল! — তার কণ্ঠস্বর তীব্র হলো, বাতাসকে ছিঁড়ে ফেলছিল, যেন একটি আহত হায়েনার চিৎকার। — তুমি... তুমি খেলা করছো! তোমার সাহস হয় কী করে?! আমি... আমি সব... দিয়েছি! আর তুমি... তুমি একটি দানব! — তার শব্দগুলো এক অসংলগ্ন প্রবাহে মিশে গেল, যা বিষে ভরা দম বন্ধ করা কান্না এবং চিৎকারে বাধা দিচ্ছিল। — আমি... আমি তোমাকে... ঘৃণা করি! ঘৃণা করি!

সে তার হাত তুললো, যেন আমাকে আঘাত করতে চাইছে, কিন্তু মাঝপথে থেমে গেল। তারপর সে ভেঙে পড়লো। তার মধ্যে কিছু ভেঙে গিয়েছিল। সে কাঁদতে শুরু করলো, কুৎসিতভাবে, উন্মত্তভাবে, মাটিতে কুঁকড়ে যাচ্ছিল, আমার পায়ের দিকে হামাগুড়ি দিচ্ছিল, যেন সে করুণা ভিক্ষা করতে পারে, আমার থেকে এক টুকরো মানবতা বের করতে পারে।

— দয়া করে... দয়া করে... আমাকে এভাবে ছেড়ে যেও না... আমি... আমি... — তার শব্দগুলো তার নিজের কান্না এবং কফে ডুবে যাচ্ছিল। সে হামাগুড়ি দিচ্ছিল, আমার প্যান্ট ধরার চেষ্টা করছিল, আর আমি কেবল সরে যাচ্ছিলাম, একটি পচা পশুর দেহ থেকে দূরে সরে যাচ্ছিলাম।

আমি তাকে দেখছিলাম। তার শরীর খিঁচুনিতে কুঁচকে গিয়েছিল। তার মুখ ক্রোধ এবং অপমানে বিকৃত হয়েছিল। সম্পূর্ণ ঘৃণা। কত সস্তা। তার সমস্ত শক্তি, তার সমস্ত সৌন্দর্য – এই করুণ, হামাগুড়ি দেওয়া ভরতে ভেঙে পড়েছিল। আমার মধ্যে একটি পরম শ্রেষ্ঠত্বের অনুভূতি জেগে উঠলো। এবং উদাসীনতা। বিশুদ্ধ, অপ্রতিরোধ্য উদাসীনতা।

— শেষ, এলিজাবেথ। — আমার কণ্ঠস্বর ছিল ঠান্ডা, বরফের মতো। — সার্কাস শেষ।

সে সেখানেই পড়ে রইলো, শক্তিহীন, যখন আমি কেবল ঘুরে দাঁড়ালাম। দরজাটি একটি মৃদু "ক্লিক" দিয়ে বন্ধ হলো, যা এই খেলার শেষ চিহ্নিত করলো। উত্তপ্ত বাতাসকে কেবল এই শব্দই বিদীর্ণ করলো।

আমি তাকে ছটফট করতে ছেড়ে দিলাম। আবারও। যেমন আমি অন্য প্রতিটি বিভ্রমকে ছেড়ে দিয়েছিলাম, যা আমার উদাসীনতার সিস্টেমের মধ্য দিয়ে সংক্ষিপ্তভাবে অতিক্রম করেছিল। সেই মুহূর্তে আমি বিশ্বাস করতাম যে আমি বিজয়ী। অপরাজেয়। একজন অতিমানব।

কখনো কখনো আমি জটিল পরিস্থিতি তৈরি করতাম, সূক্ষ্ম কারসাজির জাল, পরীক্ষা করার জন্য যে অন্য ব্যক্তিটি সঠিক পথ খুঁজে বের করবে কিনা, তার দুর্বলতা থেকে শিখবে কিনা। এটি আমাকে আধিপত্যের এক শীতল, বৌদ্ধিক আত্মবিশ্বাস দিতো, এই অনুভূতি যে আমি এক দুর্গম উচ্চতা থেকে পর্যবেক্ষণ করছি, যে আমি পুরো ছবির স্থপতি। অন্যেরা ধাঁধার কেবল অর্থহীনভাবে ছড়িয়ে থাকা টুকরোগুলো দেখতে পেত। আমি তাদের গুটির মতো দেখতাম। আমি একটি মুখোশ ছিলাম। আমি ছিলাম নিয়ন্ত্রণ।

সাধারণ জীবনের ছোট চাহিদা এবং মানসিক প্রভাবের ঊর্ধ্বে নিজেকে অনুভব করতাম। আমি আমার সম্পর্কগুলোকে শীতল, যৌক্তিক কাঠামো হিসেবে তৈরি করতাম এবং মানুষের বোকামি ও অসহায়ত্বের প্রতি প্রায় শারীরিক বিতৃষ্ণা অনুভব করতাম। মানুষের প্রকৃতির সূক্ষ্মতা, তার নাটক এবং দুর্বলতাগুলো মেনে নিতে আমার কষ্ট হতো। এগুলো আমাকে বিরক্ত করতো, আমার মধ্যে প্রায় শারীরিক বমি ভাব তৈরি করতো। ঘৃণার মুখোশ, যা আমার ত্বকের সাথে মিশে গিয়েছিল।

— ঈশ্বর মানুষকে নিজের প্রতিমূর্তি এবং সাদৃশ্যে তৈরি করেছেন,— আমি এক অহংকারী cynicism দিয়ে যুক্তি দিতাম, যার তিক্ততা আমার কণ্ঠে প্রতিফলিত হতো না, এটিকে বিকৃত করে একটি কর্কশ ডাকে পরিণত করতো। — তিনি তাকে ঐশ্বরিক নিঃশ্বাস, সীমাহীন ক্ষমতা এবং অন্তহীন বিকল্প দিয়েছিলেন, কিন্তু মানুষ করুণভাবে ভীরু, দায়িত্বজ্ঞানহীন এবং ভয়ংকরভাবে তুচ্ছ। তারা সবকিছু প্লেটে পরিবেশিত চায়, তাদের আবেগের নিয়ন্ত্রণ নিতে অস্বীকার করে, তৈরি, বেদনাহীন সমাধান খোঁজে। তারা ফাঁকা উচ্চাকাঙ্ক্ষা নিয়ে ঘুরে বেড়ায়, ভুল করে এবং জেদ করে তাদের অপরাধ স্বীকার করতে অস্বীকার করে। তারা ষড়যন্ত্র তৈরি করে, নিন্দা করে, তাদের প্রিয়জনদের ঘৃণা, বিশ্বাসঘাতকতা এবং ভণ্ড সৌজন্যে আবৃত করে, কিন্তু তাদের নোংরা কাজের জন্য কখনও দায়িত্ব নেয় না। আমি এটি লক্ষ লক্ষ বার দেখেছি – শক্তিশালী ব্যবসায়ীরা বোকা অহংকারের কারণে ভেঙে পড়ে, রাজনীতিবিদরা সাধারণ মিথ্যার কারণে সবকিছু হারায়, বিজ্ঞানীরা তাদের প্রতিভা তুচ্ছ বিতর্কে নষ্ট করে। আমি এর ঊর্ধ্বে ছিলাম। আমি বিশ্বকে শাসন করতাম, আমি বিশ্বকে আমাকে শাসন করতে দিতাম না। আমি ছিলাম ক্ষমতার মুখোশ। প্রভাবের। পরম, শীতল, উদাসীন শক্তির।

আমি কেবল পাশ থেকে দেখতাম, তাদের অন্ধভাবে সেই পথ অনুসরণ করতে দিতাম যা তারা নির্বোধভাবে সঠিক মনে করতো... তারপর, এক সর্বশক্তিমান পরিচালকের মতো, আমি জীবন এবং ঘটনার নাটককে নিরপেক্ষভাবে বিশ্লেষণ করতাম, যারা আমাকে হতাশ করার, আমার চিত্রনাট্য থেকে বিচ্যুত হওয়ার সাহস করতো তাদের জন্য নীরবে শাস্তি নির্ধারণ করতাম।

ফ্ল্যাশব্যাক: এডওয়ার্ড

আমি তাকে দেখছিলাম। এডওয়ার্ড। আমার প্রাক্তন ব্যবসায়িক অংশীদার। সে তার ডেস্কের পিছনে কুঁকড়ে বসেছিল, তার কাঁপানো হাত লুকানোর চেষ্টা করছিল। সে আমার সাথে মিথ্যা বলছিল। একটি ছোট অঙ্কের জন্য। প্রয়োজনের কারণে বিশ্বাসঘাতকতা নয়, বরং তুচ্ছ, ঘৃণ্য লোভের কারণে। ঘৃণা।

— ন্যাথানিয়েল, তুমি জানো আমি আমাদের অংশীদারিত্বকে কতটা মূল্য দিই। কিন্তু... এই প্রস্তাব... ছোট অঙ্কের জন্য... আমি... এটি প্রত্যাখ্যান করতে পারি না। বাজার নির্মম। তুমি বোঝো, তাই না? — তার কণ্ঠস্বর – ভণ্ডভাবে নরম, একটি দ্রুততার সুর যা আতঙ্ক প্রকাশ করছিল।

— অবশ্যই, এডওয়ার্ড। বাজার নির্মম। এবং এটি ক্ষমা করে না। আমি বুঝি। — আমার কণ্ঠস্বর – শান্ত, একটি মহাসাগরের পৃষ্ঠের মতো, যার গভীরে একটি বিপজ্জনক, ধ্বংসাত্মক স্রোত প্রবাহিত হচ্ছে।

তাকে সাথে সাথে ধ্বংস করার পরিবর্তে, যেমন আমি অতীতে করতাম, বা যেমন সে আশা করেছিল, আমি কেবল তাকে তার নিজের ফাঁদে পড়তে দিয়েছিলাম। কেন আমার হাত নোংরা করবো? কেন শক্তি নষ্ট করবো? তার নিজের বোকামির মাধ্যাকর্ষণ পর্যবেক্ষণ করা আরও আকর্ষণীয় ছিল, যা অনিবার্যভাবে তাকে টেনে নিয়ে যাচ্ছিল।

— আমি তোমার কথা বুঝি, এডওয়ার্ড। আসলে... আমার কাছে তোমার জন্য কিছু নতুন ডেটা আছে। বাজার সম্পর্কে। আমি মনে করি এটি তোমার জন্য সহায়ক হবে। — একটি হালকা, প্রায় অস্পষ্ট হাসি, যা আমার চোখের মধ্য দিয়ে যায়নি, সেই শিকারীর শীতল দৃষ্টির মধ্য দিয়ে।

আমি বিচক্ষণতার সাথে বাজারকে ম্যানিপুলেট করলাম। তাকে মিথ্যা ডেটা এবং বিভ্রান্তিকর কৌশল দিলাম। ক্ষুধার্ত পাখির জন্য টুকরোর মতো, যা তাকে একটি ফাঁদের দিকে নিয়ে যায়। সে লোভের সেই পরিচিত ঝলক নিয়ে তাদের গোগ্রাসে গিলছিল। তার প্রতিটি সিদ্ধান্ত, প্রতিটি বিনিয়োগ, এখন আমার ছিল। আমি ছিলাম পুতুল নাচানো ব্যক্তি, সে ছিল সেই সুতো যা তার করুণ জীবনকে টানছিল।

আমি তাকে জড়িয়ে পড়তে দেখছিলাম। প্রতিটি দিন তার মুখ আরও ক্লান্ত হচ্ছিল, চোখগুলো আরও ঘোলাটে হচ্ছিল। আমি দেখলাম সে হারতে শুরু করেছে। প্রথমে – অর্ডার। তারপর – গ্রাহক। এরপর – খ্যাতি। অবশেষে – পরিবার। তার বাড়ি। সবকিছু।

— ন্যাথানিয়েল... দয়া করে... দয়া করে, আমাকে সাহায্য করো! আমি... আমি ধ্বংস হয়ে গেছি! আমি সবকিছু হারিয়েছি! পরিবার... তারা... তারা আমাকে ছেড়ে চলে গেছে! দয়া করে, তুমি জানো কীভাবে... — ফোনের ওপারে তার কণ্ঠস্বর – কান্নায় ভরা, দম বন্ধ করা, নরকের গভীর থেকে আসা একটি মরিয়া চিৎকারের মতো।

— এডওয়ার্ড, আমি দুঃখিত। আমি কেবল একজন দর্শক। ফলাফল... এগুলি একটি সত্য। — আমি তাকে বাধা দিই, আমার কণ্ঠস্বর শীতল, কোনো সহানুভূতির সুর নেই, কোনো উষ্ণতা নেই, কোনো আশা নেই।

সে সম্পূর্ণরূপে দেউলিয়া হয়ে গেল। আমি পাশ থেকে দেখছিলাম। কোনো হস্তক্ষেপ ছাড়া। এক ফোঁটা আফসোস ছাড়াই। এটি একটি প্রকল্পের মতো ছিল, যার ফলাফল মানব লোভ এবং বোকামি সম্পর্কে আমার অনুমানকে নিশ্চিত করেছে। একজন নিরপেক্ষ বিচারক, লুকানো উদ্দেশ্য এবং মারাত্মক ভুল খুঁজছিলেন, আমি অন্যদের বিচার করতাম আমার নিজের, প্রায় অমানবিক মান অনুযায়ী।

আমি তাদের দুর্বলতাগুলোকে নির্মমভাবে প্রকাশ করাকে, অবশ্যই আমার বোঝার অনুযায়ী, তাদের সত্যিকারের জীবনের দিকে পরিচালিত করাকে আমার বিশেষাধিকার মনে

করতাম। আমার কাছে তারা ছিল গুটি, যাদের আমি আমার ইচ্ছামতো সরাতে পারতাম। এই সব কিছু আমার ক্ষমতার বেদনাদায়ক অনুভূতিকে, প্রায় ঐশ্বরিক শক্তিকে বাড়িয়ে তুলতো, যা মানব জগৎ তৈরি এবং ধ্বংস করে। আমি ছিলাম নির্মম লাভের মুখোশ। সম্পূর্ণ নিয়ন্ত্রণের। অটল তাৎপর্যের।

এটি ব্যঙ্গাত্মক।

এখন আমিই সেই ব্যক্তি যে বিচারিত হয়েছে। কোনো সিনেটর দ্বারা নয়, কোনো অংশীদার দ্বারা নয়। আমার নিজের সত্য দ্বারা বিচারিত, আমার নিজের অর্থহীন বিজয় দ্বারা, যা যেকোনো পরাজয়ের চেয়ে ভারী প্রমাণিত হয়েছে।

আর আমার মুখোশ... সেটি ভেঙে গেছে। হাজার হাজার কাঁচের টুকরায়, যা...

---❤---

অধ্যায় 14: একাকীত্বের মিনার

তবুও, আমার নিজের প্রতিচ্ছবিতে জগৎকে পুনর্গঠন করার যন্ত্রণাদায়ক ইচ্ছা সত্ত্বেও, আমি গভীরভাবে, মর্মভেদীভাবে বিচ্ছিন্ন থেকে গেলাম। অন্যদের সাথে সত্যিকারের সংযোগ স্থাপন করতে অক্ষম ছিলাম, কারণ আমি তাদের অযোগ্য, আদিম প্রাণী হিসেবে দেখতাম, যারা আমার সময় এবং শক্তির যোগ্য ছিল না। একাকীত্ব আমাকে বরফের মতো শীতল মুঠিতে আটকে রেখেছিল, কিন্তু আমার গর্ব আমাকে এই বেদনাদায়ক সত্য স্বীকার করতে দিত না। আমি নিজেকে আমার বরফ সিংহাসনের একাকী শাসক হিসেবে গড়ে তুলেছিলাম, মানব বোকামির উত্তাল সমুদ্র দ্বারা পরিবেষ্টিত, যার ঢেউ আমার পাথরে আছড়ে পড়ছিল।

কেউ আমাকে বুঝতে পারতো না। কেউ বোঝার চেষ্টা করতো না কেন আমি বন্ধুত্ব এবং ভালোবাসা থেকে মুখ ফিরিয়ে নিতাম, যেন আমি কোনো সংক্রামক রোগ, কোনো আবেগপূর্ণ অসুস্থতাকে ভয় পেতাম, যা আমার দুর্ভেদ্য বর্ম ভেদ করে ফেলবে। আর যদি কেউ তা পারতো...

আমার মনে আছে কীভাবে মেলিনা আমার কাছে আসার চেষ্টা করেছিল, আমার তৈরি করা দেয়াল ভেদ করতে চেয়েছিল। সে আমাকে শর্তহীন সমর্থন, উষ্ণতা প্রস্তাব করেছিল, কিন্তু আমি সবসময় তাকে দূরে ঠেলে দিয়েছি, দুর্বলতা প্রকাশ করার ভয়ে, আহত হওয়ার ভয়ে।

— তুমি আমার জন্য বড্ড ভালো, মেলিনা, — আমি তাকে একবার বলেছিলাম, যখন সে কাঁদছিল, আর আমি তার অশ্রুতে কেবল এক শীতল বিরক্তি অনুভব করছিলাম।

প্রতিটি ফোঁটা অশ্রু বিরক্তিকর ছিল। এখন, এই বালির ওপর খালি পায়ে, জমাট বাঁধা ঠান্ডা আমার একমাত্র সঙ্গী। জলের যে ছিটকে আমার ঠোঁটে লাগছে, তা নোনতা এবং ভারী, ঠিক তার অশ্রুর মতো।

কিন্তু তখন আমি আমার নিখুঁতভাবে সাজানো জগতে এই "দুর্বলতাকে" প্রবেশ করতে দিতে পারিনি। কী বিদ্রূপ! কেউ আমার শীতল চোখের লুকানো দুঃখ এবং তিক্ত হতাশা দেখতে যথেষ্ট গভীরভাবে তাকায়নি, কারণ আমি নিজেই তা হতে দিতাম না। সত্য হলো, আমি নিজেই বোঝা যেতে চাইনি। আমি আমার সাবধানে নির্মিত দ্বিতীয় ত্বকের আড়ালে একটি দুর্বল সত্তাকে লুকিয়ে রেখেছিলাম, যাকে আমি অস্পৃশ্য, প্রায় অতিমানবীয় বলে মনে করতাম, যা তিক্ত অভিজ্ঞতা এবং "সাধারণ মানুষের" ওপর অগণিত বিজয়ের দ্বারা তৈরি হয়েছিল। আমি একটি বরফের মূর্তির মতো ছিলাম, যার ত্রুটিহীন পৃষ্ঠের নিচে একটি অব্যক্ত হৃদয় স্পন্দিত হতো।

যাইহোক, সময়ের সাথে সাথে, আমার ঘন আবরণের মধ্যে প্রায় অদৃশ্য ফাটল দেখা দিতে শুরু করলো, যেন প্রসারিত শিরা, যা একটি পতনের ইঙ্গিত দেয়। যদিও আমি নিজেকে জীবনের এক উচ্চতর রূপ হিসেবে দেখতে থাকলাম, আমার গভীরে আমি উপলব্ধি করতে শুরু করলাম যে আমার শীতল কারসাজি ব্যথা এবং বিচ্ছিন্নতার কারণ হয়েছে। আর সেই ব্যথা, যদিও অন্যের, আমার মধ্যে প্রবেশ করতে শুরু করলো।

ফ্ল্যাশব্যাক: পচা বন্ধুত্ব

আমার মনে আছে একটি ঘটনা যা আমার মনে একটি পচা কাঁটার মতো বিঁধে আছে, যা রক্তপাত বন্ধ করে না। একটি পরীক্ষা, যা আমার তত্ত্বগুলো নিশ্চিত করার কথা ছিল, কিন্তু তার পরিবর্তে ধ্বংস এবং পচনের দুর্গন্ধ রেখে গেল। আমি উদ্দেশ্যমূলকভাবে দুই বন্ধুর মধ্যে দ্বন্দ্ব উস্কে দিয়েছিলাম, তাদের আনুগত্য পরীক্ষা করার জন্য। কেবল পরীক্ষা করার জন্য নয়, বরং এটিকে ছিন্নভিন্ন করে দেখতে চেয়েছিলাম যে তাদের সংযোগের সুতো শেষ পর্যন্ত কতদূর টানলে তা অপ্রতিরোধ্যভাবে ছিঁড়ে যাবে।

তারা ছিল লুকাস এবং ক্যালেব। দুজনে যেন এক শরীর। তারা ছোটবেলা থেকেই একে অপরকে চিনতো। তারা গোপন কথা, স্বপ্ন, এমনকি ভবিষ্যতের কথা বলার সময় তাদের চোখে একই পাগলামি ভাগ করে নিতো। নিখুঁত লক্ষ্য ছিল। আমি নীরবে, প্রায় অদৃশ্যভাবে কলহের বীজ রোপণ করেছিলাম। এখানে একটি ফিসফিসানি, সেখানে একটি আপাত উদাসীন প্রশ্ন, তাদের বিশ্বাসকে বিকৃত করার জন্য দক্ষতার সাথে একটি তথ্য নিক্ষেপ করা। আমি এই প্রক্রিয়াটিকে ক্লিনিকাল নির্ভুলতার সাথে পর্যবেক্ষণ করতাম, যেন একজন সার্জন যিনি অনুশোচনা ছাড়াই একটি জীবন্ত সত্তা ব্যবচ্ছেদ করছেন।

আমি দেখলাম কীভাবে তাদের দৃষ্টি পরিবর্তন হচ্ছে – ভ্রাতৃত্বপূর্ণ স্নেহ থেকে সন্দেহ, তারপর তিক্ততায়। আমি দেখলাম কীভাবে তাদের কথা আরও তীক্ষ্ণ হচ্ছিল, কীভাবে তাদের হাসি নিভে যাচ্ছিল। আমি আমার পরিচালিত এই উত্তেজনা বৃদ্ধি, এই অনিবার্য পতন উপভোগ করছিলাম। এটি একটি ধীর গতির চলচ্চিত্রে একটি ভেঙে পড়া ভবন দেখার মতো ছিল।

এবং তারপর চূড়ান্ত মুহূর্তটি এলো। সেই ছোট, আবছা বারে, যেখানে তারা সবসময় মিলিত হতো। আমি সেখানে ছিলাম, অবশ্যই, ছায়ায় লুকিয়ে, তাদের নিজস্ব ধ্বংসযজ্ঞের অদৃশ্য পরিচালক। ছুরির চেয়েও তীক্ষ্ণ কঠোর শব্দ বিনিময় হয়েছিল।

— তুমি... তুমি আমাকে বলেছো! আমার পেছনে! — লুকাসের কণ্ঠস্বর ছিল দম বন্ধ করা, বিশ্বাসঘাতকতায় ভরা। — আর তুমি... তুমি কি মনে করো আমি এমন? আমি কি এমন কিছু করতে সক্ষম?! — ক্যালেব জবাব দিল, তার চোখ আহত পশুর মতো ছিল। — লুকাস যখন তাকে ধাক্কা দিল, ক্যালেবের সাদা টি-শার্টে বিয়ারের দাগ লাগলো। — কিন্তু ন্যাথানিয়েল... সে... — লুকাস শুরু করলো, কিন্তু তার কথা গলায় আটকে গেল।

মুহূর্তটি ছিল নিখুঁত। নীরবতা। অপ্রকাশিত অভিযোগে ভরা এক বিচ্ছিন্ন, ভারী নীরবতা, ভেঙে পড়া স্বপ্ন দিয়ে ভরা।

ফলাফল ছিল একটি ছিন্নভিন্ন বন্ধুত্ব। কেবল একটি বিতর্ক নয়, বরং একটি নিরাময় অযোগ্য ক্ষত যা আমার চোখের সামনে পচে যাচ্ছিল। আমি তাদের একে অপরের থেকে দূরে সরে যেতে দেখলাম, তাদের পিঠ দুটি ভেঙে পড়া মিনারের মতো ছিল, যা আর কখনো সোজা হবে না।

প্রথমবারের মতো, একেবারে প্রথম এবং একমাত্রবারের মতো, তাদের কষ্ট দেখে আমি সামান্য অস্বস্তি অনুভব করলাম। কিছু একটা আমাকে বিঁধলো। একটি সরু সুঁচের মতো কিছু, যা আমার উদাসীনতার পর্দা ছিঁড়ে ফেললো। এটি ব্যথা ছিল না, সহানুভূতি ছিল না। এটি ছিল...

একটি বিঁধন। একটি আকস্মিক, অপ্রত্যাশিত, স্পন্দিত অনুভূতি। অপ্রত্যাশিত কিছু, যা আমার সমীকরণে ছিল না। আমার নিয়ন্ত্রণের অন্যথায় নিখুঁত symphoney তে একটি বেসুরো, স্পন্দিত সুরের মতো।

কিন্তু আমি দ্রুত এটিকে দমন করলাম। নির্মমভাবে। আমি নিজেকে একটি লৌহ-যুক্তি চাপিয়ে দিলাম। আমি দাঁত কষলাম। এটি কেবল একটি "প্রয়োজনীয় বলি" ছিল আমার বৃহত্তর জ্ঞানের জন্য। মানব প্রকৃতি, আনুগত্য, দুর্বলতা বোঝার জন্য। তারা আমার অস্তিত্বের গবেষণাগারে কেবল পরীক্ষামূলক ইঁদুর। সত্যের দাম অনেক বেশি। এবং আমি তা দিতে প্রস্তুত। সর্বদা। অন্তত আমি নিজেকে এটিই বারবার বলতাম, নতুন অনুভূতিকে নীরব করার জন্য।

কখনো কখনো আমি নিজেকে একটি একাকী দেবতার মতো অনুভব করতাম, যিনি তার অপূর্ণ সৃষ্টিকে ছেড়ে দিয়েছেন, যারা আমার হস্তক্ষেপ ছাড়া চলতে পারে না। কিন্তু আমার অহং, এক অনমনীয় প্রহরীর মতো, আমাকে একজন নিরপেক্ষ প্রতিশোধকের ভূমিকা ছেড়ে দিতে দেয়নি। আমি নিজেকে একটি উঁচু, দুর্ভেদ্য কাঁচের কারাগারে বন্দী করে রেখেছিলাম, জগৎকে অবজ্ঞার চোখে দেখছিলাম। আমার নিজের আবরণ না খুলে নিজেকে পাশ থেকে দেখার সাহস আমার ছিল না, যে আবরণ আমার সাথে মিশে গিয়েছিল, যা আমি নিজেই হয়ে গিয়েছিলাম। নিজের দুর্ভেদ্য দুর্গে আমি বন্দী।

আমার সমস্ত জটিল কাজগুলো একটি পবিত্র অজানা পরিমাণ – সেই মানব ফ্যাক্টর যা আমার থেকে দূরে থাকতো, তার প্রক্রিয়াটি বোঝার মরিয়া ইচ্ছা দ্বারা অনুপ্রাণিত ছিল। আমি বিশ্বাস করতাম যে ঘটনা এবং মানুষকে ম্যানিপুলেট করে আমি অস্তিত্বের সারমর্মে পৌঁছাতে পারবো। আমি বছরের পর বছর ধরে মানব মনোবিজ্ঞান এবং আবেগ, জনতার আচরণ এবং দ্বন্দ্ব ব্যবস্থাপনার কৌশল নিয়ে গবেষণা করেছি — আমি মানসিক মডেল তৈরি করেছি যা মানুষের প্রতিক্রিয়াগুলোকে ভয়ঙ্কর নির্ভুলতার সাথে ভবিষ্যদ্বাণী এবং পরিচালনা করতে পারতো, এই বিশ্বাসে যে এখানেই বাস্তবতার নিয়ন্ত্রণের "সূত্র" লুকিয়ে আছে। কী নির্বোধ! এই সব কেবল আমার নিজের থেকে পালানোর একটি উপায় ছিল, আমার নিজের অভ্যন্তরীণ শূন্যতা থেকে, যা আমার বুকে একটি বিদ্ধ হৃদয়ের মতো স্পন্দিত হচ্ছিল, ধীরে ধীরে জীবন বের করে দিচ্ছিল। কিন্তু আমি যত আমার ঠাণ্ডা রক্তে করা পরীক্ষায় ডুবে যাচ্ছিলাম, তত আমি সত্যিকারের লক্ষ্য থেকে দূরে সরে যাচ্ছিলাম, আমার নিজের আবিষ্কারের এক আয়নার গোলকধাঁধায় হারিয়ে যাচ্ছিলাম, আমার ক্রমবর্ধমান অযৌক্তিক নাটকের একাকী দর্শক হয়ে উঠছিলাম।

আমার জ্ঞানের বিশাল মজুদ থাকা সত্ত্বেও, আমি একটি ক্রমবর্ধমান, খোলা শূন্যতা অনুভব করছিলাম যা আমাকে গ্রাস করছিল। আমি আমার বৌদ্ধিক পর্বতের শীতল চূড়ায় দাঁড়িয়েছিলাম, বিশ্বকে আমার পায়ের নিচে দেখতে পাচ্ছিলাম, কিন্তু সত্যিকারের আনন্দ অনুভব করিনি, কোনো তৃপ্তি অনুভব করিনি, কেবল শীতলতা এবং উদাসীনতা অনুভব করছিলাম। প্রতিটি নতুন "আবিষ্কার" এর সাথে, নতুন, যন্ত্রণাদায়ক প্রশ্ন জন্ম নিচ্ছিল, যা আমার চেতনাকে বিদ্ধ করছিল, অস্তিত্বের অ্যাকুপাংকচারের মতো।

আমি প্রায় শতভাগ নির্ভুলতার সাথে স্টক মার্কেটের পতন পূর্বাভাস করার একটি উপায় খুঁজে পেয়েছি, যা আমাকে আরও বিলিয়ন এনে দিয়েছে।

আমার মনে আছে সেই মুহূর্তটি যখন আমার স্বজ্ঞা আমাকে সবচেয়ে প্রভাবশালী ব্যাংকগুলোর একটির পতনের কথা ফিসফিস করে বলেছিল। বাস্তবতা আমাকে সম্পদ দিয়ে

পুরস্কৃত করেছিল — যা অপরাধবোধে ভরা ছিল। আমি নিয়ন্ত্রণ কিনেছিলাম, কিন্তু মানবতা হারিয়েছিলাম। একটি মাত্র আর্থিক গুটির চাল দিয়ে আমি হাজার হাজার মানুষের ভাগ্য পরিবর্তন করেছিলাম — এবং এই চিন্তা আমাকে শান্তি দেয়নি। কিন্তু তাতে কী? মহাজাগতিক শূন্যতা নীরব ছিল — নিরপেক্ষ, আত্মাহীন, আমাদের সিদ্ধান্তের নৈতিক মাত্রার অধীন নয়।

কেবল শূন্যতা। আমি প্রান্ত দিয়ে ভেসে যাচ্ছিলাম, যেকোনো মুহূর্তে অতল গহ্বরে ভেঙে পড়তে, পরমাণুতে ভেঙে যেতে প্রস্তুত। এবং তবুও, ভয়ানক ভয় সত্ত্বেও, আমি জেদ করে অনুসন্ধান করতে থাকলাম, এই বিশ্বাসে যে শুধুমাত্র এভাবেই আমি জীবনের অটল নিয়মগুলো বুঝতে পারবো, তার লুকানো সূত্রটি খুঁজে পাবো, মুক্তি পাবো – যে মুক্তি সবসময় একটি মরীচিকা ছিল, আরেকটি প্রতারণামূলক বিভ্রম।

বিচ্ছিন্নতা এবং একাকীত্ব ছিল আমার স্থায়ী সঙ্গী, একটি অন্ধকার, শীতল ছায়া যা আমাকে সর্বত্র অনুসরণ করতো, আমার পায়ের সাথে লেগে থাকতো। এমনকি ভিড়ের মাঝেও, আমি বিচ্ছিন্নতার শীতল চাপ অনুভব করতাম, যা আমাকে চাপ দিচ্ছিল, শ্বাসরোধ করছিল। আমি শ্বাস নিতাম, কিন্তু বাঁচতাম না।

ফ্ল্যাশব্যাক: প্যারিসের অভ্যর্থনা

আমার মনে আছে একটি সন্ধ্যা। প্যারিস। একটি আকাশচুম্বী অট্টালিকা যা তারকাদের ভেদ করছে। একটি পার্টি। বিলাসিতা যা চিৎকার করে, বাতাসের প্রতিটি বর্গ সেন্টিমিটারে মিশে যায়। আমি "অভিজাতদের" দ্বারা পরিবেষ্টিত ছিলাম – বিশ্বের সবচেয়ে প্রভাবশালী মানুষরা। কূটনীতিক, শিল্পপতি, খালি চোখের শিল্পীরা। যাদের মুখ আমি চিনতাম। তাদের নাম – চুক্তিতে সোনার অক্ষরে লেখা, সংবাদপত্রের শিরোনামে।

আমি হাসলাম। কথা বললাম। আগ্রহের, যুক্ততার নিখুঁত মুখোশ বজায় রাখলাম। আমি সম্মতির ইঙ্গিতে মাথা নাড়লাম, একটি গ্লাস তুললাম, সবচেয়ে দামি শ্যাম্পেন পান করলাম, এর স্বাদ আমার জিভে উদাসীন ছিল। আমি তাদের কথা শুনছিলাম – চুক্তি, রাজনীতি, তাদের নতুন অর্জন নিয়ে। কিন্তু ভেতরে... আমি ছিলাম একটি কাঁচের জানালার মতো। আমি সবকিছু দেখতাম, সবকিছু শুনতাম, প্রতিটি ষড়যন্ত্র, প্রতিটি লুকানো উদ্দেশ্য বুঝতাম। কিন্তু কিছুই আমাকে স্পর্শ করেনি। কিছুই কাঁচ ভেদ করেনি। কিছুই আমাকে সংযুক্ত করেনি। আমি অদৃশ্য ছিলাম, এমনকি নিজের কাছেও।

আমার কাছে এমন সবকিছু ছিল যা টাকা দিয়ে কেনা যায়। সবকিছু। সাম্রাজ্য। প্রভাব। জ্ঞান। কিন্তু আমার কাছে এমন কিছুই ছিল না যা হৃদয় দিয়ে অনুভব করা যায়। এমন কিছুই না যা আমাকে ভেতর থেকে উষ্ণ করতে পারে। এমন কিছুই না যা গণনা করা যায় না, কেনা যায় না, ম্যানিপুলেট করা যায় না। আর্কটিকের ঠান্ডা। বিশাল, প্রসারিত শূন্যতার অতল গহ্বর, যা প্রতিটি শব্দ, প্রতিটি আলোকে গ্রাস করছিল। একটি গভীর গহ্বর যা আমার সামনে হাঁ করে ছিল।

আমার বিশাল জ্ঞান। আমার অভিশাপ। তারা আমাকে সাধারণ মানুষ থেকে চিরতরে বিচ্ছিন্ন করে দিয়েছিল। তাদের থেকে, যারা মন খুলে হাসতে পারতো, লজ্জা ছাড়াই কাঁদতে পারতো, হাতের স্পর্শের মতো এত সাধারণ কিছুতে বিশুদ্ধ সুখ অনুভব করতে পারতো। আমি একাকী হয়ে গিয়েছিলাম। একজন দর্শক, ভিড়ের উপরে উন্নীত, কিন্তু নিজের সোনালি খাঁচায় বন্দী। যেকোনো সন্ন্যাসীর চেয়ে বেশি বিচ্ছিন্ন।

আমি আকাঙ্ক্ষা করতাম। হ্যাঁ, আমি, ন্যাথানিয়েল, ছায়াদের শাসক, সত্যিকারের নৈকট্যের একটি ঝলক দেখতে আকাঙ্ক্ষা করতাম। এমন একটি মানব স্পর্শ, যা গণনা করা

হয়নি, যা মিথ্যা নয়, যা লুকানো উদ্দেশ্য দ্বারা অনুপ্রাণিত নয়। আমি একটি হৃদয়ের কম্পন অনুভব করতে চেয়েছিলাম। নিজের হৃদয় শুনতে চেয়েছিলাম।

কিন্তু আমি জানতাম না কীভাবে। আমি জানতাম না কীভাবে এটি চাইতে হয়। আমি এমন শব্দ উচ্চারণ করতে পারতাম না যা সমীকরণের অংশ ছিল না। আমি জানতাম না কীভাবে এটি গ্রহণ করতে হয়। আমি আমার চারপাশে যে দুর্গটি তৈরি করেছিলাম তা কীভাবে খুলবো? এই ধরনের যেকোনো কাজ দুর্বলতা, অরক্ষিততার প্রকাশ হবে। আর দুর্বলতা ছিল মৃত্যু। এটি আমার নিখুঁত সিস্টেমে একটি ফাটল ছিল।

সুতরাং, আমি সেখানে দাঁড়িয়ে থাকলাম, তাদের খালি দৃষ্টির দিকে হাসলাম, দামি শ্যাম্পেন পান করলাম এবং জানালার বাইরে তাকালাম। প্যারিস জ্বলজ্বল করছিল, ভালোবাসার শহর। আর আমি আগের চেয়ে বেশি একা ছিলাম। কারণ সবচেয়ে বড় কারাগারটি কংক্রিট এবং ইস্পাতের তৈরি নয়, বরং আমার নিজের উদাসীনতার তৈরি অদৃশ্য দেয়ালের। আমার নিজের আত্মার দেয়ালের।

আমার অহং আমাকে একজন নির্মম বিচারকের ভূমিকা পালন করতে প্ররোচিত করতো, কিন্তু আমার আত্মা, cynicizom এর স্তরের নিচে গভীরভাবে লুকানো, বিনয় এবং শর্তহীন ভালোবাসার জন্য আকাঙ্ক্ষা করতো। আমার মধ্যে গর্ব এবং সহানুভূতির মধ্যে, শীতল বুদ্ধি এবং আবেগের মধ্যে একটি ক্লান্তিকর যুদ্ধ চলছিল, যা আমাকে দুই ভাগে বিভক্ত করে দিচ্ছিল। এই দ্বন্দ্বে আমি ভারসাম্য খুঁজছিলাম, আমার জ্ঞানকে অস্বীকার করা মানবতার সাথে একত্রিত করার চেষ্টা করছিলাম, সবকিছুর মধ্যে কিছু অর্থ খুঁজে বের করার জন্য। আমি যে একমাত্র অবতারকে চিনতাম, তাতে আমি অনেক জীবন কাটিয়েছি, অগণিত শিক্ষা শিখেছি, কিন্তু আমি কখনই সুখের চূড়ান্ত উত্তর, চিরন্তন সূত্র খুঁজে পাইনি। আমি একজন অমর ভ্রমণকারীর মতো বেঁচে ছিলাম, মহাকাশে একাকী ঘুরে বেড়াচ্ছিলাম, অনন্ত অস্থিরতার মধ্যে আমার হারানো জায়গা খুঁজছিলাম। এবং হয়তো, এই সমাপ্তিই এটি খুঁজে বের করার একমাত্র উপায় ছিল।

নিজেকে খুঁজে বের করা।

---❤---

অধ্যায় 19: অধরা গ্রেইল

জুরিখ... কোনো একদিন। অথবা আমার প্রতিটি দিন, যা একঘেয়েমিতে বন্দী।

শহরের সকালের হালকা আলোয় শ্বাস নিচ্ছিল, কিন্তু আমার কাছে এটি ছিল কেবল একটি নীরব, নির্বিশেষ পটভূমি। আমি আকাশের দিকে তাকালাম – ধূসর, উদাসীন, একটি মৃত ক্যানভাসের মতো, যেখানে মহাবিশ্ব অর্থ আঁকতে ভুলে গিয়েছিল। আমার মধ্যে একটি গভীর, নামহীন অতল গহ্বর হাঁ করে ছিল। আমি স্বজ্ঞাতভাবে এটিকে পূরণ করার চেষ্টা করছিলাম – বিশ্বাসের প্রাণবন্ত শক্তি, আশার শিখা বা ভালোবাসার কোমলতা দিয়ে নয়, বরং শুকনো, অর্থহীন তত্ত্বর দ্বারা। আমি সেগুলোকে বিষের ঢোকের মতো পান করছিলাম, তাদের অমৃত মনে করে – জেরুজালেমের "বুক অফ দ্য টেম্পল" এর কুমরান স্ক্রলসের মতো প্রাচীন পান্ডুলিপি থেকে শুরু করে, ভ্যাটিকানের নিচে ঈর্ষাভরে সংরক্ষিত খোদাই, ভৌগোলিক মানচিত্র, মুদ্রা পর্যন্ত। আমি মিসরের পুরোহিতদের লুকানো গ্রন্থ, মৃত কোডগুলো পাঠোদ্ধার করেছিলাম। আমার মন সবকিছু শোষণ করছিল, কিন্তু আমার হৃদয়, একটি খালি প্রকোষ্ঠ, একটি অস্তিত্বহীন জীবনের প্রতিধ্বনি, শূন্য থেকে গিয়েছিল। একটি পাথর। হতাশা থেকে খোদাই করা।

আমি জ্ঞানের খাড়া সিঁড়ি বেয়ে উঠছিলাম, প্রতিটি ধাপ আমার দৃষ্টিকে আরও তীক্ষ্ণ করছিল, মহাবিশ্বের পর্দা ভেদ করছিল। আমি মোশাইয়ের আইনের উত্তরাধিকারী সেই গোপন সম্প্রদায়ের সবচেয়ে গোপনীয় অন্তর্দৃষ্টিগুলো পর্যন্ত পৌঁছে গিয়েছিলাম, আমি এমন আচার-অনুষ্ঠান এবং প্রতীকগুলো আয়ত্ত করেছিলাম যা বাস্তবতার সুতো ছিঁড়ে ফেলতো। জ্ঞান আমাকে প্রাচীন শিক্ষার, প্রাচীন আইনের গভীর অর্থ বোঝা সেই মুষ্টিমেয়দের মধ্যে উন্নীত করেছিল। কিন্তু এই অভিষেকগুলো আমার শীতল আত্মায় কেবল মৃত অক্ষর ছিল – যা আমি কখনও অনুভব করিনি, উপলব্ধি করিনি। সত্যিকারের উপলব্ধি ছাড়া, শিক্ষাগুলো সম্পূর্ণরূপে উপলব্ধি করা ছাড়া, আমার সমস্ত আত্মত্যাগ উচ্চাকাঙ্ক্ষার আরেকটি মায়াময় দুর্গের মতো ভেঙে পড়বে।

আমি অন্ধকারে পথ খুঁজছিলাম, কম্পাস ছাড়া ঘুরে বেড়াচ্ছিলাম, ভুল করছিলাম, পেছনে ফিরে যাচ্ছিলাম – আমার স্বজ্ঞা আসন্ন অতল গহ্বরের কথা চিৎকার করছিল। আমি উড়তে চেয়েছিলাম, কিন্তু আমি অতল গহ্বরের কিনার দিয়ে হাঁটছিলাম। একটি ভুল পদক্ষেপ – আর আমি চূর্ণবিচূর্ণ হয়ে যাব, সব আশা হারিয়ে। একটি ভুল ব্যাখ্যা – আর আমি একটি পতিত দেবদূতে পরিণত হবো, যা আমি পরিচিত সেই নরকে আবার বেঁচে থাকার জন্য অভিশপ্ত। আমি সেখান থেকে এসেছি, আমার আত্মা আত্ম-বিশ্লেষণ, বৃদ্ধি এবং আত্মা ও শরীরের মধ্যে সমন্বয়ের catharsis এর মধ্য দিয়ে গেছে...

এটা কি যথেষ্ট ছিল? আমি কি আমার নিজের অভ্রান্ততার উপর বিশ্বাস করে মারাত্মক ভুল করছিলাম না? আমার তৈরি করা প্রতিটি সূত্র এবং অ্যালগরিদমের বাইরে কি আরও গভীর কিছু ছিল না? আমার পথের সত্যতার উপর এই অটল বিশ্বাস কি আলোর দরজা বন্ধ করে দিচ্ছিল না? ভালোবাসা কি – মেলিনার সেই শেষ দৃষ্টিতে, যখন সে শেষবারের মতো আমার কাছে পৌঁছানোর চেষ্টা করছিল, আর আমি তাকে যুক্তি দিয়ে কাটা একটি শীতল যুক্তি দিয়ে দূরে ঠেলে দিয়েছিলাম – অন্য দিকে আমাকে ঠেলে দেওয়ার শক্তি ছিল না? ঈশ্বরের কাছে আমার একাকী প্রার্থনা শোনা যায়, এই বিশ্বাস কি আমার নিজের সন্দেহপূর্ণ কণ্ঠের প্রতিধ্বনি ছিল না? সত্যিকারের আশা কি শব্দের চেয়ে, আমার এত উপাসনা করা বৌদ্ধিক বোঝার চেয়ে আরও গভীরে লুকিয়ে ছিল না? আমার দাম্ভিক অন্ধত্বে, আমি কি সেই ভাগ্য-নির্ধারিত চিহ্নগুলো মিস করতে চলেছি, যা ইতিমধ্যেই পাঠানো হয়েছিল?

আমার আত্মা, তার বৌদ্ধিক অর্জন সত্ত্বেও, লক্ষ লক্ষ জীবনকে নিয়ন্ত্রণ করা সত্ত্বেও, বোঝার জন্য, শর্তহীন গ্রহণযোগ্যতার জন্য, সত্যিকারের নৈকট্যের জন্য, নিরাময়কারী ভালোবাসার জন্য চিৎকার করছিল। আমি অন্যের চোখের দিকে তাকাতাম, তাদের নকল যত্ন, মিথ্যা সুরক্ষা এবং শীতল অনুপ্রেরণা দিতাম, এবং তারপর নিঃশব্দে অপেক্ষা করতাম যে এই উদীয়মান ভালোবাসা আমাকে কোথায় নিয়ে যাবে – আমার পরবর্তী আবেগপূর্ণ পরীক্ষা কী হবে।

ফ্ল্যাশব্যাক: প্রিমিয়ার

থিয়েটারের ভিড়ে ঠাসা লবির বাতাস দামি পারফিউম, নকল হাসি এবং উচ্চাকাঙ্ক্ষার অধীর গুঞ্জনে ঘন ছিল। আরও একটি অর্থহীন নাটকের প্রিমিয়ারের পর, যার প্রযোজনায় আমি অর্থায়ন করেছিলাম, আমি একটি বিশাল প্যানেলের পাশে দাঁড়িয়ে ছিলাম, যেখানে আমার মুখটি এক প্রগলভ শিরোনামে অমর করে রাখা হয়েছিল। আমি সেই বৃথা, মানুষের আত্ম-প্রতারণার খেলা পর্যবেক্ষণ করছিলাম, যা আমি এমন অনুভূতিহীন আগ্রহের সাথে দেখতে পছন্দ করতাম।

তখন আমি তাকে দেখলাম। সে ভিড়ের মধ্য দিয়ে সরাসরি আমার দিকে আসছিল, নির্বিশেষ মুখের ভিড়ের মধ্য দিয়ে। কোনো দ্বিধা নিয়ে নয়। বরং একটি সুনির্দিষ্ট সংকল্প নিয়ে, যা সঙ্গে সঙ্গে আমার দৃষ্টি আকর্ষণ করলো। "ভিড়ের শত শত মুখের" মধ্যে একজন, এই বিশাল বিভ্রমের মধ্যে একটি অতিরিক্ত চরিত্র, যাকে পৃথিবী শিল্প বলতো। সে তরুণ ছিল, এই নির্মম খেলার জন্য খুব তরুণ, কিন্তু তার চোখগুলো – ক্ষুধার্ত, মর্মভেদী – তার বয়সের চেয়ে অনেক বেশি পুরোনো একটি বয়স প্রকাশ করছিল। প্রতিটি অঙ্গভঙ্গি, প্রতিটি চাল – একটি দাবা খেলার চালের মতো সাবধানে গণনা করা হয়েছিল। তার শরীর – একটি ত্রুটিহীন প্রদর্শনী।

সে আমার সামনে এলো। ধাক্কা দিল না, কোনো কিছু দিয়ে আমাকে ভিজিয়ে দিল না। কেবল আমার সামনে হাজির হয়ে আমার পথ রুদ্ধ করে দিল।

— স্যার, — তার কণ্ঠস্বর ছিল একটি দামি পারফিউমের মতো, যা কিছু তিক্ত লুকাতে চাইছে — নেশা ধরানো, কিন্তু হতাশার পরে একটি তিক্ত স্বাদ ছিল। — এটি আমার জন্য একটি সম্মান। আমি ছিলাম... তৃতীয় অঙ্কে একটি মাত্র সংলাপ বলা মেয়েটি।

একটি হালকা, নকল হাসি তার ঠোঁটে খেললো। তার কণ্ঠস্বর ছিল মধুর, এমন একটি মডেলের কণ্ঠের মতো, যে পৃথিবীর জন্য তার পাঠটি নিখুঁতভাবে শিখেছে। সে উদ্বেগে কাঁপছিল না, বরং অতিরিক্ত উত্তেজনায় – শিকারীদের অ্যাড্রেনালিনের কারণে, যারা ঝোপের মধ্যে একটি ট্রফি দেখতে পায়। সে আমাকে একটি ছোট, চকচকে ব্রোশিওর দিল। অটোগ্রাফ। আমার জন্য।

ক্লিনিকাল কৌতূহল। এটি কেবল নির্লজ্জতা ছিল না, বরং একটি গণনা করা ঝুঁকি ছিল। সে "বোকা" ছিল না। সে ছিল বিবেকহীন। আমার নিখুঁত পরীক্ষাগারের ইঁদুর, একটি সাপে পরিণত হওয়ার জন্য প্রস্তুত।

— আমি মুগ্ধ, — আমি বললাম, আমার স্বর – শব্দহীন, সমতল, যেন একটি পুকুরে ফেলা পাথর, যা কোনো ঢেউও তৈরি করে না। — আপনার জেদ দেখে।

তার চোখে একটি ছোট, প্রায় অলক্ষিত স্ফুলিঙ্গ জ্বলে উঠলো। কিন্তু তা নিভে গেল না। বরং, তা শিখায় পরিণত হলো। সে তার ঠোঁট কুঁচকে নিলো – হাইয়ালুরোন দিয়ে এতটাই ফোলা যে সেগুলো ফেটে যাওয়ার উপক্রম হয়েছিল। তার মুখ একটি অভিব্যক্তিহীন মুখোশে পরিণত হলো, নিখুঁতভাবে মসৃণ এবং অনুভূতিহীন।

— আর কী? — তার কণ্ঠস্বর এখন তীক্ষ্ণ ছিল, একটি ধারালো হীরার মতো। যেন তার হতাশা সংকল্পে পরিণত হয়েছে, বিশুদ্ধ, ছদ্মবেশহীন উচ্চাকাঙ্ক্ষায়। এটি সেই মুহূর্ত ছিল যার জন্য আমি অপেক্ষা করছিলাম। আমার বৈজ্ঞানিক ব্যবচ্ছেদের শেষ। অথবা একটি নতুন পর্বের শুরু।

এক মুহূর্তের জন্য, আয়না এবং চকচকে পৃষ্ঠের হাজার হাজার প্রতিচ্ছবিতে, আমি নিজেকে দেখলাম – ক্লান্ত, শর্তহীন ভালোবাসা খুঁজে বের করার বারবার চেষ্টা করে দগ্ধ, প্রতিটি সম্ভাব্য সম্পর্ককে একটি গবেষণার বস্তুতে পরিণত করেছি। একটি অনুর্বর মরুভূমিতে, যেখানে আমার হৃদয় – কোটি কোটি বালির কণা – মরূদ্যানের জন্য তৃষ্ণার্ত ছিল, যা আমি অনেক আগেই জানতাম যে এটি কেবল একটি প্রতারণামূলক মরীচিকা। সে ছিল কেবল আরেকটি মরীচিকা, আরেকটি চকচকে প্রতারণা।

— কিছুই না, — আমি উত্তর দিলাম, ভিড়ের দিকে পিঠ ফিরিয়ে। তার দিকে। কোনো মিথ্যা সম্পর্কের প্রতিটি সম্ভাবনার দিকে। — এখনও কিছুই না। কেবল... অন্তহীন শূন্যতা।

আমি কেবল ভিড়ের চাপা, নীরব শব্দ শুনতে পেলাম, যা যেন তার চারপাশে দ্রবীভূত হয়ে গিয়েছিল। আর সে সেখানেই থেকে গেল। একটি পরিত্যক্ত পুতুলের মতো, কিন্তু তার চোখ যেন ইতিমধ্যেই তার পরবর্তী চালের পরিকল্পনা করছিল। সে পেছনে রেখে গেল কেবল একটি

শীতল নীরবতা। এবং দামি পারফিউমের সুগন্ধ, যা একটি বিরক্তিকর, বর্ধিত শূন্যতার সাথে মিশেছিল।

প্রতিটি নতুন সম্পর্ক ছিল একটি অধরা ধন, আবেগপূর্ণ তৃপ্তির গ্রেইল খুঁজে বের করার একটি মরিয়া প্রচেষ্টা। কিন্তু প্রতিবার যখন আমি অন্য একজন মানুষের কাছাকাছি যেতাম, আমি অবচেতনভাবে নিজের থেকে দূরে সরে যেতাম, অন্যের ত্রুটিগুলোর শীতল বিশ্লেষণে হারিয়ে যেতাম। আমি একজন নারীকে চিনতাম, দ্রুত তার ত্রুটিগুলো খুঁজে বের করতাম, যা আমার আদর্শের অসম্ভব প্রতিচ্ছবি পূরণ করতো না, এবং কম্পনটি বাষ্পীভূত হয়ে যেত। আবেগ আমার মধ্যে কোনো অর্থ খুঁজে পেতো না, বা আমি জানতাম না যে তাদের নিয়ে কী করবো, তাদের বিশ্লেষণ এবং দুর্বলতা হিসেবে দেখা ছাড়া। যখন একজন প্রেমিকা নারী আমাকে অবাক করার জন্য বৃথা চেষ্টায় শক্তি নিঃশেষ করত এবং অবাস্তব প্রত্যাশার ভারে ভেঙে পড়তো। একবার যখন আমি তার চিন্তাভাবনা এবং আচরণ সম্পর্কে ব্যথাতুরভাবে পরিচিত হতাম – সবকিছু কষ্টদায়কভাবে পরিচিত এবং বিরক্তিকর, অনুমানযোগ্য হয়ে যেত। তখন, নৈকট্যের প্রতি আমার অক্ষমতাকে ন্যায্যতা দেওয়ার জন্য একটি মরিয়া প্রয়াসে, আমি তাকে দুর্বলতার জন্য অভিযুক্ত করতাম, যা আমাকে বিরক্ত করতো, যে সে আমার পরীক্ষাগুলো পাস করেনি, যে সে "আমার" নরককে ভয় পেতো, সেই নরক, যেখানে আমি বাস করতাম। সম্ভবত, এটি হতাশা থেকে নিজেকে রক্ষা করার একটি সহজাত প্রচেষ্টা ছিল, এই বেদনাদায়ক সত্য থেকে যে সে হাল ছেড়ে দেবে এবং চলে যাবে, আমাকে আবার বিচ্ছিন্নতায় রেখে...

এটা আমাকে কষ্ট দিতো! পুনরায় ব্যথার ভয় আমাকে গভীর সম্পর্ক থেকে পালাতে বাধ্য করত। দায়িত্ব, অন্তরঙ্গতা এবং দম বন্ধ করা অপরাধবোধের অনুভূতি আমাকে ভয় পাইয়ে দিতো...

প্রতিটি নতুন নারী ছিল একটি খালি ক্যানভাসের মতো, যার উপর আমি শর্তহীনভাবে ভালোবাসার, আমি যেমন তেমনই আমাকে গ্রহণ করার আমার অপূর্ণ আশা এবং আকাঙ্ক্ষাগুলো প্রজেক্ট করতাম। কিন্তু যখন এই আদর্শগুলো বাস্তবতায় ভেঙে পড়তো, আমি দ্রুত পরের বিভ্রম, পরের খালি ক্যানভাসের দিকে চলে যেতাম। শর্তহীন ভালোবাসার স্বপ্ন ছিল আমার অভেদ্য ঢাল, যা আমাকে প্রত্যাখ্যানের ব্যথা থেকে রক্ষা করতো, কিন্তু একই সাথে আমাকে সত্যিকারের নৈকট্য, সত্যিকারের মানবিক স্পর্শের জন্য অগম্য করে তুলেছিল।

তারপর আমি দ্রুত আমার আবেগপূর্ণ ব্যর্থতা ভুলে যেতাম, নিজেকে বোঝাতাম যে এটি কেবল আরও একজন নারী ছিল যে আমাকে ব্যবহার করার চেষ্টা করেছিল, আমার সারমর্ম বুঝতে না পেরেই। আমি হতাশ হয়ে যেতাম, শুরু থেকেই বেদনাদায়ক শেষটি জেনে। এটি আমাকে আরও গভীরে পরের চোখের মধ্যে প্রবেশ করতে প্ররোচিত করতো, আমার নিজের হারানো আত্মার প্রতিফলন বৃথা খুঁজতো... এবং হয়তো, আমার দাম্ভিকতায়, আমি কখনোই যথেষ্ট দীর্ঘ থাকতাম না যে আমি ইতিমধ্যেই এটি খুঁজে পেয়েছি, যে ভালোবাসা, একটি ধূর্ত সাপের মতো, আমার শীতল হৃদয়ে প্রবেশ করেছে। এই পৃষ্ঠস্থ অননুমোদন আমাকে সন্তুষ্ট করত, সত্যিকারের নৈকট্যের বিরুদ্ধে একটি ঢাল হিসাবে কাজ করত। এইভাবে, পৃষ্ঠস্থ আকর্ষণ এবং বেদনাদায়ক প্রত্যাখ্যানের একটি ক্লান্তিকর চক্রে, আমি ক্ষণস্থায়ী আবেগের একজন সংগ্রাহক হয়ে উঠেছিলাম, কিন্তু আমি কখনও সত্যিকারের, নিরাময়কারী ভালোবাসা অনুভব করতে পারিনি। প্রতিটি নতুন ট্রফি এবং আমার নিজের ভালোবাসার সংক্ষিপ্ত

বিভ্রমপূর্ণ মুহূর্তগুলো দ্বারা সাময়িকভাবে সন্তুষ্ট হয়ে, এটি আমার একাকী যুদ্ধ চালিয়ে যাওয়ার জন্য যথেষ্ট বলে মনে হয়েছিল।

কিন্তু সেই লুকানো, যন্ত্রণাদায়ক অস্থিরতা, যা কিছু অপূর্ণ ছিল তার জন্য, একটি নোংরা পোকার মতো ছিল, যা ভেতর থেকে ক্রমাগত কুরে কুরে খাচ্ছিল। কোনো বৌদ্ধিক অর্জনই এটিকে সম্পূর্ণরূপে সন্তুষ্ট করতে পারতো না, প্রতিটি বিজয়ী লক্ষ্যই ছিল ক্ষণস্থায়ী এবং অর্থহীন। আমি এমন সম্পদ জমা করেছিলাম যা মহাদেশ কিনতে পারতো, আমি আমার হাতে জাতিগুলোর ভাগ্য ধারণ করতাম, আমি পুরো সরকারগুলোকে ম্যানিপুলেট করে ইতিহাসের গতিপথ পরিবর্তন করতাম। কিন্তু প্রতিটি নতুন বিজয় ছিল কেবল আরেকটি খালি কাপ, যা আমার মধ্যে ক্রমবর্ধমান অতল গহ্বরটি পূরণ করতে পারতো না। যেন আমি খেলনার দোকানে একটি spoiled বা পচা শিশু ছিলাম, যে একটার পর একটা খেলনা লোভ করে নিতো, কিন্তু কোনোটা উপভোগ করতো না। আমার জগৎ ছিল একটি অন্তহীন গোলকধাঁধা, যেখানে আমি একটি অধরা প্রস্থান খুঁজছিলাম, যা আমি কখনোই খুঁজে পেতাম না।

অন্যরা আমাকে একজন সফল, উচ্চাকাঙ্ক্ষী মানুষ হিসেবে দেখতো, আমার তীক্ষ্ণ বুদ্ধিমত্তার জন্য পূজিত, কিন্তু আমার গভীরে আমি ভয়ানকভাবে বিচ্ছিন্ন, সবার থেকে বিচ্ছিন্ন অনুভব করতাম, যেন আমি একটি সমান্তরাল বিশ্বে বাস করছি, যেখানে কেউ আমাকে বুঝতে পারতো না। আমার সমস্ত সম্পর্কগুলো আমার কাছে পৃষ্ঠস্থ মনে হতো, তারা যত দীর্ঘই হোক না কেন। আমি ক্রমাগত অর্থপূর্ণ সংযোগ খুঁজতাম, কিন্তু আতঙ্কিত হয়ে সম্পূর্ণরূপে নিজেকে উন্মুক্ত করতে, আমার পাথরের আবরণ সরিয়ে ফেলতে এবং কাউকে আমাকে সত্যিই জানতে দিতে ভয় পেতাম, আমার সমস্ত দুর্বল সত্তায়।

আমি সাফল্যের শিখরে পৌঁছেছিলাম, কিন্তু আমার আত্মা আরও কিছুর জন্য, এমন কিছু অমূল্য এবং অপরিহার্য কিছুর জন্য আকাঙ্ক্ষা করতে থাকলো, যা আমার শীতল বুদ্ধি ধারণ করতে পারতো না, যা কোনো সূত্র গণনা করতে পারতো না। বস্তুগত সম্পদ আমার হৃদয়ের শূন্যতা পূরণ করতে পারতো না, তারা কেবল এটিকে জোরদার করতো। আমি আমার বৌদ্ধিক অভ্রান্ততা নিয়ে সন্দেহ করতে শুরু করেছিলাম, যা আমি অন্ধভাবে বিশ্বাস করতাম। আমার মনে হচ্ছিল যে আমি একটি বরফ ঢাকা, একাকী চূড়ায় আছি এবং সেখান থেকে, আমার শীতল একাকীত্বে, আমি বুঝতে পারছিলাম যে পৃথিবী আমার কল্পনার চেয়ে বড়, আরও জটিল এবং কম নিয়ন্ত্রণযোগ্য।

মৃত্যু ছিল আমার স্থায়ী, অবাঞ্ছিত সঙ্গী। অনিবার্য শেষের চিন্তা, যে সবকিছু চিহ্ন ছাড়াই শেষ হবে, আমাকে আতঙ্কে ভরিয়ে দিতো। তাই আমি মরিয়া হয়ে এটি থেকে পালানোর চেষ্টা করতাম, নিজেকে কাজ এবং পৃষ্ঠস্থ বিনোদনে নিমজ্জিত করে। কিন্তু আমি যত কঠোরভাবে মৃত্যুকে ভুলে যাওয়ার চেষ্টা করতাম, ততই এটি আমার চেতনার ছায়ায় আরও জেদ করে আমাকে তাড়া করতো, আমাকে অর্থহীনতার কথা ফিসফিস করে বলতো। আমি জীবনের আসল অর্থ নিয়ে প্রশ্ন করতে শুরু করেছিলাম, যদি শেষ পর্যন্ত সবকিছু ধুলোয় পরিণত হয়, যদি আমি যা কিছু তৈরি করেছি তা ভেঙে পড়ে।

এই অভ্যন্তরীণ অস্থিরতা ধীরে ধীরে আমার আত্মাকে ক্ষয় করে যাচ্ছিল, আমার জগৎকে অসম্পূর্ণ করে তুলছিল। এটি আমাকে ক্রমাগত অনুসন্ধান করতে, চিরকাল অসন্তুষ্ট থাকতে এবং সত্যিকারের অপরিহার্য কিছুর জন্য সময় পেতে ব্যর্থ হতে উৎসাহিত করতো। আমি বিভিন্ন লক্ষ্য দ্বারা বিভ্রান্ত হয়ে যেতাম, যার প্রতিটি আমি সাময়িকভাবে আমার অগ্রাধিকার মনে করতাম, যতক্ষণ না আমি আরও গভীরে তাকাতাম এবং তার তুচ্ছ শেষটি বুঝতে পারতাম। আমার মনোযোগ খুব কমই দীর্ঘ সময়ের জন্য কোনো উল্লেখযোগ্য কিছু অর্জনের উপর স্থির

থাকতো, যা আমার মধ্যে রাজত্ব করা শূন্যতাকে পূরণ করতে পারতো। আর জীবন ধীরে ধীরে আগ্রহহীন হয়ে পড়ছিল, কারণ আমি তাকে বোঝার এক অনমনীয় প্রচেষ্টায় তার গলা টিপে ধরেছিলাম, কিন্তু সে আমাকে তার গোপন কথা প্রকাশ করতে জেদ করে অস্বীকার করছিল। সমস্ত সাম্প্রতিক যুদ্ধ এবং পৃষ্ঠস্থ বিজয়গুলো এখন আমার কাছে মধ্যম, করুণ মনে হচ্ছিল।

ফ্ল্যাশব্যাক: আমার শয়তানের কথা মনে পড়ে।

শয়তান: — তুমি নিজেকে আলাদা অনুভব কর, তাই না, ন্যাথানিয়েল? জগৎ থেকে বেদনাদায়কভাবে বিচ্ছিন্ন। তুমি সবসময় এমন ছিলে।

ন্যাথানিয়েল: — আমার কণ্ঠস্বর – শান্ত, প্রায় ফিসফিসানি, যেন আমি নিজের সাথে কথা বলছি, কিন্তু শূন্যতায়। — আমার জীবনের অর্থ হলো "ভালো" এর "মন্দ" এর বিরুদ্ধে আমার ব্যক্তিগত যুদ্ধ। আমি এটিকে একটি মন্ত্রের মতো, একটি ভেঙে পড়া বিশ্বের শেষ অবশিষ্ট সত্যের মতো নিজেকে বলতাম।

শয়তান: — বিদ্বেষপূর্ণভাবে, প্রায় স্নেহের সাথে। — ওহ, "ভালো" এর বিরুদ্ধে "মন্দ"। কী সুবিধাজনক এবং তুচ্ছ। কিন্তু "ভালো" এর জন্য এই যুদ্ধটি প্রায়শই তোমার নিজের demons থেকে একটি মরিয়া পালানো, তাই না? যা তোমাকে ভেতর থেকে খেয়ে ফেলছে। বিশ্বের পরিবর্তন করার জন্য একটি আন্তরিক, পরোপকারী ইচ্ছা নয়। তুমি কেবল... বেঁচে থাকার জন্য একটি constante যুদ্ধের প্রয়োজন বোধ কর। তোমার অস্তিত্বকে ন্যায্যতা দেওয়ার জন্য।

ন্যাথানিয়েল: — নীরবতা। তারপর, লুকানো বিরক্তি নিয়ে। — কিন্তু কেউ আমার এই একাকী যুদ্ধে অংশ নিতে চায় না।

শয়তান: — অবশ্যই। তুমি এই তোমার আত্মকেন্দ্রিক নীতিটি কাউকে ব্যাখ্যা কর না। এবং তুমি জানো যে তোমার চারপাশের সবার জন্য এটি অস্পষ্ট থেকে যায়। আর কেউ আগ্রহীও নয় – তুমি ঠিক কোন "ভালো" এর কথা বলছ এবং কোন "মন্দ"র বিরুদ্ধে লড়াই করছো। মানুষ তাদের ছোট, বোধগম্য যুদ্ধগুলো, তাদের প্রতিদিনের নাটকগুলো নিয়ে বাঁচে। তোমার মাপকাঠি... অবোধ্য। অথবা কেবল... উদাসীন।

ন্যাথানিয়েল: — আমার কণ্ঠস্বর সামান্য জোরালো হয়, তিক্ততায় ভরা। — এই আপেক্ষিক ধারণাগুলোর কি আমার নিজের কাছে একটি স্পষ্ট উত্তর আছে? এখন, এই শূন্যতায়, আমি বুঝতে পারি যে নেই।

শয়তান: — প্রায় সহানুভূতির সাথে, কিন্তু আধিপত্যের একটি অন্তর্নিহিত অর্থ নিয়ে। — "ভালো" এর জন্য তোমার যুদ্ধটি বরং একটি জটিল দার্শনিক নীতি, যা একাকীত্ব এবং হাজার হাজার পড়া বই থেকে তৈরি হয়েছে, এটি একটি সচেতন অবস্থান নয়। এটি একটি ঢাল। যাতে তোমাকে স্পর্শ করা না যায়। তুমি শুধুমাত্র চূড়ান্ত লক্ষ্যে অর্থ খোঁজ, কিন্তু পথে থাকা মানুষগুলোর কথা ভুলে যাও। তুমি নিজেকে বলো যে তোমার লক্ষ্য হলো বিশ্বকে মন্দ থেকে মুক্ত করা, কিন্তু আসলে... তুমি সবকিছু নিয়ন্ত্রণ করতে চাও। "শৃঙ্খলা" সম্পর্কে তোমার শীতল, গণনা করা ধারণাকে চাপিয়ে দিতে চাও।

ন্যাথানিয়েল: — দৃঢ়ভাবে, যেন আমি নিজেকে রক্ষা করছি। — আমি শুধুমাত্র "মন্দ" এর বিরোধিতার মাধ্যমে নিজেকে সংজ্ঞায়িত করি।

শয়তান: — কিন্তু এই "মন্দ" আসলে তোমার কাছে কী, ন্যাথানিয়েল? — বিরতি, মর্মভেদী। — এটি কি বিশৃঙ্খলা, অন্যায়ের মতো একটি বিমূর্ত ধারণা? নাকি এটি নির্দিষ্ট মানুষ, যারা তোমার পরিকল্পনায় ফিট হয় না? যাদের তুমি নিয়ন্ত্রণ করতে পার না? যারা অপ্রত্যাশিত হওয়ার সাহস করে?

ন্যাথানিয়েল: — স্বীকারোক্তি। — প্রতিটি দিন যাচ্ছে, "ভালো" এবং "মন্দ" এর মধ্যেকার সীমারেখাগুলো একটি জলাভূমির উপর কুয়াশার মতো আরও অস্পষ্ট হয়ে উঠছে। যতক্ষণ না আমি অবশেষে আমার নিজের পরিচয় নিয়েও সন্দেহ করতে শুরু করি।

শয়তান: — বিজয়ীভাবে। — এবং তখন শুধু প্রশ্নটি অবশিষ্ট থাকল, তাই না? তুমি কি একজন নায়ক? একজন ত্রাণকর্তা, যেমন তুমি প্রায়শই নিজের কাছে নিজেকে উপস্থাপন কর? নাকি কেবল আরও একজন ভীত মানুষ, যে একটি অর্থহীন বিশ্বে টিকে থাকার জন্য লড়াই করছে, উদাসীনতার আবরণের আড়ালে লুকিয়ে?

ন্যাথানিয়েল: — তিক্ত ফিসফিসানি, আর কোনো প্রতিরোধ নেই। — এখন আমি কেবল একজন ভীত মানুষ।

শয়তান: — তার কণ্ঠস্বর একটি দীর্ঘশ্বাসের মতো, যেন সে এই প্রকাশ উপভোগ করছে। — তুমি একজন সত্যিকারের গিরগিটি। তুমি সহজাতভাবে তোমার রঙ পরিবর্তন করো। বাইরে তুমি cynicizm, skepticism এবং nihilism প্রদর্শন করো। তোমার কথা তীক্ষ্ণ, তোমার দৃষ্টি – মর্মভেদী, নির্দয়ভাবে বিচারকারী।

ন্যাথানিয়েল: — অবচেতনভাবে, ব্যথার সাথে। — কিন্তু গভীর ভেতরে একটি দুর্বল আত্মা লুকিয়ে আছে, যা অস্পষ্ট স্বপ্নে ভরা, যা আমি নিজেও উচ্চারণ করার সাহস করি না। একটি আত্মা, যা মরিয়া হয়ে অস্তিত্বের অর্থ, চালিয়ে যাওয়ার একটি কারণ খুঁজছে।

শয়তান: — শীতলভাবে। — এই বরফের আবরণটি বহন করা তোমাকে ক্লান্ত করে তোলে, তাই না? তোমার প্রতিটি জীবনের ফোঁটা চুষে নেয়। এবং তবুও... এটি ব্যথা থেকে তোমার একমাত্র সুরক্ষা হিসেবে কাজ করে। এটি একটি মরিচা পড়া বর্মের মতো, যা তোমাকে পৃথিবী থেকে, বাস্তবতার আঘাত থেকে রক্ষা করে, কিন্তু একই সাথে তোমাকে নিজের থেকেও বিচ্ছিন্ন করে দেয়।

ন্যাথানিয়েল: — আমার কণ্ঠস্বর প্রায় হারিয়ে যায়। — কারণ বর্মের নিচে, ভেঙে পড়া আবরণের পেছনে... আমি আর জানি না আমি কে।

শয়তান: — শেষ, বধিরকারী ফিসফিসানি। — আর এখন, ন্যাথানিয়েল? এখন যখন মুখোশটি পড়ে যাচ্ছে... কী বাকি আছে?

নীরবতা। আমার চারপাশের বাতাস কাঁপছিল। আমার নিজের নিঃশ্বাসের শব্দ এই অপ্রত্যাশিত শূন্যতায় বধিরকারী ছিল। যেন শয়তানের কথাগুলো কেবল শোনা যায়নি, বরং আমার সত্তার প্রতিটি কোষে শোষিত হয়েছিল, শেষ বিভ্রমগুলো ছিন্নভিন্ন করে।

আমি আমার জটিল দর্শনকে একটি দুর্ভেদ্য দুর্গ হিসেবে তৈরি করেছিলাম, যেখানে আমি নিজেকে লুকিয়ে রাখতে পারি। এটি আমার আবেগপূর্ণ বিচ্ছিন্নতা এবং ক্রমবর্ধমান একাকীত্বের জন্য একটি অজুহাত হিসেবে কাজ করেছিল। কিন্তু এই ভাঙ্গা মুখোশের পেছনে ছিল belonging, অর্থপূর্ণ সংযোগ, ভালোবাসার জন্য একটি অতৃপ্ত তৃষ্ণা। আমি একটি একাকী জাহাজের মতো ছিলাম, যা একটি উত্তাল সমুদ্রে উদ্দেশ্যহীনভাবে ঘুরে বেড়াচ্ছিল, একটি বন্দরের খোঁজে যা আমি কখনও পৌঁছাতে পারিনি।

আমি একজন প্রতিভাবান, কিন্তু অসুখী অভিনেতা হয়ে গিয়েছিলাম, যিনি সহজেই বিভিন্ন চরিত্রে অভিনয় করতেন – একজন দাম্ভিক বুদ্ধিজীবী, একজন অনুভূতিহীন প্রাণী, একজন দূরবর্তী দর্শক। কিন্তু এই চরিত্রগুলোর কোনোটিই আমাকে সন্তুষ্ট করতে পারতো না, আমার আত্মার শূন্যতা পূরণ করতে পারতো না। আমি একই সাথে সবাই এবং কেউ ছিলাম না, বিশ্বের সাথে মানিয়ে নেওয়ার একটি মরিয়া প্রয়াসে পরের মুখোশটি পরছিলাম। কিন্তু আমার গভীর ভেতরে আমি সবসময় একটি একই, যন্ত্রণাদায়ক প্রশ্ন নিজেকে জিজ্ঞেস করতাম:

— এই অসংখ্য মুখোশের বাইরে আমি সত্যিই কে?

আমার আঙ্গুলগুলো অনিচ্ছাকৃতভাবে একটি ছোট, সময় দ্বারা মসৃণ করা পাথরের চারপাশে কুঁকড়ে গেল, যা আমি বালি থেকে তুলেছিলাম। শীতল এবং শক্ত, এটি যেন আমার নিজের সারমর্ম প্রতিফলিত করছিল। কিন্তু প্রথমবারের মতো, আমি তার প্রাণহীনতা থেকে একাকীত্ব অনুভব করিনি। আমি একটি ওজন অনুভব করলাম। এবং সম্ভবত, একটি খুব হালকা, প্রায় অস্পষ্ট সম্ভাবনার ঝলক।

---❤---

অধ্যায় 20: অভ্যন্তরীণ দুর্গ

আমি দুটি আপাতদৃষ্টিতে বেমানান মহাবিশ্বে বাস করতাম, যা আমি একটি চতুরভাবে তৈরি করা ভারসাম্যে বজায় রেখেছিলাম। একটি – আমার জনসমক্ষে থাকা রূপ: টাকা, বিশেষাধিকার এবং একটি সু-বিকশিত খ্যাতি দিয়ে বোনা একটি চকচকে মুখোশ। আমি আমার পরিবারকে সূক্ষ্ম যত্ন সহকারে পরিচালনা করতাম, যাতে কেলেঙ্কারির সামান্যতম ইঙ্গিতও এড়ানো যায়। আমার ব্যবসা, বিভিন্ন ক্ষেত্র এবং মহাদেশে বিস্তৃত, প্রতিটি পরিবর্তনের সাথে খাপ খাইয়ে flourishing করছিল। রাজনীতি? এটি প্রায়শই এমন একটি মঞ্চের মতো লাগতো যেখানে ছায়ায় স্বার্থগুলো পুনর্বিন্যাস করা হতো – আর আমি আগে থেকেই চিত্রনাট্য পড়তে পারতাম। আমি যে জমকালো সংবর্ধনাগুলোতে উপস্থিত থাকতাম, সেগুলো এই বিশাল বিভ্রমের নাটকের আরও একটি act বা অঙ্ক ছিল। এমনকি বন্য শক্তি দিয়ে ভরা অদ্ভুত সাফারিগুলোও আমার জীবনের সু-নির্বাচিত কোরিওগ্রাফিতে fit হতো।

আমার সামাজিক জীবন ছিল যোগাযোগের একটি জটিল জাল – মর্যাদা, অর্থ, বিশ্ব দৃষ্টিভঙ্গি – সবকিছুই আমার প্রভাবের ক্ষেত্রের অংশ ছিল। সবার সামনে আমি প্রতিটি কাজ এবং শব্দের উপর একটি লোহার মুঠো দেখাতাম। খুব কমই কেউ আমার সত্যিকারের চিন্তা পড়তে পারতো, আমাকে আঘাত করতে, রাগাতে বা আমার নিয়ন্ত্রণ থেকে বের করতে পারতো। সবাই জানতো: আমি একজন বংশগত বিলিয়নিয়ার, আমার প্রভাব সীমাহীন, আমি বিশ্বের নিয়ম dictate করি। কিন্তু কেউ, এমনকি আমার সবচেয়ে কাছের মানুষও, সন্দেহ করত না যে এই সব কত তুচ্ছ, কত অর্থহীন।

সত্যিটা? এটা আমার মধ্যে এক বিষাক্ত সাপের মতো কুঁচকে ছিল, যা নীরবতায় মোড়ানো ছিল। প্রতিটি সাবধানে নির্বাচিত শব্দের আড়ালে, প্রায়শই পরস্পর বিরোধী উদ্দেশ্যগুলো এক unspoken অর্থ বহন করতো। যখনই সত্যটি বেরিয়ে আসার হুমকি দিত, আমি সহজাতভাবে বিশ্বাসযোগ্য গল্পগুলোর জটিল জাল তৈরি করতাম, যা বাস্তবতার আবরণে মোড়া ছিল। মাত্র কয়েক দিন আগে, একটি মাত্র ফোন কল একজন বিশ্বনেতার সম্পর্কে জনমত উল্টে দিয়েছিল – যেমন জোয়ার উপকূল পরিবর্তন করে। কয়েকটি কৌশলগতভাবে নির্বাচিত মিডিয়া প্রকাশনা আর্থিক বাজারগুলোকে এমনভাবে নাড়িয়ে দিয়েছিল, যেন প্রভাবের সুতো আমার নিঃশ্বাসের প্রতি সাড়া দিচ্ছিল। আমি এক গণনা করা শীতলতার সাথে কাজ করতাম, এমন একজন পরিচালকের মতো, যে নিজে মঞ্চে না এসে প্রতিটি চরিত্রকে পরিচালনা করে। আমার হাসি কখনোই আমার চোখে পৌঁছাত না, আর আমার কণ্ঠস্বর সমতল থাকত – কোনো আবেগের চিহ্ন থাকত না।

নিয়ন্ত্রণ হারানোর, দুর্বলতার ভয়ে আতঙ্কিত হয়ে, আমি নিশ্চিত ছিলাম: অনুভূতি দেখানো মানে নিজেকে একটি অরক্ষিত লক্ষ্যে পরিণত করা। আমি মানব প্রকৃতিকে চিনতাম, তার ভণ্ডামি এবং বিশ্বাসঘাতকতার প্রবণতাকে জানতাম। আমি তার সবচেয়ে অন্ধকার দিকগুলোর

প্রত্যক্ষদর্শী ছিলাম: পরিবারে বিশ্বাসঘাতকতা, আমার অর্ডারের সহকর্মীদের মধ্যে ধূর্ততা, রাজনীতিবিদদের মধ্যে লোভ, যারা আনুগত্যের শপথ নিত। তাই আমি আমার চারপাশে উদাসীনতা এবং cynicizm এর একটি উঁচু দেয়াল তৈরি করেছিলাম।

কিন্তু এই দেয়ালটি আমাকে এমন মানুষ থেকে বেদনাদায়কভাবে বিচ্ছিন্ন করে দিত, যারা আমাকে সত্যিই ভালোবাসত, যদিও আমি সেই বিশুদ্ধ ভালোবাসা গ্রহণ করতে পারার আমার পক্ষাঘাতগ্রস্ত অক্ষমতা সত্ত্বেও। তাদের প্রতি আমার শীতল মনোভাবের জন্য আমি একটি অজুহাত খুঁজে পেতাম – যে আমি তাদের রক্ষক, যে আমি তাদের কঠোর জগতের জন্য কঠিন করে তুলছি, যে আমি তাদের এমন কঠোর বাস্তবতার জন্য প্রস্তুত করার এটি আমার উপায়, যা আমি চিনতাম। আসলে, আমি প্রায়শই আমার সবচেয়ে কাছের মানুষদের প্রতি সবচেয়ে বেশি নিষ্ঠুর ছিলাম। আমি কি তাদের এমন ইস্পাতে পরিণত করতে চেয়েছিলাম, যা করুণা ছাড়া একটি বিশ্বে টিকে থাকতে পারে? আমি কি বিশ্বাস করতাম যে সত্যিকারের ভালোবাসা দুর্বলতার উপর নয়, বরং স্বাধীনতার উপর নির্মিত? নাকি কেবল আমি তাদের অনুভূতির ভঙ্গুরতা স্পর্শ করতে পারতাম না, আমার নিজের আবেগপূর্ণ বাধাগুলোর চক্রে বন্দী হয়ে, যা আমাকে শ্বাসরোধ করত...

ফ্ল্যাশব্যাক: আলেকজান্ডার

আমার মনে আছে। পেন্টহাউস। আলেকজান্ডার। অভ্রান্ততার বিভ্রম। আমি একটি কাঁচের জানালার মতো স্বচ্ছ প্রমাণিত হয়েছিলাম। আমি দেখছিলাম। আমি শুনছিলাম। কিন্তু... কিছুই না। কিছুই আমাকে স্পর্শ করছিল না। একটি মৃত অঞ্চল।

সে এসেছিল। মধুর কণ্ঠস্বর, সম্মোহিত করা চোখ। — ন্যাথানিয়েল, পুরোনো বন্ধু! আমি শুধু... দেখছিলাম। — মানবতা একটি বিলাসিতা, যা আমরা বিবর্তনে বহন করতে পারি না। নীরবতা। তাদের সুবিধাজনক বিভ্রম। — তুমি কি সত্যিই কিছুই অনুভব কর না? সিনেটর। তার বাম চোখ। কম্পন। তালা। ভয়। এডওয়ার্ড। তুচ্ছ লোভ। ফাঁদ। দেউলিয়া। কোনো অনুশোচনা নেই। কেবল... পরীক্ষা। — আর তোমার সেই... ব্যক্তিগত গবেষণাগুলো? নারীদের সাথে?... এলিজাবেথ। তার নাম। ফাঁপা ঘণ্টা। শব্দ। তার শরীর – পণ্য। কোনো লজ্জা নেই। হামাগুড়ি দিচ্ছিল... — সে একটি চলক ছিল, আলেকজান্ডার। — আর তুমি কি সত্যিই কিছুই অনুভব কর না? এমনকি... মেলিনার প্রতি? আমার মনে আছে কীভাবে মেলিনা আমার হাত ধরেছিল, আর তার আঙ্গুলগুলো উষ্ণ ছিল, কিন্তু এক মুহূর্তের জন্য আমি সেই অপ্রত্যাশিত স্পর্শে জ্বলন্ত ব্যথা অনুভব করেছিলাম, যেন আমার হৃদয় জেগে ওঠার চেষ্টা করছিল। তার কণ্ঠস্বর। "আমি তোমাকে ভালোবাসি"। আমি... বিশ্লেষণ করেছিলাম। টোন। গণনা করেছিলাম। কেন? কারণ আমি ছিলাম ভণ্ডামি। — আমি একজন হেঁয়ালি, আলেকজান্ডার। — গিরগিটি, তাই না? প্রতিটি রূপান্তর। প্রতিটি চরিত্র। ছদ্মবেশ। সুরক্ষা। ব্যথা থেকে। নিজের থেকে। একটি লোহার শাসন। অতিমানবীয়। প্রয়োজনীয়। উদ্দেশ্যের জন্য। সবকিছুর জন্য। — আমি একজন... স্থপতি। — আর তুমি কি সত্যিই বিশ্বাস কর যে তোমার ব্যক্তিগত যুদ্ধটি "ভালো" এর "মন্দ" কে পরাজিত করার জন্য? এটি কি কেবল তোমার নিজের demons থেকে একটি মরিয়া পালানো নয়? একটি আঘাত। সরাসরি সেই অতল গহ্বরে। দুর্বল আত্মা। স্বপ্ন। মরিচা ধরা সুরক্ষা। — এটি আমার প্রয়োজন। সফলভাবে অস্তিত্বের জন্য। আলেকজান্ডার। তার দৃষ্টি। বোঝা। উপহাস। বিদ্রূপ। — এটি ব্যঙ্গাত্মক, তাই না? এখন আমিই সেই ব্যক্তি যে বিচারিত হয়েছে। — আর তোমার ছদ্মবেশ? — আর আমার ছদ্মবেশ ভেঙে গেছে। ধ্বংসাবশেষ। ভাঙ্গা টুকরা। কিছুই না।

আমি অন্ধকার করিডোরগুলোতে থাকতে পছন্দ করতাম...

এটি ছিল আমার সমান্তরাল, অভ্যন্তরীণ জগৎ – এমন একটি জগৎ যা আমাকে সত্যিই আমার মূলে নাড়িয়ে দিতে পারতো, এমন একটি ক্ষেত্র যা আমাকে গভীরভাবে উত্তেজিত করতো, যদিও আমি অন্যদের সামনে এই আমার অভ্যন্তরীণ যুদ্ধকে চতুরভাবে লুকিয়ে রাখতাম। এবং তবুও, এমনকি এই গভীর ছায়াগুলোতেও, আলোর জন্য একটি অস্থির, প্রায় অস্পষ্ট আকাঙ্ক্ষা জ্বলজ্বল করছিল – একটি আসন্ন পরিবর্তনের অগ্রদূত, যা আমি অনুভব করছিলাম যে আসছে। এটি একটি ঝড়ের মতো বাতাসে ঝুলছিল, যা এখনও বিস্ফোরিত হয়নি, কিন্তু যার বজ্রপাত ইতিমধ্যেই দূরে প্রতিধ্বনিত হচ্ছিল, আমার চারপাশের বাতাসকে বিদ্যুতায়িত করছিল।

---♥---

অধ্যায় 21: মনের শৃঙ্খল

আমার আসল সত্তা একটি অন্ধকার প্যানোপটিকনে বাস করত, যা আমার নিজের মনের নির্মম মুঠিতে আবদ্ধ ছিল। আমার আত্মার যন্ত্রণাদায়ক কষ্টগুলো এই অভ্যন্তরীণ অন্ধকারের দেয়ালে ভৌতিক ছায়া আঁকত – এমন প্রতিচ্ছবি, যা আমার অবিরাম অভ্যন্তরীণ দ্বন্দ্বের বেদনাদায়ক আর্তনাদে ছটফট করতো। বধিরকারী গোঙানি এবং নীরব কান্না, ঠান্ডা পাথরে নখের আঁচড়, যেন আমি মরিয়া হয়ে নিজের কারাগার থেকে বেরিয়ে আসার চেষ্টা করছিলাম, শূন্যতায় মিশে যাওয়ার আগে কোনো ছাপ রেখে যেতে চেয়েছিলাম। এই প্রতিচ্ছবিগুলো, একটি ক্লান্তিকর দ্বন্দ্বে বোনা, আমার গভীরতা, আমার জটিল, পরস্পরবিরোধী সত্তাকে গড়ে তুলেছিল।

অভ্যন্তরীণ monologue:

— আমার কাছে এমন কোনো চাবি নেই, যা দিয়ে আমি আমার সত্যিকারের "আমি" কে মুক্ত করতে পারি। আমি বাইরে থেকে সাহায্য খুঁজি না। — আমি (অহং) এর কণ্ঠস্বর শীতল, গণনাপূর্ণ, কর্তৃত্বপূর্ণ শোনাচ্ছিল।

— কিন্তু গভীরে আমি মুক্তির জন্য আকুল আকাঙ্ক্ষা করি। — আমি (ইচ্ছা) এর কণ্ঠস্বর উত্তর দিল, গভীর, শান্ত, বেদনাদায়কভাবে আকাঙ্ক্ষাময়, একটি অতল গহ্বর থেকে আসা এক দূরবর্তী প্রতিধ্বনির মতো।

— আমি এই অভ্যন্তরীণ রাক্ষসদের জয় করতে চাই – শীতল যুক্তির শক্তি দিয়ে অথবা আমার আত্মার অটল ইচ্ছা দিয়ে। আমি বিশ্বাস করি যে আমি যদি মনের অভ্যন্তরীণ demons-দের পরাজিত করতে পারি, তবে আমি এই model টি কঠোর বাস্তবতায় গুণিত করতে পারবো। একটি মিশন, একটি অর্থ... নাকি আরেকটি একাকী, অভিশপ্ত পথ? — প্রতিধ্বনিটি একটি চিৎকারের মতো ফিরে এলো।

— আমি কারণগুলোতে আগ্রহী নই, বরং আমার লোহার ইচ্ছায়, যা আমাকে একটি শক্তিশালী শক্তি প্রবাহের মতো ক্রমাগত বজায় রাখতে হবে। — অহংকারী কণ্ঠস্বর কেটে দিলো।

— কিন্তু কখনো কখনো, আমার চেতনার সবচেয়ে অন্ধকার কোণগুলোতে, আমি একটি দূরবর্তী আলোর ফিসফিসানি শুনতে পাই – মুক্তির জন্য একটি প্রায় অস্পষ্ট ডাক, যা আমার বন্দিত্বের নীরবতাকে ভেঙে দেয়। এটি ঘন কুয়াশার মধ্য দিয়ে বাজছে, আমাকে অজানার দিকে প্রলুব্ধ করছে। — ইচ্ছা এর কণ্ঠস্বর আরও জোরালো হলো।

— আমি একটি স্ব-আরোপিত নির্বাসনে বাস করি, আমার নিজের মনের দুর্ভেদ্য মৃত অঞ্চলে বন্দী। যে শৃঙ্খলগুলো আমাকে বন্দী করে রেখেছে, সেগুলো আমার ভয় এবং সন্দেহ থেকে তৈরি, এই paranoia থেকে যে সবাই আমাকে নিয়ন্ত্রণ করতে বা ব্যবহার করার চেষ্টা

করছে। আমি একই সাথে একজন নির্মম বন্দী এবং আমার নিজের চেতনার একজন সতর্ক প্রহরী। এই বিচ্ছিন্নতায় আমি আমার নিজের চিন্তাভাবনা এবং অনুভূতির একজন আবেগহীন পর্যবেক্ষক এবং আপসহীন বিচারকে পরিণত হয়েছি। — অহং এর কথাগুলো একটি ক্ষুরের মতো তীক্ষ্ণ ছিল।

— কিন্তু আমি যত মরিয়া হয়ে তাদের নিয়ন্ত্রণ করার চেষ্টা করি, ততই তারা আমার অবচেতনের অন্ধকারে দ্রুত বংশবৃদ্ধি করে, আমাকে এক অনমনীয় শক্তি দিয়ে গ্রাস করে। আমি যত বেশি লড়াই করি, ততই আমি ক্লান্ত হয়ে পড়ি, এই অন্তহীন অভ্যন্তরীণ যুদ্ধে শক্তি হারাই। — ইচ্ছা 呻 ◌াল।

— এই অভ্যন্তরীণ অঙ্গনটি একটি ব্যক্তিগত, কঠোরভাবে সুরক্ষিত গবেষণাগার, যেখানে আমি অসংখ্য মানসিক ব্যবচ্ছেদ করি। আমি অবিরাম বস্তুনিষ্ঠ সারমর্ম খুঁজি, যা আমার অস্তিত্বকে একটি চূড়ান্ত অর্থ দেবে, কিন্তু তার পথ দীর্ঘ, বিশ্বাসঘাতক বাধা দিয়ে ভরা এবং যা বন্ধ গলিতে নিয়ে যায়। প্রতিটি নতুন আবিষ্কারের সাথে, আরও গভীর রহস্যগুলো আবির্ভূত হয়, যা আমাকে শুরুর বিন্দুতে ফিরিয়ে নিয়ে যায়। আমি কেবল বস্তুনিষ্ঠ সত্য খুঁজি না, বরং চেতনার গোপন প্রক্রিয়াগুলোর চাবি খুঁজি, সেই লুকানো সূত্রগুলো, যা কেবল আমার নয়, সম্মিলিত সচেতনতাকেও খুলে দিতে পারে। — অহং এক শীতল সংকল্পে ভরা হয়ে উন্নীত হলো।

— আমি একটি পাতলা, পিচ্ছিল বরফের উপর দিয়ে চলছি, হতাশার অতল গহ্বরে পড়ে যাওয়ার একটি constante ঝুঁকি নিয়ে। কিন্তু ভয় সত্ত্বেও, আমি জেদ করে অনুসন্ধান করতে থাকি, কারণ আমার গভীরে, cynicizm থাকা সত্ত্বেও, আমি বিশ্বাস করি যে শুধুমাত্র এভাবেই আমি আমার জীবনের লুকানো অর্থ, সেই সূত্রটি খুঁজে পাব, যা আমি এত মরিয়া হয়ে খুঁজছি। — ইচ্ছা একটি শেষ গোঙানির মতো শোনাচ্ছিল।

— আমি আমার নিজের অভ্যন্তরীণ জগতের একই সাথে স্রষ্টা এবং ধ্বংসকারী। প্রতিটি নতুন চিন্তার সাথে আমি আমার অন্ধকার আবাসের দেয়াল তৈরি এবং ভেঙে ফেলি। আমি একজন একাকী, আবেশগ্রস্ত খননকারীর মতো, যে মার্বেল এবং কাদামাটি থেকে তার পরস্পরবিরোধী প্রতিচ্ছবি তৈরি করছে। কিন্তু এই প্রতিচ্ছবিটি কি আমার সারমর্মের একটি সত্যিকারের প্রতিফলন নাকি কেবল একটি বিকৃত কল্পনার ফল, আমি তা নির্ধারণ করতে পারি না। — অহং একটি বেদনাদায়ক সততার সাথে উচ্চারণ করলো।

— আর আমি তা পারি না। এখন... আমি পারি না। — একটি তিক্ত ফিসফিসানি আমার ঠোঁট থেকে বেরিয়ে এলো, নিজের দিকে অথবা আমার মধ্যেকার শূন্য সত্তার দিকে ফিরে।

— তুমি আসলে কে? একজন স্রষ্টা নাকি একজন আত্ম-ধ্বংসকারী? — আমার চেতনার অন্ধকারে তৃতীয় একটি কণ্ঠস্বর ফিসফিস করে বলল, একটি শীতল বাতাসের মতো নীরবতাকে বিদ্ধ করলো।

আমি আমার ধারণাগুলো মানব আত্মার গভীরতম স্তর থেকে সংগ্রহ করেছি, কিন্তু সেগুলো কি এমন একটি জগতের জন্য খুব বিপজ্জনক ছিল না, যা পরিবর্তিত হতে প্রস্তুত নয়, যা বেদনাদায়ক সততার চেয়ে সুবিধাজনক বিভ্রম পছন্দ করে? উত্তরটি আমার নিজের অভ্যন্তরীণ মহাবিশ্বের গভীরতায় হারিয়ে গিয়েছিল, যেকোনো আলো থেকে দূরে, একটি ঘন, শ্বাসরোধকারী অন্ধকার দ্বারা আবৃত। আমি কি একজন নবী নাকি একজন পাগল? একজন প্রতিভা নাকি একজন দানব? আমি আর জানতাম না।

---❤---

অধ্যায় 22: অপ্রয়োজনীয়

আমি দীর্ঘ সময় ধরে মেলিনাকে আমার দুটি জগতের যেকোনো একটিতে ঢোকানোর চেষ্টা করেছি – একটি হলো শীতল যুক্তি এবং নির্মম কারসাজির জগৎ, অন্যটি হলো সেই জগৎ, যার আমি আশা করতাম – আমার নিজের ছায়াগুলোকে উন্মোচন করা। সে কোথাও fit হচ্ছিলো না। তার বিশুদ্ধ ভালোবাসা এবং শর্তহীন ভক্তি আমার শীতল কাঠামোর মধ্যে একটি অসামঞ্জস্যপূর্ণ ব্যাপার ছিল, সেই কাঠামো যা আমাকে বিশ্বের শীর্ষে ধরে রেখেছিল। প্রাথমিকভাবে মানব চেতনাকে রূপান্তরিত করার তার উচ্চাকাঙ্ক্ষা আমাকে আকর্ষণ করেছিল, কারণ আমি সেগুলোর মধ্যে আমার নিজের অপূর্ণ আকাঙ্ক্ষার প্রতিফলন দেখতে পাচ্ছিলাম। আমি তার সম্ভাবনাকে ব্যবহার করার চেষ্টা করেছিলাম, সেটিকে আমার বিশ্বব্যাপী পরিকল্পনায় অন্তর্ভুক্ত করতে চেয়েছিলাম। কিন্তু পরে সে বিশ্ব শৃঙ্খলার জন্য তার যুদ্ধগুলো থেকে সরে এসেছিল, সেগুলোকে তার ভালোবাসার গভীরতার সাথে বেমানান মনে করে, যে ভালোবাসা আমার তৈরি করা যেকোনো সাম্রাজ্যের চেয়ে শক্তিশালী ছিল। সে তার পছন্দ বেছে নিয়েছিল – এমন একটি পছন্দ যা আমি বিশুদ্ধ ভালোবাসা ছাড়া অন্য কোনো কিছু দিয়ে প্রভাবিত করতে পারতাম না; এমন কিছু, যা আমার কাছে ছিল না। তার এই কাজটি স্বার্থপরভাবে আমাকে flattered করেছিল, কিন্তু আমি দেখছিলাম যে এটি ধীরে ধীরে তাকে আমার জগতে অসুবিধাজনক এবং vulnerable করে তুলছে – এমন একটি জগৎ, যেখানে দুর্বলতাকে নির্মমভাবে শাস্তি দেওয়া হতো।

তার গভীর অনুভূতির সাথে খেলাটি আমার সবচেয়ে গুরুতর অভ্যন্তরীণ পরীক্ষায় পরিণত হয়েছিল – যে কোনো বিলিয়ন ডলারের চুক্তির চেয়ে কঠিন, যে কোনো রাজনৈতিক অভ্যুত্থানের চেয়েও বেশি ধূর্ত, যা আমি পরিচালনা করেছিলাম। আমাদের গভীর সংযোগের বিনিময়ে আমার কাছে আর কিছুই ছিল না। আমি তাকে দুর্বলতা এবং অন্তহীন প্রত্যাশায় পরিণত করেছিলাম, আর আমি তার হতাশার শেষটা ইতিমধ্যেই জানতাম, আমার চোখের সামনে একটি সিনেমার মতো চলতে দেখছিলাম। আমি উপলব্ধি করেছিলাম যে আমার অপরাধের জন্য প্রায়শ্চিত্ত করার জন্য আমি যে মূল্য দিতে প্রস্তুত ছিলাম, তা অগ্রহণযোগ্য এবং সম্পদ, বিশ্ব ব্যাংকগুলোর উপর নিয়ন্ত্রণ বা গোপন সমাজগুলোর উপর প্রভাব দিয়ে তা পূরণ করা যাবে না। আমি এমন কিছুর মুখোমুখি হয়েছিলাম, যার কোনো মূল্য নেই, যা আমার ঠাণ্ডা বোঝার বাইরে, প্রতিটি যুক্তির বাইরে, যা আমাকে এখন পর্যন্ত পরিচালিত করেছিল – যা শুধুমাত্র প্রকাশিত জ্ঞানের মাধ্যমে পরিচিত শর্তহীন ভালোবাসার শক্তির সত্য।

আমি দাম্ভিকভাবে মনে করতাম যে আমার সীমাহীন সম্পদ আমাকে তার জীবনের প্রতিটি সেকেন্ড কেনার অধিকার দেয়, তাকে এমন সবকিছু অফার করার অধিকার দেয়, যা কেনাবেচা করা যায়। কিন্তু পরিবর্তে, আমি বিশুদ্ধ অনুভূতির এক বিশাল মহাসাগর পেয়েছি, যার অমূল্য মূল্য বস্তুগত পরিমাপ, সোনার ক্যাথেড্রাল বা অনুগত অনুসারীদের সেনাবাহিনী দিয়ে পরিমাপ করা যাবে না। আমার কাছে সেই অমূল্য মুদ্রা ছিল না – শর্তহীনভাবে ভালোবাসার ক্ষমতা। এখন, সত্যিকারের ভালোবাসার গোলকধাঁধায় আটকে, এই নরকে যা আমি নিজেই তৈরি করেছিলাম, আমি বেদনাদায়কভাবে উপলব্ধি করছি যে আমি আরও গভীর কিছু জেতার জন্য সবকিছু superficial হারিয়েছি – সম্ভবত তার সীমাহীন ভক্তির মূল্যবান স্মৃতির মধ্যে বন্দী চিরন্তনতা, একটি স্মৃতি যা আমাকে একটি ভূতের মতো তাড়া করে, আমার গলায় জড়িয়ে, আমাকে ধীরে ধীরে শ্বাসরোধ করছে।

তখন, আমি বিশুদ্ধভাবে তত্ত্বগতভাবে এটি বুঝেছিলাম, কিন্তু আমি জানতাম না কীভাবে নিজেকে সত্যিই এটি অনুভব করতে দেব। আমি আমার অনুভূতির অন্ধকার করিডোরগুলোতে দীর্ঘ সময় ধরে ঘুরে বেড়িয়েছি, কারণ আমি নিজেই তাকে এত গভীরতায় পৌঁছাতে প্ররোচিত করেছিলাম, আর এখন আমাকে তাকে বলতে হয়েছিল যে ভালোবাসা অর্থহীন, যে তার সমস্ত ভক্তি বৃথা। শেষ পর্যন্ত আমি একটি অর্ধ-সত্য শেয়ার করার সিদ্ধান্ত নিয়েছিলাম, এমনকি আমি তাকে প্রদর্শনীমূলক উদাসীনতা দিয়ে আঘাত করার চেষ্টা করেছিলাম, যাতে সে আমাকে ছেড়ে যায়, তাকে দূরে ঠেলে দেওয়ার জন্য, যেমনটা আমি হাজার হাজার অন্যদের সাথে করেছিলাম। তার হৃদয় উপড়ে ফেলার শক্তি আমার ছিল না, যদিও অবচেতনভাবে আমি তা চেয়েছিলাম – আমার নিজের যন্ত্রণা শেষ করার জন্য। সাত বছরের বিনিময়ে আমার কাছে আর কিছুই ছিল না, যেখানে সে কেবল একটি জিনিস চেয়েছিল – আমার শীতল, বন্ধ আত্মা!

যখন আমি তার অশ্রুসিক্ত চোখের দিকে তাকিয়েছিলাম সেই ভয়ানক মুহূর্তে, তার সমস্ত ব্যথা আমার কোষগুলোতে প্রবেশ করছিল, আমাকে ভেতর থেকে খেয়ে ফেলছিল। আমি তার প্রতিটি কম্পন অনুভব করছিলাম, তার গাল বেয়ে নামা প্রতিটি ফোঁটা নোনতা আর্দ্রতা অনুভব করছিলাম।

— ন্যাথানিয়েল... কেন? এত কিছুর পর... — তার কষ্টভরা মুখ দিয়ে অশ্রু গড়িয়ে পড়ছিল, যে মুখ আমি আর চিনতে পারছিলাম না। তার চোখ লাল, ফোলা ছিল, কিন্তু সেগুলোতে এমন একটি শিখা জ্বলছিল, যা আমাকে পুড়িয়ে দিচ্ছিল।

— মেলিনা, আমি তোমাকে বলেছি। এই... আমাদের আবেগ... সেগুলো ক্ষণস্থায়ী, ক্ষণস্থায়ী। দীর্ঘমেয়াদে তাদের কোনো সত্যিকারের মূল্য নেই। — আমি তার মর্মভেদী দৃষ্টি এড়িয়ে যাচ্ছিলাম, যা আমার প্রতিটি মুখোশের নিচে প্রবেশ করছিল বলে মনে হচ্ছিল। আমার কণ্ঠস্বর সামান্য কাঁপছিল, তা সমান রাখার প্রচেষ্টা সত্ত্বেও।

— কোনো মূল্য নেই? আমার জীবনের সাত বছর... তোমার কাছে কি এর কোনো অর্থ ছিল না? — সে একটি কম্পমান কণ্ঠে নিজেকে বিরোধিতা করার চেষ্টা করছিল, আর তার প্রতিটি শব্দ আমার বুকে প্রতিধ্বনিত হওয়া একটি আঘাতের মতো ছিল। সে আমার দিকে এক ধাপ এগিয়ে এলো, যেন আমাকে স্পর্শ করতে চেয়েছিল, কিন্তু থেমে গেল।

— তুমি... তুমি সেরাটা প্রাপ্য, মেলিনা। কিন্তু আমি... তুমি যা খুঁজছ, অনুভূতির সেই গভীরতার জন্য আমি সক্ষম নই। — আমি তখনও দ্বিধাগ্রস্ত ছিলাম, যেন আমি আমার নিজের শীতল কণ্ঠস্বর শোনার প্রয়োজন বোধ করছিলাম, যাতে আমি যে মিথ্যা বলছিলাম, আমি অস্পৃশ্য এই বিভ্রমটি বিশ্বাস করতে পারি। আমার দৃষ্টি তার মাথার উপরে কোথাও ঘোরাঘুরি করছিল।

— তাহলে কি সবকিছু কেবল... তোমার জন্য একটি শীতল পরীক্ষা ছিল? — মেলিনার কণ্ঠে তিক্ততা এবং অশ্রু নিয়ে কথোপকথনটি শেষ হয়েছিল, যা আমার বর্ম ভেদ করে গিয়েছিল।

সে হঠাৎ ঘুরে দাঁড়ালো এবং চলে গেল, পেছনে রেখে গেল কেবল তিক্ততার এবং তার প্রিয় পারফিউমের গন্ধ। আমার চারপাশের পৃথিবী জমে গেল, যেন সময়ও জমে গেছে।

পরে আমরা আরও একবার, সংক্ষিপ্তভাবে দেখা করেছিলাম, এবং তারপর সে আমাকে তার শেষ, নীরব উপহারটি রেখে গিয়েছিল – একটি কুরিয়ারের মাধ্যমে পাঠানো। সে কোনো শব্দ ছাড়াই বিদায় নিয়েছিল, কেবল একটি gesture দিয়ে, যা যেন আমাদের মধ্যেকার শেষ সংযোগটি কেটে দিয়েছিল। তারপর সে চিহ্ন ছাড়াই অদৃশ্য হয়ে গেল। সে মাত্র একদিনে সিদ্ধান্ত নিয়েছিল... এবং তারপর আর কেউ তাকে দেখেনি। কেউ জানত না সে কোথায়। সে তার চাকরি, অর্জন, বন্ধু, পরিবার... এই পৃথিবীর সাথে তাকে সংযুক্ত করা সবকিছু আমার জন্য মুছে ফেলেছিল। আমি আশা করেছিলাম যে সে কোনো দূরবর্তী, জনশূন্য দ্বীপে আছে এবং তার বইটি লিখছে, যাতে সে তার ভাঙ্গা টুকরোগুলোকে একত্রিত করতে পারে, নিজেকে আবার তৈরি করতে পারে... এবং সম্পূর্ণ, বিশুদ্ধ হয়ে ফিরে আসতে পারে। অথবা হয়তো একটি পর্বতের চূড়ায়, যেখানে বাতাস তার ব্যথাকে উড়িয়ে নিয়ে যাবে, তা বাতাসে ছড়িয়ে দেবে।

কখনো কখনো আমি তার উষ্ণ কথোপকথনগুলো খুব মিস করতাম, যা আমার আত্মার থেকে ঠান্ডা দূর করে দিত। কখনো কখনো আমি সূর্যোদয়ের সময় অনিচ্ছাকৃতভাবে তার কথা ভাবতাম – যখন সূর্য জন্ম নেয়, যখন সবকিছু পরিষ্কার এবং নতুন। এক বিকেলে, যখন মেলিনা তার স্টুডিওতে আঁকছিল, আমি কেবল তার পাশে বসেছিলাম এবং তার উষ্ণতা অনুভব করছিলাম। এক মুহূর্তের জন্য, তার তুলির নড়াচড়ার মধ্যবর্তী নীরবতায়, আমি এমন শান্তি অনুভব করেছিলাম যা আমি আগে কখনো অনুভব করিনি। একটি বেদনাদায়ক flashback-এ আমি তাকে আবার দেখলাম – তার মৃদু মোহনীয়তা সহ সেই ছবিগুলো থেকে, যা সে আমার জন্য প্রতিভাধরভাবে মডেলিং করেছিল, কিন্তু এখন সে একটি ভূতের মতো আমাকে তাড়া করছিল, আমার চেতনার অন্ধকার কোণগুলোতে নাচছিল। কখনো কখনো আমি নির্বোধ আশায় অনিচ্ছাকৃতভাবে আমার ফোন দেখতাম যে নতুন বার্তাটি তার কাছ থেকে।

আমার চিন্তা: "— নেই... এবারও কিছু নেই। কেবল আরও একটি অকেজো লেনদেনের জন্য নীরব notification।" — আমার অভ্যন্তরীণ কণ্ঠস্বর চাপা শোনাচ্ছিল।

কিন্তু তারপর আমি দ্রুত স্মৃতিগুলোকে দূরে ঠেলে দিতাম, আমার বিরক্তিকর ব্যস্ততায় মগ্ন হয়ে, যা আর কোনো তৃপ্তি আনতো না। আমি তাকে খুঁজিনি, যদিও আমি সহজেই তাকে খুঁজে বের করতে পারতাম – তাকে পৃথিবীর শেষ প্রান্তে খুঁজে বের করার মতো সম্পদ আমার ছিল – তাকে আমার নিয়ন্ত্রিত জগতে ফিরিয়ে আনতে পারতাম। কিন্তু আমি তা করিনি।

— এটাই সঠিক... কোনো আশা নেই... যদিও সে উন্মত্ততার কাছাকাছি জেদ নিয়ে আমার সমস্ত কঠিন পরীক্ষা এবং দ্বৈততা অতিক্রম করেছিল। সে কখনও আমাকে, বা আমার বিভ্রমকে ছেড়ে যায়নি। এটা সত্য, অন্য কেউ আমাকে এত শর্তহীনভাবে, এত ভক্তি দিয়ে ভালোবাসতে পারত না! কিন্তু... তাতে কী?! হয়তো সবকিছু তার অনুভূতির সাথে একটি নিষ্ঠুর খেলা ছিল, একটি সুন্দর, কিন্তু মিথ্যা বিভ্রম, একটি নির্বোধ ভালোবাসা, একটি প্রতারণামূলক আশা, একটি কম্পমান প্রত্যাশা... কেবল দুর্বলতা, যা থেকে আমার, শীতল যুক্তির মানুষটির, মুক্ত থাকা উচিত ছিল।" একটি প্রলোভন, যা আনন্দ এবং তৃপ্তির মধ্যে ভারসাম্য রক্ষা করে, যা নরক এবং স্বর্গের সংযোগকারী একটি প্রবেশপথ। কিন্তু আমি তো আমিই, এই গভীরতায় সত্যিই সংযুক্ত হতে অক্ষম, ভালোবাসতে অক্ষম... আমি কেবল এই অদ্ভুত অনুভূতির গভীরতা এবং তার সহনশীলতা পরিমাপ করেছি। এখন আমি কেবল আমার নিজের আকাঙ্ক্ষার হারিয়ে যাওয়া পরিসর নিয়ে চিন্তিত... মাসের একটি এলোমেলো দিন থেকে... তার থেকে একটি সন্তান চাওয়ার অযৌক্তিক চিন্তা পর্যন্ত! আমি কি তাকে আমার বিচ্ছিন্নতা এবং উদাসীনতা দিয়ে অপ্রতিরোধ্যভাবে আঘাত করেছি?! — আমি আমার একাকী, নীরব বিস্তৃতির অন্ধকারে ফিসফিস করে বললাম, যেন আমি নিজের কাছে, আমার জাগ্রত বিবেকের কাছে নিজেকে justify করার চেষ্টা করছিলাম, যা আমি আর নীরব করতে পারছিলাম না। আমার কণ্ঠস্বর কর্কশ, অপরিচিত ছিল, যেন অন্য একজন মানুষ, যে শূন্যতায় হারিয়ে গেছে। কুয়াশা ঘন হচ্ছিল, আমাকে ধীরে ধীরে, অনিবার্যভাবে শ্বাসরোধ করছিল।

---❤---

অধ্যায় 23: পূর্বাভাস

বাতাস ঘন হয়ে এল। সাধারণ বাতাস নয়, একটি চাপা গুঞ্জন যা ন্যাথানিয়েলের হাড় ভেদ করে গেল, যেন অদৃশ্য কোনো ভারে পৃথিবী নিজেই গোঙাচ্ছিল। সে পড়ে গেল না, বরং তাকে মাটিতে, ধুলোয় পিষে ফেলা হলো, তার শরীরের প্রতিটি আঁশ হাজার হাজার ব্যর্থ জীবনের স্মৃতিতে চিৎকার করছিল। তার মন, যা কিছুক্ষণ আগেও একটি সার্জিক্যাল স্কালপেলের মতো তীক্ষ্নভাবে বিশৃঙ্খলার মধ্য দিয়ে কাটছিল, এখন একটি শেষ দ্বন্দ্বে স্পন্দিত হচ্ছিল: বাঁচা নাকি মরা? শূন্যতায় বিশ্বাস করা নাকি আশার একমাত্র সুতো ধরে থাকা, যদিও প্রতিটি যুক্তি নির্মিত সবকিছুর অর্থহীনতার জন্য চিৎকার করছিল? তার জীবনের স্ফুলিঙ্গ ম্লান হয়ে আসছিল, একটি করুণ ঝলক, একটি নিভে যাওয়া কয়লার সামনে যা অভিশপ্ত। অথবা হয়তো – কেবল নিজেকে surrender করা। চোখ বন্ধ করা। শীতল, বিশ্বাসঘাতক বিস্মৃতিকে তাকে গ্রাস করতে দেওয়া। এই মুহূর্তে, আকাশ একটি পাশবিক শব্দে ফেটে গেল।

একটি বজ্রপাত, ভেতর থেকে একটি বিদীর্ণ, যেন একটি মহাজাগতিক পর্দা ভেঙে পড়েছিল। মাধ্যাকর্ষণ বিকৃত হয়ে গেল – তার শরীর উপরে ভেসে গেল, তারপর আবার নীচে ভেঙে পড়লো, এমন শক্তিতে যা তার শ্বাস বের করে নিয়ে এলো। এক মুহুর্তের জন্য – একটি হিমশীতল, আদিম মুহূর্ত – তাকে একটি ব্যাখ্যাতীত জিনিস গ্রাস করলো: সে একা ছিল না। কিছু একটা তাকে দেখছিল। তার জগতের সীমার বাইরে কিছু প্রাচীন জিনিস। তার চোখ, কুয়াশা ভেদ করে, একটি ঝলক দেখতে পেল যা রাতকে বিদীর্ণ করে দিল। দূরে, শিলাগুলোর

silhouettes নাচছিল – তারা ভেঙে যাচ্ছিল। পর্বতমালার একটি বিশাল অংশ একটি বধিরকারী আওয়াজে ভেঙে পড়ল, নীরবতাকে দুই ভাগ করে। ন্যাথানিয়েল স্বজ্ঞাতভাবে তার হাত তুললো, কিন্তু খুব দেরি হয়ে গিয়েছিল। আঘাতটি তাকে আঘাত করলো, তীক্ষ্ণ, মর্মভেদী, তার মাথার খুলি একটি কুড়ুলের আঘাতে বিভক্ত করে দিল। পৃথিবী ঘুরছিল, রংগুলো একটি স্পন্দিত রক্তাক্ত কুয়াশায় মিশে গেল। তার চেতনা, যা এতদিন গর্বিত হাসি নিয়ে শূন্যতাকে অস্বীকার করছিল, এখন তার মুঠিতে আত্মসমর্পণ করল। সে পড়ে যাচ্ছিল। পাথরের মধ্যে নয়। বরং একটি কালো, অতল শূন্যতায়, যে কোনো কিছুর চেয়ে গভীর ছিল, যেখানে বাস্তবতা এবং সবচেয়ে ভয়ানক দুঃস্বপ্নের মধ্যেকার সীমাগুলো অপ্রতিরোধ্যভাবে অস্পষ্ট হয়ে যাচ্ছিল।

আমি কি স্বপ্ন দেখছিলাম নাকি অন্য কিছু? শুধু একটি vision নয়, বরং আমি একটি portal পার হয়েছিলাম। এই অবস্থাটি একটি ঘন, মাদকীয় সুগন্ধ ছড়িয়ে দিচ্ছিল, আমাকে বেদনাদায়কভাবে বাস্তব কল্পনার একটি কোকনে আবৃত করছিল। এই ভৌতিক জগতে, বাস্তবতা এবং কল্পনা একটি দুঃস্বপ্নে, এক ধ্বংসাত্মকভাবে বাস্তব দৃশ্যে মিশে যাচ্ছিল। আমার মস্তিষ্কের ভুলে যাওয়া অংশগুলো খুলে যাচ্ছিল, আমাকে আমার নিজের, ক্লান্ত চেতনায় ভ্রমণ করার অনুমতি দিচ্ছিল, যেখানে প্রতিটি প্রতিচ্ছবি একটি রায় ছিল, একটি অভিযোগ ছিল না। প্রতিটি চিন্তা ছিল একটি মারাত্মক ফাটল, একটি নতুন রক্তপাত নয়। আতঙ্ক। বিশুদ্ধ। অপ্রতিরোধ্য। আমি শুধু স্বপ্ন দেখছিলাম না। আমি সহ-অভিজ্ঞতা অনুভব করছিলাম। অন্য বাস্তবতায় সম্পূর্ণরূপে immersion, যেখানে আমার ভূমিকা বেদনাদায়কভাবে স্পষ্ট ছিল, উন্মত্তভাবে বাস্তব।

— আমি একজন সুলতান ছিলাম, — আমার কণ্ঠস্বর স্বপ্নে প্রতিধ্বনিত হচ্ছিল, শুধু আমার ধারণায় নয়, বরং আমার সমগ্র সত্তায়। — এক বিশাল, আত্মাহীন, ভেতর থেকে পচা সাম্রাজ্যের এক মহান এবং ভয়ঙ্কর শাসক। আমার ক্ষমতা ছিল absolute বা পরম – প্রাসাদগুলোর ঝলমলে সোনার গম্বুজ থেকে শুরু করে অন্তহীন, জ্বলন্ত মরুভূমি পর্যন্ত, যেখানে কেবল আমার শীতল ইচ্ছার শাসন ছিল। আমার হাজার হাজার নারী দিয়ে ভরা একটি হারেম ছিল, প্রত্যেকেই নিখুঁতভাবে সুন্দর, কিন্তু ব্যক্তিত্বহীন – যেন গন্ধহীন যত্ন করে রাখা ফুল, ভেতর থেকে খালি। আমার উজিরদের পরিষদ কেবল কাঁপছিল না – তারা আমার প্রতিটি দৃষ্টিতে ভয়ে কুঁকড়ে যাচ্ছিল, দাসসুলভ, পশুর মতো আনুগত্য নিয়ে প্রতিটি ইচ্ছা পূরণ করছিল। আমি একটি বিশাল সেনাবাহিনীকে command করতাম, যার পদক্ষেপ ভূমিকে কাঁপিয়ে দিত, এটিকে পিষে ফেলতো, এবং আমি এমন অন্তহীন অঞ্চল শাসন করতাম, যা সূর্যোদয় থেকে সূর্যাস্ত পর্যন্ত বিস্তৃত ছিল।

কিন্তু আমি ধ্বংসাত্মকভাবে একা ছিলাম। এই সব নীরব পরিচারক এবং আত্মাহীন সম্পত্তির মধ্যে, অগণিত সম্পদ এবং খালি জমির মধ্যে। আমি, বিশ্বের শাসক, গভীরভাবে, অসহ্যভাবে, ছিন্নভিন্নভাবে একা ছিলাম। এই সোনার রাজ্যটি উদাসীনতার এক হিমায়িত বিস্তৃতি ছিল। শীতল বিলাসিতা এবং নির্মম, ক্ষয়কারী ক্ষমতা দ্বারা বেষ্টিত হয়ে, আমি রাস্তার শেষ ভিক্ষুকের চেয়েও বেশি একা অনুভব করছিলাম, যার অন্তত স্বাধীনতার একটি বিভ্রম ছিল। সত্যিকারের মানব সংযোগের জন্য আমার তৃষ্ণা ছিল একটি গভীর অতল গহ্বর, যা কোনো সোনা, কোনো সেনাবাহিনী, কোনো ক্ষমতা পূরণ করতে পারতো না।

আমার জীবনের মধ্য দিয়ে চলে যাওয়া নারীদের মুখগুলো আমার মনে পড়ল – এলিজাবেথ, নিয়া, এরিয়েল... তাদের প্রত্যেকেই হাত বাড়িয়ে আমাকে টানতে, আমার বর্ম ভেদ করতে চেষ্টা করেছিল। আমি তাদের ব্যবহার করেছিলাম, তাদের নিয়ে গবেষণা করেছিলাম, কিন্তু আমি কখনোই তাদের আমাকে গভীরভাবে স্পর্শ করতে দিইনি, তাদের আমার

সত্যিকারের সত্তার কাছাকাছি আসতে দিইনি। এখন, আমার স্বপ্নে, প্রতিটি প্রত্যাখ্যান, প্রতিটি শীতল দৃষ্টি হাজার হাজার ছুরির মতো ফিরে আসছিল, যা আমার শরীর নয়, আত্মাকে বিদ্ধ করছিল।

আমার চোখ, যা এত বিশ্বাসঘাতকতা, লোভ এবং লোভ দেখেছিল, এক অব্যক্ত দুঃখ দিয়ে ভরা ছিল, যা কেউ লক্ষ্য করেনি, কারণ তারা তা দেখতে চায়নি। আমার ঠোঁট, যা ক্ষমতা দিয়ে আদেশ উচ্চারণ করত, যা সাম্রাজ্যকে কাঁপিয়ে দিত, বেদনাদায়কভাবে সেই শব্দগুলো চেপে রেখেছিল যা আমি সবচেয়ে বেশি বলতে চেয়েছিলাম – ভালোবাসা, বোঝা, দুর্বলতার শব্দ, যে শব্দগুলো আমাকে মুক্ত করতে পারতো। আমি নিজেকে ভয়ানকভাবে একা এবং অব্যক্ত অনুভব করছিলাম, কারণ আমার চারপাশের সবাই কেবল আমার কাছ থেকে ক্ষমতা, প্রভাব এবং শক্তি চেয়েছিল, আমার উপাধির আড়ালে লুকিয়ে থাকা মানুষটির প্রতি আগ্রহী ছিল না।

তাদের অশ্লীলতা এবং স্বার্থপরতায় disgusted হয়ে, আমি সহজাতভাবে নিজেকে আরও দূরে সরিয়ে নিয়েছিলাম; আরও উঁচু, দুর্লঙ্ঘ্য দেয়াল তৈরি করেছিলাম। এবং তারা আমাকে একজন শীতল, অনুভূতিহীন অত্যাচারী হিসেবে গ্রহণ করেছিল। কেউ আমার আহত, রক্তাক্ত আত্মার গভীরতা দেখেনি, কেউ ভালোবাসা, বোঝা এবং শর্তহীন গ্রহণযোগ্যতার জন্য আমার বেদনাদায়ক প্রয়োজন দেখেনি। কেউ আমাকে সেই অকপট, আসল উপায়ে স্পর্শ করার চেষ্টা করেনি, যার জন্য প্রতিটি জীবন্ত প্রাণী গোপনে আকাঙ্ক্ষা করে। শর্তহীনভাবে আমাকে সুখী করার জন্য, আমার সাথে আনন্দ এবং উত্তেজনা ভাগ করে নেওয়ার জন্য, আমাকে comfort এবং নীরবতা দেওয়ার জন্য, আমার আত্মাকে তার নিজের আত্মা দিয়ে স্পর্শ করার জন্য। আমি অন্তরঙ্গতার ভয়ের বন্দী ছিলাম। আস্থার অভাব। শৃঙ্খলিত, করুণার কোনো আশা ছাড়াই।

সুলতানের দরবারের ঝলক, সোনা এবং মূল্যবান পাথরে ভরা, আমার হৃদয়ের মাঝে হাঁ করে থাকা disturbingly নীরবতা পূরণ করতে পারতো না। ভয়ঙ্কর ক্ষমতার মুখোশের পেছনে, সুলতান নিজেকে একটি হারিয়ে যাওয়া, ভীত শিশুর মতো অনুভব করছিল, যে একটি মারাত্মক ফাঁদে আটকা পড়েছে। এই সমস্ত মানুষ এবং অগণিত সম্পদ আমাকে সেই জিনিসটি দিতে পারতো না যা আমি চেয়েছিলাম: একটি খোলা, গভীর সংযোগ, শর্তহীন বোঝা এবং সীমাহীন ভালোবাসা। আমি ভয়ানক একাকীত্বের দেয়ালের আড়ালে বাস করছিলাম, যা আমার নিজের ভয়, হতাশা এবং ধ্বংসাত্মক দাম্ভিকতা দিয়ে তৈরি হয়েছিল।

আমার স্বপ্নটি কেবল একটি তিক্ত রূপক ছিল না, বরং আমার নিজের জীবনের একটি নির্মম রায় ছিল। সুলতান হিসাবে, আমার কাছে দৃশ্যত সবকিছু ছিল, কিন্তু আমার কাছে কিছুই সত্যিকারের ছিল না, এমন কিছুই না যা আমাকে মানবিক সুখ দিতে পারতো। আমি বেদনাদায়কভাবে উপলব্ধি করলাম যে ক্ষমতা, সম্পদ এবং ক্ষণস্থায়ী glory ছিল অপ্রয়োজনীয় বিশেষাধিকার, যা আমার আধ্যাত্মিক, জনমানবহীন বিস্তৃতি পূরণ করতে পারতো না, যা বছরের পর বছর ধরে আমাকে ক্যান্সারের মতো খেয়ে যাচ্ছিল।

আমার স্বপ্নে একটি flashback এলো – কেবল একটি প্রতিচ্ছবি নয়, বরং আমার বাবার সাথে একটি জীবন্ত, স্পন্দিত দৃশ্য, যিনি সবসময় একটি শীতল কণ্ঠে বলতেন:

— ক্ষমতা হলো সবকিছু, ন্যাথানিয়েল। যখন অন্য সবাই চলে যায়, তখন কেবল এটিই থাকে।

এখন, স্বপ্নে, তার কথাগুলো একটি খালি, অন্ধকার হলঘরে প্রতিধ্বনিত হচ্ছিল। ক্ষমতা আমাকে সুখ দেয়নি। ভালোবাসা দেয়নি। শান্তি দেয়নি। এটি আমাকে একাকীত্ব দিয়েছে। আমি আমার নিজের আত্মার বেদনাদায়ক, নিষ্ঠুর প্রতিফলন দেখছিলাম। স্বপ্নের বিকৃত আয়নায় আমি শক্তিশালী এবং ক্ষমতাবান ছিলাম, একজন সুলতান যিনি বিশ্বকে নিজের হাতে ধারণ

করেন, কিন্তু তার বিপরীতে একজন দুর্বল, ভীত এবং ভালোবাসার জন্য মরিয়াভাবে প্রয়োজনা মানুষ দাঁড়িয়ে ছিল।

আমি বেদনাদায়ক সত্যটি বুঝতে পারলাম: প্রত্যেকের মধ্যে কেবল ভালো এবং মন্দই coexist করে না, বরং আলো এবং অন্ধকারের একটি সম্পূর্ণ অন্তহীন palette, যা কেবল সামাজিক নিয়ম হিসেবে উত্তরাধিকারসূত্রে প্রাপ্ত নয় – জ্ঞান, ভাষা, সংস্কৃতি, ধর্ম, সম্পর্ক, মনোভাব। বরং সমস্ত আবেগ, চিন্তা, সম্পর্ক যা আমি আমার destiny বা নিয়তি হিসেবে বহন করেছি। তারা একটি ম্যাট্রিক্সের মতো ছিল, যা আমার নিজের ডিএনএ-তে গভীরভাবে কোড করা হয়েছিল। তখন আমি উপলব্ধি করলাম যে এটি আমার নিজের অতীত অবতার, যার থেকে আমি এই উত্তরাধিকার এবং বিশ্ব দৃষ্টিভঙ্গি এই জীবনে একটি পরীক্ষা হিসেবে বহন করছি। এবং সুখ এই দুটি শক্তির মধ্যেকার সূক্ষ্ম harmony এর মধ্যে নিহিত, একটিকে সম্পূর্ণরূপে প্রত্যাখ্যান করার মধ্যে নয়। আমি আমার বিজয় এবং গভীর ট্র্যাজেডি উপলব্ধি করছিলাম।

আমার স্বপ্নে আমি কেবল একটি প্রস্থান খুঁজছিলাম না, বরং এই সোনার খাঁচা থেকে মুক্তি খুঁজছিলাম; আমি একটি সত্যিকারের মানব মুখ, ক্ষমার জন্য এবং আমার নিজের সারমর্মের জন্য আকাঙ্ক্ষা করতাম। কিন্তু শেষ পর্যন্ত আমি হাল ছেড়ে দিলাম... আমি এই দুঃস্বপ্নে খোঁজা চালিয়ে যাওয়া ছেড়ে দিলাম, কারণ আমি উপলব্ধি করলাম যে উত্তরটি সেখানে নেই, বরং জাগ্রত হওয়ার মধ্যে। ভয়, বিশ্বাসঘাতকতা, আস্থার অভাব এবং আমার নিজের অহংকারের ঘুম থেকে জাগ্রত হওয়ার মধ্যে।

---❤---

অধ্যায় 24: অহং থেকে মুক্তি

আমার চেতনায় – শৈশবের ঝলক... একটি ছোট ছেলে... মায়ের আলিঙ্গন... শর্তহীন নিরাপত্তা। তার পোশাকের ঘ্রাণ... হাতের কোমলতা... অন্ধকারের বিপরীতে তার মৃদু কথা... স্মৃতি, যা আত্মাকে ছিন্নভিন্ন করে দেয়। একটি প্রাথমিক বিচ্ছেদ... প্রত্যাখ্যানের তীক্ষ্ণ ব্যথা... একটি বিশাল শূন্যতা।

নিজের আত্মাকে উপড়ে ফেলতে বাধ্য হয়েছিলাম... এটিকে পিষে ফেলতে... এটিকে জীবন্ত কবর দিতে। যাতে প্রতারিত... বিশ্বাসঘাতকতা... হতাশ না হই। মায়ের আলিঙ্গনের জন্য nostalagia... একটি ভূত যা আমাকে শ্বাসরোধ করে। আমি sentimentalism থেকে পালিয়েছিলাম। আমি ঔদ্ধত্যের একটি আবরণ তৈরি করেছিলাম... প্রদর্শনীমূলক উদাসীনতার। প্রতিটি কোমল স্পর্শ... প্রতিটি সহানুভূতিশীল দৃষ্টি... ধ্বংসাত্মক শক্তি দিয়ে দূরে ঠেলে দেওয়া হয়েছিল। আমার হৃদয় – বরফের একটি ব্লক... একটি হিমশীতল sarcophagus... নিরাময় না হওয়া ক্ষত, যা থেকে আমি রক্তপাত করছি... আমার সমগ্র সত্তা।

আমি কারসাজির একজন দক্ষ মাস্টার হয়ে উঠেছিলাম... অনুভূতি নিয়ে খেলতাম... পুতুল... marionette... সুতো যা আমি নির্মমভাবে টানতাম। প্রতিটি সম্পর্ক – ব্যর্থ হতে অভিশপ্ত। শীতল পূর্বপরিকল্পনা। আমি ব্যথা উপভোগ করতাম... একটি পচা ন্যায়সঙ্গততার বিকৃত নিশ্চিতকরণ। সব মানুষ – egoist... ধূর্ত... একই ভাগ্যের যোগ্য।" — এখন আমি জানি না আমি কে... এই চরিত্রগুলোর বাইরে। একটি দুর্ভেদ্য মুখোশ... আমার আসল ব্যথাকে কবর দিচ্ছিল। আমি যা প্রত্যাশিত ছিলাম তাই হয়ে উঠেছিলাম... কোনো অনুশোচনা ছাড়াই পিষে ফেলতাম। নির্মম... অবজ্ঞাপূর্ণ... চিরকাল সন্দেহপ্রবণ। কেউ কাছাকাছি নেই... নিজেকে প্রকাশ

করিনি... কোনো দুর্বলতা নেই। দুর্বলতা – একটি মারাত্মক বুলেট। আমি ভালোবাসতাম না... অন্যদের ব্যবহার করতাম... ধ্বংসাত্মক শক্তি দিয়ে... প্রলুব্ধ... পরিত্যক্ত।

— অদ্ভুত... এটা আমাকে আনন্দ দিয়েছে। আমি তাদের উচ্চাকাঙ্ক্ষা নিয়ে খেলতে পছন্দ করতাম। আমি তাদের ইঁদুরের মতো পরিচালনা করতাম... বিষাক্ত পনির। কখনো attached ছিলাম না... কখনো নির্ভরশীল ছিলাম না। কোনো সহানুভূতি নেই... hopeless ভালোবাসার প্রতি। আমি আশা জাগাতাম... মরিয়া সংগ্রাম... ভিত্তিহীন স্বপ্ন। একটি সংক্ষিপ্ত বিনোদনের জন্য... অসুস্থ অহংকে আদর করার জন্য। এবং তারপর... ঠান্ডা, নির্মমভাবে... প্রমাণ করা যে... সত্যিকারের ভালোবাসা এবং গভীর নৈকট্য বিদ্যমান নেই... বোকাদের জন্য একটি বিভ্রম... সরলদের জন্য... তারা যন্ত্রণার যোগ্য।"

ন্যাথানিয়েল চমকে উঠলো...

আমি কেবল আমার অস্থির স্বপ্নটি অনুভব করছিলাম না, বরং এটি থেকে বিস্ফোরিত হয়ে বেরিয়ে এলাম, একটি আদিম, ব্যাখ্যাতীত, ছিন্নভিন্ন অনুভূতিতে shaken হয়ে। আমার অহং আমার সত্তার গভীরে কোথাও আহত পশুর মতো গর্জন করছিল। আমি একটি আকস্মিক, বেদনাদায়ক, প্রায় শারীরিক বাধায় জেগে উঠলাম, যেন আমি কোনো উচ্চ, নাগালের বাইরের জগৎ থেকে বহিষ্কৃত হয়েছিলাম, এবং আমি আবার স্বপ্নের অদ্ভুত অনুভূতিগুলো অনুভব করলাম। আমি উন্মত্তভাবে সেগুলোকে বিশ্লেষণ করলাম, সেগুলোকে আমার কঠোর যৌক্তিক সিস্টেমে, আমার জ্ঞানে অন্তর্ভুক্ত করার চেষ্টা করছিলাম, যা আমি কয়েক দশক ধরে তৈরি করেছি। আমার গভীরে আমি জানতাম যে এই অবতারণা বা incarnation-এ আমাকে কিছু গুরুত্বপূর্ণ খুঁজে বের করতে হবে। এমন কিছু অপরিহার্য, যা এই জীবনে আনা হয়েছিল, যা বেদনাদায়কভাবে বারবার হচ্ছিল, কেবল surface বা পৃষ্ঠে আসার জন্য নয়, বরং আমাকে গ্রাস করার জন্য, আমাকে purification বা শুদ্ধ করার জন্য, আমার বোঝার দ্বারা সচেতন এবং আলোকিত হওয়ার জন্য।

আমার আত্মা হঠাৎ করে একটি অপরিচিত, মর্মভেদী, ক্ষয়কারী দুঃখ দিয়ে পূর্ণ হয়ে গেল। এটা কি ব্যথা ছিল? আমি বই থেকে, শুকনো সংজ্ঞা থেকে, মানব যন্ত্রণার প্রতিবেদন থেকে এই শব্দগুলো জানতাম, কিন্তু আমি কখনোই সত্যিকারের অনুভব করিনি, নিজেকে এমন অনুভূতি অনুভব করতে দিইনি। আমি কখনও এটি অনুভব করিনি, ভেঙে পড়ার, নিয়ন্ত্রণ হারানোর, দুর্বলতা দেখানোর ভয়ে।

যে ব্যথা আমাকে গ্রাস করেছিল, তা একটি সুনামি বা জলোচ্ছ্বাসের মতো ছিল, যা তার পথের সবকিছু ভাসিয়ে নিয়ে যাচ্ছিল, আমার প্রতিটি বর্মকে ছিন্নভিন্ন করে দিচ্ছিল। যে মৃত শব্দগুলো এটিকে বর্ণনা করেছিল, তার সম্পূর্ণ, ভয়ানক মাত্রার সাথে তাদের কোনো মিল ছিল না। এটি একটি ক্ষণস্থায়ী অনুভূতি ছিল না, বরং একটি সর্বব্যাপী অবস্থা ছিল, যা আমাকে গ্রাস করার হুমকি দিচ্ছিল। আমি আমার সমস্ত দৃঢ়তা দিয়ে এটিকে প্রত্যাখ্যান করার মরিয়া চেষ্টা করেছিলাম, কিন্তু এটি আমার ক্লান্ত ইচ্ছাশক্তি, আমার যেকোনো নিয়ন্ত্রণের চেয়ে অনেক বেশি শক্তিশালী ছিল। ব্যথা প্রায় শারীরিক হয়ে গেল, বরফের সূঁচের মতো, প্রতিটি কোষকে বিদ্ধ করছিল, উত্তপ্ত লোহার মতো, আমার শরীরকে জ্বালাচ্ছিল। আমার শরীরের প্রতিটি কণা যন্ত্রণায় চিৎকার করছিল। আমি অনুভব করছিলাম যে আমার হৃদয় শারীরিকভাবে যন্ত্রণাদায়কভাবে সংকুচিত হচ্ছে, আর আমার গলা সঙ্কুচিত হচ্ছে, একটি অদৃশ্য, লোহার মুঠিতে আমাকে শ্বাসরোধ করছিল। যেন আমি অনুশোচনা এবং আতঙ্কের টনের নিচে জীবন্ত কবর দেওয়া হয়েছিলাম।

এটি একটি অতল গহ্বরে অন্তহীন পতনের মতো বেদনাদায়ক ছিল। প্রতিটি সেকেন্ড একটি অনন্তকালের মতো লাগছিল, আমার জীবন নিঃশেষ করে দিচ্ছিল। এই ভয়ানক মুহূর্তে আমি উপলব্ধি করলাম যে যন্ত্রণার কোনো সীমা নেই। আমি এই যন্ত্রণা থেকে বাঁচতে, এই নির্মম, জ্বলন্ত আগুন নিভিয়ে দিতে, যা আমাকে ভেতর থেকে পুড়িয়ে দিচ্ছিল, সবকিছু, আমার সমস্ত অর্জন এবং সম্পদ দিতে প্রস্তুত ছিলাম। এটি একটি ধারালো ছুরির মতো ছিল, যা আমার সত্তাকেই ছিন্নভিন্ন করছিল, একটি ধ্বংসাত্মক ঝড়ের মতো, যা তার পথের সবকিছু ভাসিয়ে নিয়ে যাচ্ছিল। আমি কখনো এমন গভীর ব্যথার কল্পনা করিনি।

এবং এবার, আমার সমস্ত senses বা ইন্দ্রিয়কে পূর্ণ করা এই সর্বগ্রাসী যন্ত্রণা লুকানোর কোনো উপায় বা কেউ ছিল না। কোনো মুখোশ ছিল না যা এটিকে আড়াল করতে পারতো, কোনো চাকর, কোনো উজিরও না। শারীরিক ব্যথা, যাকে আমি একসময় দুর্বলতা বলে ঘৃণা করতাম, এই ভয়ানক, অস্তিত্বের যন্ত্রণার সামনে একটি নগণ্য পরীক্ষা বলে মনে হচ্ছিল, যা আমাকে পরমাণু দ্বারা ছিন্নভিন্ন করছিল। এটি ধীরে ধীরে আমার ক্লান্ত স্নায়ু দিয়ে হামাগুড়ি দিতে শুরু করল, পেশীগুলোকে গ্রাস করে, টিস্যু এবং অভ্যন্তরীণ অঙ্গগুলোর মধ্য দিয়ে নির্মমভাবে নেমে যাচ্ছিল, আমাকে একটি জীবন্ত নরকে পরিণত করছিল। আমার সমগ্র সত্তা কেবল গোঙাচ্ছিল না, বরং নিঃশব্দে চিৎকার করছিল, কোনো শব্দ করতে পারছিল না। আমি শ্বাসরোধ অনুভব করতে শুরু করলাম, এমনকি একটি দুর্বল আর্তনাদও করতে পারছিলাম না, কেবল আমার গলা থেকে একটি চাপা গোঙানি বের হচ্ছিল।

এক মুহূর্তের জন্য, আমার চারপাশের সবকিছু শান্ত হয়ে গেল। একটি শান্ত, গভীর শ্বাস এলো, যেন মহাবিশ্ব নিজেই তার বাতাস ধরে রেখেছিল।

এই অপরিচিত, নিষ্ঠুর অভিজ্ঞতাটি আমার জন্য সম্পূর্ণরূপে ব্যাখ্যাতীত ছিল এবং আমি বুঝলাম না কেন আমি এই critical, turning point moment বা সন্ধিক্ষণে, আমার শক্তির শেষ সীমানায়, ঠিক এখন এটি অনুভব করছি। আমার বহু বছরের একাকীত্ব এবং চাপা আবেগগুলো আমার আত্মায় একটি পারমাণবিক বোমার মতো বিস্ফোরিত হয়ে, আমার অপ্রাপ্ত প্রত্যাশাগুলোর, আমি যা কিছু দমন করেছিলাম, আমি যে সমস্ত নকল, মিথ্যা সম্পর্ক তৈরি করেছিলাম, তার locked up energy বা তালাবদ্ধ শক্তিকে মুক্ত করার জন্য স্ফীত হওয়া উচিত ছিল। সবকিছু আমার গভীরে লুকিয়ে ছিল এবং জীবনের এই ঘোলাটে, ছিন্নভিন্ন অংশে আমাকে এটি উপলব্ধি করার এবং অতিক্রম করার জন্য যন্ত্রণাদায়ক সুযোগ দেওয়া হয়েছিল, যন্ত্রণাটিকে একটি তিক্ত অমৃতের মতো গিলে, সত্যিকারের মুক্তির পথ খুঁজে বের করার জন্য, সেই অধরা গ্রেইল, যা মেলিনা আমাকে এত জেদ করে প্রকাশ করতে চেয়েছিল, কিন্তু আমি বিশ্বাস করিনি। "— আমি কি আমার বিচ্ছিন্নতাকে সত্যিকারের উপস্থিতি এবং গভীর নৈকট্য দিয়ে পূরণ করতে পারতাম? আমি কি সত্যিই কাউকে বিশ্বাস করতে পারতাম?" — আমি অন্তহীন রাতের দিকে ফিসফিস করে বললাম, আর আমার কণ্ঠস্বর কেবল একটি ফিসফিসানি ছিল না, বরং একটি মরিয়া গোঙানি ছিল, যা রাতের জনমানবহীন বিস্তৃতিতে হারিয়ে যাচ্ছিল।

আমার এই অবস্থায়, আমাকে আবার ছুড়ে ফেলা হলো – না, আলতো করে রাখা হয়নি, বরং বর্বরভাবে উপড়ে ফেলে গত সাত বছরের স্মৃতিগুলোর সেই ঘূর্ণির মধ্যে ছুঁড়ে ফেলা হলো। সেই সংক্ষিপ্ত মুহূর্তগুলো, যখন আমি আমার কঠোর ভয়ের বর্ম নামানোর সাহস করেছিলাম। শর্তহীন ভালোবাসা দেওয়ার প্রতিশ্রুতি দেওয়া নারীর জটিল জগতের প্রতি একটি ব্যাখ্যাতীত, প্রায় ধর্মদ্রোহী সহানুভূতির ক্ষণস্থায়ী ঝলক। সেই সমস্ত আবেগপূর্ণ ঝড়, যা সে জেদ করে, মরিয়া হয়ে আমার নগ্ন আত্মায় ঢেলে দিচ্ছিল, আর যা আমি কখনও পড়তে পারিনি।

এখন ব্যথা আমার সত্তাকেই পুড়িয়ে দিচ্ছিল, আমার চিন্তাভাবনাকে বাস করা শতাব্দীর অন্ধকারকে বিদ্ধ করছিল। এটি আমার কোষে আটকে থাকা ছায়াটি উপড়ে ফেলছিল।

বেদনাদায়ক, ছিন্নভিন্ন করা স্মৃতির একটি পরিসর দিয়ে, আমি "যদি শুধু" এর একটি শুদ্ধকারী, জ্বলন্ত মহাসাগরে ডুবে যাচ্ছিলাম। যদি শুধু আমি অনুভূতিগুলোকে প্রবাহিত হতে দিতাম। যদি শুধু আমি আমার নিজের দুর্বলতা প্রকাশ করতাম। এই প্রতিধ্বনিত "যদি শুধু" গুলো আমাকে লাল-উত্তপ্ত ইস্পাতের মতো কষ্ট দিচ্ছিল, আমাকে সমস্ত অমূল্য সুযোগের কথা মনে করিয়ে দিচ্ছিল, যা আমি ছাইয়ে পরিণত করেছিলাম। মেলিনা। তার চোখ – আমার চোখের মধ্যে একটি উত্তর খুঁজছিল, অনুরোধ করছিল; উষ্ণতা, সত্যিকারের কিছুর প্রতিশ্রুতি।

Flashback: আমার মনে আছে সেই afternoon বা বিকেলে, যখন সে প্রথমবার আমাকে তার স্বপ্ন সম্পর্কে বলেছিল, আমার চোখের prism বা প্রিজমের মাধ্যমে বিশ্ব ভ্রমণ এবং এটিকে জানা, আমার জন্য লেখা। তখন আমি তাকে বুঝিনি। আমি ঠান্ডা মাথায়, আত্মাহীনভাবে তার সাফল্যের সম্ভাবনা weigh বা পরিমাপ করেছিলাম, তার চোখে নাচা শিখা, তার শিরায় স্পন্দিত হওয়া স্বপ্নটি না দেখে। — এটা অবাস্তব, মেলিনা। তোমার এর কী প্রয়োজন? আমি যদি কিছু দেখতে চাই, আমি শুধু যাব। — আমার কণ্ঠস্বর একটি পালিশ করা পাথরের মতো ছিল, যা একটি অতল শূন্যতায় পড়ছিল। — বাস্তবতা ভিন্ন। এমনকি যদি তুমি হাজার হাজার পৃষ্ঠা লেখো – আমি তবুও তোমাকে বুঝব না! কখনোই না!

তার প্রতিটি আশা ভেঙে পড়লো, আমার অনমনীয় যুক্তির ভারে লক্ষ লক্ষ টুকরো হয়ে গেল। এখন আমি বুঝতে পারি যে আমি কেবল সৌন্দর্যকেই হত্যা করছিলাম না, বরং তার সেই সারমর্মকে হত্যা করছিলাম, যা দিয়ে সে আমাকে স্পর্শ করার চেষ্টা করছিল। নৈকট্যের প্রতিটি প্রচেষ্টার সাথে, যা আমার নিজের দুর্বলতা থেকে উদ্ভূত একটি ব্যাখ্যাতীত প্রত্যাখ্যান দ্বারা অনুসরণ করা হয়েছিল, ব্যথা একটি অনির্বাণ আগুনের মতো তীব্র হচ্ছিল, একটি কুষ্ঠ রোগের মতো, যা আমাকে ভেতর থেকে খেয়ে ফেলছিল। রাতে আমি তার মুখ দেখতাম, নোনতা দাগ দ্বারা চিহ্নিত, যখন আমি তাকে আরও একবার দূরে ঠেলে দিচ্ছিলাম। আমি দৃঢ়ভাবে নিশ্চিত ছিলাম যে সে কেবল আরেকটি মেয়ে হবে, যে হাল ছেড়ে দেবে, যখন আমি তার প্রত্যাশা পূরণ করব না – এমনকি যদি সে যা চেয়েছিল তা ছিল কেবল আমার আত্মাকে স্পর্শ করা। — আমি তোমাকে দিতে পারব না যা তুমি খুঁজছ, মেলিনা, — আমি জীবনহীন কণ্ঠে উচ্চারণ করলাম। — তুমি খুব... অনিয়ন্ত্রিত। আমার জন্য খুব বেশি জীবন্ত। — কিন্তু আসলে, সে আমার তৈরি করা প্রতিরক্ষার জন্য খুব বেশি বাস্তব, খুব বেশি vulnerable বা দুর্বল, খুব বেশি মানবিক ছিল, আমার দুর্ভেদ্য একাকীত্বের দুর্গের জন্য।

এটি ছিল একটি পথভ্রষ্ট, ক্লান্ত আত্মার প্রতিফলন – একই সাথে শক্তিশালী এবং দুর্বল, শীতল এবং আবেগপূর্ণ। যেন আমি একটি বিকৃত আয়নায় তাকিয়ে ছিলাম, যা আমাকে আমার সেরা এবং নিকৃষ্ট উভয় দিকই দেখাচ্ছিল। যদিও আমি মরিয়া হয়ে নিজেকে দূরে সরিয়ে রাখার চেষ্টা করেছিলাম, অনুভূতিগুলো আমাকে শিকারী ছায়ার মতো তাড়া করছিল। আমার বুদ্ধি সবসময় আমাকে আবেগ থেকে রক্ষা করার জন্য কাজ করেছে, কিন্তু এটি আমাকে জীবন থেকেও রক্ষা করেছে।

একই সাথে, এটি আমাকে সত্যিকারের আনন্দ এবং গভীর তৃপ্তি অনুভব করার সুযোগ থেকে বঞ্চিত করেছে। এখন, আমার বেদনাদায়ক স্মৃতি নিয়ে একা, আমি ভয়ানক স্পষ্টতার সাথে উপলব্ধি করি যে শীতল হিসাব এবং উত্তাল, গ্রাসকারী আবেগের মধ্যেকার সূক্ষ্ম ভারসাম্য কতটা গুরুত্বপূর্ণ। আমি একটি অতল গহ্বরের উপর একটি পাতলা দড়ির উপর

দিয়ে হাঁটছিলাম – একটি ভুল চাল এবং আমি অপ্রতিরোধ্যভাবে পড়ে যাব। আমি, যিনি বিলিয়নদের পরিচালনা করতেন এবং বিশ্বনেতাদের চালের পূর্বাভাস দিতেন, এখন নিজেকে এমন একটি শিশুর মতো অনুভব করছি, যে একটি দড়ির উপর হাঁটতে শিখছে, তার নিজের অক্ষমতায় আটকা পড়েছে। প্রতিটি আবেগ ছিল একটি ঘূর্ণি, যা আমাকে সেই শূন্যতায় টেনে নিয়ে যেতে পারতো, যেখান থেকে আমি আমার সারাজীবন কঠোরভাবে পালিয়েছি।

আমার অবিরাম ব্যথার মধ্যে, আমি অবাক হয়ে উপলব্ধি করলাম যে আমি আমার নরকে একা ছিলাম না। সব মানুষ একই demons - ভয়, একাকীত্ব, অনিশ্চয়তার সাথে লড়াই করে। আমি কেবল আরও একজন ভীত, হারিয়ে যাওয়া মানুষ ছিলাম, যে মরিয়া হয়ে নিজের থেকে পালানোর চেষ্টা করছিল। এবং যদিও আমার যন্ত্রণা ছিল গভীরভাবে ব্যক্তিগত, এটি মানব অভিজ্ঞতার একটি অস্তিত্বগত, সর্বজনীন উপাদানও ছিল। আমি একটি অদ্ভুত, প্রায় বেদনাদায়ক, মর্মস্পর্শী সংহতি অনুভব করছিলাম সেই সমস্ত মানুষের সাথে, যাদের আমি দূরে ঠেলে দিয়েছিলাম, যারা আমার শীতলতার কারণে কষ্ট পেয়েছিল।

এবং এই একাকী মুহূর্তে, আমি নিজেকে ক্ষমা করে দিলাম। আমি নিজেকে ক্ষমা করে দিলাম যে আমি কেবল একজন মানুষ ছিলাম... তার সমস্ত অসম্পূর্ণতা সহ, যে আমি ভুল করেছি, যে আমি দুর্বল ছিলাম, যে আমি নিজের থেকে পালিয়েছি। এই self-forgiveness বা আত্ম-ক্ষমা একটি instant revelation বা তাৎক্ষণিক প্রকাশের মতো আসেনি, বরং আমার বুকে একটি জট বাঁধা গ্রন্থির ধীরে ধীরে, যন্ত্রণাদায়কভাবে খোলার মতো, একটি প্রাচীন হিমবাহের গলে যাওয়ার মতো এসেছিল। যেন যে শৃঙ্খলগুলো আমাকে আমার নিজের ঔদ্ধত্যের সাথে আটকে রেখেছিল, সেগুলো ধীরে ধীরে ভেঙে পড়ছিল। আমি প্রত্যাখ্যান করা ভালোবাসার জন্য, মিস করা সুযোগগুলোর জন্য, হারিয়ে যাওয়া জীবনের জন্য নিজেকে ক্ষমা করে দিলাম। এবং এই মুহূর্তে, বছরের পর বছর পর, আমি একটি প্রায় অদৃশ্য শান্তি অনুভব করলাম। সুখ নয়, আনন্দ নয়, বরং নীরবতা। নীরবতা যা শূন্যতা ছিল না, বরং একটি প্রতিশ্রুতি ছিল – এই ক্লান্ত পৃথিবীর উপর প্রথম সূর্যোদয়ের মতো।

---❤---

অন্তরাত্মার অন্ধকারে:
ব্যথার অভয়ারণ্য তৃতীয়
পরিচ্ছেদ

অধ্যায় 25: অতল গহ্বর থেকে প্রতিধ্বনি

একসময়, যখন আমি এই ধ্বংসাবশেষে পরিণত হইনি, তখন আমি তার চোখের গভীরে ডুবে যেতে পারতাম। দুটি সবুজ অতল গহ্বর, যা একে অপরের চেয়েও গভীর, এবং আমার তিক্ত অহংকার গিলে ফেলতে পারতাম। তখন, হ্যাঁ, তখন আমি আত্মিক যন্ত্রণা কী তা বুঝেছিলাম। এটি কেবল ভোঁতা ব্যথা ছিল না, এটি ছিল একটি বিদীর্ণকারী শূন্যতা, যা নিজেকে হওয়ার নিষেধাজ্ঞার কারণে তৈরি হয়েছিল। সেই জমে যাওয়া ভয়, নিয়ন্ত্রণ হারানোর ভয়, স্রোতে ভেসে যাওয়ার ভয়, নিজেকে বিদ্যমান থাকতে দেওয়ার ভয়। এটি আমাকে ভিতর থেকে জ্বালিয়ে দিচ্ছিল, ক্ষয় করে দিচ্ছিল। আর তার কষ্ট—ওহ, আমি তা জানতাম—তা এসেছিল সেই জিনিস থেকে, যা সে আমার তৎকালীন শূন্য, অভেদ্য চোখে পড়ত। সে একটি অদৃশ্য ক্ষত ভরা খাদ দেখতে পেত। আমি নিজেই একটি অন্তহীন ঘূর্ণিতে আটকা পড়েছিলাম—ঠান্ডা, যৌক্তিক অস্বীকার এবং সেই মুহূর্তের মধ্যে ভীতিজনক, অপ্রতিরোধ্য নিমজ্জনের মধ্যে, যা জীবনের জন্য চিৎকার করছিল।

ফ্ল্যাশব্যাক: আমার নিজের মনের গোলকধাঁধায় দীর্ঘদিন আটকে থাকা আমার চিন্তা হঠাৎ তার চোখে ভরে গেল। কেবল চোখ নয়, ভুলে যাওয়া জগতের দরজা, যা আমাকে সেই অতীত জীবনে ফিরিয়ে নিয়ে গেল। আমাদের প্রথম সাক্ষাতের কথা মনে পড়ে গেল, বাসেলের সেই জমকালো সংবর্ধনায়। আমি - ক্ষমতার অধিকারী এক আয়োজক, প্রতিটি অঙ্গভঙ্গি দাবা খেলার চালের মতো মাপা, প্রতিটি শব্দ - একটি ব্লেড। আর সে - বিশৃঙ্খলার এক ঘূর্ণি, যেন আমার শৃঙ্খলাবদ্ধ রাজ্যকে উল্টে দেওয়ার জন্য পাঠানো হয়েছিল। আমার অহংকারে, আমি তার জীবনের সাত বছর কিনে নেওয়ার সিদ্ধান্ত নিয়েছিলাম। আমার ঠান্ডা, আবেগহীন কৌতূহল মেটানোর জন্য। একটি চুক্তি, যা আমার আত্মার চেয়েও বেশি মূল্যবান ছিল। আমি সন্দেহ করিনি যে এটি তার জন্য এবং আমার জন্য সবচেয়ে বড় পরীক্ষা হবে। আমার অহংকারী মুখোশের বিপরীতে, একটি নারী দাঁড়িয়েছিল যার শিরায় আগুন জ্বলছিল। আর তার চোখ প্রলোভনময় উন্মুক্ততা, একটি শর্তহীন, প্রায় নিষ্পাপ ভালোবাসার সাথে জ্বলছিল যা আমাকে বিদ্যুতের মতো বিদ্ধ করেছিল।

আমার মনে পড়ল... এবং হঠাৎ আমি আমার গভীর বিশ্ববোধে বিশ্বাস করলাম, যা আমি দীর্ঘদিন ধরে বাস্তবতাবাদের স্তরের নিচে চাপা দিয়ে রেখেছিলাম। যতবার আমি তাকে প্রত্যাখ্যান করেছি, তার অদৃশ্য অশ্রুতে ভরা চোখগুলো ঝড়ের মধ্যে বাতির মতো জ্বলজ্বল করছিল। অন্যান্য সব নারীর প্রাণহীন চেহারার মধ্যে সেগুলো জ্বলজ্বল করছিল। যেন হঠাৎ একটি ভারী পর্দা সরে গেল এবং আমি স্পষ্ট সারাংশটি দেখলাম, যা সর্বদা সেখানে ছিল, পাথরে খোদাই করা একটি লুকানো প্রতীকের মতো। আমার হৃদয় সীমাহীন ভালোবাসা এবং গভীর, বিদীর্ণকারী অনুশোচনার উষ্ণ ঢেউয়ে ভরে গেল। সেই নিঃসঙ্গ মুহূর্তে আমি বুঝতে পারিনি যে আমার নিজের অনুভূতির সাথে যুদ্ধ করা কতটা অর্থহীন এবং করুণ ছিল - নিজের সাথে যুদ্ধ করা, একমাত্র জিনিস যা আমাকে একজন মানুষ করে তুলেছিল।

— আগামীকাল আমার শেষ দিন, নাথানিয়েল। আমি মারা যাচ্ছি। আমাদের শুধু এই রাতটুকুই আছে।

তার কণ্ঠস্বর ছিল এক মৃতপ্রায় দেবদূতের ডানা ঝাপটানোর মতো, একটি ভাঙা হৃদয়ের শেষ স্পন্দন। সে আমার হাত ধরে ছিল, কিন্তু আমি নড়িনি। আমি জমে গিয়েছিলাম, অপরিচিত আবেগ, এই অসহায়তা এবং দুর্বলতা দেখে ভীত হয়েছিলাম, যা আমাকে টুকরো টুকরো করে দিচ্ছিল।

— এখন না।

আমার কথাগুলো সীসার গুলির মতো ছিল, যা তার হৃদয়ে নয়, আমার নিজের হৃদয়ে বিদ্ধ হয়েছিল। সে আমার হাত ধরে ছিল ভাগ করে নেওয়ার আশায়, শেষ সুযোগের আশায়, কিন্তু আমি সংবেদনহীন, পক্ষাঘাতগ্রস্ত, আমার ভয়ের কাছে বন্দী হয়ে দাঁড়িয়েছিলাম। আমি এই আকাঙ্ক্ষা, এই অপরিমেয় প্রয়োজন নিয়ে কী করব তা জানতাম না, যা আমার মধ্যে বিস্ফোরিত হচ্ছিল। তারপর আমি তাকে ভুলে যাওয়ার চেষ্টা করলাম, তাকে আমার মন থেকে মুছে ফেলার চেষ্টা করলাম, আরও ঠান্ডা এবং সংবেদনহীন হওয়ার চেষ্টা করলাম। বেঁচে থাকার জন্য। অথবা বরং - শূন্যতায় বিদ্যমান থাকার জন্য।

আমি আবার চোখ বন্ধ করলাম। আমি বেদনাদায়ক স্মৃতির অন্তহীনতায় ডুবে যাচ্ছি। প্রতিটি শ্বাস ফিরে আসা। সেই সংক্ষিপ্ত মুহূর্ত, যখন আমার জমে যাওয়া হৃদয় তার উষ্ণ হৃদয়ের সাথে স্পন্দিত হচ্ছিল। যেন মিথ্যা বাদ্যযন্ত্র বাজছে, কিন্তু তবুও একসঙ্গে। তার চোখ - আমার আত্মাকে প্রতিফলিত করছিল। আমি নগ্ন ছিলাম, কিন্তু এক মুহূর্তের জন্য - স্বাধীন। যেন একাকী পাখি বিশাল শূন্যতার উপরে উড়ছে। আমি তার হাত অনুভব করলাম। তার দৃষ্টি। তার

হাসি, যা অন্ধকারকে পুড়িয়ে দিচ্ছিল। বিভ্রম। একটি বরফের মরুভূমিতে একাকী ঘুরে বেড়ানোর পরে সে আমাকে জীবনে ফিরিয়ে আনছিল।

অতীত। একটি সুন্দর, হারিয়ে যাওয়া স্বপ্ন। একটি কঠোর জাগরণ। বর্তমানের শূন্যতা। সেই মুহূর্তগুলোই ছিল জীবন। উজ্জ্বল রঙ। ভঙ্গুর আশা। যেন একটি উদীয়মান সূর্য। বেদনাদায়ক উপলব্ধি - আমি কী অপচয় করেছি! আমি শর্তহীন ভালোবাসা প্রত্যাখ্যান করেছি। আমি একটি নুড়ির জন্য একটি হীরা ফেলে দিয়েছি। আমি সোনার সাথে ধূলার তুলনা করেছি। আমি এত অন্ধ ছিলাম কীভাবে? আমি কীভাবে একটি মানবিক স্পর্শকে ক্ষমতার জন্য বদলে দিলাম, যা শূন্যতা ছাড়া আর কিছু পূর্ণ করে না? এই চিন্তাটি আমার মাংসে পচে যাওয়া একটি ইস্পাতের কাঁটার মতো ছিল।

ব্যথা। তীক্ষ্ণ। আমাকে বিদীর্ণ করে। কিন্তু এটি আশার এক অদ্ভুত উৎস। একটি বিপরীতমুখী আশীর্বাদ। আমাকে হারানোর কথা মনে করিয়ে দেয়। গোপনে আকাঙ্ক্ষা করি। ঝড়ের মধ্যে একটি লুকানো শিখা। একটি উজ্জ্বল তারকা দেখার চেষ্টা। আমি কীভাবে স্বয়ং আকাশ স্পর্শ করেছিলাম তা মনে করা। আমি নির্বোধের মতো প্রত্যাখ্যান করেছিলাম। শ্বাস নিতে অস্বীকার করেছিলাম। এই স্মৃতিগুলোতে আমি নিজের একটি দুর্বল প্রতিচ্ছবি খুঁজে পেলাম। একজন মানুষ, যে ভালোবাসতে সক্ষম। যাকে ভালোবাসা যায়। শক্তিশালী এবং বেদনাদায়কভাবে দুর্বল। যেন একটি খোলা ক্ষত। আমাকে সেই মানুষটিকে খুঁজে বের করতে হবে। তাকে মুক্ত করতে হবে। খুব দেরি হওয়ার আগে।

এখন, আমার আত্মাকে চেপে ধরা নিঃসঙ্গ রাতে, মেলিনার কথাগুলো, যা অনেক আগেই ম্লান হয়ে গিয়েছিল, কিন্তু কখনো সত্যিই ভুলে যাওয়া যায়নি, অতীতের প্রেতের মতো ফিরে এলো। আমার নিজের কল্পনা সেগুলোকে পুনর্নির্মাণ করছিল, ছায়াগুলোকে তার কোমল কণ্ঠস্বর দিয়ে, তার দৃষ্টির উষ্ণতা দিয়ে ভরে দিচ্ছিল—উষ্ণতা, যা আমি এমন নির্দয়ভাবে তাড়িয়ে দিয়েছিলাম, যেন এটি একটি অভিশপ্ত আগুন। যেন সে এখানেই ছিল, আমার পাশে, নির্জনতার মরুভূমির ঠান্ডায়। আমার স্বপ্নে আমি তার দিকে পৌঁছানোর চেষ্টা করলাম, কিন্তু আমার হাত কুয়াশার মধ্য দিয়ে একটি ইথারিয়াল দর্শন ভেদ করে গেল, কেবল শূন্যতার সাথে ধাক্কা খাওয়ার জন্য।

— আমি তোমাকে দেখতে পাচ্ছি, নাথানিয়েল, আসল তোমাকে...

মেলিনার কণ্ঠস্বর আমার মাথায় প্রতিধ্বনিত হলো, এত স্পষ্ট, যেন সে আমার পাশে দাঁড়িয়ে ফিসফিস করছিল। তার কথাগুলো আমার আত্মায় তীক্ষ্ণ কাঁটার মতো বিদ্ধ হচ্ছিল, আমার উদাসীনতার বর্মকে বিদ্ধ করছিল, যা আমি এত বছর ধরে তৈরি করেছিলাম। আমি নিজেকে গুটিয়ে নিলাম, যেন শারীরিক যন্ত্রণায়, আমার ঠান্ডা উত্তর, সেই প্রাণহীন দুটি শব্দ, যা তার আশাকে চিরতরে গুঁড়িয়ে দিয়েছিল।

আমি সেই মুহূর্তটি মনে আছে, যখন ভয়ের শব্দে অস্বীকারের সেই মুহূর্তে, তারা অস্তিত্বের বাইরেও তাকে স্পর্শ করেছিল। আমি আমার পেন্টহাউসের জানালায় দাঁড়িয়ে শহরের আলো দেখছিলাম—হাজার হাজার চোখ, যা আমার যন্ত্রণাকে দেখতে পায়নি—আর সে, মেলিনা, বিশ্বের অন্য প্রান্তে মৃত্যুর দ্বারপ্রান্তে বসে ছিল। তার পুরো সত্তা ছিল একটি কম্পমান প্রত্যাশা, তার সমস্ত ব্যথায় তাকে শোনার জন্য, তার নিঃসঙ্গতা ভাগ করে নেওয়ার জন্য, কিন্তু আমি একটি শব্দ দিয়ে তার বিশ্বাস ভেঙে দিয়েছিলাম।

— এখন না।

আমি বলেছিলাম। করুণা নেই, সহানুভূতি নেই। আমি জমে গিয়েছিলাম, নিজের অসহায়তা, আমাকে বিদীর্ণ করা আকাঙ্ক্ষা দেখে ভীত হয়েছিলাম। এবং তারপর আমি তার নীরব শ্বাস-প্রশ্বাস শুনলাম, একটি শেষ নিঃশ্বাস, সে আমার জীবন থেকে চিরতরে, রাতের ছায়ার মতো অদৃশ্য হওয়ার জন্য প্রস্তুত ছিল।

— এই সংক্ষিপ্ত, কিন্তু অমূল্য মুহূর্তগুলোর জন্য তোমাকে ধন্যবাদ...

এখন এই কথাগুলো আমার অন্ধত্বের জন্য, হারিয়ে যাওয়া স্বর্গের জন্য একটি নীরব তিরস্কারের মতো শোনাচ্ছিল। তার জন্য অমূল্য, কিন্তু সেই সময় আমার জন্য অর্থহীন—একটি বোকা ব্যবসায়ী, যে শয়তানের কাছে তার আত্মা বিক্রি করে দিয়েছিল, একটি মুহূর্তের জন্য অনন্তকাল বদলে দিয়েছিল। আমি তার নৈকট্যের অনন্ত মূল্য, সেই আলো যা সে আমার ছায়াময় জগতে এনেছিল, তার প্রতি অন্ধ ছিলাম।

কীভাবে আমি বিশুদ্ধতম সুরের প্রতি এত বধির হতে পারতাম? কীভাবে আমি তার উপস্থিতি একটি নতুন আর্থিক বিজয়ের জন্য, অন্যদের উপর আরেকটি অকেজো ক্ষমতার জন্য, অন্য কোনও নারীর প্রতি ক্ষণস্থায়ী মুগ্ধতার জন্য বদলে দিতে পারতাম? যেন আমি সেই সূর্যের সামনে চোখ বন্ধ করে রেখেছিলাম যা আমাকে ডাকছিল এবং অন্ধকারকে বেছে নিয়েছিলাম।

— আমি তোমার দেবদূত হব, সর্বদা তোমার উপর নজর রাখব...

আমার দেবদূত এখন কোথায় ছিল? সে কি এখনও আমার উপর নজর রাখছিল, সেই শীতলতা সত্ত্বেও যা দিয়ে আমি তার ভালোবাসার শিখা নিভিয়ে দিয়েছিলাম? নাকি সে মুখ ফিরিয়ে নিয়েছিল, আমার দেখতে, অনুভব করতে, পূর্ণতায় বিদ্যমান থাকতে না পারার কারণে ক্লান্ত হয়ে? তার দেবদূতীয় চিত্রের বিভ্রম আশেপাশের অন্ধকারে মিলিয়ে যাচ্ছিল, কেবল আমার নিজের, ধ্বংসাত্মক নিঃসঙ্গতা প্রকাশ করছিল।

আমি বুঝতে পারলাম যে এই দেবদূত কেবল আমার নিজের হৃদয়ের একটি ভাঙা অংশ, যা আমি একসময় ছিলাম—এবং এখন আমি তাকে টুকরো টুকরো করে জোড়া লাগানোর চেষ্টা করছিলাম, যতক্ষণ না এটি ধুলোয় পরিণত হয়। প্রতিটি ম্লান হয়ে যাওয়া শব্দ, প্রতিটি ভুলে যাওয়া স্বর এখন বেদনাদায়ক তীক্ষ্ণতার সাথে ফিরে আসছিল, আমার অস্বীকারের স্তরগুলোকে বিদীর্ণ করছিল।

আমি আবার নিজেকে তার চোখের মাধ্যমে দেখলাম—সেই শক্তিশালী, সংবেদনহীন মানুষ হিসেবে নয়, যা আমি নিজেকে উপস্থাপন করেছিলাম, বরং একজন ভীত, নিঃসঙ্গ মানুষ হিসেবে, যার ভালোবাসার খুব প্রয়োজন ছিল, কিন্তু তা গ্রহণ করতে আতঙ্কিত ছিল, যেন একটি শিশু দুষ্টুমির পরে লুকিয়ে আছে। তার দৃষ্টিতে, যা বোঝাপড়া এবং সহানুভূতিতে পূর্ণ ছিল, এখন আমি আমার সমস্ত ত্রুটি দেখতে পাচ্ছিলাম—অহংকার, যা আমাকে অহংকারের দানবে পরিণত করেছিল; ভয়, যা আমাকে বন্দী করে রেখেছিল; শূন্যতা, যা আমাকে ভিতর থেকে খেয়ে ফেলছিল। এটি ছিল সবচেয়ে নিষ্ঠুর বিচারক—সেই ব্যক্তির দৃষ্টি, যাকে আপনি সবচেয়ে বেশি আঘাত করেছেন, কিন্তু যিনি সবকিছু সত্ত্বেও আপনাকে তার শেষ নিঃশ্বাস পর্যন্ত ভালোবেসেছিলেন।

আমি এখন যে ব্যথা অনুভব করছিলাম তা আগের থেকে আলাদা ছিল। এটি একটি বিমূর্ত, অস্তিত্বীয় যন্ত্রণা ছিল না, এটি ছিল একটি নির্দিষ্ট, লক্ষ্যযুক্ত যন্ত্রণা—হারানোর যন্ত্রণা, মিস করা সুযোগের যন্ত্রণা, আমার জীবনের একমাত্র নৈকট্যকে যে শীতলতা দিয়ে আমি প্রত্যাখ্যান করেছিলাম তার যন্ত্রণা। এটি ছিল আমার নিজের পছন্দের যন্ত্রণা, প্রতিটি সিদ্ধান্তের যন্ত্রণা যা প্রত্যাখ্যান করার, নিজেকে বন্ধ করার, মানবিকতার চেয়ে নিয়ন্ত্রণকে বেছে নেওয়ার—জীবন্ত স্ফুলিঙ্গের চেয়ে একটি ঠান্ডা হিসাব। এটি বাহ্যিক ছিল না, বরং অভ্যন্তরীণ ছিল, আমাকে

আমার নিজের স্মৃতি এবং কর্মের দ্বারা বিদীর্ণ করছিল। এটি ছিল একটি ভাঙা কাঁচের মতো অপূরণীয়তার উপলব্ধির যন্ত্রণা, যা একটি খালি ঘরে প্রতিধ্বনিত হয়। মেলিনার কথা, যা একসময় উপেক্ষা করা হয়েছিল, এখন নিঃসঙ্গ রাতে আমার অনুশোচনার একটি তিক্ত গসপেলের মতো প্রতিধ্বনিত হচ্ছে... একটি দেরিতে পাওয়া শিক্ষা, অশ্রু এবং একটি রক্তক্ষরণকারী আত্মা দিয়ে লেখা, ভাগ্যের একটি প্রাচীন অক্ষরের মতো। একটি গসপেল, যা পরিত্রাণের প্রতিশ্রুতি দেয়নি, কেবল আমার হারিয়ে যাওয়া "আমি" এর বেদনাদায়ক উপলব্ধি—একটি অন্য, আরও ভালো জীবনের ছায়া, যা হতে পারত, কিন্তু কখনো হবে না।

হঠাৎ, একটি তীক্ষ্ণ ব্যথা তাকে স্মৃতির খপ্পর থেকে বের করে আনল। আত্মিক নয়, বরং নির্মম, শারীরিক। পাথরের আঘাত। সে অনুভব করল যে তার শরীর ভেজা, ঠান্ডা পাথরের উপর পড়ে যাচ্ছে। তার মুখে বালি এবং রক্তের স্বাদ ভরে গেল। সে তার হাত ধরে ফেলল—একটি উষ্ণ, স্পন্দিত যন্ত্রণা। চোখ খুলল। ঘন, দুর্ভেদ্য অন্ধকার। চারদিকে অন্ধকার, যা গ্রাস করছিল এবং ভারী ছিল। ইস্পাতের মতো ভারী, তার চোখের পাতা চেপে ধরেছিল। সে তার নিজের দ্রুত, খসখসে শ্বাস শুনতে পাচ্ছিল, যা সৈকতের নীরবতাকে বিদীর্ণ করছিল। তার নাকের ছিদ্রে আর্দ্রতা, ছাতা, কিছু পুরানো এবং মৃতের একটি তীক্ষ্ণ গন্ধ উঠল। সে তার অন্য হাতটি সামনে বাড়াল, তার আঙ্গুলগুলো মোটা, ঠান্ডা পাথরের উপর পিছলে গেল। এক জায়গায় মসৃণ, তারপর এবড়োখেবড়ো। সে তার উপরে বালি অনুভব করল। ধীরে ধীরে, যন্ত্রণাদায়কভাবে, সে ওঠার চেষ্টা করল। তার কাঁধ জ্বলছিল, প্রতিটি পেশী তীক্ষ্ণ যন্ত্রণায় প্রতিবাদ করছিল। সে টলমল করল, কিন্তু মাটিতে ভর দিয়ে নিজেকে সামলে নিতে পারল।

না, এটি একটি স্বপ্ন ছিল না। এটি ছিল বাস্তবতা। বেদনাদায়ক, নির্মম, কিন্তু তার। মেলিনার চোখ থেকে, একটি প্রেতাত্মার স্পর্শ থেকে, পাথরের আঘাত পর্যন্ত। সে বেঁচে ছিল। এবং এবার, সে বাঁচবে।

---❤---

অধ্যায় 26: মৃত্যুর স্পর্শে নাথানিয়েল

কোনোমতে মাটিতে বসতে পারল, তার পিঠ একটি বিশাল পাথরের সাথে হেলান দিয়ে রাখল, যা তার জীবন্ত ছায়ায় লুকিয়ে ছিল। তার মুখ থেকে রক্ত গড়িয়ে পড়ছিল, আঠালো এবং উষ্ণ। সে তার প্যান্টের কাপড় দিয়ে তা মুছে ফেলল, এমনকি সামান্য নড়াচড়াও করল না। সে তার মাথার ক্ষতটি বেঁধে দিল, শক্ত করে টেনে দিল, যাতে জীবনের ধারা যা বয়ে যাচ্ছিল তা বন্ধ হয়ে যায়। সে চাঁদের দিকে তাকাল, যা গাছের ডালপালার মধ্য দিয়ে সবেমাত্র জ্বলজ্বল করছিল, অন্ধকারের মধ্যে একটি রূপালী চোখের মতো। এবং তারপর, কেবল এক মুহূর্তের জন্য, সে আবার তার স্মৃতির অতল গহ্বরে ডুবে গেল।

নাথানিয়েলের স্মৃতি থেকে: আমার তাকে মনে আছে। কোনো ভূত হিসেবে নয়, বরং একটি ঝড়ের মতো, যা দশ বছর আগের আমার স্মৃতিকে নাড়িয়ে দিয়েছে। একটি মুহূর্ত যা আমাকে নীরব বিচারকের মতো তাড়া করে ফিরছিল, আমার নিজের অপরাধবোধের এক অধরা ছায়ার মতো, যাকে আমি কখনই ধরতে পারিনি। আমি তাকে ধীর গতিতে দেখছিলাম - তার প্রতিটি অঙ্গভঙ্গি আমার মনে প্রতিধ্বনিত হচ্ছিল, প্রতিটি সেকেন্ড ছিল এক অনন্তকাল, এবং আমি, একজন পক্ষাঘাতগ্রস্ত সাক্ষী, নড়াচড়া করতে পারছিলাম না।

নাথানিয়েলের স্মৃতি: "অনন্তকালের স্ক্রল" থেকে "একটি অশ্রু কালির উপর পড়ল, সদ্য খোদাই করা অক্ষরটি ঝাপসা করে দিল - আমার হৃদয়ের একটি টুকরো, ছিঁড়ে ফেলা, ফেলে

দেওয়া। আমার আঙ্গুলে কলমের ডগা কাঁপছিল - দুর্বলতা থেকে নয়, বরং ত্বকের নিচে ধূমায়িত ক্রোধ থেকে। আমার দৃষ্টি, ঘোলাটে, অনন্তের দিকে স্থির, একটি জলহীন কূপের মতো ছিল, যা থেকে সে উঠে আসার চেষ্টা করছিল। আমার ঠোঁট খুলে গেল, কিন্তু কোনো শব্দ বের হলো না - কেবল একটি নীরব, বিদীর্ণকারী চিৎকার, যা বুকে প্রতিধ্বনিত হচ্ছিল। অন্ধকার আমাকে গিলে ফেলার আগে সে শেষ স্মৃতিচিহ্ন হিসেবে কাগজটি তার বুকের সাথে চেপে ধরল।"

আমি কেবল একজন দর্শক ছিলাম, দেখার জন্য অভিশপ্ত। সে জানালার আয়নায় নিজের প্রতিচ্ছবির দিকে তাকিয়ে ছিল - একটি বিবর্ণ মুখ, চোখের নিচে ছায়া দ্বারা আঁকা, যেন একটি প্রাচীন, ক্যালেন্ডার থেকে ছিঁড়ে নেওয়া আইকন। তার নড়াচড়া ধীর ছিল, যেন বিশ্বের ভার নয়, বরং হাজার হাজার অদৃশ্য সুতো তাকে নিচের দিকে টেনে নিচ্ছিল, আত্মসমর্পণের অতল গহ্বরের দিকে। "আর কোনো ভয় নেই।" - সে ফিসফিস করে বলল, কোনো কম্পন ছাড়াই, তার কণ্ঠে কোনো অপ্রয়োজনীয় সুর ছিল না। তার কথাগুলো একটি পাথরের টুকরার মতো ছিল, যা একটি শিলা থেকে ছিঁড়ে নেওয়া হয়েছিল, লক্ষ লক্ষ বছরের নীরবতা এবং কঠোর বাস্তবতা ধারণ করে। সে দূরে তাকাল, যেখানে কেবল সে তার নিজের মহাবিশ্বের শেষে অদৃশ্য দিগন্ত দেখতে পাচ্ছিল।

সে তার কোলে হাত মুষ্টিবদ্ধ করল, তার আঙ্গুলের গাঁট সাদা হয়ে গেল, যেন জীবনের স্পন্দনকে থামাতে চাইছে। তার বুকে একটি শূন্যতা অনুভূত হচ্ছিল, যেকোনো খাদ থেকে গভীর, এবং তার মাথায় অপ্রশ্নিত প্রশ্নগুলো প্রতিধ্বনিত হচ্ছিল, উত্তরগুলোর চেয়ে শক্তিশালী, যেকোনো অনস্বীকার্য বাস্তবতার চেয়ে আরও বেশি পীড়াদায়ক। আমি তার শক্তি অনুভব করলাম, অনিবার্যতার বিরুদ্ধে তার নীরব প্রতিরোধ, যা আমার আতঙ্কিত সংগ্রামের থেকে এতটাই আলাদা ছিল। সে একজন যোদ্ধা ছিল না, বরং একজন প্রাচীন পুরোহিতের মতো ছিল, যে তার ভাগ্যকে মর্যাদার সাথে গ্রহণ করছিল, যখন আমি ছিলাম বিভ্রমের একজন প্রভু, যে তাসের ঘরের মতো বাস্তবতার সামনে ভেঙে পড়ছিল। তার বুক বেদনাদায়কভাবে সংকুচিত হচ্ছিল, হৃদয়ের প্রতিটি স্পন্দন একটি কবরের মধ্যে একটি ভোঁতা চিৎকারের মতো প্রতিধ্বনিত হচ্ছিল।

তার নাড়ির স্পন্দন, একটি টিকটিক করা ঘড়ির মতো, আসন্ন শেষের কথা মনে করিয়ে দিচ্ছিল। সে তার কপালে চাপ দিল, ছুটে চলা চিন্তাগুলোকে ধরার চেষ্টা করছিল, যা ঝড়ের মধ্যে প্রজাপতির মতো ছিল, বিক্ষিপ্ত এবং অধরা। তার দৃষ্টি উদ্দেশ্যহীনভাবে ঘরের চারদিকে ঘুরছিল, সমর্থন খুঁজছিল না, বরং একটি চিহ্ন খুঁজছিল যে সে এখনও বিদ্যমান - তার নিজের অস্তিত্বের কোনো ধরনের নিশ্চিতকরণ।

আমি জানতাম যন্ত্রণা কী, কিন্তু এইভাবে নয়। তার ব্যথা বিশুদ্ধ ছিল, অহংবোধ থেকে মুক্ত, গ্রহণের সাথে পূর্ণ ছিল, মরুভূমির একটি ঝর্ণার মতো, যা জীবন দান করে। আমার ব্যথা তিক্ত ছিল, আমার নিজের অন্ধত্বের দ্বারা আহত, যেন একটি মরিচা ধরা পেরেক মাংসের গভীরে বিদ্ধ হয়েছে। "এমনকি এই খাদের কিনারেও, আশার একটি স্ফুলিঙ্গ জ্বলছে।" - সে ফিসফিস করে বলল, আর তার কথাগুলো একটি শিখার মতো ছিল, যা খাদের উপরে নাচছিল, নিভে যেতে অস্বীকার করছিল। - "আমি আলোর প্রতিটি রশ্মির জন্য, জীবনের প্রতিটি চুরি করা মুহূর্তের জন্য লড়াই করছি। আমি আরও একটি সূর্যাস্ত দেখতে, আমার মুখে বৃষ্টির স্পর্শ অনুভব করতে, এবং তোমাকে আরও একবার জড়িয়ে ধরতে আকুল। জীবন, এই অমূল্য উপহার, যুদ্ধ ছাড়া ফেলে দেওয়া যায় না।"

বাসেল এবং জেরুজালেমের মধ্যে... মেলিনা:

এমনকি এই খাদের কিনারেও, আশার একটি স্ফুলিঙ্গ জ্বলছে – আমি ফিসফিস করে বললাম, আর আমার কণ্ঠস্বর বাতাসের একটি কম্পনের মতো শোনাচ্ছিল, যা শূন্যতায় হারিয়ে যায়। আমি আলোর প্রতিটি রশ্মির জন্য, জীবনের প্রতিটি চুরি করা মুহূর্তের জন্য লড়াই করছিলাম, যেন আমি সময়ের একজন চোর ছিলাম, এবং আমার দিনগুলো ছিল অন্যের সম্পত্তি। আমি আরও একটি সূর্যাস্ত দেখতে, বৃষ্টির স্পর্শ অনুভব করতে, তোমাকে আরও একবার জড়িয়ে ধরতে আকুল ছিলাম, নাথানিয়েল। জীবন, এই অমূল্য উপহার, যুদ্ধ ছাড়া ফেলে দেওয়া যায় না। কারণ এমনকি তোমাকে ছাড়াও, আমি নিজের কাছে, আমার প্রতিটি অবশিষ্ট শ্বাসের কাছে ঋণী ছিলাম। আমার মনে আছে তুমি "এখন না" বলার আগে তুমি শেষবার আমাকে স্পর্শ করেছিলে। সেই বাক্যটি আমার আত্মায় একটি গর্ত তৈরি করেছিল, যেকোনো রোগের চেয়ে গভীর, যেকোনো ক্ষতির চেয়ে বেদনাদায়ক। শূন্যতার মধ্যে ছোড়া একটি গুলির মতো, এটি এখনও প্রতিধ্বনিত হচ্ছিল।

"আমি কেন? এখন কেন?" - এই প্রশ্নগুলো আমার খালি মনে কোনো উত্তর খুঁজে পায়নি।

কিন্তু আমি অর্থের সন্ধানে আঁকড়ে ধরেছিলাম, যেন একটি ডুবে যাওয়া মানুষ উত্তাল সাগরে একটি খড়কুটো খুঁজছে। হয়তো এই নিষ্ঠুর যুদ্ধে আমি আমার নিজের গভীরতম সত্যগুলো খুঁজে পাব, আমার সত্তার অন্ধকারতম কোণে লুকিয়ে থাকা। আমি তোমাকে বুঝতে চাই, নাথানিয়েল। আমি বুঝতে চাই কেন তোমার হৃদয় একটি বর্মযুক্ত দুর্গের মতো এত বন্ধ, কেন তুমি এমন ভালোবাসাকে এত ভয় পাও যা তোমাকে মুক্ত করবে। এমনকি যদি আমি মারা যাই, আমি বুঝতে চাই। ব্যথা আমার অবিচ্ছেদ্য সঙ্গী, একটি বিশ্বস্ত কুকুরের মতো, যা আমাকে সর্বত্র অনুসরণ করে। কিন্তু সবচেয়ে তীক্ষ্ণ ব্যথা সেই শর্তহীন ভালোবাসার জন্য, যা চিরতরে অপ্রাপ্ত, ভাগ করে না নেওয়া একটি গানের মতো থাকবে, যার সুরগুলো বাতাসের দ্বারা ছড়িয়ে দেওয়া হয়েছে। যে ভালোবাসা আমি তোমাকে দিয়েছিলাম, তোমার ছাড়া আর কিছুই না চেয়ে। যে ভালোবাসা তুমি প্রত্যাখ্যান করেছিলে, একটি বিশ্বের উপর তোমার নিয়ন্ত্রণ বজায় রাখার জন্য, যা আমার জন্য আর বিদ্যমান ছিল না।

নয় মাস... নয় মাস ধরে আমি মৃত্যুর আলিঙ্গনে বাস করছি, এমন একটি ফাঁদে, যা থেকে কোনো মুক্তি নেই। ভয় চলে গেছে, কেবল অসম্পূর্ণতার জন্য দুঃখ রেখে গেছে, আমার জীবনের অলেখা পৃষ্ঠাগুলোর জন্য। একটি পরীক্ষামূলক অপারেশন আমার জন্য অপেক্ষা করছিল, আমার মাথার পরজীবীটিকে গলিয়ে দেওয়ার একটি মরিয়া চেষ্টা। বিকিরণ... উচ্চ মাত্রা... ঝুঁকি বিশাল, এবং আমি মৃত্যুকে অনুভব করতে পারি। সে কাছাকাছি ছিল, তার হাড়ের আঙ্গুলগুলো আমার দিকে বাড়িয়ে দিচ্ছিল, মাটি এবং বিস্মৃতির গন্ধ বহন করছিল। হয় আমি যন্ত্রের মধ্যে নিভে যাব, অথবা আমি যন্ত্রণাদায়ক যুদ্ধ চালিয়ে যাব, যতক্ষণ না আমার ভেতরের শেষ স্ফুলিঙ্গটিও নিভে যায়। আমি হাসপাতালের শব্দগুলো শুনতে পেলাম, জীবাণুমুক্ত গন্ধ, যা সবকিছু শেষ হওয়ার কথা মনে করিয়ে দিচ্ছিল।

কিন্তু এমনকি এখন, তোমার চিন্তা, ব্যথার চেয়ে শক্তিশালী ছিল, যেকোনো আলোর চেয়ে উজ্জ্বল ছিল, যেকোনো রঙের চেয়ে বেশি তীব্র ছিল। আর আমি কত কিছু উপভোগ করতে চেয়েছিলাম! আমার অনেক অপূর্ণ স্বপ্ন আছে, অপ্রাপ্ত শীর্ষ আছে, সুখের অনির্দিষ্ট মুহূর্ত আছে, মিস করা সূর্যোদয় এবং সূর্যাস্ত আছে, অস্পৃষ্ট আবেগ আছে, অশিক্ষিত জ্ঞান আছে... আমি তোমাকে আন্তরিকভাবে হাসতে শেখাতে চেয়েছিলাম, কেবল ঠোঁট দিয়ে নয়, তোমার পুরো সত্তা দিয়ে, তোমার পুরো হৃদয় দিয়ে অনুভব করতে, জীবনকে আলিঙ্গন করতে, নিয়ন্ত্রণ

করতে নয়। আমি তোমাকে দেখাতে চেয়েছিলাম যে দুর্বলতা দুর্বলতা নয়, বরং একজন মানুষের থাকতে পারে এমন সবচেয়ে বড় শক্তি।

আমি জানতাম যে বস্তুগত জিনিসের প্রতি আকর্ষণ একটি বিভ্রম এবং আমি নিজেকে মুক্ত করার চেষ্টা করছিলাম, সমস্ত পার্থিব শৃঙ্খল থেকে নিজেকে বিচ্ছিন্ন করার চেষ্টা করছিলাম। কিন্তু কেউ আমাকে শেখায়নি যে এই অব্যক্ত গোপনীয়তাগুলো নিয়ে কী করতে হবে, যা বায়ুহীন জায়গায় ঝুলছিল, ভাগ করে নেওয়া হয়নি। এই উত্তেজনা এবং যন্ত্রণাগুলো আমি আমার সাথে নিয়ে যাব, যা আমার আত্মাকে চিরতরে চিহ্নিত করবে - অপ্রীতিকর অপরাধবোধের কাপ, ভালোবাসার পাপপূর্ণ মুহূর্তগুলো... তারা আমার সাথে অস্তিত্বহীনতার দিকে যাত্রা করছিল। আমি অনুভব করলাম যে তোমার একটি অংশ, সেই অংশটি যা আমি স্পর্শ করতে পারিনি, আমার সাথে যাত্রা করছিল। হয়তো কেবল মৃত্যুর মধ্যেই আমরা আবার দেখা করতে পারতাম, তোমার অহংকারের এবং আমার ব্যথার শৃঙ্খল থেকে মুক্ত হয়ে।

---❤---

অধ্যায় 27: সমুদ্র সৈকতে শেষ দেখা এটি একটি

স্বপ্ন ছিল... বা ক্ষণস্থায়ীত্বের গভীরতা থেকে ছিঁড়ে নেওয়া একটি স্মৃতি, যন্ত্রণাদায়কভাবে জীবন্ত। গোধূলি বেলায়, সমুদ্র সৈকতে। ঢেউগুলো মৃদুভাবে গোপন কথা ফিসফিস করছিল, এবং চাঁদ শান্ত জলের উপর একটি রূপালী পথ ফেলেছিল, যেন অন্য জগতে যাওয়ার পথ আঁকছিল। আমি নাথানিয়েলের দিকে দুঃখের সাথে হাসলাম, দুঃখ এবং গ্রহণের সাথে বোনা একটি হাসি, এবং শান্তভাবে বললাম:

— আমাকে তোমাকে কিছু বলতে হবে... আমার কাছে শুধু এই মুহূর্তটি আছে, এই রাত... এবং এর পরে, মৃত্যু হয়তো অনিবার্য...

বেদনা আমার চোখের পেছনে স্পন্দিত হচ্ছিল, একটি তীক্ষ্ণ, ধ্রুবক ছন্দের মতো। আমি তার হাত চেপে ধরলাম, আমার শেষ বিন্দু শক্তিও নিংড়ে নিলাম।

— আমাকে যেতে হবে, নাথানিয়েল। — আমার কণ্ঠস্বর একটি অটল সংকল্পে আবৃত ছিল, একটি অনিবার্য ভবিষ্যদ্বাণীর মতো।

সে নীরবে মাথা নাড়ল, তার গলার দলাটা গিলে ফেলল। রাতের সৌন্দর্য সত্ত্বেও, পরিবেশটি অনবদ্য শব্দের দ্বারা ভারী ছিল, আসন্ন বিচ্ছেদের ছায়ার দ্বারা, যা একটি অভিশাপের মতো ঝুলছিল। আমি তার চোখে পক্ষাঘাত দেখতে পাচ্ছিলাম, যদিও আমার শরীরের প্রতিটি তন্তু চিৎকার করছিল তাকে থামানোর জন্য, তাকে আলিঙ্গন করার জন্য, তাকে বলার জন্য যে আমি যেতে পারি না। কিন্তু ভয়, সেই জমে যাওয়া নৈকট্যের ভয়, তাকে আবার শৃঙ্খলিত করেছিল।

আমি কিছুটা পিছিয়ে গেলাম এবং বালির উপর আমার মালপত্রের পাশে একটি বাদামী কাগজে মোড়ানো একটি বড় প্যাকেট নির্দেশ করলাম।

— এটা তোমার জন্য।

নাথানিয়েল তার ভ্রু উপরে তুলল, অবাক হয়ে, যেন একটি ভূত দেখেছে।

— এটা কি?

— আমার শেষ উপহার — আমি একটি হালকা হাসি দিয়ে উত্তর দিলাম, যা আমার চোখের ক্লান্তি লুকাতে পারল না, যা হাজার বছরের ব্যথা বহন করছিল। — আমি তোমার জন্য কিছু রেখে যেতে চেয়েছিলাম... স্মরণীয়।

প্যাকেটের দিকে যাওয়ার আগে সে ইতস্তত করল। যখন সে এটি খুলল, চাঁদের আলোতে তার চোখের সামনে একটি বড় চিত্রকর্ম উন্মোচিত হলো। এতে, যন্ত্রণাদায়ক বিস্তারিত এবং অন্ধকার রঙে, দান্তের বর্ণনা অনুযায়ী নরকের সমস্ত বৃত্ত চিত্রিত ছিল। লিম্বো থেকে বিশ্বাসঘাতকতার গভীরতম অতল গহ্বর পর্যন্ত, প্রতিটি যন্ত্রণাদায়ক স্তরকে একটি মর্মান্তিক শক্তি দিয়ে পুনর্নির্মাণ করা হয়েছিল, যেন মানুষের চেতনার অন্ধকারতম অতল গহ্বর থেকে আঁকা। আমি জানতাম যে বিদ্রুপটি একটি ব্লেডের মতো তাকে বিদ্ধ করবে। সে, যে নিজেকে বিশ্বের প্রভু ভাবত, এখন এমন একটি চিত্রকর্ম দেখছিল যা তার নিজের অভ্যন্তরীণ শাস্তির বিশ্বকে চিত্রিত করছিল। প্রতিটি বৃত্ত, প্রতিটি যন্ত্রণা পরিচিত ছিল, যেন সে নিজেই তাদের মধ্য দিয়ে গেছে, এবং চিত্রকর্মটি ছিল তার নিজের আত্মা, তার সামনে উন্মোচিত—নগ্ন, বিদীর্ণ, বাস্তব।

নাথানিয়েল নির্বাক হয়ে রইল, ক্যানভাসের অশুভ সৌন্দর্যের দিকে তাকিয়ে। সে স্বজ্ঞাতভাবে অন্ধকার এবং প্রতীকীর প্রতি আমার আকর্ষণ অনুভব করেছিল, কিন্তু এই চিত্রকর্মটি... এটি এতটাই মনোমুগ্ধকর এবং একই সাথে এতটাই বিরক্তিকর ছিল, যেন এটি তাকে অতল গহ্বরে টেনে নিয়ে যাচ্ছিল, এবং সে নিজেকে মুক্ত করতে পারছিল না।

— মেলিনা... — সে ধীরে ধীরে শুরু করল, তার গলায় হারিয়ে যাওয়া শব্দগুলো খুঁজছিল।

আমি একটি হালকা অঙ্গভঙ্গি দিয়ে তাকে বাধা দিলাম, যা একই সাথে একটি অনুরোধ এবং একটি আদেশ ছিল।

— আমি জানি এটা অস্বাভাবিক। কিন্তু আমি বিশ্বাস করি যে এই বৃত্তগুলোতে কেবল শাস্তির চেয়েও বেশি কিছু লুকিয়ে আছে। এখানে মানব প্রকৃতি, আমাদের ভয় এবং দুর্বলতার একটি প্রতিফলনও আছে। আমি চেয়েছিলাম তোমার কাছে এমন কিছু থাকুক যা তোমাকে ভাবতে বাধ্য করবে, গভীর অর্থ খুঁজতে। — আমার চোখ কোমলতার সাথে তার দিকে তাকাল, যা বিষণ্ণতার সাথে মিশে ছিল, যেন একটি প্রাচীন বৃষ্টি শুকনো মাটিকে ভিজিয়ে দিচ্ছে। — এবং হয়তো... হয়তো এই বৃত্তগুলোর মধ্যে একটিতে তুমি আমার একটি অংশও খুঁজে পাবে। আমার সংগ্রাম থেকে, আমার ভয় থেকে, কিন্তু আমার আশা থেকেও।

আমি জানতাম যে আমার কথাগুলো তার নিজের অব্যক্ত যন্ত্রণার প্রতিধ্বনি। আমি তাকে তার নিজের চেয়েও গভীরভাবে অনুভব করেছিলাম। ক্যানভাসের প্রতিটি স্ট্রোক ছিল তার নিজের আত্মার একটি প্রকাশ, যা আমার হাত দ্বারা আঁকা হয়েছিল—নির্মমভাবে নির্ভুল, নিষ্ঠুরভাবে সুন্দর। নাথানিয়েল চিত্রকর্ম থেকে চোখ সরাতে পারছিল না। এটি যেন আলোকে গ্রাস করছিল, ভারী ছায়া এবং নীরব প্রশ্ন রেখে যাচ্ছিল, যা তার মনে প্রতিধ্বনিত হচ্ছিল, কোনো উত্তর না পেয়ে।

— যখন আমরা চলে যাই — আমার কণ্ঠস্বর বিশ্বাসে পূর্ণ ছিল, একটি ভবিষ্যদ্বাণীর মতো যা তার চোখের সামনে সত্যি হচ্ছিল, — একমাত্র জিনিস যা আমরা নিয়ে যাই তা হলো স্মৃতিগুলো। সেই অনুভূতিগুলো যা মানুষ আমাদের পথে রেখে গেছে। আমি এটা জানি। আমি ওপারে ছিলাম।

আমার কথাগুলো তার জন্য একটি রায়ের মতো শোনাচ্ছিল, এমন একটি জায়গা থেকে বলা একটি সত্য, যা সে কখনও বিদ্যমান থাকতে দেয়নি। সে নিজেকে একজন বাস্তববাদী বলে মনে করত, কিন্তু এখন সে আমার পরম জ্ঞান অনুভব করছিল, যা একটি বাজ পড়ার মতো তাকে বিদ্ধ করছিল, আকাশকে বিভক্ত করে।

আমার দৃষ্টি জোরালো হয়ে উঠল, অস্তগামী সূর্যের শেষ রশ্মির মতো, যা আলতোভাবে দিনের সাথে বিদায় জানাচ্ছিল।

— তাই আমাকে সবকিছু শেষ করতে হবে। প্রতিটি শব্দ, প্রতিটি আবেগ, যা আমার গভীরে লুকিয়ে আছে, তা বেরিয়ে আসতে হবে। প্রতিটি মানুষ, যাকে আমার জীবন স্পর্শ করেছে, একটি বিদায়ী শব্দ প্রাপ্য। ক্ষমা। এবং আমি যতক্ষণ পারি তা দিতে চাই।

আমি একটি গভীর শ্বাস নিলাম।

— আমি সবাইকে ধন্যবাদ জানাতে চেয়েছিলাম। এবং তোমাকেও... — আমার চোখ তার চোখের উপর স্থির ছিল, এমন কৃতজ্ঞতায় ভরা ছিল যা যেকোনো ব্যথার চেয়ে শক্তিশালী ছিল। — এই শেষ মাসগুলোর জন্য তোমাকে ধন্যবাদ। তুমি, না জেনেই, আমার দিনগুলোতে ভঙ্গুর সুখ ফিরিয়ে এনেছ। তাদের একটি কম্পন, জীবন দিয়ে আলোকিত করেছ। তোমার জন্য ধন্যবাদ, আমি আমাকে দমিয়ে রাখা অনেক ভার পরিষ্কার করতে পেরেছি। আমি অনুভব করেছি... শান্তি। সংক্ষিপ্ত, কিন্তু অমূল্য। — একটি হাসি আমার ফ্যাকাশে ঠোঁটে ভেসে গেল, একটি হালকা ঢেউয়ের মতো যা তীরে আছড়ে পড়ে। — আশা করি আমিও আমার পেছনে কিছু সুন্দর স্মৃতি রেখে যেতে পেরেছি। আমি তোমাকে ব্যাখ্যা করতে চেয়েছিলাম... আমার সত্যগুলো। যাতে আমি শান্তিতে চলে যেতে পারি। কিন্তু... — আমি এক মুহূর্তের জন্য চোখ বন্ধ করলাম — হয়তো অন্য জীবনে। যখন আমরা আবার দেখা করব।

আমি যা বলছিলাম তার সবকিছু তার হৃদয়কে বিদীর্ণ করছিল। সে তার নিজের সংবেদনহীনতা, দূরত্ব এবং আত্মকেন্দ্রিক বিশ্বদৃষ্টি সম্পর্কে সচেতন হচ্ছিল, এবং আমি তাকে ধন্যবাদ জানাচ্ছিলাম যে আমি আমার সুখ ফিরে পেয়েছি। যেন আমার কথাগুলো একটি আয়না ছিল, যা তাকে তার নিজের নীচতা, তার কদর্যতা, নির্মমভাবে এবং উজ্জ্বলভাবে দেখাচ্ছিল। "অন্য জীবন"... কী একটি বৃথা প্রতিশ্রুতি, যা তার আত্মাকে ছিন্নভিন্ন করছিল।

আমি আবার চোখ খুললাম, তাকে একটি নরম, কিন্তু তীক্ষ্ণ দুঃখের সাথে দেখলাম, একটি সূর্যের আলোর রশ্মির মতো, যা মেঘের মধ্য দিয়ে তার আত্মার তলকে আলোকিত করে যাচ্ছিল।

— আমি জানি তুমি সবকিছু বোঝো না। এবং তোমার বোঝার প্রয়োজন নেই। তুমি একজন চমৎকার মানুষ, নাথানিয়েল। আমি তোমার সুখ কামনা করি। সাফল্য। তোমার দয়া বজায় রেখো। বিশ্বাস। তোমার মানবিক সারাংশ। আর আমি... আমি তোমার দেবদূত হব। আমি সর্বদা তোমার উপর নজর রাখব, যেমন এই রাত সমুদ্রের উপর নজর রাখে, মরুভূমির উপরে তারার মতো।

আমার কণ্ঠস্বর দুর্বল হয়ে গেল, ঢেউয়ের শব্দের সাথে মিশে গেল, একটি গোপন কথার মতো যা অনন্তকালে দ্রবীভূত হয়, কেবল একটি প্রতিধ্বনি রেখে যায়।

— দেখছ... জীবন কী তিক্ত ঠাট্টা করে? এটি প্রতিটি অপূর্ণ প্রতিশ্রুতিকে ব্যথা দিয়ে চিহ্নিত করে। কারণ "এখন না" কখনও কখনও "কখনও না" হয়ে যায়। আর মানুষ... তারা যেকোনো ক্ষণস্থায়ী জিনিসের চেয়ে বেশি মূল্যবান। বাকিটা... আমি তোমাকে সামনাসামনি বলব... কোনো একদিন, অন্য কোনো সৈকতে, যেখানে স্থান এবং সময়ের কোনো গুরুত্ব নেই।

আমি আবার তার হাত চেপে ধরলাম, আমার দৃষ্টি আরও তীব্র হয়ে উঠল, যেন একটি শেষ বিদায় তার চোখের মণিগুলোতে লেখা ছিল।

— আমি তোমাকে বিশ্বাস করেছি। কেবল তোমাকে, এই তারকাখচিত নীরবতার নিচে। আমি আমার গোপন কথা... প্রকাশ করেছি। যা আমি সবার কাছ থেকে লুকিয়ে রেখেছি। এক মুহূর্তে... যখন আমার হৃদয়... নৈকট্যের প্রয়োজনে উপচে পড়েছিল...

এই কথাগুলোর পর, আমি নীরব হয়ে গেলাম, আর আমার হাতের শক্তি দুর্বল হতে শুরু করল, যেন জীবন তা থেকে নিংড়ে নেওয়া হচ্ছিল। আমার চোখ তার চোখে স্থির রইল, শেষ নিশ্চিতকরণ, শেষ বোঝাপড়া খুঁজছিল, চিরতরে বিদায় জানানোর আগে। সময় থেমে গিয়েছিল,

যখন সে আমার কথাগুলোর ওজন বোঝার চেষ্টা করছিল। তার সামনে কেবল একজন নারী ছিল না, বরং একজন মানুষ ছিল, যে অস্তিত্বহীনতার দ্বারপ্রান্তে দাঁড়িয়েছিল, যে নিজেকে প্রকাশ করতে চেয়েছিল। এবং সে ছিল একমাত্র ব্যক্তি, যাকে আমি এই শেষ মিশন, এই শেষ প্রকাশনাটি অর্পণ করেছিলাম।

এখন, দশ বছর পরে, এই স্মৃতিটি তাদের উভয়কেই একই সাথে তাড়া করছিল - তাকে, তার একাকী মরুভূমিতে, ধ্বংসাবশেষ এবং অপরাধবোধে ভরা; তাকে, তার চিরন্তন উপস্থিতিতে - কোথাও। তাদের হৃদয়, একবার একটি ক্ষণস্থায়ী কম্পনে স্পর্শ করা হয়েছিল, কিন্তু ক্ষণস্থায়ীভাবে বিচ্ছিন্ন হয়েছিল, এখন একটি বেদনাদায়ক সিঙ্কে স্পন্দিত হচ্ছিল, অপ্রকাশিত তিক্ততা এবং একটি ভালোবাসার চিরন্তন গর্জনের দ্বারা একত্রিত হয়েছিল, যা একটি ব্যক্তিগত নরকের বৃত্তের মধ্যে জ্বলতে থেকে গিয়েছিল। প্রতিটি শব্দ, প্রতিটি দৃষ্টি, প্রতিটি মিস করা সুযোগ আবার জ্বলে উঠছিল, তাদের স্মৃতির অনন্তকালে একটি অবিচ্ছিন্ন আগুনের মতো। তারা সেই রাতে সমুদ্র সৈকতে চিরতরে সংযুক্ত হয়েছিল, যেখানে নিয়তি সত্যের জন্য একটি শেষ সুযোগ দিয়েছিল, যা তাদের কেউই আলিঙ্গন করার সাহস করেনি।

---♥---

অধ্যায় 28: অন্তরাত্মার অন্ধকারে অনুশোচনা

ঠান্ডা পাথরের উপর, যেখানে নাথানিয়েল শুয়ে ছিল, স্মৃতি এবং উপলব্ধি জীবন্ত ছবিতে মিশে গিয়েছিল, যা বাস্তবতার চেয়েও বেশি বাস্তব ছিল। এটি কেবল একটি স্বপ্ন ছিল না, এটি ছিল সেই ভাগ্যপূর্ণ সৈকতে, সেই রাতে একটি বেদনাদায়কভাবে স্পষ্ট প্রত্যাবর্তন, যা তাকে একটি নির্দয় শিকারীর মতো তাড়া করে ফিরছিল। ঢেউগুলো একটি গর্জন দিয়ে তীরে আছড়ে পড়ছিল, যা তার নিজের সত্তায় প্রতিধ্বনিত হচ্ছিল, এবং চাঁদ, একজন প্রাচীন, নীরব সাক্ষীর মতো, তাদের সাধারণ ট্র্যাজেডির উপর একটি ভৌতিক আলো ফেলেছিল।

তখন, সৈকতে তাদের সেই রাতে, তার হৃদয় একটি বন্য পাখির মতো, একটি দীর্ঘ উড়ান থেকে ক্লান্ত হয়ে - রাতের আকাশের নিচে তার ডানা বন্ধ করে দিয়েছিল। তার জীবনের বইয়ের প্রতিটি যন্ত্রণাদায়ক শব্দ, প্রতিটি যন্ত্রণাদায়ক পৃষ্ঠা, নোনা সাগরের বাতাস দ্বারা বাহিত হয়ে তার আত্মার দিকে একটি উড়ান ছিল। আশা, যে অপরিচিত মুখের বিশাল সমুদ্রের মধ্যে, সে তার সত্তার পরিচিত শিখা দেখতে পাবে, যা চাঁদের দ্বারা আলোকিত। প্রতিটি বাক্য ছিল আকুলতার একটি শান্ত, মিনতিপূর্ণ ফিসফিসানি, প্রতিটি রূপক - তার একাকী অনুসন্ধানের অতল গহ্বরের উপর নির্মিত একটি সেতু, সরাসরি তার দিকে।

এখন, গভীর অনুশোচনায় আচ্ছন্ন হয়ে, নাথানিয়েল বুঝতে পারছিল যে এই বেদনাদায়ক প্রকাশগুলোতে তার নিজের আধ্যাত্মিক যাত্রার কম্পমান শ্বাস-প্রশ্বাসকে তার চেনা উচিত ছিল, তার যন্ত্রণাদায়ক কথায় তার নিজের অর্থের তৃষ্ণার কুয়াশাচ্ছন্ন প্রতিচ্ছবি দেখা উচিত ছিল। তার সময়াতীত একটি মুহূর্ত মনে করা উচিত ছিল।

প্রতিটি সেকেন্ডে অপরাধবোধ তাকে বিদ্ধ করছিল, যখন সে নিঃশ্বাস ছাড়াই "উচিত ছিল" এর সমুদ্রে ডুবে যাচ্ছিল।

আয়নার প্রতিচ্ছবি:

সে ধীরে ধীরে তার দিকে হাত বাড়িয়ে দিল। তার আঙ্গুলগুলো হালকা কাঁপছিল, কিন্তু ঠান্ডা থেকে নয়, শেষ আশা থেকে, যা ভঙ্গুরভাবে শ্বাস নিচ্ছিল, নিভে যাওয়ার জন্য প্রস্তুত ছিল। তার চোখ, ক্লান্তি সত্ত্বেও, এখনও আলোর একটি শিখা বহন করছিল, যা যেকোনো মুহূর্তে গিলে ফেলার জন্য প্রস্তুত ছিল।

— তুমি কি বোঝো... — তার কণ্ঠস্বর সবেমাত্র শোনা যাচ্ছিল, বাতাসের একটি নিঃশ্বাসের মতো, কিন্তু এতে একটি বেদনাদায়ক প্রত্যাশা ছিল, যা যেকোনো কথিত শব্দের চেয়ে শক্তিশালী ছিল।

— আমি যা চেয়েছিলাম... তা হলো তুমি আমাকে শোনো। — নাথানিয়েল অনুভব করল যে অপরাধবোধের ঠান্ডা কাঁটা একটি বরফের ব্লেডের মতো তার বুকে বিদ্ধ হয়েছে। সে নিজেকে দেখল - একটি পাথরের মুখোশ, আবেগহীন, তার দৃষ্টি ঠান্ডা, দূরত্বপূর্ণ, যেন সে তার মধ্য দিয়ে দেখছিল, তার দিকে নয়। এবং সে তার নিজের উত্তর শুনল, সংক্ষিপ্ত, ঠান্ডা এবং প্রাণহীন, যা এখন, স্মৃতিতে, সেই যন্ত্রণাদায়ক আশার উপর একটি নির্মম গিলোটিনের মতো পড়েছিল। দুটি শব্দ, উষ্ণতাহীন, ব্যাখ্যা বা সহানুভূতির এক টুকরাও ছাড়া:

— এখন না... ধৈর্য ধরো অথবা ছেড়ে দাও...

সময়ের মধ্য দিয়ে যাত্রা:

বিষটি এতটাই শক্তিশালী ছিল যে কয়েক সেকেন্ডের মধ্যে তাকে কাবু করে ফেলেছিল। সে তার চোখ বন্ধ করল, চিরতরে, এবং তার চারপাশের বিশ্ব গলে গেল। তার বুকে বাতাস থেমে গেল। তার হৃদয়ের পাখিটি অবশেষে মারা গেল, কোনো শেষ কম্পন ছাড়াই। তার হাত, এখনও তার দিকে বাড়ানো ছিল, ধীরে ধীরে আলগা হয়ে গেল এবং প্রাণহীনভাবে পড়ে গেল। মৃত্যু অদৃশ্যভাবে এসেছিল, একটি কাস্তে নিয়ে নয়, বরং শব্দ দিয়ে, যা তার জীবনের সুতো ছিঁড়ে দিয়েছিল, তার শেষ নিঃশ্বাস আটকে দিয়েছিল, একটি অদৃশ্য হাতের মতো, যা তার গলা চেপে ধরেছিল।

সেই মুহূর্তে, মহাবিশ্ব যেন জমে গিয়েছিল। সমস্ত আকুলতা, সমস্ত আধ্যাত্মিক অনুসন্ধান, কাগজে তার আত্মা ঢেলে দেওয়া সমস্ত নির্ঘুম রাত, এই নির্মম শব্দের দেয়ালের বিরুদ্ধে আছড়ে পড়েছিল, একটি পাথরের বিরুদ্ধে ঢেউয়ের মতো। "ধৈর্য ধরো অথবা ছেড়ে দাও..." এই শব্দগুলোর প্রতিধ্বনি তার মনে প্রতিধ্বনিত হচ্ছিল, আশার ভঙ্গুর কাপড়কে টুকরো টুকরো করে দিচ্ছিল, একটি পুরানো, ছেঁড়া ক্যানভাসের মতো। সে কিছুই দেখল না।

সে আবার তার দিকে হাত বাড়িয়ে দিল এবং তার হাত চেপে ধরল, এবার আরও শক্ত করে, যেন সে তার সমস্ত ইচ্ছা এবং সংকল্প তাকে দিতে চায়, তার শেষ শক্তি, তার জীবনের শেষ স্ফুলিঙ্গ। ইচ্ছার এই শেষ কাজে, সে নিজের জন্য পরিত্রাণ খুঁজছিল না, বরং নিজের শয়তানদের দ্বারা অন্ধ হয়ে যাওয়া তার জন্য একটি পথপ্রদর্শক আলো খুঁজছিল।

— তুমি ফিরে আসবে, তাই না? — সে তার পেছনে ফিসফিস করে বলল, তার কণ্ঠস্বর সবেমাত্র শোনা যাচ্ছিল, বাতাসের দ্বারা বাহিত একটি দূরবর্তী দীর্ঘশ্বাসের মতো।

মেলিনা একটি গভীর শ্বাস নিল।

— আমি আশা করি, নাথানিয়েল। যেকোনো কিছুর চেয়েও বেশি। — সে চিত্রকর্মটি নির্দেশ করল। — এই চিত্রকর্মটি যত্ন করে রেখো। এবং মনে রেখো, এমনকি অন্ধকারতম স্থানেও আলো থাকতে পারে, যেমন তারারা অন্ধকারকে ভেদ করে। তোমাকে শুধু তা খুঁজতে হবে। — এই কথাগুলোর পর সে ঘুরে দাঁড়াল এবং ধীরে ধীরে বালির উপর দিয়ে হেঁটে গেল, তার পেছনে কেবল পায়ের ছাপ রেখে গেল, যা ঢেউগুলো শীঘ্রই মুছে দেবে। হয়তো, চিরতরে।

নাথানিয়েল তার দিকে তাকিয়ে রইল, যতক্ষণ না তার আকৃতি রাতের সাথে মিশে গেল, অনন্তকালের সাথে মিশে গেল।

বাস্তবতা: কিন্তু এখন, জাগরণের বর্তমান মুহূর্তে, সে জানত যে সে কখনই সত্যিই চলে যায়নি। তার হাতে চিত্রকর্মটির ভার রয়ে গিয়েছিল, একটি অভিশাপের মতো, এবং তার হৃদয়ে - তার শেষ কথাগুলোর গর্জন এবং বেদনাদায়ক অনিশ্চয়তা, যা তাকে খেয়ে ফেলছিল। সেই সময় সৈকতটি তার কাছে খালি এবং ঠান্ডা মনে হয়েছিল, যেন তার আত্মার একটি অংশ তার সাথে চলে গেছে। কিন্তু এখন সে জানত যে এটি একটি হারিয়ে যাওয়া অংশ ছিল না, বরং একটি বেদনাদায়কভাবে জাগ্রত সত্য ছিল, যা তার মাংসকে ছিঁড়ে দিচ্ছিল।

সে দীর্ঘ সময় ধরে স্থির রইল, নরকের অশুভ বৃত্তগুলোর দিকে তাকিয়ে, তাদের মধ্যে কেবল মানব ট্র্যাজেডির প্রতিফলনই নয়, বরং মুক্তির জন্য একটি পথপ্রদর্শক, যদিও টিমটিমে, আশার স্ফুলিঙ্গ খুঁজছিল। তার চারপাশে প্রতিটি ধ্বংসাবশেষ যেন তার কথাগুলো ফিসফিস করছিল, প্রতিটি ছায়া তার আকুলতার একটি প্রেতাত্মা ছিল, এবং সে, এই বিধ্বস্ত বিশ্বের একমাত্র বেঁচে থাকা ব্যক্তি, তাদের সাধারণ ট্র্যাজেডির পুরো ভার বহন করছিল। অনুশোচনা তাকে একটি শিকারীর মতো তাড়া করে ফিরছিল, এবং নরকের চিত্রকর্মে সে তার নিজের, এখনও অপরিচিত, কারাগার দেখতে পাচ্ছিল। তার মৃত্যু একটি শেষ ছিল না, বরং তার নিজের ব্যথা এবং উপলব্ধির বৃত্তগুলোর মধ্য দিয়ে তার নিজের, নির্মম যাত্রার শুরু ছিল, যার কোনো শেষ হবে না।

---❤---

অধ্যায় 29: চ্যালেঞ্জের উপলব্ধি

সেই রাতে, যখন মেলিনা তাদের পূর্ববর্তী সাক্ষাতের একটি স্মৃতি ফিসফিস করে বলল, জ্বরের যন্ত্রণায় আচ্ছন্ন হয়ে, নাথানিয়েল কিছুই অনুভব করেনি। সে নড়াচড়াও করেনি। তার ব্যথার একটি কণাও তার নিজের তৈরি করা বরফের বর্মকে ভেদ করেনি। সে তার নিজের ভাগ্যের প্রতি অন্ধ ছিল, অতীতের তীক্ষ্ণ প্রতিধ্বনির প্রতি বধির ছিল - একটি অদৃশ্য ভূত, যা তার স্মৃতির বন্ধ দরজায় নির্দয়ভাবে কড়া নাড়ছিল। সেই সময় সে কেবল নিজেকে নিয়ন্ত্রণ হারানোর বিভ্রমে আচ্ছন্ন হয়ে সংযোগ বিচ্ছিন্ন করে ফেলেছিল।

এখন, মধ্যরাতের প্রাণহীন কবলে, মেলিনার কথাগুলো তার মনে প্রতিধ্বনিত হচ্ছিল। সেগুলো অভিযোগ ছিল না, বরং ঠান্ডা, বায়বীয় ছুরি ছিল, যা তার উদাসীনতার স্তরগুলোকে একের পর এক বিদ্ধ করছিল। হঠাৎ, একটি বিদ্যুতের মতো, যা অন্ধকারকে বিভক্ত করে, তার মন কেঁপে উঠল। একটি ছবি ভেসে উঠল - কুয়াশাচ্ছন্ন, প্রায় হারিয়ে যাওয়া, কিন্তু একটি সম্মোহক, দমবন্ধ করা শক্তি সহ।

সময়ের মধ্য দিয়ে যাত্রা একটি

সোনার উঠান... অন্তহীন কলাম, সূক্ষ্মভাবে খোদাই করা... বিদেশি ফুলের ভারী, নেশাগ্রস্ত গন্ধ, বাতাসের মধ্যে একটি অদৃশ্য স্কার্ফের মতো বোনা...

এটি কেবল একটি দর্শন ছিল না। এটি ছিল একটি স্মৃতি। গভীরভাবে প্রোথিত, এটি তাকে বিদীর্ণ করার জন্য বিস্মৃতির অতল গহ্বর থেকে উঠে এসেছিল। সে নিজেকে সেই সোনার ফাঁদের কেন্দ্রে দেখল - একজন অহংকারী সুলতান। আর সে... সাদা পোশাকে একটি কোমল আকৃতি, তার চোখ শর্তহীন ভালোবাসা এবং... একটি অবর্ণনীয়, তীক্ষ্ণ ভয়ে উপচে পড়ছিল।

একটি দৃশ্য উন্মোচিত হলো, বেদনাদায়কভাবে স্পষ্ট। একটি ঝগড়া। তার কণ্ঠস্বর একটি চিৎকারে পরিণত হলো, মরিয়াভাবে মিনতি করছিল। তার ক্রোধ, একটি অনিয়ন্ত্রিত বনের আগুনের মতো জ্বলছিল, সবকিছুকে ডুবিয়ে দিল। সে তার অনুরোধ উপেক্ষা করল, তাকে চূর্ণ করল। এবং তারপর... একটি ছোট শিশি। স্বচ্ছ তরল। বিষ।

রক্তের একটি লাল ধারা ধীরে ধীরে তার ঠোঁটের কোণে গড়িয়ে পড়ছিল, সাদা কাপড়ে মিশে যাচ্ছিল, একটি রক্তাক্ত গোলাপের মতো ফুটে উঠছিল। এবং তারপর, সবচেয়ে ভয়ঙ্কর জিনিস - সে তার হাতে শান্ত হয়ে গিয়েছিল। কোমলভাবে, কিন্তু নির্মমভাবে সেই জীবনকে দমিয়ে দিচ্ছিল যা সে একসময় পূজা করত। কেন? যন্ত্রণা বন্ধ করার জন্য? তার যন্ত্রণা? নাকি বরং তার নিজের? দুর্বলতা থেকে পালানোর জন্য, সেই নির্দয় ক্ষমতা থেকে, যা ভালোবাসার তার উপর ছিল? তাকে হত্যা করার জন্য?

নির্মম সত্যটি তার সামনে অসহনীয় স্পষ্টতার সাথে উন্মোচিত হচ্ছিল। সে কেবল তার ভালোবাসাকে প্রত্যাখ্যান করেনি - সে তাকে হত্যা করেছিল। একবার অন্য জন্মে। আর এখন... দ্বিতীয়বার, বর্তমানে, তার প্রাণহীন উদাসীনতার মাধ্যমে। একজন হত্যাকারী। এই তীক্ষ্ণ উপলব্ধি তাকে চূর্ণ করে দিল।

তোমার কি মনে আছে, নাথানিয়েল...?

তার কণ্ঠস্বর। অস্পষ্ট, প্রায় বোঝার অযোগ্য, কিন্তু তার সত্তার প্রতিটি তন্তুকে বিদ্ধ করছিল। আবার আলো এবং একটি ছবি। সেই একই নারী। সেই একই সবুজ চোখ, কিন্তু এখন নিরাশ যন্ত্রণায় অন্ধকার হয়ে গেছে, তার দিকে স্থির। সে একটি হাসপাতালের বিছানায় শুয়ে ছিল, তার মুখ ফ্যাকাশে এবং ক্লান্তির একটি মুখোশ ছিল। তার হাত, দুর্বল এবং কাঁপছিল, তার দিকে বাড়ানো ছিল, যেন শেষ খড়কুটো খুঁজছে।

আমাদের উঠান, লাল গোলাপের বাগান তোমার মনে আছে...? আমাদের ভালোবাসা...? তার কণ্ঠে একটি মরিয়া অনুরোধ লুকিয়ে ছিল, তার মধ্যে গভীরভাবে ঘুমিয়ে থাকা কিছু জাগানোর একটি শেষ চেষ্টা। একটি শেষ আহ্বান। তার আত্মার স্মৃতিভ্রষ্টতার সাথে লড়াই করার একটি চেষ্টা, তাকে আলোর দিকে, তাদের অতীতের দিকে ফিরিয়ে আনার জন্য, যা অনন্তকালকে চিহ্নিত করেছিল।

আর সে... সে সেখানে দাঁড়িয়ে ছিল। ঠান্ডা। দূরত্বপূর্ণ। তাদের চিরন্তন সংযোগের স্ফুলিঙ্গকে চিনতে অক্ষম, যা তার সামনে জ্বলজ্বল করছিল। তার কথাগুলো অর্থহীন বকবকানি, একটি হ্যালুসিনেশন ছিল। সে আবার তাকে হারাতে প্রস্তুত ছিল, সেই ভালোবাসাকে অস্বীকার করতে, তার জীবনকে নিভে যেতে দিতে, তার স্মৃতির একটি কোষও না জাগিয়ে। এই দ্বৈত অন্ধত্ব - অতীতে এবং বর্তমানে - তার অভিশাপ ছিল। একটি রায়, যা তার নিজের দ্বারা উচ্চারিত হয়েছিল।

এখন, বিচ্ছিন্ন রাতে, দুঃখ একটি নতুন, অপরিচিত শক্তি দিয়ে তাকে বিদ্ধ করল। এটি কেবল একজন মানুষের ক্ষতি ছিল না, বরং একটি সম্পূর্ণ অনন্তকালের ক্ষতি ছিল। সেই পাগল ভালোবাসার ক্ষতি, যা সে নিজেই ধ্বংস করেছিল। তার কথাগুলো - "ধৈর্য ধরো অথবা ছেড়ে দাও..." - এখন আর একটি স্থগিতাদেশের মতো শোনাচ্ছিল না। সেগুলো একটি ভবিষ্যদ্বাণীর মতো শোনাচ্ছিল। সে তাকে প্রত্যাখ্যান করেছিল। এখন সে চলে গেছে। চিরতরে। অনুশোচনা একটি নোংরা মুষ্টির মতো তাকে আঘাত করল, তার উদাসীনতার বর্মকে বিভক্ত করে দিল। তার সত্তার প্রতিটি অংশ যন্ত্রণায় চিৎকার করছিল। বিশুদ্ধ, তীক্ষ্ণ যন্ত্রণা।

অন্ধকারে নাথানিয়েল অবশেষে বুঝতে পারল। ভালোবাসা এমন দুর্বলতা ছিল না যা থেকে পালিয়ে যেতে হবে। এটি ছিল একটি শক্তি। একটি শক্তি, যা সে আতঙ্কিতভাবে ধ্বংস করার চেষ্টা করেছিল, তার নিজের দুর্বলতা, তার অসহনীয় শক্তিকে ভয় পেয়ে। এখন, তার সম্পূর্ণ, চূড়ান্ত অনুপস্থিতিতে, সে সত্যিই ভালোবাসা কী তা অনুভব করল - একটি কম্পন এবং উচ্ছ্বাস নয়, বরং ক্ষতির একটি গভীর, তীক্ষ্ণ শোক। একটি শোক, যা তার বাকি জীবন তাকে তাড়া করে ফিরবে। সে সবকিছু হারিয়েছিল, যা সত্যিই গুরুত্বপূর্ণ ছিল। তার ভয়ের বেদীতে একটি বলি। উপলব্ধি। একটি বেদনাদায়ক, ধ্বংসাত্মক উপলব্ধি।

সে তার আসল নিজেকে দেখল। শক্তিশালী সুলতান নয়। সেই সংবেদনহীন মানুষ নয়, যা সে হওয়ার ভান করত। বরং ভালোবাসার একজন হত্যাকারী, চিরন্তন বিচ্ছিন্নতার জন্য অভিশপ্ত, একটি পাগল, হারিয়ে যাওয়া ভালোবাসার ভূতের দ্বারা তাড়া করে ফিরছিল। এবং এই ভয়াবহ নিঃসঙ্গতায়, সে প্রথমবারের মতো সত্যিই কেঁদেছিল। তার জন্য। তাদের জন্য। সেই অনন্তকালের জন্য, যা সে নিজেই ধ্বংস করেছিল।

তার অশ্রু তিক্ত ছিল, বছরের পর বছর ধরে অস্বীকারের দ্বারা ভেজা। সেগুলো তার গাল বেয়ে গলে যাওয়া সীসার মতো পুড়ছিল, তার অতীতের ঔদ্ধত্যের অবশিষ্টাংশ ধুয়ে দিচ্ছিল। উপলব্ধির অশ্রু। শর্তহীন ভালোবাসার শক্তির জন্য, যা সে অস্বীকার করেছিল।

তার কথাগুলো, যা একসময় উপেক্ষা করা হয়েছিল, এখন তার রাতের দুঃস্বপ্নগুলোর সাথে মিশে গিয়েছিল। অনন্তকালে একটি অন্তহীন নৃত্য। সেগুলো তার মনে ভৌতিক ছায়ার মতো ঘুরপাক খাচ্ছিল... যা সে হারিয়েছে তার একটি চিরন্তন অনুস্মারক, এবং যা সে কখনই ফিরে পাবে না। স্বপ্ন এবং উন্মাদনার সীমানায়, নাথানিয়েল তার সবচেয়ে বড় সত্যের মুখোমুখি হয়েছিল: সে নিজেই তার আত্মাকে কোড করেছিল। শর্তহীন ভালোবাসার শক্তির উপলব্ধি প্রত্যাখ্যান করে, সে নিজেকে অভিশাপ দিয়েছিল। এখন সে জানত।

---❤---

অধ্যায় 30: ভাগ্যের টুকরো

নয় বছর এবং ছয় মাস আগে। বেথলেহেমের একটি হোটেল কক্ষ। মেলিনা...

স্মৃতিগুলো একটি জোয়ারের ঢেউয়ের মতো উঠে এল, যা ব্যথা নয়, বরং আমার ত্বকে বাতাসের কোমল স্পর্শ বহন করছিল - দংশনের পরিবর্তে আদর করছিল। আমার চোখের সামনে উজ্জ্বল ছবি ভেসে উঠল: সূর্যাস্তগুলো অসম্ভব রঙে রঙিন - বেগুনি, জ্বলন্ত লাল, নীল - যা আমি পৃথিবীতে কখনও দেখিনি। প্রলোভনময় স্থান, অজানা শহর, প্রাচীন গোপন কথা ফিসফিস করছিল, যা আমি হাজার হাজার বছর ধরে, অন্য জীবন থেকে জানতাম বলে মনে হয়েছিল। স্মৃতিগুলো প্রজাপতি ছিল না, বরং বন্য পাখির একটি ঝাঁক ছিল, যা একটি চিৎকার দিয়ে আমার উপর ঝাঁপিয়ে পড়ছিল এবং আমার সত্তার প্রতিটি তন্তুকে দখল করে নিচ্ছিল। আমি অনুভব করছিলাম। আমি আবার এবং আবার অভিজ্ঞতা লাভ করছিলাম। একটি ম্লান হয়ে যাওয়া সিনেমার রিল নয়, বরং আমার রক্তে স্পন্দিত জীবন, যেকোনো সময়ের চেয়ে উজ্জ্বল, আরও তীব্র। হয়তো সেখানে... স্বাধীনতার সেই অদ্ভুত স্থানে... নিঃসঙ্গতা কেবল একটি দূরবর্তী দুঃস্বপ্ন। হয়তো সেখানে... আমি এক ফোঁটা নয়, বরং ভালোবাসার একটি মহাসাগর খুঁজে পাব যা আমাকে গ্রাস করবে। হয়তো... আমি সেখানে থাকব। সত্যিই। স্বাধীন। যেন এই শেষ নিঃশ্বাসটি শেষ নয়, বরং একটি শুরু - অন্য মাত্রার একটি দরজা, যেখানে ব্যথা একটি বিভ্রম, এবং ভালোবাসা - একমাত্র, চিরন্তন বাস্তবতা।

তুমি, নাথানিয়েল, জানতে না। তোমার সাথে দেখা হওয়ার আগে...

আমি আমার নিজের ভাগ্যের একজন কর্মকার ছিলাম। আমার হাতুড়ি শূন্যতায় প্রতিধ্বনিত হচ্ছিল, হতাশার শব্দকে ডুবিয়ে দিচ্ছিল। আমার প্রতিটি রক্তপিপাসু রাত, প্রতিটি নির্ঘুম ভোর, আমি একটি তীক্ষ্ণ, ক্ষুরধার মন, একটি অটল ইচ্ছা এবং একটি আকর্ষণ, যা ভেঙে পড়ত না, দিয়ে কাঁটার মধ্য দিয়ে আমার পথ তৈরি করেছি। আমার জীবন ছিল একজন নির্মম কর্মকার। আঘাতের পর আঘাত। কিন্তু কেউ... কখনও মুখোশের আড়ালে আমার আসল সত্তা দেখেনি। আমি? আমি ছিলাম একজন অভিনেত্রী, দর্শকহীন একটি অন্তহীন নাটকের জন্য অভিশপ্ত, কেবল পরিবর্তিত পরিচালক, যাদের নাম আমি আর মনে করতে পারতাম না, এবং ম্লান হয়ে যাওয়া অংশীদার, যাদের মুখ একটি একঘেয়ে পটভূমিতে মিশে গিয়েছিল। কিন্তু এখন... চূড়ান্ত দৃশ্য। একা। কোনো মুখোশ ছাড়া। কোনো ভূমিকা ছাড়া। হাড় পর্যন্ত উন্মোচিত, সেই বেদনাদায়ক সত্য পর্যন্ত, যা আমি আত্মার শেষ কম্পন হিসাবে রক্ষা করেছিলাম। এবং তুমি... তুমি দর্শকদের মধ্যে আছ। তুমি কি সত্যিই আমাকে দেখছ? নাকি তুমি কেবল আরেকটি পারফরম্যান্স দেখছ, একটি নতুন মিথ্যা, একটি নতুন ভঙ্গির অপেক্ষা করছ? হয়তো এখন, যখন আমি অস্তিত্বের দ্বারপ্রান্তে, যখন আমার নিজের শূন্যতা ছাড়া আমার আর হারানোর কিছু নেই, আমি তোমাকে আমার আসল মুখ দেখাতে পারি, তোমার বিচার, তোমার দৃষ্টির ভয় ছাড়া, যা সর্বদা আমাকে বিদ্ধ করেছে। আমার আত্মার গভীরতম অতল গহ্বর থেকে চাপা দুঃখ, দমবন্ধ করা হতাশা ভেসে এল, যা একটি নোঙরের শৃঙ্খলের মতো আমাকে নিচের দিকে টেনে নিচ্ছিল।

অতীত...

এটি আমার মধ্যে জীবন্ত ছিল, স্পন্দিত হচ্ছিল, একটি ক্ষতের মতো নয়, বরং একটি চিরন্তন ধূমায়িত স্মৃতির মতো, যা আমাকে খাদের কিনারায় ধরে রেখেছিল। কিছুই আমার কাছে সহজে আসেনি, কিছুই আমাকে অতিক্রম করেনি। আমি ব্যথা থেকে রেহাই পাইনি - এটি আমার পথের একটি অংশ ছিল, প্রতিটি পদক্ষেপ একটি রক্তাক্ত পথ খোদাই করছিল। আমি কোনো মূল্য ছাড়া কিছুই পাইনি, কিন্তু মূল্যটি এমন ছিল না যা তুমি আমাকে দিয়েছিলে। তুমি কি আমার জীবনের একটি টুকরো কিনতে চেয়েছিলে?! আমার জীবন? আমার?! কিন্তু তুমি কি এর মূল্য দিতে পারো?! এটা কি এত জটিল হতে হয়েছিল? না, এটা কেবল হতে হয়েছিল। আমার কি কোনো পছন্দ ছিল? সর্বদা। আমার সর্বদা একটি পছন্দ ছিল, এমনকি যখন আমি সবচেয়ে দুর্বল ছিলাম, এমনকি যখন আমি সবচেয়ে একা ছিলাম।

বছরগুলো একটি নাটকের দৃশ্যের মতো পরিবর্তিত হচ্ছিল...

এটি ছিল গ্রীষ্মকাল। প্রতিটি গ্রীষ্ম - গ্রাম। আমার খালি পায়ের আঙ্গুলের মধ্যে মাটি উষ্ণ, কালো এবং আর্দ্র ছিল। এতে খড়, গোয়ালঘরের, চাচার মোটরের পেট্রোল, পীচ কম্পোটের গন্ধ ছিল। বাতাসে সর্বদা একটি শব্দ ছিল - মাছি, একটি দূরবর্তী ট্রাক্টর, দাদার রেডিওর, যা রান্নাঘরে "একমাত্র সত্য" এর কণ্ঠস্বর দিয়ে গুঞ্জন করত। আমি সর্বগ্রাসী শাসনের সময়ে একটি শিশু ছিলাম, কিন্তু আমি তখনও বুঝিনি যে এর মানে কী। আমি কেবল জানতাম যে কিছু জিনিস বলা হয় না। যে দাদা সোজা হয়ে দাঁড়াতেন যখন "সেই লোকটি" রেডিওতে কথা বলত। এবং মা তার দৃষ্টি ঘুরিয়ে নিতেন যখন আমি তাকে জিজ্ঞাসা করতাম কেন আমার দাদি আমাকে চুরি করে গির্জায় নিয়ে গিয়ে আমাকে ব্যাপটাইজ করেছিলেন। কিন্তু এই নিষেধাজ্ঞাগুলোর মধ্যে আমি অবাধে বাস করতাম - আমি ছেলেদের সাথে খেলতাম, যারা আমাকে সমান হিসেবে গ্রহণ করত, কারণ আমি হাত ছাড়া সাইকেল চালাতে পারতাম এবং টিনের ক্যানের দিকে কাঠের

বন্দুক দিয়ে ফুঁক দিয়ে গুলি চালাতে পারতাম, তাদের চেয়েও ভালো। এবং কারণ আমিই একমাত্র ছিলাম যে গাধাটিকে একা লাগাম দিতে পারত - একটি একগুঁয়ে, লোমশ প্রাণী, যা আমাকে ছাড়া অন্য কারও কথা শুনত না। আমি তার নাম রেখেছিলাম স্পার্টাকাস।

স্কুলে আমি একজন বিস্ময়কর শিশু ছিলাম। আমি ক্ষুধার্তভাবে পড়তাম - বিশ্বকোষ, উপন্যাস, গণিতের সূত্র, এমনকি আমি "শোগুন" উপন্যাস থেকে জাপানি শেখার চেষ্টা করেছিলাম। আমি বইগুলোকে এমনভাবে গিলে ফেলতাম, যেভাবে অন্য শিশুরা ওয়াফেল খেত - অধৈর্য হয়ে, প্রয়োজনের সাথে। শিক্ষকরা আমার প্রশংসা করতেন, তারপর ভয় পেতেন - কারণ আমি এমন প্রশ্ন জিজ্ঞাসা করতাম যা "আমার বয়সের জন্য নয়"। আমার সহপাঠীরা আমাকে পূজা করত, কারণ আমি সর্বদা সমস্ত দায়িত্ব এবং নেতৃত্ব গ্রহণ করতাম, কিন্তু তারা কখনই আমাকে বুঝত না। আর আমি থামতে পারতাম না - আমি জানতে চেয়েছিলাম। কারণ আমি স্মার্ট হতে চেয়েছিলাম তা নয়, বরং কেবল জ্ঞানই আমাকে শান্ত করত - একটি মন্ত্রের মতো। আমার একটিই স্বপ্ন ছিল - একজন স্থপতি হওয়া। এমন একটি জগৎ আঁকা, যেখানে বিশৃঙ্খলা রাজত্ব করে সেখানে শৃঙ্খলা তৈরি করা। আমি একটি পেন্সিল এবং কম্পাস দিয়ে ঘন্টার পর ঘন্টা একটি কাগজের দিকে তাকিয়ে কাটাতে পারতাম, এমন বাড়ি তৈরি করার কথা ভাবতাম যা বিদ্যমান নেই - সুড়ঙ্গ, গোপন সিঁড়ি এবং কাঁচের ছাদ সহ, যার মধ্য দিয়ে তারারা দেখা যায়। আমি প্রথমে শব্দ দিয়ে সেগুলো তৈরি করতাম। তারপর রেখা দিয়ে। আমি বিশ্বাস করতাম যে আমি যদি সঠিক বাড়িটি তৈরি করি - তবে আমি এমন একটি জায়গা খুঁজে পাব যেখানে আমি বাড়িতে আছি বলে অনুভব করব। কিন্তু এমন কোনো জায়গা তখনও বিদ্যমান ছিল না।

উনিশ বছর বয়সে - তখন এমন কিছু ঘটেছিল যা কখনও "পরিকল্পনা" করা হয় না: আমার মধ্যে একটি জীবন জন্ম নিয়েছিল। বাথরুমের পরীক্ষা। আমার পায়ের নিচে ঠান্ডা মেঝে। এমন অনুভূতি যে আমার শরীর আর আমার নয় - এবং এর মধ্যে একটি দায়িত্ব বাড়ছে, যা আমার সমস্ত শৈশবের স্বপ্নের চেয়েও বড়। পড়াশোনা ছিল আমার সব - এবং সবকিছুই অস্তমিত হচ্ছিল। আমার গর্ভে একটি শিশু ছিল এবং এমন ভালোবাসা ছিল যা আমি পেতে পারতাম না। আমার অনেক স্বপ্ন ছিল। কিন্তু বাস্তবতা একটি তুষারধসের মতো আসেনি, বরং এমন পাঠের মতো এসেছিল যা মনোযোগ চায় না - কেবল আসে। আমি রাতের শিফটে কাজ করতাম, শ্রেণীকক্ষে ঘুমিয়ে পড়তাম, লিফটে কাঁদতাম। আমি শুনতাম কিভাবে আমার ভেতরের শিশুটি বড় হচ্ছে, এবং আমার মধ্যে - অন্য কিছু মারা যাচ্ছিল: নির্দোষতা, হালকা হওয়া, সেই অন্তহীন তৃষ্ণা। তারা তাকে হত্যা করেনি, কিন্তু তারা তাকে ডুবিয়ে দিয়েছিল। এবং তবুও আমি ভেঙে পড়িনি। কারণ আমি শক্তিশালী ছিলাম তা নয়। বরং কারণ আমার অন্য কোনো পছন্দ ছিল না।

সে। আমার ছেলের বাবা। কেবল একজন প্রভাবশালী ব্যবসায়ী নয়, বরং একটি ঘূর্ণিঝড়। চার বছর ধরে আবেগ, দুঃসাহসিক কাজের একটি জলপ্রপাত, হাসি, বিদেশী স্থানে ভ্রমণ। সে চলে গিয়েছিল... আমাকে ছেড়ে নয়, বরং এই পৃথিবী ছেড়ে অসময়ে - মাত্র ৩৩ বছর বয়সে, আমাকে একটি স্মৃতি নিয়ে একা রেখে গিয়েছিল, যা এমন কিছুর জন্য নস্টালজিয়া দিয়ে আমার মাংস ছিঁড়ে দিচ্ছিল, যা কখনই ফিরে আসবে না। আমাদের ভালোবাসা - একটি সমুদ্রের ঝড়ের মতো উত্তাল, আনন্দে পূর্ণ, তরুণ এবং প্রফুল্ল। আমার ভালোবাসা ছিল গ্রাসকারী, শব্দহীন। সে বিচ্ছেদের প্রতিশ্রুতি দিয়েছিল, আমার, আমাদের যত্ন নিয়েছিল। কিন্তু একটি আনুষ্ঠানিক

বিচ্ছেদে তার অনেক অর্থ খরচ হতো। আমি এতে ভুগিনি - আমার কাছে সে ছিল, তার ভালোবাসা ছিল, আমার সুখ ছিল, যা আমি জানতাম না যে এটি এত ক্ষণস্থায়ী, কিন্তু আসলে চিরন্তন - চিরতরে আমার মধ্যে বোনা।

এক রাতে। আমি একজন অনিচ্ছাকৃত সাক্ষী হয়েছিলাম, এবং তারপর আমি তার পূর্ণ রঙে জীবনের নিষ্ঠুরতা অনুভব করলাম। যে পরিবেশে আমরা চলতাম তা বিপজ্জনক, নোংরা, উচ্ছৃঙ্খলতায় পূর্ণ ছিল। অনেক সময়, লুকিয়ে থাকার পরিবর্তে, আমি অবিবেচকের মতো ছুটে যেতাম, দুর্বলদের উদ্ধার করতে, রক্ষা করতে, ন্যায়বিচারের কিছু অনিয়ন্ত্রিত তাড়নার দ্বারা চালিত হয়ে, যা আমার মধ্যে একটি আগুনের মতো জ্বলছিল। আমি সহিংসতা, উদাসীনতা এবং ভয়, যা মানুষের আত্মাকে খেয়ে ফেলছিল, তার সাথে অভ্যস্ত হতে পারিনি! আমি আমার ভঙ্গুর বয়সের জন্য অনেক কিছু দেখেছিলাম - মারামারি, ধর্ষণ, অপমানজনক ঠাট্টা, মাতাল ঝগড়া, রক্ত, আঘাত, মৃত্যু... এই ছবিগুলো আমার মনে অন্ধকার মোহরের মতো বিদ্ধ হয়েছিল, যা কখনই ম্লান হবে না। তারা সেখানে ছিল, জীবন্ত, রক্তাক্ত। এটি আরেকটি উত্তেজনাপূর্ণ রাত ছিল। একজন প্রভাবশালী মাদক সম্রাট একজন পুলিশ অফিসারকে নির্মমভাবে পিটিয়েছিল। আমাকে খোলাখুলিভাবে চুপ থাকতে হুমকি দেওয়া হয়েছিল। আহত পুলিশ অফিসারের আত্মীয়রা আদালতে সত্য বলার জন্য আমাকে জোর দিচ্ছিল। আমি দৃঢ়ভাবে নিশ্চিত ছিলাম যে ন্যায়বিচার এবং বৈধতা থাকা উচিত। আমি নির্বোধভাবে বিশ্বাস করেছিলাম যে আমার একটি শক্তিশালী পিঠ আছে, প্রভাবশালী বন্ধুদের সুরক্ষা আছে। কিন্তু শীঘ্রই আমি একমাত্র সাক্ষী ছিলাম। মামলাটি একটি প্রহসনে পরিণত হয়েছিল, অযৌক্তিকতার একটি অর্থহীন থিয়েটার, যেখানে সত্য মারা যাচ্ছিল। একটি মোটা অঙ্কের অর্থের বিনিময়ে, ঠগটি পার পেয়েছিল। আমি একটি দুর্নীতিগ্রস্ত ব্যবস্থার বিরুদ্ধে একা রয়ে গিয়েছিলাম, যা আমাকে নির্লজ্জভাবে পরিত্যাগ করেছিল, আমাকে অপ্রয়োজনীয় আবর্জনার মতো থুথু ফেলে দিয়েছিল। তাড়া করা একটি ক্লান্তিকর দৈনন্দিন রুটিন হয়ে গিয়েছিল, এবং হুমকিগুলো একটি ধ্রুবক, অশুভ সাউন্ডট্র্যাক হয়ে গিয়েছিল, যা আমার মনে আঘাত করছিল, আমাকে শ্বাস নিতে বাধা দিচ্ছিল। আমি একটি খাঁচায় বন্দী একটি শিকারের মতো ছিলাম, উদ্ধারের কোনো আশা ছিল না। ন্যায়বিচারের একটি উচ্চ মূল্য ছিল, যা আমি দিতে পারতাম না। আমি আইনের শূন্যতার একটি ঘূর্ণিপাকে নিজেকে খুঁজে পেলাম, যেখানে আমার প্রতিটি পদক্ষেপ আমাকে ধ্বংসের কাছাকাছি নিয়ে যাচ্ছিল।

একটি অশুভ রাত। আমার জীবন একটি দুঃস্বপ্নে পরিণত হয়েছিল, এবং মৃত্যু আমার চারপাশে নাচছিল। গাড়ির ব্রেক ব্যর্থ হয়েছিল। এসইউভিটি, একটি মারাত্মক, অনিয়ন্ত্রিত রকেটে পরিণত হয়ে, সেতুর মধ্যে একটি ঠকাশ শব্দে আছড়ে পড়ল। ধাতু স্ক্র্যাচ করল, বেঁকে গেল, চিৎকার করল। তারপর একটি গর্জন - এবং আমরা নিচের দিকে উড়ে গেলাম, উত্তাল, বরফ-ঠান্ডা জলের দিকে। হেডলাইটগুলোর আলো, মরে যাওয়া তারার মতো, ধীরে ধীরে অন্ধকারের গভীরে ডুবে গেল, যখন অন্য দিকে, ভয়ানক দুর্ঘটনার একটি নীরব এবং শান্ত সাক্ষী হিসাবে, যিনি আদেশ দিয়েছিলেন তার গাড়িটি দাঁড়িয়ে ছিল, যার হেডলাইটগুলো একটি রাক্ষসের চোখের মতো ঠান্ডা মাথায় দেখছিল কিভাবে আমাদের জীবন নিভে যাচ্ছে। সাহায্য এসেছিল, কিন্তু খুব দেরি হয়ে গিয়েছিল। দুর্ঘটনাটি নৃশংস, নির্মম ছিল... ধাতুর টুকরো, জল, রক্ত এবং নীরবতা, যা সবকিছু গ্রাস করছিল, এমনকি আমার আত্মার চিৎকারও। আমি এই মুহূর্তটি আবার এবং আবার দেখছিলাম। আমি গাড়ি চালাচ্ছিলাম। হয়তো আত্ম-সংরক্ষণের প্রবৃত্তি জয়লাভ করেছিল। অথবা ভাগ্য। অথবা কোনো অদৃশ্য হাত আমাকে প্রতিক্রিয়া জানাতে বাধ্য

করেছিল। কিন্তু আমার সঙ্গী ভেঙে যাওয়া উইন্ডশিল্ড দিয়ে অসহায়ভাবে উড়ে গিয়েছিল। কাঁচ ভাঙার শব্দ, তারপর একটি ভোঁতা আঘাত। এবং নীরবতা। তার শরীর উড়ে যাওয়ার আগে, এক মুহূর্তের জন্য আমাদের চোখ মিলিত হয়েছিল। তার শেষ দৃষ্টি। সেই দৃষ্টিতে সবকিছু ছিল - ক্ষমা এবং অভিযোগ উভয়ই। এবং হয়তো... কিছুই ছিল না। সে বেঁচে ছিল না। সে আমাকে চিরতরে এই অপ্রীতিকর ক্ষত নিয়ে একা রেখে গিয়েছিল, যা আমার হৃদয়ের প্রতিটি স্পন্দনের সাথে স্পন্দিত হচ্ছিল, তার কথা আমাকে মনে করিয়ে দিচ্ছিল। মৃত্যু... এটি আমাকে স্পর্শ করেছিল, কিন্তু তাকে কেড়ে নিয়েছিল। এটি আমার একটি অংশ চিরতরে কেড়ে নিয়েছিল।

---❤---

অধ্যায় 31: অন্ধকার থেকে জাগরণ আমি

দীর্ঘ, অন্তহীন সময় ধরে হাসপাতালে শুয়ে ছিলাম। হাজার হাজার ছোট টুকরায় ভাঙা, প্রাণহীন, গভীর কোমায় নিমজ্জিত। মাস ধরে যন্ত্রণাদায়ক চিকিৎসা। আমি ধীরে ধীরে এবং কঠিনভাবে শারীরিকভাবে সুস্থ হয়ে উঠলাম, কিন্তু ভিতর থেকে আমি চিরতরে পঙ্গু হয়ে রইলাম, যেন আমার আত্মার একটি অংশ একটি দা দিয়ে ছিঁড়ে ফেলা হয়েছিল। আমার বাবা-মা আমাকে এবং শিশুটিকে তাদের বাড়িতে নিয়ে গিয়েছিলেন, আমার নিজ শহরে। যেন তারা আমাকে পুরো নিষ্ঠুর পৃথিবী থেকে লুকাতে চেয়েছিল, আমাকে সেই ক্ষয়কারী ব্যথা থেকে রক্ষা করতে চেয়েছিল। আমি নিজেই এর থেকে নিজেকে লুকিয়ে রেখেছিলাম, আমার দুঃখে ডুবে গিয়েছিলাম। আমি কারও সামনে নিজেকে দেখাতে পারতাম না এবং চাইতামও না। আমি দিনের আলো, সূর্য, বা মানুষের মুখ দেখতে চাইতাম না, যা আমাকে সেই জীবনের কথা মনে করিয়ে দিত, যা আমি আর বাস করছিলাম না। আমি সেই রাতে মারা গিয়েছিলাম। আমার আত্মা ভেঙে পড়েছিল এবং তার সাথে মারা গিয়েছিল... আমার আত্মার একটি অংশের সাথে। বছরের পর বছর ধরে আমি আমাদের সেই মহান, জ্বলন্ত ভালোবাসাকে সত্যিই বিদায় জানাতে পারিনি। আমি বিশ্বের কাছে নিভে গিয়েছিলাম, যেন আমিও তার চিরন্তন মৃত্যুর মধ্যে টেনে নিয়ে গিয়েছিলাম... আমার আত্মার গভীরে, রক্তাক্ত শব্দ দিয়ে, আমি এই বিদায়ী চিঠিটি লিখেছিলাম এবং চিরতরে সেই অপ্রীতিকর ক্ষতটি ধরে রেখেছিলাম, যা অতীতের প্রতিটি অনুস্মারক দিয়ে স্পন্দিত হচ্ছিল, আমাকে জাগিয়ে রাখার জন্য।

"তুমি কি এই আগুন অনুভব করছ, যা আমাকে পুড়িয়ে দিচ্ছে? আমি চিৎকার করে 'আমি তোমাকে ভালোবাসি' বলতে চাই, যতক্ষণ না আমার চিৎকার বিশ্বগুলোর মধ্যেকার স্থানকে ছিন্নভিন্ন করে দেয়। দুঃখ আমার গলায় একটি দলার মতো আটকে আছে, এবং সমস্ত অপূর্ণ স্বপ্নের চিন্তা... আমি তোমার ক্ষতি গ্রহণ করি না। আমি তোমাকে ছাড়া এক মুহূর্তও সহ্য করতে পারব না। আমি তোমাকে অনুসরণ করে যাব, দ্বিধা ছাড়াই, ভয় ছাড়াই। আমি তোমাকে হারাতে পারি না, আমি বিদায় জানাতে পারি না। আমি কেবল স্মৃতি নিয়ে বাঁচতে চাই না, এটি যথেষ্ট নয়। আমি তোমাকে ছাড়া নিজেকে সহ্য করতে পারি না... আমি যদি তোমাকে ফিরিয়ে আনতে পারতাম তবে আমি আরও একশো গুণ বেশি দুঃখ দিতাম! কেবল আমাকে প্রতিশ্রুতি দাও যে তুমি পরের জীবনেও আমাকে খুঁজে পাবে। প্রতিশ্রুতি দাও যে আমরা আবার একসাথে হব এবং আমি তোমাকে বিশ্বাস করব, তোমার জন্য অপেক্ষা করব, অনন্তকালের মধ্য দিয়ে তোমাকে খুঁজব। দয়া করে, চিরতরে শুধু আমার হও..."

আমার মনে, যা ধীরে ধীরে কোমার অতল গহ্বর থেকে ফিরে আসছিল, হাসপাতালের কক্ষটি উপস্থিত হলো। আমি চোখ খোলার আগে, ক্ষতির একটি বরফ-ঠান্ডা চাদর আমাকে আবৃত করল। উদ্বেগ আত্মাকে চেপে ধরছিল, এটিকে যন্ত্রণার একটি আকারহীন গিঁটে পরিণত করছিল। আমার ঘোলাটে দৃষ্টি আমার উপরের বাতি থেকে ঝাপসা আলো সবেমাত্র দেখতে পাচ্ছিল। আমি অন্ধকারকে দূর করার চেষ্টা করছিলাম, কিন্তু একটি অসহনীয় ওজন আমার চোখের পাতাকে চাপ দিচ্ছিল - যেন পুরো বিশ্ব তাদের উপর পড়েছিল। একটি তীক্ষ্ণ, তীক্ষ্ণ ব্যথা আমার বুক, পা, কাঁধকে ছিঁড়ে দিচ্ছিল - আমার শরীরের প্রতিটি তন্তু চিৎকার করছিল। আমার মাথা ভারী ছিল, উপরে উঠতে অস্বীকার করছিল। প্রতিটি নড়াচড়া ছিল যন্ত্রণা। আমি দাঁত শক্ত করে চাপলাম - আমি ভয় এবং শারীরিক যন্ত্রণায় চিৎকার করতে চেয়েছিলাম, কিন্তু আমার গলা সংকুচিত এবং শুকনো ছিল। আমি শান্ত হয়ে গেলাম। আমি কান পাতলাম। নীরবতা কেবল যন্ত্রগুলোর একঘেয়ে কিচিরমিচির দ্বারা ছিন্নভিন্ন হচ্ছিল। তাদের নিয়মিত শ্বাস-প্রশ্বাস যেন আমার শেষ মুহূর্তগুলো গণনা করছিল। আমি ইসিজি থেকে আসা তারগুলোর আঠালো স্পর্শ অনুভব করলাম, আমার শিরায় বিদ্ধ করা ইনজেকশনের শীতল টিউব। অ্যান্টিসেপটিকের গন্ধ - তীক্ষ্ণ, রাসায়নিক, অপরিচিত - আমার নাকের মধ্য দিয়ে বিদ্ধ হচ্ছিল। এই কিচিরমিচির, এই গন্ধ - তারা আমাকে মনে করিয়ে দিচ্ছিল যে আমি শ্বাস নিচ্ছি। যে আমি এখনও এখানে আছি। আমি নিজেকে শান্ত করার চেষ্টা করলাম।

আমার ছিন্নভিন্ন মনে দুর্ঘটনার আবছা স্মৃতি ভেসে উঠল: উজ্জ্বল আলো, যা ঠান্ডা, কালো জলে ডুবে যাচ্ছিল, যা আমাকে গ্রাস করছিল। ভাঙা কাঁচ আবার আমার ত্বক কেটে দিচ্ছিল। একটি তীক্ষ্ণ, ছিঁড়ে যাওয়া ব্যথা, কেবল শারীরিক নয়, বরং গভীরভাবে মানসিকও। তারপর সবকিছু ঘন রক্তে ভরে গেল। সাইরেনগুলো দূর থেকে ভূতের মতো চিৎকার করছিল... এবং আমি আবার একটি শান্তিদায়ক অন্ধকারে ডুবে গেলাম, যা বিস্মৃতির প্রতিশ্রুতি দিচ্ছিল। আমার চেতনার স্বপ্নময় আবছায়ায় আমি তোমার ছবি দেখতে পেলাম, অ্যালেক্স। তুমি দূরে চলে যাচ্ছিলে। একটি ভৌতিক ছায়ায় ম্লান হয়ে যাচ্ছ। শূন্যতায় দ্রবীভূত হচ্ছ। আমি তোমাকে ধরে রাখার জন্য আমার কাঁপানো হাত বাড়িয়েছিলাম, তোমাকে সেই অতল গহ্বর থেকে টেনে বের করার জন্য। কিন্তু তুমি নির্দয়ভাবে উড়ে যাচ্ছিলে, অনন্তকালের ঠান্ডা আলোতে হারিয়ে যাচ্ছ। আমি জানতাম। আমি আমার সমস্ত সত্তা দিয়ে অনুভব করেছিলাম: তুমি আর নেই! আমি দূরে ছিলাম, অপরিবর্তনীয়ভাবে দূরে, এবং একা! এই ভয়াবহতার মধ্যে একা, এই অদ্ভুত, ঠান্ডা জায়গায়, যা একটি ঘূর্ণিপাকের মতো আমাকে অনিয়ন্ত্রিতভাবে নিয়ে যাচ্ছিল - আমাকে বহন করছিল, আমাকে একটি বরফের খপ্পর দিয়ে আবৃত করছিল এবং আমাকে নরকের নীচে ফেলে দিচ্ছিল। তুমি আমার পাশে ছিলে না। আমার এই ব্যক্তিগত নরক, এই যন্ত্রণা থেকে আমাকে বাঁচানোর কেউ ছিল না! কেবল একটি তীক্ষ্ণ, তীক্ষ্ণ ব্যথা আমার বুকে বিদ্ধ হচ্ছিল, যেন এটি চিরতরে একটি খোলা ক্ষত রেখে গেছে - অন্তহীন যন্ত্রণার একটি পোর্টাল।

আমি চাপা কণ্ঠস্বর শুনতে পেলাম। অস্পষ্ট ছায়াগুলো আমার চারপাশে ঘোরাফেরা করছিল, কুয়াশার মধ্যে ভৌতিক আকৃতির মতো। আমি আবার চোখ খোলার চেষ্টা করলাম - আমি ঝাপসা সিলুয়েট দেখতে পেলাম, যা আমার চারপাশে নাচছিল। আমি একটি অসহনীয়, স্পন্দিত ব্যথা অনুভব করলাম, যা আমাকে ভিতর থেকে পুড়িয়ে দিচ্ছিল। আমি নীরবে আমার গোঙানি গিলে ফেললাম, কিছু বলার চেষ্টা করলাম, কিন্তু আমার কণ্ঠস্বর দুর্বল এবং বাধাগ্রস্ত ছিল। আমার মনে একটি যন্ত্রণাদায়ক চিন্তা স্পষ্ট হয়ে উঠল: আমি বেঁচে ছিলাম, হাসপাতালে। আমি এখানে, এখনও শ্বাস নিচ্ছি, এখনও বিদ্যমান। অদ্ভুত ধরনের নিরাপত্তা, একটি

অবর্ণনীয় আশার অনুভূতি, আমাকে এক মুহুর্তের জন্য শান্ত করল। আমি শুয়ে রইলাম, ব্যথায় গ্রাসিত হয়ে।

---♥---

চতুর্থ অধ্যায় 32: ফিনিক্সের ইচ্ছা

"প্রথমত শারীরিক পুনরুদ্ধার... তারপর বাকি সব..." - অনেক দূর থেকে ডাক্তারের কণ্ঠস্বর শুনতে পাচ্ছিলাম। কিন্তু সময় আমার মিত্র ছিল না। "পরে" বলে কিছু ছিল না। আমার সন্তানকে আমার এখনই প্রয়োজন ছিল। আর আমি... আমি এমনকি নড়তেও পারছিলাম না। আমি তাকে রক্ষা করতে পারছিলাম না। এটা কষ্টকর ছিল! সব কিছুই অসহ্যভাবে কষ্টকর ছিল... আমি উন্মত্তভাবে ভাবছিলাম কীভাবে এই ভয়ানক ব্যথা কাটিয়ে উঠব, কীভাবে এটিকে শান্ত করব যাতে আমি একটিও কাতরানি না করি। যাতে আমি দুর্বলতার কাছে আত্মসমর্পণ না করি। আমি কখনোই দুর্বল এবং কাতরানো মানুষকে পছন্দ করিনি, আমি সবসময় তাদের ঘৃণা করেছি - এবং এখন আমি তাদের একজন হতে পারছিলাম না। আমার চেতনার কুয়াশায় হঠাৎ একটি বাক্য ঘুরপাক খাচ্ছিল: "প্রত্যেক মানুষ তার ব্যথা একা ভোগ করে, কেউ তার পরিবর্তে ভোগ করে না।" আমি এটিকে একটি মন্ত্রের মতো পুনরাবৃত্তি করছিলাম, একমাত্র সত্য হিসাবে যা গুরুত্বপূর্ণ ছিল।

আমি জানি না এটি কোথা থেকে এসেছিল, সম্ভবত আমার অবচেতন মন, আমার লুকানো শক্তি, সাড়া দিয়েছিল। হ্যাঁ, এটি আমাকে বন্যভাবে, পাগলের মতো আঘাত করছিল, কিন্তু আমাকে সহ্য করতে হবে, টিকে থাকতে হবে। এমনকি যদি আমি চিৎকার করি, কে আমার ব্যথা থেকে কিছুটা কেড়ে নেবে? এমনকি যদি আমি কাঁদি, কে আমার পরিবর্তে ব্যথা অনুভব করবে? কেউ না। আমি এই যুদ্ধে একা ছিলাম। আমি রক্ত বের হওয়া পর্যন্ত আমার ঠোঁট কামড়ে ধরেছিলাম। আমার মুখে নুন এবং লোহার স্বাদ ভরে গেল। আমি চোখ খুললাম। ডাক্তার আমার উপর ঝুঁকে ছিলেন। তার মুখটি অস্পষ্ট ছিল, কিন্তু তার হাসিটি - উত্সাহজনক ছিল, যেন উদীয়মান সূর্য।

"ডাক্তার, আমি বাঁচতে চাই!" - কথাগুলো একটি ফিসফিসানি হয়ে বেরিয়ে এসেছিল, কিন্তু একটি নতুন আবিষ্কৃত, মর্মান্তিক ইচ্ছার সমস্ত শক্তি দিয়ে। হ্যাঁ, এই ভাগ্যপূর্ণ মুহূর্তে, ভয়ানক ব্যথা সত্ত্বেও, এটি বন্ধ করার জন্য আমার মরিয়া ইচ্ছা সত্ত্বেও, আমি হঠাৎ করে গভীরভাবে, উন্মত্তভাবে বাঁচতে চেয়েছিলাম। তার জন্য। আমার নিজের জন্য। সেই ছোট্ট প্রাণীটির জন্য যে কোথাও অপেক্ষা করছিল।

আত্মিক ব্যথার কোনো পরিমাপ নেই। এটি অসীম, অতৃপ্ত, ছিন্নভিন্নকারী। আমি এটি শুধুমাত্র একা, নিজের মধ্যে, মাংস এবং হাড়ের এই বাক্সে আবদ্ধ থেকে ভোগ করতে পারি। এটি অসীম শক্তিশালী এবং স্থায়ী, গভীর, নিরাময়হীন দাগ রেখে যায় - আমার আত্মার উপর ক্ষত। এটি কখনোই সত্যিকার অর্থে নিরাময় হতে পারে না, শুধুমাত্র গ্রহণ করা যেতে পারে।

আমার পুরো সত্তা নিঃশব্দে কেঁদে উঠল এবং চিৎকার করল। আমার মাথায় একটি নিচু গর্জন শুরু হল, এবং আমার গলায় একটি বেদনাদায়ক পাথর আটকে গেল, যা আমি গিলতে পারছিলাম না। আমি দম বন্ধ হতে শুরু করলাম। আমি একটি আর্তনাদ করতে পারছিলাম না, কেবল ঠান্ডা অশ্রু অবিরাম প্রবাহিত হচ্ছিল, আমার ত্বক পুড়িয়ে দিচ্ছিল। আমি নিঃশব্দে চিৎকার করছিলাম। আমি অসহায়ভাবে কাঁদছিলাম, আর আমার ঠোঁট নড়ছিল না, যেন পক্ষাঘাতগ্রস্ত। আমার হৃদয় টুকরো টুকরো হয়ে যাচ্ছে এবং আমি দেখতে পাচ্ছি প্রতিটি

টুকরো একটি উজ্জ্বল শিখায় পুড়ে যাচ্ছে, এবং তারপরে ছাইগুলি বিস্তৃত হচ্ছে, বিস্মৃতির ঠান্ডা বাতাস দ্বারা বয়ে যাচ্ছে।

অস্তিত্বের ব্যথা কোনো প্রতিদান সহ্য করে না, কোনো সান্ত্বনা জানে না, কোনো ক্ষমা গ্রহণ করে না, কোনো প্রতিকার নেই। এটি এমন একটি শাস্তি যা আপনাকে শেষ পর্যন্ত সহ্য করতে হবে। আর জীবন আমাকে কোনো দয়া দেয় না, বা এটি এড়ানোর কোনো সুযোগ দেয় না। আমাকে এটি শেষ পর্যন্ত ভোগ করতে হবে - একা, আমার নিজের গভীরে, যতক্ষণ না এটি আমার একটি অবিচ্ছেদ্য অংশ হয়ে যায়। যতক্ষণ না আমরা চিরতরে একে অপরের সাথে মিশে যাই। এই ব্যথা নির্দয়ভাবে আমার শরীর এবং আত্মাকে ভস্মীভূত করে দিয়েছে। এবং আমি কোনো দ্বিধা ছাড়াই তার দিকে উড়ে গিয়েছিলাম, নির্ভয়ে তাকে অনন্তকালে অনুসরণ করেছিলাম, সেই অন্ধকারে, যেখান থেকে কেউ ফিরে আসে না। আমাকে তাকে আবার খুঁজে বের করতে হবে, তাকে স্পর্শ করতে হবে, তার সাথে থাকতে হবে... তারপর... সময় একটি ভীত প্রাণীর মতো সংকুচিত হয়ে গেল। আমি আর পড়ছিলাম না - আমি দ্রবীভূত হচ্ছিলাম। আমি এমন একটি নদী ছিলাম যে বইতে ভুলে গিয়েছিল। আমি এমন একটি কণ্ঠস্বর ছিলাম যা আর কখনো শোনা যাবে না। আমার পুরো সত্তা আবার ভরে গেল, কিন্তু এবার একটি বরফ-ঠান্ডা, জমাট বাঁধা ভয় দিয়ে... পুনরুত্থানের ভয়। তাকে ছাড়া জীবন যাপনের ভয়। ফিনিক্সের ভয়, যাকে আমার নিজের ছাই থেকে উঠতে হবে।

হাসপাতালের ঘরে, বাস্তবতা দীর্ঘায়িত হলো। সেকেন্ডগুলো - ঘন রজনের মতো, আমার চেতনার ত্বকের উপর দিয়ে ধীরে ধীরে প্রবাহিত হচ্ছিল। আমার বুকে ব্যথা হৃদয়ের ছন্দে স্পন্দিত হচ্ছিল - একটি ইস্পাতের হাতুড়ির মতো, যা প্রতিটি তন্তু ভেদ করছিল। বাতাস ছিল একটি ছুরি, আর শ্বাস নেওয়া ছিল একটি যুদ্ধ। আমি আমার শরীর পরীক্ষা করলাম। ভাঙা। পা - অচল। হাত - সিস্টেম দ্বারা ছিদ্র করা। পেট এবং বুক - খিঁচুনির কবলে। মাথা - স্পন্দনশীল, ভারী, একটি অভ্যন্তরীণ চিৎকারে ছিন্নভিন্ন। কিন্তু সবচেয়ে বেদনাদায়ক ছিল দৃষ্টি।

আমার পাশে - ইথান। তার ছোট্ট আঙ্গুলগুলো কাঁপছিল, আমার হাতে শক্তভাবে আঁকড়ে ছিল। তার চোখ, বড় এবং উদ্বেগ দ্বারা ভারি, আমাকে ছাড়ছিল না। সে সবকিছু জানত না, কিন্তু সে সবকিছু অনুভব করছিল। তার মা আর আগের মতো ছিল না। আমি হাসতে চেয়েছিলাম। তাকে জড়িয়ে ধরতে চেয়েছিলাম। বলতে চেয়েছিলাম: "সব ঠিক হয়ে যাবে।" কিন্তু আমি আমার নিজের শরীরে আটকা পড়েছিলাম। আমি একটি ছায়া ছিলাম। আমার হৃদয়ের ব্যথা আমার হাড়ের ব্যথার চেয়েও বেশি অসহ্য ছিল। আমি তার সাথে কী করলাম? আমি তাকে কীভাবে এর মধ্যে জড়িয়ে ফেললাম? আমি ভেঙে না পড়ে আর কতটা সহ্য করতে পারতাম?

ভয়। তীক্ষ্ণ। জমাট বাঁধা। সবকিছুকে জমে দিচ্ছিল। প্রতিটি শ্বাসের সাথে বাতাস ঘন হয়ে আসছিল। আতঙ্ক আমার পাঁজরকে আঁকড়ে ধরছিল। আমি চিৎকার করতে পারছিলাম না। আমি নিজেকে রক্ষা করতে পারছিলাম না। আতঙ্ক ছিল একটি বিষের মতো, যা আমার চেতনায় ছড়িয়ে পড়ছিল। আমি কি এখানে মারা যাব? একেবারে একা? এবং আরও ভয়ঙ্কর: যদি আমি মারা যাই... আমি তাকে একা রেখে যাব। ঠান্ডা ভয়টি শেকড় গেড়েছিল। এটি একটি স্থায়ী সঙ্গী হয়ে উঠেছিল। এবং আমি থেকে গেলাম - কোনো দিকনির্দেশনা ছাড়াই, কোনো সুরক্ষা ছাড়াই, কেবল একটি উন্মত্ত, বিদ্রোহী স্পন্দন নিয়ে।

আমার ছেলে। আমার সূর্য। তার চোখ নিঃশব্দে কাঁদছিল। সে আমাকে জড়িয়ে ধরল - মরিয়া হয়ে, শক্তি দিয়ে, যেন সে ভয় পাচ্ছিল যে সে আমাকে আবার হারিয়ে ফেলবে। আমি তাকে জড়িয়ে ধরতে পারছিলাম না। আমার হাত নড়ছিল না। আমার শরীর - একটি কারাগার।

আর সে... আমার জন্য কাঁদছিল। একটি ছোট্ট, নিষ্পাপ প্রাণী। আর এই ক্ষত - এটি তার ছিল। আমার কারণে। আমি তার সমর্থন ছিলাম। আর এখন - একটি শান্ত ছায়া। আমি নিজেকে দেখলাম। স্প্লিন্ট। ব্যান্ডেজ। ক্ষত। একটি হৃদয় যা স্পন্দিত হচ্ছিল... কোনো দিকনির্দেশনা ছাড়াই।

আমার বুকে - একটি গর্জনকারী ক্রোধ। বিশ্বাস নয়। আশা নয়। রাগ। নীরব, গভীর। প্রথমে - নিজের প্রতি। কারণ আমি তাকে সান্ত্বনা দিতে পারি না। তারপর - বিশ্বের প্রতি। কারণ এটি আমার কাছ থেকে সবকিছু কেড়ে নিয়েছে: অ্যালেক্স, আমার জীবন, আমার শক্তি। আমি রাগে কাঁপছিলাম। একটি অভ্যন্তরীণ আগ্নেয়গিরি যা বিস্ফোরিত হতে পারছিল না। কেবল আমার অশ্রু কথা বলছিল। প্রতিটি ফণা - একটি চিৎকার। প্রতিটি অশ্রু - একটি স্মৃতি। প্রতিটি মুহূর্ত - ব্যথা। কিন্তু আমাকে সহ্য করতে হবে। তার জন্য। সন্তানের জন্য। সেই ছেলেটির জন্য যার চোখ ভয়ে চিৎকার করছিল। তার আমাকে প্রয়োজন ছিল। আর আমি... আমাকে বেঁচে থাকতে হবে। আমি ফিরে এসেছি। নরকের গভীর থেকে। একজন মা হতে।

ইথান। তার নাম ছিল একটি প্রার্থনা। নীরব, জ্বলন্ত। সে আমার ধারাবাহিকতা ছিল। আমার এবং এই বিশ্বের মধ্যে একমাত্র যোগসূত্র। আমি আবার তার দিকে তাকালাম - আমার পাশে জড়োসড়ো হয়ে, লাল চোখ এবং একটি হৃদয় যা একটি নীরব ভালোবাসার ছন্দে স্পন্দিত হচ্ছিল। "আমি ফিরে আসব," আমি ফিসফিস করে বললাম। "আমি তোমাকে রক্ষা করব। যেমন সে আমাকে রক্ষা করত। এবং এইবার... আমি এটি বিশ্বাস করলাম।

অপরাধবোধ আমাকে গ্রাস করতে থামেনি। আমি লড়াই করার জন্য বেছে নিয়েছিলাম। আমি ভেঙে না পড়ার সিদ্ধান্ত নিয়েছিলাম। আমি এই ঝুঁকি নিয়েছিলাম। আর এখন - আমি তাকে হারালাম। কোনো অজুহাত নেই। এমন কোনো ব্যাখ্যা নেই যা এই অপরাধবোধকে মুছে ফেলতে পারে। এমন কোনো ক্ষমা নেই যা আমাকে এটি থেকে মুক্ত করতে পারে। অপরাধবোধ। এটি আমাকে একটি বরফ-ঠান্ডা, লোহার ফাঁদে আঁকড়ে ধরেছিল, যা আরও হিংস্রভাবে শক্ত হচ্ছিল। আমি যত বেশি লড়াই করছিলাম, তত বেশি আমি তার খপ্পরে ডুবে যাচ্ছিলাম। এমনকি ব্যথানাশক ওষুধের প্রভাবেও, চিন্তাগুলো থামছিল না। উন্মত্ত পাখির মতো তারা আমার চেতনার দেওয়ালে আঘাত করছিল, তাদের ডানা ঝাঁপটাচ্ছিল, আঘাত করছিল, আঁচড় দিচ্ছিল এবং কোনো পথ খুঁজে পাচ্ছিল না।

ঘুমের মধ্যে - অথবা সম্ভবত ইতিমধ্যেই প্রলাপ বকতে গিয়ে - তুমি আমার পাশে ছিলে। স্পষ্ট। বাস্তব। হাসিমুখে। তোমার হাত আমার হাত স্পর্শ করছিল। আমি তোমার উষ্ণতা অনুভব করলাম। আমি তোমার কণ্ঠস্বর শুনলাম। সেখানে, সেই অবাস্তব, কিন্তু যন্ত্রণাদায়কভাবে বাস্তব মুহূর্তে, আমরা কথা বলছিলাম: "আমি হুমকির কাছে আত্মসমর্পণ করিনি" - তুমি আমাকে রক্ষা করেছিলে। "আমি ন্যায়বিচারের জন্য লড়াই করেছি" - তুমি আমার সমর্থন ছিলে। "আমি আদালতের সামনে দাঁড়িয়েছিলাম" - তুমি আমার পাশে ছিলে। "আমি সবকিছু ঝুঁকির মধ্যে ফেলেছিলাম" - তুমি আমার সাথে ঝুঁকি নিয়েছিলে। "আমি সেই অভিশপ্ত গাড়ি চালাচ্ছিলাম" - তুমি তোমার জীবন হারিয়েছিলে।

ভার্চুয়াল কথোপকথন। বেদনাদায়ক। ছিন্নভিন্নকারী: "কেন? কেন তুমি, আমি নই?" - কারণ আমি তোমাকে আমার জীবনের চেয়েও বেশি ভালোবাসি। এবং আমি অনুতপ্ত নই। "কিন্তু আমি... আমি দায়ী।" - না। তুমি সাহসী। তুমি লড়াই করেছো। দোষ তোমার নয়। তুমি আমাকে নিঃশর্তভাবে, শেষ পর্যন্ত ভালোবাসতে। কিন্তু তাহলে কেন মৃত্যু তোমাকে নিয়ে গেল এবং আমাকে এই নরকে ছেড়ে গেল? কেন আমাকে এই যন্ত্রণায় কুঁকড়ে যাওয়ার জন্য বেঁচে

থাকতে হলো? আমি এখনও একটি শিশু - একটি হাত ছাড়া, সুরক্ষা ছাড়া, একা এবং তোমাকে ছাড়া ভয়ংকরভাবে হারিয়ে যাওয়া। দয়া করে, ফিরে এসো... আমার কাছে ফিরে এসো...

আমি নিজেই নিজের জন্য রায় দিয়েছিলাম - চিরকালের জন্য দোষী। আমার অন্য কোনো আদালতের প্রয়োজন ছিল না। আমি নিজেই নিজেকে দোষী সাব্যস্ত করেছিলাম। মৃত্যুদণ্ড দিয়েছিলাম। এবং আমি নিজেই এটি কার্যকর করছিলাম - প্রতিদিন, প্রতি সেকেন্ডে। যা কিছু ঘটেছে, তা আমার দোষে ঘটেছে। আমিই সেই সরল ছিলাম যে ন্যায়বিচারের নীতির থেকে সরে আসেনি। আমিই সেই ছিলাম যে হুমকি সত্ত্বেও এই যুদ্ধে রয়ে গিয়েছিল। আমি পরিণতি জানতাম। আমি ঝুঁকি জানতাম। কিন্তু আমি অতল গহ্বরের গভীরতা উপলব্ধি করিনি। আমি কিসের জন্য লড়াই করছিলাম? আমি কাকে পরাজিত করেছি? কে তোমার জীবন ফিরিয়ে দেবে? কেন তুমি, আমি নই? ধরা যাক ন্যায়বিচার আমার পক্ষে ছিল? ধরা যাক আমি সঠিক কাজটি করেছি? আর এখন আমার কী আছে? কেবল এই অভিশপ্ত পরিণতিগুলো, যা আমাকে প্রতিটি শ্বাসের সাথে শ্বাসরুদ্ধ করে তোলে।

অপরাধবোধ ছিল কালো বরফের মতো, যা আমার মধ্যে বিস্তৃত হচ্ছিল, প্রতিটি চিন্তা, প্রতিটি আবেগ দখল করছিল। আমি আমার শাস্তির জন্য অপেক্ষা করছিলাম। আমি নিজেকে তিরস্কার, গ্রাসকারী অভিযোগ দিয়ে শাস্তি দিচ্ছিলাম। আমি তোমাকে হারিয়েছি। আমি নিজেকেও হারিয়েছি। আমি আর নেই। আমি কেবল একটি ছায়া - যে জীবন আমরা হারিয়েছি তার একটি ফ্যাকাশে প্রতিচ্ছবি। ভয়, অপরাধবোধ এবং অসহায় ক্রোধে পুড়ে, আমার আত্মা ধীরে ধীরে ছাই হয়ে যাচ্ছিল। আমি এটা জানতাম। আমি এটা অনুভব করছিলাম। ব্যথা একটি তলবিহীন উৎসের মতো আমার মধ্যে প্রবাহিত হচ্ছিল। আমি কেবল চোখ বন্ধ করতে চেয়েছিলাম। ছেড়ে দিতে। পরম অন্ধকারে পিছলে যেতে।

আমি ধীরে ধীরে আমার চোখের পাতা বন্ধ করলাম। আমার আত্মা শরীর থেকে বিচ্ছিন্ন হয়ে গেল - হালকা, ওজনহীন। আমি অনুভব করলাম মৃত্যুর ঠান্ডা হাত আমাকে টেনে নিয়ে যাচ্ছে। এবং আমি আর ভয় পাচ্ছি না। এখানে এটি অদ্ভুতভাবে শান্ত। কোনো ব্যথা নেই। কোনো রাগ নেই। অন্ধকার আমাকে গ্রাস করছে। শান্ত, সর্বব্যাপী, উষ্ণ। কিন্তু আমার গভীরে আমি জানতাম... আমার সময় আসেনি। আমার বয়স বাইশ ছিল। এই মুহূর্তটি শেষ ছিল না। আমাকে এর মধ্য দিয়ে যেতে হবে। ব্যথার অভিজ্ঞতা, যন্ত্রণার পাঠ সংগ্রহ করতে হবে। কিন্তু তখন... সবকিছুই কেবল অন্ধকার ছিল। কেবল ব্যথা। কেবল অপরাধবোধ। কেবল শোক।

নিজের সাথে যুদ্ধের দীর্ঘ মাসগুলো শুরু হলো। ব্যথা কমেনি। আরও অপারেশন, আরও হাসপাতালের দিন, আরও নিদ্রাহীন রাত আমার জন্য অপেক্ষা করছিল। একমাত্র জিনিস যা আমাকে ধরে রেখেছিল তা ছিল আমার ছোট্ট ছেলের ছবি - তার চোখ, তার ছোট্ট হাত, তার অস্তিত্ব, যা আমি তাকে যা কিছু দিয়েছিলাম তার দ্বারা চিরতরে চিহ্নিত ছিল। তার প্রতি ভালোবাসা, তার জীবনের প্রতি দায়িত্ব এবং জ্বলন্ত অপরাধবোধ আমাকে জাগিয়ে রেখেছিল।

মাস পেরিয়ে গেল। ঋতু পরিবর্তন হলো। আর তুমি ছিলে না। তাজা হারানোর তীব্র ব্যথা একটি ঠান্ডা, পীড়াদায়ক শূন্যতায় পরিণত হয়েছিল। আমার আত্মার বরফ-ঠান্ডা ক্ষত নিরাময় হয়নি। এটি কেবল প্রসারিত হচ্ছিল, একটি অদৃশ্য আঁকড়ে ধরে আমার হৃদয়ে আঁকড়ে ছিল। অনেক কষ্টে আমি আমার পায়ে উঠলাম। আমি আমার জীবনের ছড়িয়ে ছিটিয়ে থাকা টুকরোগুলোকে একত্রিত করার চেষ্টা করছিলাম। আমি ক্লান্ত না হওয়া পর্যন্ত কাজ করছিলাম। আমি পড়ছিলাম। আমি কাজ করছিলাম। আমি প্রতিটি ফ্রি মুহূর্ত থেকে পালিয়ে যাচ্ছিলাম যা

আমাকে আমার চিন্তাভাবনা নিয়ে একা রেখে যেতে পারে। কেবল সম্পূর্ণ শারীরিক ক্লান্তিই আমাকে একটি সংক্ষিপ্ত ঘুম দিত - অভ্যন্তরীণ নরক থেকে পালানোর একটি উপায়।

প্রতি রাতে, যখন ইথান ঘুমিয়ে পড়ত, আমি নিজের সাথে একা থাকতাম। আমি তার বিছানার পাশে বসতাম, রাতের বাতির নিচে, তার ছোট্ট হাতটি আমার হাতে ধরে রাখতাম এবং তার সোনালী চুল আদর করতাম - ঠিক তোমার মতো। আমি লিখতাম। দীর্ঘ চিঠি, ব্যথা এবং অশ্রু দিয়ে ভরা। পাতাগুলো ভিজে যেত, অস্পষ্ট দাগ রেখে যেত, যেন আমার আত্মার ভেঙে যাওয়া ছাপ। আমার মনে তোমার প্রতিটি হাসি জীবন্ত হয়ে উঠত। আমি তোমার কণ্ঠস্বর, তোমার দৃষ্টি, তোমার আদরগুলো মনে রেখেছিলাম। আমি তোমার আঙ্গুলের প্রতিটি কম্পন মনে রেখেছিলাম, তোমার মৃদু ফিসফিসানি, তোমার যত্নশীল হাত যা সবসময় আমাকে ঝড় থেকে রক্ষা করত। আমি তোমার কথাগুলো মনে রেখেছিলাম: "আমি তোমাকে ভালোবাসি। তুমি আমার জীবন। আমরা একসাথে থাকব... চিরতরে।"

কিন্তু তুমি আর ছিলে না। কেবল শূন্যতা আমার বুকে স্পন্দিত হচ্ছিল। সময় কোনো সান্ত্বনা আনেনি। এটি নিরাময় করেনি। এটি কেবল তীব্র ব্যথাকে একটি ঠান্ডা, ভারী পাথরে পরিণত করেছিল, যা আমি প্রতিদিন আমার সাথে বহন করতাম। আমার আত্মা ছিল মৃত। খালি। বেঁচে থাকা একটি যান্ত্রিক গতি হয়ে গিয়েছিল - কোনো অনুভূতি ছাড়াই, কোনো রোমাঞ্চ ছাড়াই। আমি সেই প্রাচীন প্রজ্ঞাটি নিজেকে পুনরাবৃত্তি করছিলাম: "এবং এটিও কেটে যাবে।" কিন্তু এটি কাটছিল না। এটি থেকে গিয়েছিল। যে রাগ শুরুতে আমাকে ছিন্নভিন্ন করছিল, দিনের পর দিন তা একটি শব্দহীন শূন্যতায় পরিণত হয়েছিল। কিন্তু অপরাধবোধ রয়ে গিয়েছিল - জ্বলন্ত, চিরন্তন।

প্রতিদিন সকালে আমি উঠতাম এবং আবার নিজের "সিজিফাসের পাথর" ঠেলতাম। আমি যত উপরে উঠতাম, ততই এটি নির্দয়ভাবে আবার পিছলে যেত। সবচেয়ে নিষ্ঠুর শাস্তি - দেবতাদের কাছ থেকে নয়, বরং জীবনের কাছ থেকে: আপনার লড়াইয়ের প্রতিটি চেষ্টা অর্থহীনতার দেওয়ালে ভেঙে যেতে দেখা। এটা জানা যে আপনি এই চক্র থেকে কখনোই বের হতে পারবেন না।

ধীরে ধীরে আমি এমনকি জীবন একটি উপহার কিনা তা নিয়ে সন্দেহ করতে শুরু করলাম। এটি আমার কাছে একটি পরীক্ষার মতো মনে হচ্ছিল। একটি কর্মিক শাস্তির মতো। একটি অন্তহীন যুদ্ধ যেখানে আমাকে ভাগ্যের সমস্ত আঘাত সহ্য করতে হবে। পড়ে যেতে। উঠতে। লড়াই করতে কারণ আমি বিশ্বাস করি না, কিন্তু কারণ আমার কোনো বিকল্প নেই। আমি বিশ্লেষণ করতে এবং উত্তর খুঁজতে শুরু করলাম - জীবন কি কেবল বেঁচে থাকা নয়। আত্মসমর্পণ করার পরিবর্তে, আমি ভাগ্যের বিরুদ্ধে নিজেই প্রতিরোধ করার চেষ্টা করলাম। এটির সাথে লড়াই করতে, এটিকে ধোঁকা দিতে, যখন আমি পারি তখন এটিকে পাশ কাটাতে। এটিকে আমার নিয়ম অনুযায়ী খেলতে বাধ্য করতে।

কিন্তু আমি কীভাবে তাকে পরাজিত করব - সেই সর্বশক্তিমানকে? আমি কীভাবে আমার নিজের অপরাধবোধকে পরাজিত করব? আমি তাকে মিস করছিলাম। পাগলের মতো। আমি আমার চারপাশে তার উপস্থিতি অনুভব করতাম - কখনও কখনও মনে হতো সে খুব কাছাকাছি, আমি প্রায় তার ছায়া স্পর্শ করতে পারতাম। আমি তার নিঃশ্বাস শুনতে পেতাম, তার সুগন্ধ ধরতে পারতাম। আমি জানতাম যে সে আমার অদৃশ্য অভিভাবক দেবদূত। আমি জানতাম যে আমার সবচেয়ে কঠিন মুহূর্তে সে আমার পাশে থাকবে।

কিন্তু তবুও... শূন্যতাটি রয়ে গেল। সন্দেহ একটি পরজীবীর মতো আমাকে আঁকড়ে ধরেছিল। হ্যাঁ, আমি জানতাম যে কখনও কখনও সন্দেহ উপকারী হয়। এটি আপনাকে নতুন উত্তর, নতুন পথ খুঁজতে বাধ্য করে। এটি জ্ঞানের একটি চালিকা শক্তি। কিন্তু আপনি যখন আপনার নিজের অস্তিত্বের অর্থ নিয়ে সন্দেহ করতে শুরু করেন তখন কী হয়? যখন আপনি আর বিশ্বাস করেন না যে কোনো বিকল্প আছে? যখন আপনি হতাশার অতল গহ্বরে আরও গভীরে ডুবে যান, তার তলদেশ খনন করেন, কোনো আলো না দেখে?

আমি ডুবছিলাম। আমার আত্মা কোনো দিকনির্দেশনা ছাড়াই, কোনো কম্পাস ছাড়াই, তার অন্তহীন ব্যথায় বিচরণ করছিল। আমি জানতাম যে এটি বিষণ্ণতা। আমি জানতাম যে আমাকে ভারসাম্য খুঁজে বের করতে হবে। কিন্তু আমি সন্দেহ করছিলাম যে আমি সফল হব। কে আমাকে পথ দেখাতে পারত? এই কুয়াশার মধ্যে কে আমাকে দিকনির্দেশনা দেখাতে পারত? প্রশ্নগুলো একটি তুষারধসের মতো আমাকে চাপা দিচ্ছিল। আমাকে কবর দিচ্ছিল। আমি চিরতরে ছেড়ে দেওয়ার দ্বারপ্রান্তে ছিলাম। অসুবিধাগুলো থেকে নয়। ব্যথা থেকে নয়। আমার কেবল আর শক্তি ছিল না।

কিন্তু আমার গভীরে... ছাই রয়ে গিয়েছিল। যেখান থেকে আমাকে তবুও পুনরুত্থিত হতে হবে।

ব্যথার মধ্যে পুনর্জন্ম

আমি এই বিশ্বের জন্য মারা গিয়েছিলাম। হ্যাঁ, আমি মারা গিয়েছিলাম। মৃত্যু দর কষাকষি করে না, সময় বাড়ায় না, দরদাম করে না। এটি কেবল তার ঠান্ডা, হাড়ের আঙ্গুলগুলো বাড়িয়ে দেয় এবং নির্লজ্জভাবে যা তার ছিল তা নিয়ে যায়। কিন্তু এটি আর একটি ফাঁক করা, রক্তাক্ত ক্ষত রেখে যায়নি। এটি একটি নতুন শুরুর জন্য একটি স্থান রেখে গিয়েছিল। একটি নতুন জন্মের জন্য।

অন্তহীন, যন্ত্রণাদায়ক রাতে, অশ্রু আমার মুখ থেকে বরফের স্রোতের মতো প্রবাহিত হচ্ছিল, জ্বলন্ত, গভীর চিহ্ন রেখে যাচ্ছিল। অ্যাসিডের দাগের মতো। আমি কাঁদছিলাম। শ্বাসরুদ্ধকর অন্ধকারে, কোনো শব্দ ছাড়াই, একটি শান্ত, অগ্রহণযোগ্য আতঙ্কে যা আমাকে জমে দিচ্ছিল, একটি পক্ষাঘাতগ্রস্ত বিষের মতো। ব্যথার একটি পিণ্ড। এটি বাড়ছিল। আমার গলায় বড় হচ্ছিল। আমাকে শ্বাসরুদ্ধ করছিল। আমাকে বাতাস দিচ্ছিল না। এবং আমার স্বপ্নে... আমি একটি নামহীন হাত দেখতে পাচ্ছিলাম, একটি অন্তহীন অন্ধকার থেকে বাড়ানো, যা আমার বুক ছিন্নভিন্ন করছিল। আমার রক্তাক্ত হৃদয় ছিঁড়ে ফেলছিল। এটি, শেষবারের মতো স্পন্দিত হয়ে, আমার চোখের সামনে সংকুচিত হচ্ছিল, কিছুতেই ছোট হয়ে যাচ্ছিল। ছাইয়ের ক্ষুদ্র কণায় ছড়িয়ে পড়ছিল। ভয়। অপরাধবোধ। শ্বাসরুদ্ধকর ঘৃণা। তিক্ত আত্ম-করুণা। অসহায় রাগ। তীব্র যন্ত্রণা। সম্পূর্ণ অসহায়তা। এমন কোনো অনুভূতি নেই, যন্ত্রণার এমন কোনো সূক্ষ্মতা নেই যা আমি জানি না। যা আমাকে টুকরো টুকরো করে ছিন্নভিন্ন করেনি। কিন্তু এখন... এখন তারা কেবল স্মৃতি। ক্ষত নয়। কেবল আমার আত্মায় খোদাই করা পাঠ।

এবং আর কখনো... আর কখনো আমি ভালোবাসিনি। আমি প্রেমে পড়িনি।

কারণ আমার কোনো হৃদয় ছিল না! এটি ছিঁড়ে ফেলা হয়েছিল, ধুলোয় চূর্ণ করা হয়েছিল, ছাইয়ে পরিণত করা হয়েছিল। বিস্ফোরিত হয়েছিল। কিন্তু পুনরুত্থিত হয়েছিল। ছাই থেকে। একটি ফিনিক্সের মতো।

তখন আমার জন্য পৃথিবী অদৃশ্য হয়ে গেল। সবকিছু ধূসর হয়ে গেল। নিষ্প্রাণ। মৃত। যেকোনো রঙ থেকে বঞ্চিত। ভালোবাসা... এই শব্দটি একটি নিষিদ্ধ মন্ত্রে পরিণত হয়েছিল, আমার আত্মার অভিধান থেকে, আমার প্রতিটি কোষ থেকে মুছে ফেলা হয়েছিল। কেবল

অতীতের ব্যথার একটি মহাজাগতিক প্রতিধ্বনি এবং একটি চিরন্তন, অসীম একাকীত্ব রয়ে গেল, যা একটি বরফের কফিনের মতো আমাকে আবৃত করে রেখেছিল। আমি এই বিশ্বের জন্য মারা গিয়েছিলাম এবং এই বিশ্ব আমার জন্য মারা গিয়েছিল। এবং এই মৃত্যুর মধ্যে, আমি ভয়ানক স্বাধীনতা আবিষ্কার করলাম - অনুভব না করার স্বাধীনতা। ভালোবাসতে না পারার স্বাধীনতা। কিছু না হওয়ার স্বাধীনতা। কেবল জীবনের একটি সূক্ষ্মতা হওয়া যা শীঘ্রই চিরতরে শান্ত হয়ে যাবে।

কিন্তু এখন... এই মৃত্যু একটি জন্মে পরিণত হলো। আলোর একটি বিস্ফোরণে যা আমাকে গ্রাস করল।

ইচ্ছা। এটি একটি ঝলক ছিল না। এটি ছিল আমার আত্মার গভীরে সেই অবিচল জ্বলন্ত অঙ্গার - একটি স্পন্দিত মূল হিসাবে রয়ে যাওয়া। ইচ্ছা আমাকে কখনোই পুরোপুরি ছেড়ে যায়নি। এটি সেখানে ছিল, আমার হৃদয়ের কোণে লুকিয়ে ছিল, আমাকে আবার জীবনের দিকে নিয়ে যাওয়ার মুহূর্তের জন্য অপেক্ষা করছিল। ইথানের চোখে আমি আমার শক্তি খুঁজে পেলাম। তার বড়, সবুজ, নিষ্পাপ চোখে। তার ছোট্ট হাতগুলোতে, যা আমার দিকে বাড়ানো ছিল। তার ভঙ্গুর আশায় যে তার মা উঠে দাঁড়াবে। তার আমাকে প্রয়োজন ছিল। সে আমার উপর নির্ভর করছিল। আমিই ছিলাম তার একমাত্র পৃথিবী।

আমি চালিয়ে যাব। আমি লড়াই করব। আমি আবার সবকিছু তৈরি করব যা জীবন আমার কাছ থেকে কেড়ে নিয়েছিল। এমনকি যদি এটি জ্বলন্ত কয়লা থেকে তৈরি করা হয়। আমি এই অপরাধবোধকে আমার ক্রস হিসাবে বহন করব। কিন্তু আমি তার আলোও বহন করব। এটি আমাকে পথ দেখাবে। আমি শ্বাস নেব।

---❤---

চতুর্থ অধ্যায় 33: পুনর্জন্মের শিখা

পনেরো বছর। দুর্ঘটনার পর পেশাদার এবং সামাজিক শিখরে পৌঁছাতে এতটা সময় লেগেছিল, যা আমি কল্পনা করারও সাহস করিনি।

আমি দীর্ঘ সময় ধরে আয়নার টুকরোগুলির একটি গোলকধাঁধা ছিলাম। প্রতিটি কাঁচের টুকরা সেই অভিশপ্ত দিনটিকে প্রতিফলিত করছিল যখন আমার জীবন ভেঙে গিয়েছিল। আমি কেবল অতীতের ধ্বংসাবশেষে বেঁচে ছিলাম না, বরং ধীরে ধীরে, পদ্ধতিগতভাবে টুকরোগুলো সংগ্রহ করছিলাম। প্রতিটি নিদ্রাহীন রাতে ভূতগুলো অন্ধকারে নাচত, অশ্রুর গন্ধে আবৃত। প্রতিটি পেশাদার অসুবিধা - ব্রাসেলের সেই প্রকল্পের মতো যা প্রায় আমাকে শেষ করে দিয়েছিল - আমাকে ভেঙে দিয়েছিল, আবার আমাকে নতুন করে, আরও শক্তিশালী করে তোলার আগে।

প্রতিটি দার্শনিক গ্রন্থের পাতায়, যা আমাকে অর্থের গভীরতায় ডুবিয়ে দিত - কেহো, ফ্রাঙ্কল, কামু, সার্ত্রে, হাইডেগার - আমি জ্ঞানের নীরবতার মধ্যে উত্তর খুঁজছিলাম। গুহ্য শিক্ষা এবং প্রাচীন রহস্যময় অনুশীলনে প্রতিটি নিমজ্জন - তিব্বতীয় মন্ত্র, সুফি নৃত্য, শামানিক আচার - এই সবই আমার পুনর্জন্মের অংশ ছিল। আমি প্রতিটি ধর্ম, প্রতিটি আধ্যাত্মিক অনুশীলনকে খুঁজে বের করেছিলাম, তৈরি করা উত্তর খুঁজে বের করার জন্য নয়, বরং সত্য এবং অভ্যন্তরীণ শান্তি খুঁজে বের করার জন্য।

আমি আবার শ্বাস নিতে শিখেছিলাম, আমার সত্তার প্রতিটি কোষে লুকানো অক্ষয় শক্তিকে পুনরায় আবিষ্কার করতে। আমি বাস্তবতার নিয়মগুলোকে অতিক্রম করেছিলাম -

বিস্মৃতি থেকে নয়, বরং বেদনাদায়ক পুনর্মূল্যায়ন এবং একটি অবিচল, অনমনীয় ইচ্ছা থেকে যা ভয়কে জানত না। এটি ছিল আমার জীবনীশক্তি।

আমি, মেলিনা, ছিলাম ভিন্ন। কেবল একজন বেঁচে থাকা ব্যক্তি নয়, বরং নতুন করে তৈরি করা একজন।

সাক্ষাৎ: চক্রটি বন্ধ হয়

একটি অভ্যর্থনার আমন্ত্রণ একটি বজ্রপাতের আঘাতের মতো এসেছিল - ভারী, ক্রিম রঙের কাগজের একটি সূক্ষ্ম খাম, যার উপরে একটি সোনালী ক্রেস্ট নাচছিল। এটি সেই মহিলার কাছ থেকে ছিল যার স্বামী কেবল আমার জীবন থেকে বছর নয়, একটি পুরো মহাবিশ্ব কেড়ে নিয়েছিল।

আমার হাতের তালু ঘামছিল। পুরানো "আমি" কুঁচকে যেত, লুকিয়ে থাকত, ভেঙে পড়ত। নতুন "আমি" সবচেয়ে মার্জিত কালো পোশাক পরল যা এটি কখনো ছিল - ভারী সিল্কের একটি সিলুয়েট যা আমার শরীরকে দ্বিতীয় ত্বকের মতো জড়িয়ে ধরেছিল, শক্তির প্রতিশ্রুতি দিয়ে।

আমি রুচিহীন বিলাসের সেই চিৎকারকারী, সোনালী মরুদ্যানের মধ্যে প্রবেশ করলাম। ক্রিস্টাল ঝাড়বাতিগুলো বরফের জলপ্রপাতের মতো ঝুলছিল, হাজার হাজার ঠান্ডা স্ফুলিঙ্গ ছড়িয়ে দিচ্ছিল। বাতাস দামি পারফিউম এবং নকল হাসির অপ্রীতিকর সুবাসে ভারী ছিল, যা ধারালো দাঁত লুকিয়ে রেখেছিল। এই ঠান্ডা প্রদর্শনের মধ্যে, আমি আর সেই অতীতকে কবর দেওয়া প্রেতাত্মা ছিলাম না, বরং আমি ছিলাম এমন একজন মহিলা, যিনি পরীক্ষার আগুন থেকে তৈরি।

আমার দৃষ্টি তার দৃষ্টির সাথে মিলিত হলো। শার্লট বুড়ো হয়ে গিয়েছিল। তার চোখের চারপাশে সূক্ষ্ম বলিরেখা কেবল সেই শীতলতাকেই জোর দিয়েছিল যা এখনও একটি ব্লেডের মতো বিদ্ধ করছিল। তার প্রতিটি অঙ্গভঙ্গি, প্রতিটি নড়াচড়া ছিল গণনা করা, প্রতিটি শব্দ - ওজন করা। আমি জানতাম যে আমি এখানে একটি রক্তাক্ত ক্ষত চিরতরে বন্ধ করার জন্য এসেছি। আমার অভ্যন্তরীণ আগুন জ্বলছিল, শান্ত কিন্তু শক্তিশালী, আমার সত্তার কেন্দ্রে কেন্দ্রীভূত।

তার কণ্ঠস্বর শান্ত ছিল, কোনো কম্পন ছাড়াই, কোনো আবেগ ছাড়াই। একটি ভালোভাবে ক্যালিব্রেটেড যন্ত্রের মতো।

"মেলিনা। আমি আশা করিনি যে আপনি আসবেন।"

"আমি আপনার আমন্ত্রণ আশা করছিলাম।" - আমি একটি মৃদু হাসি দিয়ে উত্তর দিলাম। এটি ইস্পাতের একটি সূক্ষ্ম, প্রায় অলক্ষিত ঝলকানি দিয়ে শোনাচ্ছিল। "এভাবেই কি চক্রগুলো বন্ধ হয় না?"

আমি ক্ষমা করলাম। সহজে নয়, বরং যন্ত্রণাদায়ক প্রচেষ্টার সাথে। আমি ব্যথা, অন্তহীন ক্ষতি, সেই অনাথের একাকীত্বকে ক্ষমা করলাম যাকে আমি একা বড় করেছি। আমি অ্যালেক্সকে ক্ষমা করলাম - তাকে ন্যায্যতা দেওয়ার জন্য নয়, বরং আমার নিজেকে সেই ঘৃণার ভার থেকে মুক্ত করার জন্য যা আমাকে শ্বাসরুদ্ধ করছিল। এই ক্ষমা অন্যের প্রতি করুণার অঙ্গভঙ্গি ছিল না, বরং নিজের মুক্তির একটি কাজ ছিল, নিজের প্রতি একটি উপহার। এটি ছিল একটি তিক্ত, জ্বলন্ত ওষুধের মতো, যা আমার আত্মাকে পুরানো বিষ থেকে পরিষ্কার করছিল, যেখানে একসময় ঘৃণা গর্জন করত সেখানে একটি অদ্ভুত, মুক্তকারী শূন্যতা রেখে গিয়েছিল।

এটি ছিল আমার আত্মার নীরব বিজয় - একটি কঠিনভাবে অর্জিত সাহসের কুচকাওয়াজ, যা কোনো দ্বিধা ছাড়াই সরাসরি চোখের সামনে মন্দ, চিৎকারকারী ঔদ্ধত্যের মুখোমুখি হয়েছিল। আমি সেই অভিশপ্ত জায়গাটি মাথা উঁচু করে ছেড়ে গেলাম, যন্ত্রণাদায়ক

অতীতকে পেছনে ফেলে, কারণ আমি ভুলে গিয়েছিলাম তা নয়, বরং আমি সবচেয়ে গুরুত্বপূর্ণ পাঠটি শিখেছিলাম: কীভাবে এর সত্ত্বেও বাঁচতে হয়, যখন বজ্রপাত আমার পৃথিবীকে কাঁপিয়ে তোলে তখন কীভাবে বৃষ্টির মধ্যে নাচতে হয়, ভেঙে না পড়ে।

যোদ্ধার আহ্বান

এক সপ্তাহ পরে, ফোনটি বেজে উঠল, আমার নতুন আবিষ্কৃত শান্তির নীরবতাকে ভেঙে দিল। এটি একটি লুকানো নম্বর ছিল।

"আপনি কি মনে করেন সবকিছু শেষ, মেলিনা? আপনি ভুল করছেন।"

দেরি করে আসা "দুঃখিত" এর পরিবর্তে, হুমকির একটি তরঙ্গ আবার উঠল, আগের চেয়ে আরও অশুভ, আমার নিঃশ্বাসকে বিদ্ধ করছিল। এই উন্মত্ত, প্রাথমিক বেঁচে থাকার ইচ্ছার মুহূর্তে, মন্দের আপাত পৃষ্ঠের নিচে, আমার মধ্যে একটি প্রাচীন প্রবৃত্তি বিস্ফোরিত হলো। যেন হাজার বছরের রক্ত, যুদ্ধ এবং বেঁচে থাকার গল্পে পূর্ণ, কথা বলছিল, প্রাথমিক জ্ঞান, শক্তির একটি অভ্যন্তরীণ উৎসের ফিসফিসানি। এটি কোনো বাহ্যিক প্রতীক ছিল না, বরং ন্যায়বিচারের জন্য একটি অতৃপ্ত তৃষ্ণা ছিল, যা একটি নিঃশর্ত ভালোবাসা থেকে জন্ম নিয়েছিল যা কোনো সীমা জানত না। এটি কোনো প্রতিবিম্ব ছিল না, বরং অভ্যন্তরীণ শক্তির একটি বিস্ফোরণ ছিল, যা এই বিশ্বের ক্ষণস্থায়ী, সীমিত ন্যায়বিচারকে অস্বীকার করছিল এবং আরও উচ্চতর কিছুর জন্য আকাঙ্ক্ষা করছিল। আমি অ্যালেক্সকে মনে করি, তার কণ্ঠস্বর, তার হাসি, তার স্বপ্ন। এটি ছিল এখন আমার চালিকা শক্তি। কেবল প্রতিশোধ নয়, বরং একটি রূপান্তরমূলক শক্তি।

এই মৌলিক সমর্থনের যুদ্ধে, যা সময়ের মধ্য দিয়ে প্রসারিত একটি অদৃশ্য সুতার দ্বারা পরিচালিত হচ্ছিল, আমি সেই সুতাটি অনুভব করলাম যা আমাকে টেম্পলারদের আত্মার সাথে সংযুক্ত করেছিল। ছায়ার বিরুদ্ধে লড়াই করার বিষয়ে তাদের জ্ঞান, তাদের অটল বিশ্বাস এবং অন্ধকারের সামনে নির্ভীকতা আমার পুরো সত্তাকে নাড়িয়ে দিয়েছিল। কেবল একটি ঐতিহাসিক গল্প হিসাবে নয়, বরং কর্মের জন্য একটি জীবন্ত, স্পন্দিত আহ্বান হিসাবে। তাদের দর্শন - যে সত্যিকারের যুদ্ধ কেবল বাহ্যিক শত্রুদের সাথে নয়, বরং অভ্যন্তরীণ রাক্ষস, অজ্ঞতা এবং ভয়ের সাথেও হয় - আমার মধ্যে গভীরভাবে অনুরণিত হয়েছিল। তারা বিশ্বাস করত যে প্রতিটি মানুষ তার মধ্যে ঐশ্বরিকের একটি অংশ বহন করে, যা লালন এবং রক্ষা করা উচিত।

আমি এই অদৃশ্য আত্মার সেনাবাহিনীতে যোগ দেওয়ার জন্য একটি গভীর, অনিবার্য আহ্বান অনুভব করলাম, অর্ডার অফ দ্য লেডি হওয়ার জন্য - কেবল আলোর অভ্যন্তরীণ উৎস এবং গ্রেলের জ্ঞানের একজন রক্ষক নয়, বরং একজন যোদ্ধা, একজন নাইট যার মন্দতার বিরুদ্ধে যুদ্ধে শক্তি আছে, যা আমাদের সমাজকে গ্রাস করছে। আমার ব্যক্তিগত ঝড়ের মধ্য দিয়ে গিয়ে, আমি এই গোপন অর্ডারের প্রতি নিজেকে উৎসর্গ করলাম।

ইচ্ছা, আমি জানতাম, আমাদের প্রত্যেকের মধ্যে গভীরভাবে লুকিয়ে আছে - একটি অক্ষয় শক্তি যা কোনো কিছুই এবং কেউ ভেঙে দিতে পারে না। আমরা মানুষ - যুদ্ধপ্রিয়, বিবর্তিত, আশ্চর্যজনকভাবে অভিযোজিত - এই সত্যটিই আমাদের সত্যিকারের মানুষ করে তোলে, আমাদের নিজের ভাগ্যের স্রষ্টা। এটি মানব আত্মার শিখা।

মেলিনার জাগরণ... শুরুর আগের শেষ সেকেন্ড: 00:00:01।

---♥---

চতুর্থ অধ্যায় 34: ঝড়ের কেন্দ্রে

বাসেলে বৈঠকটি আমাকে গ্রাস করেছিল। এটি কেবল উত্তেজনা ছিল না। এটি ছিল সেই নীরব ধাক্কা, যখন পৃথিবী টুকরো টুকরো হয়ে ভেঙে পড়ে। কেবল একটি একক, নির্দয়ভাবে পরিষ্কার ফোকাস রয়ে গিয়েছিল - তার চোখ। তারা আমার চোখে গেঁথে গিয়েছিল। বাতাস একটি পাথরের মতো আমার ফুসফুসে আটকে গিয়েছিল। প্রতিটি শ্বাস একটি মৃত্যুর আর্তনাদে পরিণত হয়েছিল, এমন কিছুর স্থির অপেক্ষায় যা আমি নাম বলারও সাহস করিনি।

আমি তার তলবিহীন দৃষ্টিতে ডুবে গেলাম। সেখানে, সেই গভীরতায়, আমি কেবল একটি প্রতিচ্ছবিই নয়, বরং আমার নিজের আত্মার একটি যন্ত্রণাদায়কভাবে পরিষ্কার অভিক্ষেপ দেখেছি - সেই গোপনীয়তাগুলি যা আমি স্বীকার করার সাহস করিনি। এটি একটি আয়নার মতো ছিল, কিন্তু এর মধ্যে থাকা ছবিটি আমি ছিলাম না, বরং সেই অনুপস্থিত অংশটি ছিল যার জন্য আমার হৃদয় নিঃশব্দে শোক করছিল। উপলব্ধিটি একটি বরফের সূঁচের মতো আমাকে বিদ্ধ করেছিল - এটি একটি দুর্ঘটনাজনিত সাক্ষাৎ ছিল না। এটি ছিল একটি প্রত্যাবর্তন। মৌলিক কিছুর দিকে। এমন একটি সংযোগের দিকে যা সময়, স্থান অতিক্রম করে বিদ্যমান ছিল।

বাস্তবতা একটি তীক্ষ্ণ চড়ের মতো প্রবেশ করল। সঙ্গীত স্তব্ধ হয়ে গেল। আলো কাঁপছিল, নিভে যাওয়ার হুমকি দিচ্ছিল। আমাকে চলে যেতে হবে। এখনই। চিরতরে পালিয়ে যেতে হবে, যাদু ম্লান হওয়ার আগে, আমি আবার তার চোখের দিকে তাকানোর অনুমতি দেওয়ার আগে। তিনি আমাকে শারীরিকভাবে থামানোর কোনো চেষ্টা করেননি, কিন্তু তার দৃষ্টি - ভারী, জোরপূর্বক, প্রায় অধিকারমূলক - আমাকে অনুসরণ করেছিল। তিনি চোখ সংকীর্ণ করলেন। সবেমাত্র লক্ষণীয়, একটি শিকারীর ক্ষণিক ঝলকের মতো। কিন্তু আমি এটি অনুভব করলাম। একটি স্পর্শের মতো। আমার ত্বকে। তারের মধ্য দিয়ে বিদ্যুতের মতো একটি উত্তেজনা আমার মধ্য দিয়ে প্রবাহিত হলো। একই সাথে একটি সতর্কতা এবং একটি আমন্ত্রণ। আমি বুঝতে পারলাম যে এটি এমন কিছু... আরও বেশি কিছু। এমন কিছু যা আমার আত্মার গভীরে আমাকে ভয় পেয়েছিল। কিন্তু আকর্ষণও করেছিল। একটি অমানবিক, প্রায় বেদনাদায়ক শক্তি দিয়ে। আমি এটি চিনতে পারলাম।

ফ্ল্যাশব্যাক: আমন্ত্রণ

দেরি রাতে, ঘুমের মধ্যে, আমার ফোন বালিশের নিচে বেজে উঠল। একটি বার্তা। নাথানিয়েলের কাছ থেকে।

"আগামীকাল, দুপুরে। রাইনের দক্ষিণ দিকে, মিটেলের ব্রিজের কাছে একটি ছোট ক্যাফে। আমার আরও কিছু প্রশ্ন আছে যার উত্তর কেবল তুমিই দিতে পারো।"

আমার হৃদয় একটি ভীত পাখির মতো আমার বুকে লাফিয়ে উঠল। একটি সতর্কতা? একটি আমন্ত্রণ? নাকি... একটি রায়? কিন্তু আমি জানতাম যে আমি প্রতিরোধ করতে পারব না। এই চৌম্বকীয় আকর্ষণ, যা তিনি প্রকাশ করছিলেন, একটি অন্ধকার, প্রাচীন যাদুর মতো ছিল। এবং একই সময়ে - এমন কিছু অশুভের একটি অদ্ভুত পূর্বানুমান, যা প্রতিটি আনন্দ, প্রতিটি আশাকে ম্লান করে দিচ্ছিল।

আমি নিজেকে বিশেষ অনুভব করলাম। কেবল লক্ষ্য করা নয়, দেখা। মুখের এই অন্তহীন সমুদ্রে ভিন্ন, অনন্য। একে অপরের প্রতি আমাদের আকর্ষণ ছিল একটি লুকানো বিশ্বের হঠাৎ দরজা খোলার মতো, যা আমি জানতামও না যে এটি বিদ্যমান। আমার আত্মবিশ্বাসের আপাত সম্মুখভাগের পেছনে সবসময় একটি দুর্বল মেয়ে লুকিয়ে থাকত, যে

মরিয়া হয়ে একটি সত্যিকারের, গভীর সংযোগের জন্য আকাঙ্ক্ষা করত। বোঝা হওয়ার জন্য আকাঙ্ক্ষা করত।

বিভ্রমটি মিষ্টি ছিল, প্রায় নেশাজনক। "আপনি এই লুকানো বিশ্বে প্রবেশ করতে, আমার সবচেয়ে গোপন স্বপ্ন, আমার গভীরতম ভয় বিচার না করে বুঝতে পেরেছিলেন। একসাথে, আমরা সমস্ত বাধাগুলোকে ধাপে রূপান্তরিত করব, যা আমাদেরকে বোঝাপড়ার একটি উচ্চ স্তরে, নিঃশর্ত ভালোবাসার দিকে উন্নীত করবে। আমাদের দেখা হওয়ার কথা ছিল।" কিন্তু এই ভাগ্যটিও একটি ছায়া বহন করছিল। আমি অনুভব করছিলাম যে এই সম্পর্কটি ভিন্ন। আরও শক্তিশালী। আমি যা কিছু কখনো অনুভব করেছি তার চেয়েও বেশি বিপজ্জনক।

নাথানিয়েল এমন একটি শক্তি প্রকাশ করছিলেন যা একই সাথে আমাকে আকর্ষণ করছিল এবং আমাকে পাগল করে দিচ্ছিল। এবং সাত বছর সম্পর্কে প্রশ্ন... এটি আমাদের মধ্যে একটি অদৃশ্য, কিন্তু সুস্পষ্ট হুমকি হিসাবে ঝুলছিল। এই যে আমি। আমি, যে সারা জীবন পালিয়েছি। এখন আমি তার দিকে হাঁটছি। কেন? কেন আমি থামতে পারি না? সেই মুহূর্তে, যখন আমি বার্তাটি দেখছিলাম, আমি জানতাম যে আমি একটি মোড়ে আছি।

আমাকে এমন একটি পছন্দের মুখোমুখি হতে হয়েছিল যা আমার পুরো ভবিষ্যতকে সংজ্ঞায়িত করবে। কিন্তু আসলে, আমি ইতিমধ্যেই বেছে নিয়েছিলাম। "আমি উড়ব বা চূর্ণ হব।" এবং আমি উড়ার সিদ্ধান্ত নিলাম। আমি জানতাম যে আমি আঘাত পেতে পারি, যে আমি সবকিছু হারাতে পারি। কিন্তু আমি বিশ্বাস করতাম যে এই ভালোবাসার, এই সংযোগের শক্তি যেকোনো বিপদের চেয়ে বেশি।

আমি কেবল উত্তর দিলাম:

"আমি আসব।"

এই সংক্ষিপ্ত উত্তরটি একই সাথে আত্মসমর্পণ এবং একটি প্রতিশ্রুতি ছিল। আকর্ষণের শক্তির কাছে, আমার নিজের, দীর্ঘ-দমিত ইচ্ছার কাছে আত্মসমর্পণ। অজানার সাথে দেখা করার প্রতিশ্রুতি। যখন আমি "পাঠান" টিপছিলাম, আমি অনুভব করলাম কীভাবে আমার জীবন চিরতরে পরিবর্তিত হচ্ছে। আমি? আত্মসমর্পণ করতে? আমার মধ্যে কিছু ভেঙে গিয়েছিল। অথবা... মুক্ত হয়েছিল? আমার গভীরের কিছু ভেঙে গিয়েছিল। আমি জানতাম যে আমার সময় ফুরিয়ে যাচ্ছে... এবং এর সাথে - নিয়ন্ত্রণের বিভ্রম।

অভ্যন্তরীণ ঝড়

রাতের বাকি অংশটি উন্মত্ত দোলাচলে কেটে গেল। আমি নিজেকে একত্রিত করার চেষ্টা করছিলাম, আমার চিন্তাভাবনা এবং অনুভূতিগুলোকে সাজিয়ে তোলার চেষ্টা করছিলাম। আমি সবকিছু এবং কেউ হতে চেয়েছিলাম।

আমি শক্তিশালী, আত্মবিশ্বাসী হতে চেয়েছিলাম, কিন্তু একই সাথে বাস্তব, দুর্বল হতে চেয়েছিলাম। আমি তাকে আমার সমস্ত মুখ, আমার সমস্ত ভূমিকা দেখাতে চেয়েছিলাম। আমি বহুমাত্রিক, এত পরিবর্তনশীল... আমি তাকে উন্মত্ত আবেগের একটি ঘূর্ণিতে নিয়ে যেতে পারি, অথবা তার শান্ত আশ্রয় হতে পারি। আমি সেই মারাত্মক মহিলা হতে পারি যার সান্নিধ্য তার রক্তকে ফুটন্ত করে তুলবে, অথবা সেই কোমল মা হতে পারি যার আলিঙ্গন সমস্ত ব্যথা শান্ত করবে। একজন সাহসী দুঃসাহসিক, অথবা একজন শান্ত পর্যবেক্ষক। তার অনুপ্রেরণা, অথবা একজন জ্ঞানী পরামর্শদাতা। আমার মধ্যে অসংখ্য ভূমিকা লুকিয়ে আছে এবং আমি তাকে সত্যিকারের খুশি করার জন্য যেকোনো একটি ভূমিকা পালন করতে প্রস্তুত।

আপনি কি এমন চোখে হারিয়ে যেতে চান যা অতৃপ্ত আবেগ দিয়ে পূর্ণ, নাকি আমার আলিঙ্গনের শান্ত উষ্ণতায় ডুবে যেতে চান? আপনি কি ভোরের প্রথম কিরণ পর্যন্ত আমার

সাথে নাচতে চান নাকি একসাথে সোফায় বসে আমাদের ভবিষ্যতের স্বপ্ন দেখতে চান? আপনি আমাকে কেমন দেখতে চান? পছন্দ আপনার। আমি যেকোনো কিছু হতে প্রস্তুত... আপনার জন্য।

কিন্তু তিনি... তিনি কি এর জন্য প্রস্তুত ছিলেন? তিনি কি আত্মার গভীরতা খুঁজছিলেন? নাকি কেবল আরেকটি খেলা? প্রশ্নগুলো আমার মাথায় এক ঝাঁক রাগান্বিত মৌমাছির মতো ঘুরছিল, কিন্তু একটি জিনিস নিশ্চিত ছিল - আমি এই বৈঠকে যাব, যেকোনো চ্যালেঞ্জের মুখোমুখি হতে প্রস্তুত, এই সম্পর্কের জন্য লড়াই করতে, কিন্তু সত্যিকারের জীবন যাপন করতে।

এই উত্সর্গ আমাকে আতঙ্কিত করেছিল। আমার হৃদয় উন্মত্তভাবে স্পন্দিত হচ্ছিল। আমার মন একটি রাগান্বিত উপাদানের মতো গর্জন করছিল, সমস্ত পরিচিত সবকিছুকে ভাসিয়ে নিয়ে যাচ্ছিল। ভালোবাসা, এই অদম্য শক্তি, আমার সত্তাকে তার ভিত্তি থেকে নাড়িয়ে দিচ্ছিল। আমি এটিকে অস্বীকারের শান্তিতে আবদ্ধ করার চেষ্টা করছিলাম। কিন্তু উত্সাহ এবং নেশাজনক উত্তেজনা ইতিমধ্যেই আমার আত্মার প্রতিটি কোণে প্লাবিত হয়েছিল, সমস্ত প্রতিরোধ মুছে ফেলছিল।

আমি একই সাথে হালকা এবং ওজনহীন অনুভব করছিলাম, কিন্তু অজানার ভারে ভারাক্রান্তও ছিলাম। আমি একটি দোলকের মতো ছিলাম, অসহায়ভাবে সুখের স্বর্গে উড়ে যাওয়ার অদম্য ইচ্ছা এবং বেদনাদায়ক পতনের জমে যাওয়া ভয়ের মধ্যে দুলছিলাম। অজানা আনন্দের অদম্য আহ্বান আমাকে কোনো দ্বিধা ছাড়াই ঝাঁপিয়ে পড়তে বাধ্য করছিল, কিন্তু সম্ভাব্য ব্যথার বরফ-ঠান্ডা আতঙ্ক প্রতিটি নড়াচড়াকে পক্ষাঘাতগ্রস্ত করে দিচ্ছিল। আমি আমার নিজের ছিন্নভিন্ন মনের একজন বন্দী ছিলাম, একটি যন্ত্রণাদায়ক দ্বিধার মুখোমুখি: সম্পূর্ণ জীবন যাপন করা, কিন্তু আঘাত পাওয়ার ঝুঁকি নেওয়া, অথবা উদাসীনতার মিথ্যা নিরাপত্তায় সন্তুষ্ট থাকা।

"মানুষ স্বাধীন হতে বাধ্য।"

সার্ত্রে।

কিন্তু এই স্বাধীনতা... এটি ভারী। এটি কি কেবল একটি লাফ? গভীর জলে? নাকি... একটি উড্ডয়ন?

ক্যাফেতে বৈঠক

এবং আমার মধ্যে এই বিশৃঙ্খলা সত্ত্বেও, আমি হাঁটছিলাম। আমার পা, যেন একটি অদৃশ্য শক্তি দ্বারা পরিচালিত, আমাকে ক্যাফের দিকে নিয়ে যাচ্ছিল। বাসেলের বাতাস ঠান্ডা ছিল এবং রাইনের গন্ধ বহন করছিল, একটি রাস্তার ক্যাফের ধোঁয়ার সাথে মিশে। প্রতিটি মিটার ছিল কারণ এবং হৃদয়ের মধ্যে, সতর্কতার এবং আকাঙ্ক্ষার মধ্যে একটি যুদ্ধ। আমি পথচারীদের দিকে তাকাচ্ছিলাম, তার মুখ খুঁজে বের করার চেষ্টা করছিলাম, যা আমাকে একটি চুম্বকের মতো আকর্ষণ করছিল। আমি কল্পনা করলাম যে আমি তাকে কীভাবে দেখব। কীভাবে সে হাসবে, কীভাবে তার চোখ সেই তীব্রতা দিয়ে আমাকে বিদ্ধ করবে যা একই সাথে আমাকে ভয় পেয়েছিল এবং আমাকে মুগ্ধ করেছিল। কীভাবে আমরা স্পর্শ করব এবং কীভাবে আমাদের চারপাশের সবকিছু ম্লান হয়ে যাবে, যেন পৃথিবী আমাদের বাইরে বিদ্যমান থাকবে না।

কিন্তু একই সময়ে আমি ভয় পেয়েছিলাম। আমি হতাশ, প্রত্যাখ্যান, এমন কিছুতে ঝাঁপিয়ে পড়ার ভয় পেয়েছিলাম যা আমাকে ধ্বংস করে দেবে। আমি ভয় পেয়েছিলাম যে এই অপ্রতিরোধ্য আসক্তিটি কেবল একটি বিভ্রম, যে নাথানিয়েল সে নয় যাকে আমি মনে করি। যখন আমি ক্যাফের কাছে যাচ্ছিলাম, আমি বুঝতে পারলাম যে আমি কেবল একটি বৈঠক

খুঁজছি না। আমি সত্য খুঁজছি। আমি উত্তর খুঁজছি। আমি নিজেকে খুঁজছি। এবং আমি যেকোনো বাস্তবতার মুখোমুখি হতে প্রস্তুত ছিলাম, তা যতই বেদনাদায়ক হোক না কেন। কারণ কখনও কখনও, নিজেকে খুঁজে পেতে, আপনাকে পুড়ে যাওয়ার ঝুঁকি নিতে হয়।

এবং তারপর... সিদ্ধান্তটি আমার মধ্যে বিস্ফোরিত হলো। আমি সবকিছু বাজি রাখার সিদ্ধান্ত নিলাম। আমার প্রাথমিক প্রবৃত্তিকে বিশ্বাস করার জন্য, এই অপ্রতিরোধ্য অভ্যন্তরীণ শক্তিকে যা আমাকে সামনে ঠেলে দিচ্ছিল। কারণ ভালোবাসা হলো একটি শ্বাস, একটি আন্তঃবয়ন, একটি স্বীকৃতি - এটি নিজের মধ্যে এটি খুঁজে বের করার পছন্দের মূল সারাংশ। এই আহ্বানটি স্থান এবং সময়ের অন্য মাত্রা থেকে এসেছিল - এবং আমি এটি গভীরভাবে অনুভব করছিলাম।

"সেখানে আমার জন্য কী অপেক্ষা করছে - নরক নাকি স্বর্গ?!" - আমি বাতাসের কাছে ফিসফিস করে বললাম, যখন আমি এই ভাগ্যপূর্ণ কিনারায় দাঁড়িয়ে ছিলাম, অজানাতে ঝাঁপ দেওয়ার জন্য প্রস্তুত। আমার হাড়ের গভীরে, আমার আত্মার গভীরে - আমি ভয় পেয়েছিলাম... আমি, মেলিনা। ভালোবাসার নাইট। আমি কাঁপছিলাম।

নাথানিয়েলের দৃষ্টিকোণ থেকে...

"সে কি আসবে?" - চিন্তাটি নাথানিয়েলকে বিদ্ধ করল, যখন তিনি তার সামনের খালি চেয়ারের দিকে তাকাচ্ছিলেন। সূর্য ছোট ক্যাফেতে দীর্ঘ ছায়া ফেলছিল, এবং শক্তিশালী এসপ্রেসো এবং মিষ্টি ক্রোয়াসেন্টের সুগন্ধ বাতাসে ভরে গিয়েছিল। কোথাও থেকে, সম্ভবত একজন কাছাকাছি রাস্তার সঙ্গীতশিল্পীর কাছ থেকে, একটি দূরবর্তী, বিষণ্ন স্যাক্সোফোনের সুর শোনা যাচ্ছিল। সবকিছু প্রস্তুত ছিল। তিনি সবকিছু পরিকল্পনা করেছিলেন।

"এই মহিলাটি কে?" - তিনি নিজেকে জিজ্ঞাসা করলেন, যখন তার ছবি তার মনে ভাসছিল, উত্তেজিত জলের মধ্যে একটি ঝলকের মতো পরিবর্তিত হচ্ছিল। - "ঝড় এবং আশ্রয়, মারাত্মক এবং মা, দুঃসাহসিক এবং অনুপ্রেরণা... তুমি কে, মেলিনা? এবং তুমি আমার জন্য কে হতে প্রস্তুত?"

তিনি তাকে দেখতে আশা করেননি। এখন নয়। এইভাবে নয়। এই শক্তিশালী আকর্ষণ... যা তাদের দুটি নিঃসঙ্গ গ্রহের মতো একে অপরের দিকে আকর্ষণ করেছিল, তাদের কক্ষপথ থেকে বিচ্যুত হয়ে।

তিনি এক মুহূর্তের জন্য চোখ বন্ধ করলেন, যখন তার দৃষ্টি ইতিমধ্যেই তাকে কৌতূহল দিয়ে বিদ্ধ করছিল - অতৃপ্ত, কিন্তু এতটাই দুর্বল, যেন একটি ফাটলযুক্ত পৃষ্ঠ। "আমি, যে সর্বদা নিজেকে একজন স্মার্ট, সতর্ক মহিলা বলে মনে করতাম।" সে তার সাথে যোগাযোগ করছিল। শব্দ দিয়ে নয়, হাসি দিয়ে নয়, বরং তার শ্বাস দিয়ে... যেন কোনো প্রজ্ঞা, তার মধ্যে প্রতিধ্বনিত হচ্ছিল। "আপনার দৃষ্টি দ্বারা প্রজ্বলিত একটি একক স্ফুলিঙ্গ আমার হৃদয়ে একটি অপ্রতিরোধ্য আগুন জ্বালিয়ে দিয়েছে, যা নির্দয়ভাবে আমার সমস্ত প্রতিরক্ষা গলিয়ে দিয়েছে।"

তিনি এতে অভ্যস্ত ছিলেন না। তিনি নন। নিয়ন্ত্রণ, যৌক্তিকতা, দূরত্ব - তারা সবসময় তার ঢাল ছিল। কিন্তু তার সাথে... তার সাথে সবকিছু পরিবর্তিত হচ্ছিল। তার সাথে ঢালগুলো গলে যাচ্ছিল।

"আমি অবাক এবং কম্পন নিয়ে আবিষ্কার করেছি যে আমি অনুভূতিতে সক্ষম... কেবল সাধারণ অনুভূতিতে নয়, বরং একটি ঘূর্ণিতে যা আমি যা কিছু বিশ্বাস করতাম তার সবকিছুকে উল্টে দিয়েছে।"

ঘূর্ণি। ঠিক তাই। সে ছিল একটি ঘূর্ণি। এবং তিনিও - ছিলেন। দুটি উপাদান, সংঘর্ষের জন্য অভিশপ্ত।

"এবং অজানা সম্পর্কে জমে যাওয়া ভয় সত্ত্বেও, আমার গভীরে আমি একটি অদ্ভুত, অতৃপ্ত ইচ্ছা অনুভব করেছি নিজেকে প্রবাহিত হতে দেওয়ার... আপনার দ্বারা।"

তিনি তার হাতের দিকে তাকালেন, যা এক মুহূর্ত আগে তার হাত স্পর্শ করেছিল - কেবল এক সেকেন্ডের জন্য, কিন্তু একটি চিহ্ন রেখে যাওয়ার জন্য যথেষ্ট। সেই বিদ্যুৎ যা প্রবাহিত হয়েছিল। অনিবার্য। মারাত্মক? নাকি... মুক্তকারী?

"কেন? কেন এখন? যখন সবকিছু কিনারায়..."

এই প্রশ্নটি তার উপরেও ঝুলছিল। সবকিছু কিনারায় ছিল। পরিবর্তিত হচ্ছিল। অপ্রত্যাশিতভাবে। অনিয়ন্ত্রিতভাবে। বছরের মধ্যে প্রথমবারের মতো।

"আমি, যে ভালোবাসাকে অস্বীকার করতাম। এখন..."

তিনি অনুভব করলেন কীভাবে তার মধ্যে কিছু ভেঙে যাচ্ছে। অথবা মুক্ত হচ্ছে? তিনি তার দিকে তাকালেন - দুর্বল, সুন্দর, বিশৃঙ্খল। এবং এতটাই বাস্তব। সে ছিল একটি রহস্য। আর তিনি... তিনি কেবল একজন মানুষ ছিলেন, যিনি প্রথমবারের মতো অনুভব করছিলেন কীভাবে তার হৃদয়ের বরফ গলে যাচ্ছে, কাঁচা, অরক্ষিত মাংস উন্মুক্ত করে।

আগুন। সে ছিল আগুন। এবং তিনি জ্বলছিলেন। কিন্তু এটি কি ধ্বংস ছিল, নাকি শুদ্ধিকরণ?

অস্পৃষ্ট আকাঙ্ক্ষা। মেলিনা...

নাথানিয়েল হাসলেন, কিন্তু সেই হাসিতে রহস্যময় কিছু ছিল, এমন কিছু যা আমি বুঝতে পারছিলাম না - যেন তিনি হাজার হাজার অব্যক্ত গোপনীয়তা লুকিয়ে রেখেছিলেন, এবং তার চোখ ঝলসে উঠছিল। তিনি সামান্য এগিয়ে গেলেন।

"আপনিও কি এটি অনুভব করেন, মেলিনা? এই শক্তি যা আমাদের সংযুক্ত করে। আমাদের চেয়ে বড়। এটি সর্বদা সেখানে ছিল, কেবল আমাদের এটি আবিষ্কার করার জন্য অপেক্ষা করছিল।"

তিনি হাত বাড়িয়ে আমার হাত স্পর্শ করলেন, আমার আঙুলের গাঁটের উপর তার বুড়ো আঙুল বুলিয়ে দিলেন। একটি স্পন্দিত বিদ্যুৎ আমার মধ্য দিয়ে প্রবাহিত হলো, যেন আমি একটি খোলা তার স্পর্শ করেছি। আমার পুরো শরীর কেঁপে উঠল। এই যে। এটি। অনিবার্য। মারাত্মক?

"আমি আপনাকে বুঝতে চাই যে আমি অন্যদের মতো নই," - তার কণ্ঠস্বর শান্ত ছিল, কিন্তু একটি রায়ের মতো কঠিন ছিল। - "আমি খেলা খেলি না। আমি সত্যিকারের কিছু চাই। আমি আপনাকে চাই। আপনার সমস্ত মুখ এবং ছায়া সহ।"

তার কথাগুলো একটি শপথের মতো ছিল, একটি প্রতিশ্রুতির মতো যা একই সাথে আমাকে ভয় পেয়েছিল এবং একটি অপ্রতিরোধ্য, প্রায় নিষিদ্ধ শক্তি দিয়ে আমাকে আকর্ষণ করেছিল। আমি জানতাম যে আমি একটি বড় কিছুর কিনারায় আছি, একটি অতল গহ্বর যা আমাকে নিজের দিকে টানছিল। এবং আমাকে একটি সিদ্ধান্ত নিতে হবে। পিছনে সরে যাওয়া এবং পরিচিত নিরাপত্তায় ফিরে আসা, আমার মিথ্যা নিয়ন্ত্রণে, অথবা অনুভূতিগুলোর এই অতল গহ্বরে ঝাঁপিয়ে পড়া এবং নিজেকে প্রবাহিত হতে দেওয়া... তার দ্বারা।

কিন্তু আমি পারছিলাম না। আমি বিরোধী আবেগ দ্বারা পক্ষাঘাতগ্রস্ত ছিলাম, একটি ফাঁদে আটকা পড়া বন্য বিড়ালের মতো। আমার গলা শক্ত হয়ে গেল। আমি শ্বাস নিতে পারছিলাম না, বাতাস সিসায় পরিণত হয়েছিল। আমার সত্তার প্রতিটি তন্তু চিৎকার করছিল পালিয়ে যাওয়ার জন্য।

আমি হঠাৎ উঠে দাঁড়ালাম, চেয়ারটি আমার পিছনে আর্তনাদ করল, নাথানিয়েলকে অবাক হয়ে তাকিয়ে থাকতে দেখল, তার মুখ বিভ্রান্তিতে স্থির হয়ে গেল।

"আমাকে যেতে হবে," - আমি ফিসফিস করে বললাম, আমার কণ্ঠস্বর কেবল একটি দম ছিল, সবেমাত্র লক্ষণীয়। হঠাৎ, একটি বিদ্যুতের মতো, আমি আমার পিঠে তার দৃষ্টি অনুভব করলাম - কেবল একটি দৃষ্টি নয়, বরং একটি অধিকারমূলক আঁকড়ে ধরা যা আমাকে পিছনে টানছিল। সেই মুহূর্তে, যখন আমার পা আমাকে দূরে নিয়ে যাচ্ছিল, আমি আমার নিজের অভ্যন্তরীণ কণ্ঠস্বর শুনতে পেলাম - আমার একমাত্র অংশ যা এখনও লড়াই করছিল, কাঁপছিল এবং ফিসফিস করে বলছিল: "না, চলে যেও না!" কিন্তু আমি ইতিমধ্যেই চলে গিয়েছিলাম। আমার অভ্যন্তরীণ ভয় এবং বাহ্যিক পালানোর মধ্যে ব্যবধানটি একটি অতল গহ্বরের মতো ছিল।

আমি তার দিকে তাকালাম না। আমি পারছিলাম না। আমি ফিরলাম না, আমি দ্রুত হাঁটলাম, প্রায় দৌড়ে, তাকে আমার পিছনে ফেলে, সবকিছু ফেলে। আমি জানতাম না যে আমি কী করছি, কিন্তু আমি জানতাম যে আমাকে এই জায়গা থেকে দূরে যেতে হবে, এমন কিছু করার আগে যার জন্য আমি অনুশোচনা করব। পুরোপুরি আত্মসমর্পণ করার আগে। পড়ে যাওয়ার আগে... আমি হারিয়ে গেলাম।

---❤---

চতুর্থ অধ্যায় 35: ভালোবাসার উৎস

আমার পদক্ষেপগুলো বাসেলের খালি রাস্তায় নিচুভাবে প্রতিধ্বনিত হচ্ছিল, যখন আমি হোটেলের দরজার দিকে টেনে নিয়ে যাচ্ছিলাম। চাবিটি তালার মধ্যে আর্তনাদ করল। ঘরের মধ্যে ঠান্ডা ছিল, বাতাস নিচু আর্তনাদে ভারি ছিল। আমি বিছানায় পৌঁছলাম না। আমি দরজার পাশে বসে পড়লাম, আমার পিঠ ঠান্ডা কাঠের উপর ঠেস দিয়ে। আমার হৃদয় উন্মত্তভাবে স্পন্দিত হচ্ছিল, আমার পেট একটি গিঁটে সংকুচিত হচ্ছিল - দোদুল্যমানতার একটি ঝড় আমার আত্মাকে ছিন্নভিন্ন করছিল। এবং তারপর... একটি শূন্যতা। একটি জমাট বাঁধা, অপরিচিত শূন্যতা। একটি কাটা অঙ্গের মতো, যার ফ্যান্টম ব্যথা চিরতরে থেকে যায়, কিন্তু... এইবার ব্যথাটি একটি তীক্ষ্ণ মুক্তি ছিল।

"হয় আমাকে ছিপ থেকে নামিয়ে দাও এবং আমার শ্বাস বন্ধ করো, অথবা আমাকে মুক্তভাবে সাঁতার কাটতে দাও," - আমার নিজের মাথায় একটি কণ্ঠস্বর ফিসফিস করে বলল। এটি আমার কণ্ঠস্বর ছিল, কিন্তু এটি আমার বাইরে থেকে আসছে বলে মনে হচ্ছিল।

কোনো ভয় ছিল না, কোনো সন্দেহ ছিল না। কেবল একটি নেশাজনক, প্রায় পাপপূর্ণ উড়ার অনুভূতি। আমি কিনারায় নাচছিলাম। প্রতিটি পরবর্তী পদক্ষেপ আমাকে অতল গহ্বরে টেনে নিয়ে যেতে পারত। কিন্তু হতাশার এই ঘূর্ণিতে একটি অদ্ভুত, অবর্ণনীয় স্বাধীনতাও লুকিয়ে ছিল। অপরিচিত। আমি নিজেই তৈরি করা একটি গোলকধাঁধায় হারিয়ে গিয়েছিলাম, এবং এখন আমি এর রহস্যময় করিডোরগুলোতে উদ্দেশ্যহীনভাবে ভাসছিলাম। অনুপস্থিতি... পরিচিত দুঃখ ছিল না। এটি ছিল একটি নিষ্ঠুর, প্রায় বেদনাদায়ক মুক্তি। আমি স্মৃতিতে জ্বলতে বাধ্য ছিলাম।

কমপক্ষে আমি জ্বলছিলাম। আমি আর বরফের তৈরি ছিলাম না।

আপনার চোখে, নাথানিয়েল... সেখানে ঠান্ডা উদাসীনতা পড়া যাচ্ছিল। বিচ্ছিন্নতা, যেন আপনি নিজের এবং বিশ্বের মধ্যে একটি দুর্ভেদ্য প্রাচীর তুলেছেন। কিন্তু সেই সংক্ষিপ্ত, ক্ষণিকের মুহূর্তে, আমি আপনার দৃষ্টির গভীরতায় একটি সবেমাত্র লক্ষণীয় কম্পন লক্ষ্য করেছি। প্রকৃত ঘনিষ্ঠতার একটি অনিরাপদ, অপঠিত আতঙ্ক। একটি শিশুর মতো, যা একটি অন্ধকার, রূপকথার অশুভ বনে হারিয়ে গেছে। আপনি, নাথানিয়েল। আমার প্রতিচ্ছবি। আপনার ভয়। আমার ভয়।

কে কাকে বেশি ভয় পায়? কেন আপনাকে আমার সাথে দেখা করতে হয়েছিল?

"আপনাকে আমাকে দেখাতে হয়েছিল যে আপনি আসলে কে, নাথানিয়েল! আমার জন্য এটি একটি খেলা ছিল না - কিন্তু আপনি এটি ঠিক তেমনই শুরু করেছিলেন, আপনি আমার সত্তার মধ্যে কতটা গভীরভাবে খোদাই করবেন তা উপলব্ধি না করে। আপনাকে হালকা ঘনিষ্ঠতার ঝুঁকি নেওয়া উচিত ছিল না, কারণ আপনি তখনও জানতেন না যে এই বৈঠকটি নির্ধারিত ছিল। এটি আপনার মধ্যে এমন দাগ রেখে যাবে যা আগের চেয়েও গভীর এবং স্থায়ী। বৈঠকগুলো দুর্ঘটনা নয় - তারা ভাগ্যের কাজ, আত্মার স্বীকৃতি, আমাদের ডিএনএ-তে জটলা করা ফোটন যা অতীতের ছাপ বহন করে এবং নতুন অভিজ্ঞতার ভিত্তি স্থাপন করবে, আমরা যদি ভালোবাসা খুঁজে পেতে সক্ষম হই তার উপর নির্ভর করে। এটি একটি কোয়ান্টাম এনট্যাঙ্গেলমেন্ট, যা আমাদের জীবনের মধ্য দিয়ে নিয়ে যায়, আমাদের ছড়িয়ে দেয়, কেবল আবার একত্রিত করার জন্য। সাত বছর... কেন এখন? কেন, যখন আমি ইতিমধ্যেই কিনারায় দাঁড়িয়ে আছি? এবং আপনি - দৃশ্যত, তাই।"

অতীত যুগের প্রতিধ্বনি। মেলিনা:

বাসেলের প্রদর্শনী হল, যা একটি অস্থায়ী নিলাম ঘরে পরিণত হয়েছিল, লোকে পূর্ণ ছিল। অর্ধ-অন্ধকার দেয়ালের উপর নাচছিল, প্রজেক্টরের তীক্ষ্ণ, নির্দয় রশ্মি দ্বারা ছিন্নভিন্ন হয়ে, যা কাঁচের প্রদর্শনীগুলোর উপর দিয়ে পিছলে যাচ্ছিল। বাতাস উত্তেজনা, প্রত্যাশা এবং একটি ভুলে যাওয়া অতীতের ভারী, প্রায় ধুলোযুক্ত গন্ধ দ্বারা ভারি ছিল, যা নাকের ছিদ্র জ্বালাচ্ছিল। কাচের মৃদু ঠকঠক এবং কাটলারির ঝনঝনানি দ্বারা বাধাপ্রাপ্ত নিচু ফিসফিসানি স্থানটি পূর্ণ করেছিল।

শহরের আঁধারের মধ্য দিয়ে প্রত্যাশা প্রবাহিত হচ্ছিল - ঘন, সুস্পষ্ট। একটি অদৃশ্য ঘোমটার মতো, যেন এটিও আমাদের বৈঠকের, নাথানিয়েল যে নিলামের আয়োজন করেছিলেন তার একটি রহস্যময়তা দিতে চেয়েছিল। এখানে সবকিছুই ইতিহাস শ্বাস নিচ্ছিল, কিন্তু আমি অন্য কিছুও অনুভব করছিলাম - একটি কম্পনশীল, স্পন্দিত কিছু যা আমাকে অপ্রতিরোধ্যভাবে আকর্ষণ করছিল। নাথানিয়েল আমাকে একটি ব্যক্তিগত সংগ্রহ থেকে প্রাচীন নিদর্শনগুলির একটি বিশেষ উপস্থাপনা এবং নিলামের জন্য আমন্ত্রণ জানিয়েছিলেন - রহস্যময় প্রাচীন আচারগুলির সাথে সম্পর্কিত অবশেষ। আমি চলে যাওয়ার আগের দিন। আমি প্রত্যাখ্যান করিনি। আমার এই একক মুহূর্তটি মিস করার শক্তি ছিল না। এবং সেই উন্মত্ত দুঃসাহসিকতা... যা সবসময় আমাকে অতল গহ্বরের দিকে টেনে নিয়ে যেত। অথবা... আলোকিতকরণের দিকে?

নাথানিয়েল মঞ্চের পাশে দাঁড়িয়েছিলেন, তার ছায়া লম্বা এবং অশুভভাবে দেয়ালের উপর প্রসারিত হচ্ছিল। প্রজেক্টরটি কেঁপে উঠল এবং কেন্দ্রীয় নিদর্শনটিকে আলোকিত করল - একটি কাঠের গবলেট, যা একটি নতুন আবিষ্কৃত এবং পুনরায় বিক্রি করা গ্রেইল হিসাবে ঘোষণা করা হয়েছিল। এর কিনারায় হালকা ফাটলটি একটি প্রাচীন দাগের মতো দেখাচ্ছিল। দর্শক শান্ত হয়ে গেল। আমি শ্রদ্ধার একটি সম্মিলিত দীর্ঘশ্বাস অনুভব করলাম, যা সংশয়ের

ফিসফিসানির সাথে মিশ্রিত ছিল। তিনি গবলেটটির দিকে তাকিয়ে ছিলেন, এবং আমার জ্বলন্ত দৃষ্টি তার প্রোফাইলের উপর স্থির ছিল। তার গালের হাড়গুলো একটি নীরব উত্তরে টানটান ছিল, তার গলার শিরাগুলো সামান্য স্পন্দিত হচ্ছিল। আমাদের মধ্যে উত্তেজনা এতটাই ঘন ছিল যে এটি একটি ছুরি দিয়ে কাটা যেতে পারত। বাতাস অব্যক্ত কথায় কেঁপে উঠছিল। আমি আর পারছিলাম না। হতাশা একটি জোয়ারের তরঙ্গের মতো উঠছিল। অবশেষে আমি নীরবতা ভাঙলাম, আমার কণ্ঠস্বর সবেমাত্র লক্ষণীয়ভাবে ভেঙে গেল:

"নাথানিয়েল..."

তিনি গবলেট থেকে তার দৃষ্টি সরালেন না। তিনি পাথরের মতো স্থির ছিলেন। তার চোখে আমি কাঠের তন্তুগুলির প্রতিচ্ছবি, পৃষ্ঠের প্রতিটি ফাটল দেখতে পাচ্ছিলাম - যেন তিনি তাদের মধ্যে অনন্তকালের উত্তর খুঁজছিলেন। তিনি লোভনীয় উচ্ছ্বাস দ্বারা গ্রাস হয়েছিলেন, তার চোখে সেই ঝলক দিয়ে যে সম্ভবত এই পাত্রটি অমরত্বের চাবিকাঠি যা তিনি শতাব্দী ধরে অনুসরণ করছিলেন। এই আশা, এই প্রায় উন্মত্ত আবেশ, তাকে তার বর্মের একটি অংশ খুলে ফেলতে প্ররোচিত করেছিল।

"আমি জানি আপনি কী বলবেন, মেলিনা। দাম সম্পর্কে? নাকি এটি এখানে সবচেয়ে মূল্যবান জিনিস নয়?"

"না, আপনি জানেন না!" - আমি সামান্য ঝুঁকে পড়লাম, আমার নিজের রক্ত আমার কানের পাশে স্পন্দিত হচ্ছিল। আমার চোখে একটি শিখা জ্বলছিল, যা দুর্বলতা, প্রায় যন্ত্রণা দ্বারা মিশ্রিত ছিল, যা আমার আত্মাকে গ্রাস করছিল। - "আমি... আমি প্রেমে পড়েছি।"

কথাগুলো বাতাসে ঝুলে ছিল, ভারী এবং অপরিবর্তনীয়, একটি প্রাচীন মন্ত্রের মতো। আমি আমার মেরুদণ্ড বরাবর একটি ঠান্ডা শিহরণ অনুভব করলাম। সেই মুহূর্তে, যেন পুরো হলটি শান্ত হয়ে গিয়েছিল। গবলেটটির উপরে প্রজেক্টরটি সামান্য কেঁপে উঠল। আমি আমাদের দিকে ফেরা শত শত চোখের ফিসফিসানি শুনতে পেলাম। আমি উন্মুক্ত ছিলাম, আমি সবার সামনে অনাবৃত ছিলাম। নাথানিয়েল স্থির হয়ে গেলেন।

"অপ্রত্যাশিত, তাই না?" - তিনি নিচু, প্রায় ফিসফিস করে বললেন, তার কণ্ঠস্বর একটি শুকনো কূপের মতো কর্কশ ছিল, যা দীর্ঘ ভ্রমণের প্রতিধ্বনি বহন করছিল। তার কথাগুলো হলের নিচু পরিবেশে হারিয়ে গিয়েছিল, জড়ো হওয়া ভিড়ের আওয়াজ দ্বারা গ্রাস হয়েছিল। - "একটি উল্কার মতো..."

তিনি সামান্য তার ভঙ্গি শিথিল করলেন, তার কাঁধ সবেমাত্র লক্ষণীয়ভাবে নেমে গেল, কিন্তু তিনি সোজা সামনের দিকে তাকিয়ে থাকলেন, যেন পবিত্র গবলেটটি এই হঠাৎ, মর্মান্তিক অকপটতা থেকে তার একমাত্র আশ্রয় ছিল।

এক সেকেন্ডের জন্য, নীরবতার মধ্য দিয়ে, আমি তার ক্লান্তি অনুভব করলাম। একটি শিথিলতা যা আমাকে ইঙ্গিত করেছিল যে তিনি চিরকালের জন্য লুকানোর জন্য আমার মতোই ক্লান্ত ছিলেন। একটি সংক্ষিপ্ত ঝলক, একটি ক্লান্ত হাসির মতো, তার ঠোঁটকে বাঁকিয়ে দিল। "এই যে... আপনি আবার এই সত্য দিয়ে আমার সবকিছু নষ্ট করছেন..." - তিনি এটি বলেননি, কিন্তু আমি তার চোখে এটি পড়েছিলাম। এবং আমি একটি অর্ধ-হাসি দিয়ে উত্তর দিলাম, বুঝতে পারলাম যে এই মুহূর্তে তিনি নিজের সাথে লড়াই করছিলেন।

"হ্যাঁ!" - আমার কণ্ঠস্বর অর্ধ-অন্ধকারকে ছিন্নভিন্ন করল, বিশুদ্ধ, অপরিবর্তিত আবেগ দিয়ে পূর্ণ। - "আপনি আমার সমস্ত উদ্বেগ আলোকিত করেছেন, নাথানিয়েল। আমি এটি ব্যাখ্যা করতে পারি না। এটি কেবল ঘটেছে। এটি আমাকে দখল করেছে... কোনো সতর্কতা ছাড়াই, একটি সুনামির মতো।"

তিনি অবশেষে আমার দিকে তাকালেন। একটি সংক্ষিপ্ত, তীক্ষ্ণ মুহূর্তের জন্য, যা আমাদের মধ্যে সমস্ত দূরত্ব ছিন্নভিন্ন করে দিল। তার চোখ, দুটি কূপের মতো, দুঃখ এবং গভীর, প্রায় বেদনাদায়ক বোঝার একটি মিশ্রণ প্রতিফলিত করছিল, যা আমাকে আমার আত্মার গভীরে বিদ্ধ করেছিল।

"আমি জানি কেমন লাগে দখল হতে, মেলিনা।"

"কিন্তু... আপনি?" - আমি আশা এবং আতঙ্ক দিয়ে তার দিকে তাকালাম। একটি শ্বাস আমার গলায় আটকে গেল। - "দয়া করে, বলুন। এবার আমাকে আমার উন্মত্ততায় একা থাকতে দেবেন না।"

নাথানিয়েল দীর্ঘশ্বাস ফেললেন, তার দৃষ্টি আবার গবলেটটির দিকে ফিরিয়ে নিলেন, যেন তিনি এর প্রাচীন, কিন্তু মিথ্যা বিশালতায় আশ্রয় খুঁজছিলেন, যা কেবল নীরবতা সরবরাহ করছিল।

"আপনি আমাকে দেখিয়েছেন যে দুর্বল হওয়া কেমন, মেলিনা। নিঃশর্তভাবে বিশ্বাস করা। নিঃস্বার্থভাবে ভালোবাসা। আপনি আমাকে আলো দেখিয়েছেন... এত দীর্ঘ সময় ভুলে থাকার পর, যেখানে আমি ছায়া দ্বারা গ্রাস হয়েছিলাম।"

তার কণ্ঠস্বর কর্কশ ছিল, একটি অভ্যন্তরীণ লড়াই দিয়ে পূর্ণ যা তার বর্মকে ছিন্নভিন্ন করছিল। আমি তাকে দেখছিলাম, আমার শ্বাস ধরে রেখে, তার প্রতিটি কথার জন্য একটি রায় হিসাবে অপেক্ষা করছিলাম, যা আমার ভাগ্য নির্ধারণ করবে।

"আমি জানি যে এটি ভঙ্গুর... হাতের তালুতে একটি প্রজাপতির মতো। সুন্দর... এবং ক্ষণস্থায়ী," - নাথানিয়েল চালিয়ে গেলেন। - "কিন্তু এই সংক্ষিপ্ত মুহূর্তের জন্য... যখন এর ডানাগুলো ঝাপটায়... তখন সীমাহীন আনন্দ থাকে।"

তিনি একটি দীর্ঘ বিরতি দিলেন, যেন তিনি সবচেয়ে গুরুত্বপূর্ণ জিনিসটি বলার জন্য শক্তি সংগ্রহ করছিলেন।

"আপনি আমাকে দেখিয়েছেন যে জীবন মূল্যবান... সবকিছু সত্ত্বেও। এই যে। বলা হয়েছে।"

স্বীকৃতি। কেবল আমার জন্য নয়। তার জন্যও। এবং আমি একজন অনুঘটক ছিলাম। কে কাকে বাঁচাচ্ছিল?

পাশে নিলামকারীর কণ্ঠস্বর শোনা গেল, যিনি গবলেটটির জন্য শেষ প্রস্তাব ঘোষণা করছিলেন, তার কণ্ঠস্বর হলে প্রতিধ্বনিত হচ্ছিল: "...এক মিলিয়ন আট লক্ষ! শেষবারের মতো!"

নাথানিয়েল তার হাত তুললেন। তার দৃষ্টি গবলেটটির উপর স্থির ছিল। তার চোয়ালের প্রতিটি পেশী শক্ত হয়ে গেল।

"দুই মিলিয়ন!" - তিনি দৃঢ়ভাবে বললেন, তার কণ্ঠস্বর একটি ব্লেডের মতো বাতাসকে ছিন্নভিন্ন করল।

হাতুড়ির আঘাত শোনা গেল - একটি তীক্ষ্ণ, চূড়ান্ত শব্দ। "বিক্রি হয়ে গেছে! মিস্টার... নাথানিয়েলকে।"

তিনি আমার দিকে ফিরলেন। তার হাতে ছিল তার নতুন অধিগ্রহণের পাথরের প্রমাণ, যার মূল্য লক্ষ লক্ষ ছিল। তার চোখ অন্ধকার ছিল, প্রায় দুর্ভেদ্য। আমি ধীরে ধীরে তার হাতের দিকে হাত বাড়ালাম, যা নথিটি আঁকড়ে ধরেছিল। আমার আঙ্গুলগুলো হালকাভাবে তার আঙ্গুল স্পর্শ করল, একটি বাতাসের ঢেউয়ের মতো। আমি আমার আঙ্গুলের ডগায় তার শার্টের ঠান্ডা সিল্ক অনুভব করলাম এবং একটি হালকা বৈদ্যুতিক আবেগ আমার বাহুতে প্রবাহিত হলো।

"নাথানিয়েল!" - আমি ফিসফিস করে বললাম, আমার কণ্ঠস্বর শব্দের কারণে প্রায় শোনা যাচ্ছিল না। - "এটি সত্যিকারের গ্রেইল নয়। আমি এটি জানি। আমি এটি দেখেছি।"

আমার কথাগুলো তাকে বিদ্যুতের মতো আঘাত করল। তার মুখ বিকৃত হয়ে গেল। এটি কেবল বিভ্রান্তি ছিল না, বরং অভ্যন্তরীণ দ্বন্দ্বের একটি বিস্ফোরণ ছিল। তার চোখ সংকীর্ণ হলো, তার ছাত্ররা প্রসারিত হলো, তার দৃষ্টি আমার দৃষ্টিকে বিদ্ধ করল। রাগ এবং হতাশা তার দৃষ্টিতে নাচছিল। আমি তার মনে আবিষ্কারের বিশ্বাসের সাথে আমার নির্মম আত্মবিশ্বাসের লড়াই দেখতে পাচ্ছিলাম। ঠান্ডা। বরফ মার্বেল মেঝেতে ছড়িয়ে পড়ল, যেন আমার কথাগুলো একটি অদৃশ্য বাধা ভেঙে দিয়েছে।

"আপনি কিভাবে জানেন? আপনি কিভাবে এত নিশ্চিত, মেলিনা?" - তার কণ্ঠস্বর ইস্পাতের মতো ঠান্ডা ছিল, কিন্তু একটি সবেমাত্র লক্ষণীয় কম্পন, প্রায় হিসহিসানি দিয়ে। - "আপনি... গ্রেইল সম্পর্কে কী জানেন? এটি আমার পুরো জীবন!"

তার প্রশ্নটি কেবল কৌতূহল ছিল না। এটি ছিল একটি অভিযোগ। একটি বিস্ময়। আমি তাকে অপ্রস্তুত ধরেছিলাম, তার নিয়ন্ত্রণের এলাকার বাইরে। এবং নাথানিয়েলের জন্য নিয়ন্ত্রণের হারানোর চেয়ে ভয়ঙ্কর কিছু ছিল না। এখন তিনি আমার মধ্যে সেই মহিলাকে দেখতে পাচ্ছিলেন না যার প্রেমে তিনি পড়েছিলেন, বরং একটি রহস্য, তার সবচেয়ে গোপন অনুসন্ধানের জন্য একটি সম্ভাব্য হুমকি। আমাদের মধ্যে বাতাস ভারি হয়ে গেল, অব্যক্ত সন্দেহ দিয়ে পূর্ণ।

"আমি জানি এটি কোথায়।"

এক মুহূর্তের জন্য সময় থেমে গেল। এমনকি আমার শ্বাসও স্থানে দ্রবীভূত হয়ে গেল। তার চোখ - দুটি অতল গহ্বর - সত্য শোষণ করছিল। আমি দেখতে পেলাম কীভাবে তার ইস্পাত-কঠিন সংকল্প ভেঙে যাচ্ছে এবং তার নিচে একটি গভীর, প্রায় শিশুর মতো দুর্বলতা উঁকি দিচ্ছে। একটি অন্ধকার কুয়াশার মতো দোদুল্যমানতা তাকে আবৃত করল। তিনি সামান্য পিছনে সরে গেলেন, যেন তিনি আমার সামনে ভেঙে যাওয়ার ভয় পাচ্ছিলেন।

ফ্ল্যাশব্যাক: সেই মুহূর্তে, অন্য সময়ের একটি ছবি ভেসে উঠল, আমার মনে ঝলসে উঠল - একটি দুর্গের গ্রন্থাগারে একটি রাত, যখন আমাদের হাতগুলো টেম্পলারদের একটি পাণ্ডুলিপির পৃষ্ঠার উপর প্রায় স্পর্শ করেছিল... এবং আমি তার মধ্যে এই একই অনিশ্চয়তার কম্পন অনুভব করেছিলাম।

একই মুহূর্তে, হলের প্রবেশদ্বার থেকে কণ্ঠস্বর শোনা গেল। নিচু গজগজ, তারপরে হাসি, যা এই নীরবতার মধ্যে নকল এবং কর্কশ শোনাচ্ছিল।

"মিস্টার মর্টন! চালানে একটি সমস্যা আছে!" - "দুঃখিত, কিন্তু আমরা এইমাত্র... একটি বিশেষজ্ঞের রিপোর্ট পেয়েছি যা গবলেটটির উত্স নিয়ে প্রশ্ন তোলে।" - ভিড় থেকে একজন পুরুষের কণ্ঠস্বর শোনা গেল।

নাথানিয়েলের দিকে দৌড়ে আসা একজন সহকারীর হাতে একটি খাম দেখা গেল। আমার আঙ্গুলগুলো, একটি আবেগ দ্বারা পরিচালিত, নাথানিয়েল প্রতিক্রিয়া করার আগে এটি ছিনিয়ে নিল। আমি এটিকে একটি তীক্ষ্ণ অঙ্গভঙ্গি দিয়ে ছিঁড়ে ফেললাম। আমি তাকে নথিটি দিলাম।

"এই যে।" - আমার কণ্ঠস্বর শক্ত ছিল, কোনো কম্পন ছাড়াই। - "প্রমাণ। কখনও কখনও, আমরা যা সত্য বলে গ্রহণ করি তা কেবল একটি উজ্জ্বল বিভ্রম।"

নাথানিয়েলের মুখ ফ্যাকাশে হয়ে গেল। এক মুহূর্ত আগে তার চোখে যে আত্মবিশ্বাস ছিল এবং যে আতঙ্ক তাকে গ্রাস করেছিল তার মধ্যে পার্থক্যটি যন্ত্রণাদায়কভাবে দৃশ্যমান ছিল। তিনি কাগজের দিকে তাকালেন, তার আঙ্গুলগুলো এর উপর কাঁপছিল। আমাদের চারপাশে সবাই ঘুরে গিয়েছিল, তাদের চোখ আমাদের উপর স্থির ছিল। ফিসফিসানি একটি স্পষ্টভাবে লক্ষণীয় শব্দে পরিণত হয়েছিল।

"নাথানিয়েল! বন্ধু!" - একটি পরিচিত কণ্ঠস্বর শোনা গেল, নকল আন্তরিকতা দিয়ে পূর্ণ। - "আপনি এখানে কখন এসেছেন? আমরা আপনাকে দেখিনি।"

একটি মার্জিত পোশাক পরা বয়স্ক দম্পতি, আমাদের কাছে আসছিলেন, হাসিমুখে। তাদের মুখগুলো ছিল সৌজন্যের মুখোশ। আমি তাদের চিনতাম না, কিন্তু আমি অবিলম্বে অনুভব করলাম যে তারা সংগ্রাহক এবং পৃষ্ঠপোষকদের সেই বিশ্বের অংশ, যেখানে হাসিগুলো ছুরির চেয়েও তীক্ষ্ণ ছিল।

এক মুহূর্তে সবকিছু ভেঙে গেল। যাদু, ঘনিষ্ঠতা, প্রকাশ - গদ্যময় বাস্তবতার হাজার হাজার টুকরোতে ভেঙে গেল। নাথানিয়েল আবার অপ্রাপ্য ছিলেন, তার আপাত অস্পৃশ্যতার বর্ম দ্বারা নিজেকে আবৃত করছিলেন। আমাদের মধ্যে একটি প্রাচীর তৈরি হলো, যেকোনো কুয়াশার চেয়ে ঘন। আমি আমার মুখে বাতাসের তিক্ত স্বাদ অনুভব করলাম, যেন আমি ছাই গিলেছি। মার্বেল মেঝের ঠান্ডা আমার পাতলা জুতার মধ্য দিয়ে প্রবেশ করছিল।

নাথানিয়েল ধীরে ধীরে তার হাত টেবিল থেকে নামালেন, নথি এবং তার নতুন অধিগ্রহণের পাথরের প্রমাণটি রেখে। তিনি তার পরিচিতদের দিকে ফেরার আগে শেষবারের মতো আমার দিকে তাকালেন।

"অপেক্ষা করুন! মেলিনা!" - তার কণ্ঠস্বর নিচু ছিল, প্রায় শ্বাসরুদ্ধ। তিনি আমার দিকে হাত বাড়ালেন, কিন্তু তার আঙ্গুলগুলো বাতাসে ঝুলে ছিল, আমার হাত থেকে কেবল কয়েক সেন্টিমিটার দূরে। - "এটা কোথায়? আসলটা কোথায়? আমাকে বলুন!"

আমি ঘুরে দাঁড়ালাম এবং হাঁটতে শুরু করলাম। একটি শব্দও না বলে, পিছনে না তাকিয়ে। তখন আমি বুঝতে পারলাম - আমরা কখনোই একই মাত্রার হব না। এবং সম্ভবত সেই কারণেই আমি তাকে ভালোবাসতাম। আমি তাকে তার বিভ্রমের ধ্বংসাবশেষের মধ্যে এবং সত্যিকারের গ্রেইলের অমীমাংসিত রহস্যের মধ্যে রেখে গেলাম।

---❤---

চতুর্থ অধ্যায় 36: প্রস্থান এবং প্রকাশ

অভ্যন্তরীণ ঝড়

আমি চলে যাওয়ার আগের দীর্ঘ রাতটি আমার চিন্তাভাবনা এবং আবেগ নিয়ে একা কাটিয়েছিলাম... আমি ভয় ছাড়াই উজ্জ্বল আলোর সাগরে নিজেকে নিমজ্জিত করেছিলাম, সেই ছায়া থেকে পালিয়ে, যেখানে আমি এত দীর্ঘ সময় ধরে আবদ্ধ ছিলাম।

এমনকি যদি আপনি কেবল একটি ক্ষণিকের স্বপ্ন হয়ে থাকেন, আপনি আমাকে দেখিয়েছেন যে জীবন সম্পূর্ণভাবে যাপন করার মতো মূল্যবান। যদিও এটি কেবল একটি রাতই রয়ে গিয়েছিল, এবং সাত বছর নয়, যা আমি আপনাকে স্বেচ্ছায়, আমার পুরো সত্তা দিয়ে দিতে পারতাম।

কিন্তু কখনও কখনও... রাতগুলো আমার রহস্যের আস্তানা। হলের সেই উত্তেজনাপূর্ণ কথোপকথনের স্মৃতি আমার অস্থির ঘুমের মধ্যে উপস্থিত হয়েছিল। এটি কেবল ছবিগুলির একটি সিরিজ ছিল না, বরং একটি ঝোড়ো মানসিক যাত্রা ছিল, যা আমার আত্মার মধ্যে গর্জন করা মর্মান্তিক স্বীকারোক্তি এবং সন্দেহের একটি সরাসরি প্রতিচ্ছবি ছিল। স্বপ্নটি একটি কুয়াশাচ্ছন্ন মরুভূমিতে একটি অন্তহীন যাত্রার অনুভূতি ছিল - একটি প্রাচীন, পরিচিত একাকীত্ব, যা ভাগ্যের মতো ভারি ছিল।

ফ্ল্যাশব্যাক: আপনি আমার সামনে দাঁড়িয়েছিলেন, একজন রোমান সৈনিক, একটি দূরবর্তী, যন্ত্রণাদায়ক অভিযানে পাঠানো হয়েছে। প্রতিটি রাতে আমি আপনার জন্য অপেক্ষা করতাম, এবং আপনার অনুপস্থিতি আমাকে ধীরে ধীরে গ্রাস করত, আমাকে ভিতর থেকে খাচ্ছিল। আমি জানতাম না আপনি বেঁচে আছেন কিনা, আপনি কখনো ফিরে আসবেন কিনা। জানার একমাত্র উপায়, বাতাসের একমাত্র শ্বাস, ছিল আমার স্বপ্নে আপনাকে খুঁজে বের করা, আপনার উপস্থিতি অনুভব করা - তারার মতো দূরবর্তী, কিন্তু আমার নিজের স্পন্দনের মতো সুস্পষ্ট। শুধুমাত্র এই স্পর্শের মাধ্যমে আমি নিশ্চিত হতে পারতাম যে আপনি বেঁচে আছেন, এবং আমি শ্বাস নিতে পারতাম, আপনার জন্য অপেক্ষা করতে পারতাম।

ভিসুভিয়াস বিস্ফোরিত হয়েছিল, আকাশ এবং পৃথিবীকে ছিন্নভিন্ন করে, সবকিছুকে লাভা এবং ছাই দিয়ে ঢেকে দিয়েছিল। আমি বাঁচিনি। এবং এই চিরন্তন, অভিশপ্ত বিচ্ছেদ, এখন অনন্তকালে ভাসছিল।

এখন, বর্তমানে, সেই তীক্ষ্ণ অনুপস্থিতি আমাকে গ্রাস করছিল। আমার গলা শুকিয়ে গিয়েছিল। আমার হাত কাঁপছিল। এই অনুপস্থিতি... কেবল দুঃখ ছিল না। এটি ছিল শারীরিক, ম্যাকাণ্ড, মৃত্যুর উপস্থিতির মতো।

আয়নার প্রকাশ: নাথানিয়েলের কণ্ঠস্বর...

সে নীরব ছিল। না, সে কেবল নীরব ছিল না - সে ডুবে যাচ্ছিল। তার দৃষ্টি, সেই তীক্ষ্ণ সবুজ দৃষ্টি যা একটি ব্লেডের মতো কাটত, এখন অস্পষ্ট ছিল... কেবল ভয় নয়, বরং একটি প্রত্নতাত্ত্বিক ব্যথা যা আমি আমার নিজের স্পন্দনের চেয়েও ভালো জানতাম। আমি তাকে সেই অতল গহ্বরে দেখতে পাচ্ছিলাম যা তাকে গ্রাস করছিল, তাকে সন্দেহের একটি গোলকধাঁধায় ভেঙে দিচ্ছিল, যা আমার কাছে বেদনাদায়কভাবে পরিচিত ছিল। আমি কতবার এই প্যাটার্নটি দেখেছি? একটি পুনরাবৃত্তিমূলক প্যাটার্ন, যা মানুষের আত্মার উপর একটি জীবন্ত মানচিত্র হিসাবে খোদাই করা হয়, যখন তারা নিজেদের থেকে দূরে সরে যায়। অজানার সামনে। আমার সামনে।

নিশ্চয়তার অভাব, অস্পষ্টতা যা আমি নিজেই প্রবেশ করিয়েছিলাম তার যন্ত্রণা - এটি আমাদের মধ্যে বাতাসে স্পন্দিত হচ্ছিল, একটি মৃতপ্রায় হৃদয়ের স্পন্দনের মতো সুস্পষ্ট। আমি কেবল তার চোখের পাতার কম্পন, তার ঠোঁটের সবেমাত্র লক্ষণীয় সংকোচন নয়, বরং তার পতনও দেখছিলাম। আমি প্রতিটি সর্পিল অনুভব করছিলাম যা তাকে তার নিজের অস্বীকারের মধ্যে আরও গভীরে টেনে নিয়ে যাচ্ছিল। তার অভ্যন্তরীণ ঝড়, তার হতাশা উষ্ণতার তরঙ্গের মতো বিকিরণ করছিল, বাতাসকে জ্বলন্ত করে তুলছিল। কিন্তু একই মুহূর্তে... আমি অন্য কিছুও অনুভব করছিলাম। এমন কিছু যা সবেমাত্র লক্ষণীয়, ভবিষ্যতের ফিসফিসানির মতো।

তার অন্ধকারতম, সবচেয়ে আশাহীন সময়ে - যখন আমি সম্পূর্ণ পতনের, আমার ব্যবচ্ছেদের ভবিষ্যদ্বাণী করা শেষের প্রত্যাশা করছিলাম - অপ্রত্যাশিত কিছু ঘটেছিল। আমি আমার চোখ সংকীর্ণ করলাম। এটি আকর্ষণীয় ছিল। আমি তার পরিবর্তন নিজের মধ্যে অনুভব করছিলাম। প্রত্যাশিত যন্ত্রণার পরিবর্তে, অন্য একটি ডুবে যাওয়া আত্মার পরিবর্তে, আমি একটি অভ্যন্তরীণ শক্তির দুর্বল, প্রায় অদৃশ্য, কিন্তু অনস্বীকার্য অনুভূতি অনুভব করলাম। সে কেবল অন্ধকারকে ভেদ করছিল না। সে উঠছিল। সে নিজের দিকে তার পথ আলোকিত করছিল। তার সত্যতার দিকে, যা আমি একটি বিলুপ্ত প্রজাতি বলে মনে করতাম।

এই তলবিহীন গর্তে, যেখান থেকে অনেকে বেরিয়ে আসেনি, সে সম্ভবত সেই একক, সত্যিকারের ভালোবাসা আবিষ্কার করছিল - যা আমাদের নিজেদের অস্তিত্বের প্রতি ভালোবাসা, যা সবকিছুর ভিত্তি।

আমি একটি গভীর, প্রায় অগ্রহণযোগ্য কৌতূহল অনুভব করলাম। এটি আমার প্রত্যাশিত প্রতিক্রিয়া ছিল না, এটি আমাকে হাড় পর্যন্ত মুগ্ধ করেছিল। সে আমার কাছ থেকে, বাইরে থেকে পরিত্রাণ খুঁজছিল না। সে এটি নিজের মধ্যে আবিষ্কার করছিল। এবং কোনোভাবে, তার মাধ্যমে, আমি এটি নিজের মধ্যে আবিষ্কার করছিলাম।

ক্যাথারসিস সীমাহীনভাবে উন্মোচিত হচ্ছিল, সবকিছুকে গ্রাস করছিল।

অতিচেতনা

মুহূর্তটি ধীরে ধীরে শান্ত হতে শুরু করল, জল শান্ত হলো, এবং আমাদের চেতনার প্রিজম পরিষ্কার হয়ে গেল। তার ক্লান্ত মুখে একটি সবেমাত্র লক্ষণীয় হাসি দেখা গেল। কেবল আমার জন্য আশা নয়, নিজের জন্য আশা, যা আমার মধ্যেও প্রতিধ্বনিত হচ্ছিল। এমন একটি নতুন, অপরিচিত কিছুর অঙ্কুর, যা আমার বাস্তবতাকেও উল্টে দেওয়ার প্রতিশ্রুতি দিয়েছিল।

এবং সম্ভবত আজ ছিল সেই মুহূর্ত, যখন সে উড়তে শুরু করবে, তার সুখের নরম মেঘের মধ্যে ভাসতে থাকবে, যা একসময় তার কাছে এত দূরবর্তী বলে মনে হয়েছিল... এই চিন্তা, যা সে বিকিরণ করছিল, এখন আমার মধ্যে একটি ভবিষ্যদ্বাণীর মতো প্রতিধ্বনিত হচ্ছিল। একটি অবর্ণনীয় শক্তি। আমি তার মধ্যে এই পরিবর্তনটি দেখতে পাচ্ছিলাম, তার পুনর্জন্ম, তার মানুষের চেয়েও বেশি কিছুতে রূপান্তর। আমি নিজেকে উন্নীত, হালকা অনুভব করলাম, যেন সমস্ত ভয় এবং সন্দেহ, আমার নিজের, অনেক দূরে, অতীতে রয়ে গেছে। আমার শরীর শিথিল হয়ে গেল, যেন প্রতিটি কোষ নতুন আলোকে গ্রহণ করেছে।

"আমি আমার বিশ্বের প্রভু, আমি সম্পূর্ণ এবং স্বয়ংসম্পূর্ণ!" - তার চেতনায় একটি শক্তিশালী কণ্ঠস্বর শোনা গেল, যা তিনি তার নিজের সত্তার প্রতিধ্বনি হিসাবে চিনতে পেরেছিলেন। এটি একই সময়ে একটি প্রকাশ ছিল, যা একই মুহূর্তে দুটি আত্মা দ্বারা বলা হয়েছিল, কিন্তু স্থান দ্বারা বিচ্ছিন্ন ছিল।

সে তার নিজের আত্মার সর্বোচ্চ শিখর স্পর্শ করছিল, প্রতিটি সন্দেহ এবং ভয়ের উপরে উঠছিল, একটি পরকালের দিকে পৌঁছেছিল। এই উচ্ছ্বসিত উড্ডয়নে সে সেই বিশাল, সর্বব্যাপী সার্বজনীন শক্তির সাথে মিশে যাচ্ছিল যা সমস্ত জীবন্ত জিনিসকে সংযুক্ত করে। আমি বাতাসে একটি স্পন্দন অনুভব করলাম, এমন একটি শক্তি যা কেবল তার থেকে নয়, তার মধ্য দিয়েও আমার দিকে বিকিরণ করছিল।

এই পুরো রহস্যময় অভিজ্ঞতা তাকে অনেক বড় কিছুর সাথে সংযুক্ত করেছিল, তার চেতনার সীমানাকে অসীম পর্যন্ত প্রসারিত করেছিল, পরম সত্যের বিন্দুতে। এবং আমি সেখানে ছিলাম, একজন সাক্ষী এবং একজন সহযোগী, এই প্রসারণ দ্বারা গ্রাস হয়েছিলাম।

আমি তাকে দেখলাম, যখন সে ধীরে ধীরে শ্বাস নিচ্ছিল, এখনও নীরব, কিন্তু নতুন বিষয়বস্তু দিয়ে পূর্ণ যা আমার মধ্যে উপচে পড়ছিল। এবং তারপরে, বিজয়ের অনুভূতি নিয়ে, সে সেই জায়গায় ফিরে এল যেখানে সে সত্যিই ছিল - নিজের এবং বিশ্বের সাথে সম্পূর্ণ সাদৃশ্যে, একটি সমন্বিত সত্তা। এবং তার সাথে, কোনোভাবে, আমিও ফিরে আসছিলাম।

তার সত্তার প্রতিটি কোষ একটি অন্তহীন উড্ডয়ন এবং গভীর অভ্যন্তরীণ শান্তির অনুভূতি দিয়ে পূর্ণ ছিল। তার মধ্য দিয়ে প্রবাহিত মানসিক পরিপূর্ণতা রাতের ঝড়ের শেষ চিহ্নগুলোও মুছে দিয়েছিল, তার পেছনে একটি সম্পূর্ণতা এবং অভ্যন্তরীণ আলোর অনুভূতি রেখে গিয়েছিল যা সবকিছুকে আলোকিত করছিল। এই আলো... এটি আমার নিজের, দীর্ঘ-সমাধিস্থ সত্তাকেও স্পর্শ করছিল।

প্রকাশ এবং রূপান্তর

কেবল একটি অবস্থা নয়। একটি প্রকাশ। গ্রেইলটি তার নিজের সম্পূর্ণতায় প্রকাশিত হয়েছিল। এই মুহূর্তে তাদের কেউই সেই গভীরতাগুলো উপলব্ধি করেনি যা উন্মুক্ত হচ্ছিল। কিন্তু তিনি, নাথানিয়েল, সবকিছু দেখছিলেন এবং অনুভব করছিলেন - কেবল দৃষ্টি দিয়ে নয়, তার পুরো সত্তা দিয়ে, যখন তিনি তার নিজের আত্মার মধ্য দিয়ে তার অসীমতার অভিজ্ঞতা নিচ্ছিলেন। মেলিনা, অজানা অবস্থায় শিথিল হয়ে, তার সত্তার গভীরতায় সাঁতার কাটছিল, একটি অসম্ভব গভীরতায় পৌঁছেছিল, যেখানে সীমানাগুলো অস্পষ্ট হয়ে গিয়েছিল। এবং এটি সবকিছুকে... কেবল উত্তেজনাপূর্ণ নয়, বরং একটি অপরিচিত, নিখুঁত অবস্থা, অবাস্তব করে তুলেছিল। একটি বিশাল চ্যালেঞ্জ যা তার নিজের অভ্যন্তরীণ গলনকেও নাড়িয়ে দিচ্ছিল। বিশুদ্ধ যাদু, যা তাদের গ্রাস করছিল।

প্রস্থান

যখন বিমানটি বাসেল বিমানবন্দর থেকে উড়ে গেল, আমি যেন চিরতরে আকাশের বিস্তৃতিতে হারিয়ে গিয়েছিলাম। কিন্তু দুঃখের সাথে নয়, বরং একটি নতুন শুরুর অনুভূতি নিয়ে। কোনো প্রত্যাশা ছাড়াই, কোনো প্রতিশ্রুতি ছাড়াই। কেবল এই ভাগ করা মুহূর্তটি আমার হৃদয়ে খোদাই করা ছিল, এবং এই আশা যে আমি আমার গভীরে একটি অপ্রত্যাশিত ভালোবাসাকে জাগিয়ে তুলেছি। কারণ সত্যিকারের ভালোবাসা অন্যের উপর নির্ভর করে না, বরং নিজের মধ্যে এটি আবিষ্কার করার, এটিকে সবচেয়ে সুন্দর ফুলের মতো ফোটাতে সক্ষম হওয়ার উপর নির্ভর করে। আমরা সেই আবেগগুলোর জন্য সম্পূর্ণ দায়ী যা আমরা সাহসের সাথে অনুভব করতে বেছে নিই, ভয় ছাড়াই সেগুলোকে আলিঙ্গন করি।

আমি এটি আবিষ্কার করেছি। নিজের মধ্যে। তার কারণে। একটি প্যারাডক্স।

আমি জানালার বাইরে তাকালাম। আমার নিচে বাসেল আলো এবং ছায়ার একটি মোজাইকে পরিণত হচ্ছিল। আমি আমার হাতের নিচে কাঁচের শীতলতা অনুভব করলাম - সেই জায়গার সাথে শেষ শারীরিক সংযোগ, যেখানে সবকিছু উল্টে গিয়েছিল। একটি শ্বাস, প্রতিশ্রুতি দিয়ে পূর্ণ।

আত্মার রসায়ন: নাথানিয়েলের কাছে বার্তা

"আপনার সাথে দেখা... এটি কেবল একটি দরজা খোলেনি, বরং একটি বিশ্বের দেয়াল উড়িয়ে দিয়েছে যা আমি পরিচিত বলে মনে করতাম। সম্ভাবনার একটি অন্তহীন মহাবিশ্ব, গভীর আবেগ, যা আমার মধ্যে সবকিছু উল্টে দিয়েছে। এমনকি যদি আমাদের পথগুলো আর কখনো ছেদ না করে, আপনি একটি অমোচনীয় ছাপ রেখে গেছেন, কেবল একটি চিহ্ন নয়, বরং আমার আত্মার ফ্যাব্রিকের উপর একটি বোনা সুতা - একটি চিহ্ন যা কখনোই ম্লান হবে না, কারণ এটি আমার সত্তার অংশ হয়ে গেছে। এটি আমাকে আপনার সাথে আমার প্রথম দেখা, অসহ্য ব্যথা, অপ্রতিরোধ্য ভয়ের কথা মনে করিয়ে দিয়েছে, যা এখন আমাকে আর থামায় না।

আমি গভীরভাবে বিশ্বাস করি, আমি গভীরভাবে বিশ্বাস করি যে আমাদের বৈঠকটি একটি দুর্ঘটনার ফল ছিল না, বরং অনন্তকালের মানচিত্রে একটি নির্ধারিত বিন্দু ছিল। আমাদের আত্মা এই নির্দিষ্ট মুহুর্তে একে অপরের সাথে মিশে গিয়েছিল, যাতে আমরা একে অপরকে আশা এবং সেই সীমাহীন দিগন্তের দিকে একটি ঝলক দিতে পারি। আমি বুঝতে পেরেছি যে সবচেয়ে গুরুত্বপূর্ণ বৈঠকগুলো আমাদের মুখোশগুলো ভেঙে দেয়, আমাদের সমস্ত স্তর উন্মোচন করতে বাধ্য করে, আমাদেরকে সাধারণ আকর্ষণের চেয়ে বড় কিছুর জন্য চেষ্টা করতে বাধ্য করে। কেবল ভালোবাসা নয়। বিকাশ। বিবর্তন।

এবং এখন, যখন আমি উড়ে যাচ্ছি - শারীরিকভাবে, কিন্তু আধ্যাত্মিকভাবে নয় - যখন দিনগুলো সপ্তাহে পরিণত হয়, এবং আপনার স্মৃতি সবচেয়ে দূরবর্তী নক্ষত্রপুঞ্জের মতো উজ্জ্বল থাকে, আমি নিজেকে জিজ্ঞাসা করি: এরপর কী হবে? ভাগ্যের সেই অধরা হাত কি আমাদের একটি চিহ্ন দেবে? নাকি আমাদের কেবল আমাদের নিজেদের ইচ্ছার উপর নির্ভর করতে হবে, সেই অদম্য অভ্যন্তরীণ শক্তির উপর, যা আমাদের পরম সত্য খুঁজতে বাধ্য করে?

হয়তো এটি একটি অপরিচিত জায়গায় একটি দুর্ঘটনাজনিত সাক্ষাৎ হবে, ভিড়ের মধ্যে একটি ধরা পড়া দৃষ্টি। অথবা এটি একটি অপ্রত্যাশিত ফোন কল, একটি ইমেল হবে যা আবার জ্বলন্ত অঙ্গারকে প্রজ্বলিত করবে। হয়তো এটি একটি গান হবে, যা আমাদের আত্মাদের এই শব্দহীন নাচের কথা মনে করিয়ে দেবে, পুনর্জন্মের এই চিরন্তন চক্রের কথা।

এবং হয়তো চিহ্নগুলো আরও সূক্ষ্ম, আরও অধরা হবে - পুনরাবৃত্তিমূলক সংখ্যা, অযৌক্তিক কাকতালীয় ঘটনা যা সিঙ্ক্রোনিসিটি সম্পর্কে ফিসফিস করে, শক্তিশালী স্বজ্ঞাত অনুভূতি। আমাকে জীবনের লাইনগুলোর মধ্যে পড়তে শিখতে হবে, মহাবিশ্ব যে বার্তাগুলো একটি এনক্রিপ্ট করা কোড হিসাবে পাঠায় তার জন্য উন্মুক্ত থাকতে হবে, সেই অদৃশ্য, কিন্তু অবিচ্ছেদ্য সুতাগুলোর শক্তিতে বিশ্বাস করতে হবে যা মানুষকে সংযুক্ত করে, সময় এবং স্থান নির্বিশেষে, এমনকি মাত্রাগুলো থেকেও।

কিন্তু যা কিছু ঘটুক না কেন, আমি বিশ্বাস করতে বেছে নিই। আমি বিশ্বাস করতে বেছে নিই যে আমাদের মধ্যে যে ভালোবাসা জন্মেছে তা নিভে যাওয়ার জন্য নির্ধারিত নয়, বরং প্রজ্বলিত হওয়ার জন্য নির্ধারিত। আমি বিশ্বাস করতে বেছে নিই যে আমাদের কেবল আমাদের ভাগ্যকে পুনরায় লেখার শক্তি নেই, বরং আমাদের বাস্তবতার ফ্যাব্রিক পরিবর্তন করার, সমস্ত বাধা অতিক্রম করার এবং একে অপরের কাছে পথ খুঁজে বের করার শক্তি আছে, যদি এটি সত্যিই ঘটে থাকে - আমাদের সাধারণ, মহাজাগতিক বিবর্তনের অংশ হিসাবে।

এবং আমি দরজাটি ব্যাপকভাবে খোলা রাখি - চিহ্নগুলোর জন্য, ভাগ্যের জন্য এবং আপনার জন্য। আপনার জন্য, যিনি আমাকে জীবনের জন্য, আমার অস্তিত্বের মূল সারাংশের জন্য জাগিয়ে তুলেছেন।"

মেলিনা বাসেল থেকে বিমানে চড়ার আগে, সে নিজের একাকীত্বের মধ্যে একটি রাত কাটিয়েছিল, একটি কোকুন এর মতো, যা কিছু ঘটেছিল তার সবকিছু পুনরায় বিবেচনা করছিল। প্রতিটি স্মৃতি, প্রতিটি অনুভূতি, প্রতিটি চিন্তা - সে সাবধানে সেগুলোকে লিখে রাখছিল, সেগুলোকে একটি স্মৃতি হিসাবে নয়, বরং একটি গাইড ম্যাপ হিসাবে সংরক্ষণ করার জন্য। অজানাতে যাত্রা করার আগে, সে হোটেলের রিসেপশনে নাথানিয়েলের কাছে দেওয়ার জন্য নির্দিষ্ট নির্দেশ সহ একটি বিদায়ী চিঠি-বার্তা রেখে গিয়েছিল। এটি একটি নতুন, পুনরায় লেখা শুরুর দিকে একটি উড্ডয়ন ছিল, কিন্তু নিজের দিকেও, তার আত্মার একটি অংশকে স্পন্দিত করার জন্য রেখে গিয়েছিল সেই শব্দগুলোতে যা সে পড়বে - কেবল অতীত থেকে নয়, বরং ভবিষ্যত থেকে একটি বার্তা।

কয়েক ঘন্টা পরে, বিমানটি অবতরণ করার পর এবং তার ফোনটি আবার চালু হওয়ার পর, স্ক্রিনটি একটি পরিচিত আলো দিয়ে ঝলসে উঠল। এটি নাথানিয়েলের কাছ থেকে একটি বার্তা ছিল।

"আপনার কি কোনো ধারণা আছে যে আপনি কী করেছেন?"

---❤---

চতুর্থ অধ্যায় 37: জ্বলন্ত তৃষ্ণার পরীক্ষা

তিন মাস পরে... স্পোর্টিং মন্টি-কার্লো, মোনাকোর "সালে দেস এটয়েলস" বলরুম।

ক্রিস্টাল গ্লাসের ফিসফিসানি মোনাকোর দাতব্য অভ্যর্থনার পূর্ণ বলরুমে একটি সূক্ষ্ম কর্ডের মতো নিচু কথোপকথনের সাথে মিশে গিয়েছিল। বাতাস পারফিউম, ক্ষমতা এবং অদৃশ্য ইচ্ছা দিয়ে ভারী ছিল। মেলিনা, একটি স্কারলেট পোশাকে, যা তার শরীরের উপর তরল লাভা হিসেবে প্রবাহিত হচ্ছিল, মনোযোগের কেন্দ্রবিন্দু ছিল। তার প্রতিটি নড়াচড়া দৃষ্টি আকর্ষণ করছিল, কিন্তু তার দৃষ্টি কেবল একজনের উপর স্থির ছিল - সেই লোকটি, যিনি সমুদ্রের দিকে পিঠ দিয়ে প্যানোরামিক জানালার পাশে একা দাঁড়িয়ে ছিলেন। নাথানিয়েল।

তাদের আত্মার সাঁজোয়া দুর্গে দীর্ঘ দিন নীরবতায় কেটে গিয়েছিল। এখন তারা আবার দেখা করছিল। মেলিনা অনুভব করছিল কীভাবে তার চোখ, আপাতদৃষ্টিতে দুর্ঘটনাক্রমে, তার পিঠের বক্ররেখা, সিল্কের নিচে তার নিতম্বের প্রতিটি নড়াচড়া অনুসরণ করছিল। সে তার শক্তি জানত। সে তার চারপাশের স্থানের সাথে অজান্তেই ফ্লার্ট করছিল, তার মধ্যে একটি হিংস্র অস্থিরতা প্রবেশ করছিল - অপরিচিত, বিভ্রান্তিকর। তিনি দূরত্বে দাঁড়িয়েছিলেন, তার কাঁধগুলো সামান্য কুঁজো ছিল, এবং যখন তিনি সাহস করতেন, তখন তার ফ্লার্ট করা এত অনির্ভরযোগ্য ছিল যে এটি প্রায় বেদনাদায়ক ছিল। এবং তবুও, তার দৃষ্টির তীব্রতায়, যা তিনি তাকে হল জুড়ে অনুসরণ করছিলেন - যখন সে হঠাৎ ঘুরত তখন সেকেন্ডের ভগ্নাংশের জন্য ধরা পড়ত - কেবল সাধারণ কৌতূহলের চেয়েও বেশি কিছু লুকিয়ে ছিল। এটি ছিল তৃষ্ণা।

অব্যক্তের তাপ

আপাত শান্তির আবরণের নিচে, মেলিনার আত্মা একটি অতল গহ্বরের কিনারায় নাচছিল। তার সবুজ চোখে তার নিজের অনুভূতির একটি নেশাজনক বিস্ময় লুকিয়ে ছিল - একটি মানসিক উচ্ছ্বাস। তার হৃদয় একটি ঢোলের মতো তার পাঁজরে স্পন্দিত হচ্ছিল, তার ত্বক একটি পূর্বানুমান দ্বারা কেঁপে উঠছিল। এই সেই মুহূর্ত... এখন অথবা কখনোই নয়। সে একটি জ্বলন্ত কয়লার খনিতে পরিণত হয়েছিল, সমস্ত আবেগ বিস্ফোরিত করার জন্য প্রস্তুত, যা সে এত দীর্ঘ সময় ধরে আটকে রেখেছিল। এই উপাদানে সম্পূর্ণভাবে নিজেকে নিমজ্জিত করার জন্য, তার জন্য, নাথানিয়েল... সমস্ত পরিচিত সবকিছু গলিয়ে ফেলার জন্য এবং নিজেকে নতুন করে তৈরি করার জন্য... এটি ছিল সবচেয়ে সাহসী, সবচেয়ে বিপজ্জনক, কিন্তু সবচেয়ে লোভনীয় অ্যাডভেঞ্চারও। তার দৃষ্টিতে একই সাথে একটি চ্যালেঞ্জ এবং দুর্বলতা পড়া যাচ্ছিল, একটি নীরব প্রশ্ন যা বাতাসকে বিদ্ধ করছিল: আপনি কি শুদ্ধির জন্য প্রস্তুত?

তার জীবন তাকে সত্যিকারের, লাগামহীন আবেগের স্বাদ নেওয়ার এত কম সুযোগ দিয়েছিল। কিন্তু যখন সে তার সাথে দেখা করেছিল এবং তিনি, একটি একক দৃষ্টি দিয়ে, তাকে জীবিত, স্পন্দিত, বাস্তব অনুভব করতে পেরেছিলেন - সবকিছু পরিবর্তিত হয়েছিল। তার এই সংরক্ষণ... এই প্রাচীর... আমি এটিকে পাথর দ্বারা পাথর ভেঙে ফেলতে চাই। যখন সে তার ভয়কে অস্বীকার করল, সম্পূর্ণরূপে তার প্রতি এই নবজাত, উন্মত্ত ভালোবাসার কাছে নিজেকে সম্পূর্ণরূপে সমর্পণ করার জন্য দৃঢ়প্রতিজ্ঞ, সে জানত যে সে তাকে প্রতিটি কম্পনশীল অনুভূতি, প্রতিটি গর্জনকারী আবেগের কথা বলতে চায়, যাতে তারা একসাথে সেগুলোকে সম্পূর্ণভাবে অনুভব করতে পারে।

আত্মাদের আহ্বান

তার চোখের গভীরে, সে পরিচিত কিছুর ঝলক দেখতে পেল, তার নিজের আকাঙ্ক্ষিত আত্মার - একটি অন্তহীন গভীরতা যা তাকে আহ্বান করছিল, এবং একটি বিশাল ভালোবাসা।

এবং একই মুহূর্তে ভয়ও জন্মেছিল, বরফ-ঠান্ডা এবং তীক্ষ্ণ, যে এই বিভ্রমটি কঠোর বাস্তবতাকে সহ্য করার জন্য খুব ভঙ্গুর হতে পারে। উদ্বেগ এবং মুগ্ধতা তার আত্মায় অবিচ্ছেদ্য সুতার মতো মিশে গিয়েছিল, আলো এবং অন্ধকারের নাচের মতো। অজানার সামনে, এই নির্দয় শক্তির কাছে সম্পূর্ণ আত্মসমর্পণের সামনে ভয়। এবং একই সাথে - মুহূর্তটির স্বর্গীয় সৌন্দর্যের একটি নেশাজনক মুগ্ধতা। সে জানত যে স্পর্শ করার স্বাভাবিক আকাঙ্ক্ষা ঘটবে, যে এটি অনিবার্য, এমনকি যদি তার চেতনা প্রতিরোধ করার চেষ্টা করে। কেবল প্রবৃত্তিগুলোই কথা বলছিল।

তাদের দৃষ্টি ভিড়ের মধ্য দিয়ে একটি সংক্ষিপ্ত, বিদ্যুতায়িত মুহূর্তের জন্য একত্রিত হলো। একটি স্ফুলিঙ্গ যা সমস্ত প্রতিরক্ষামূলক প্রাচীর দ্রবীভূত করার প্রতিশ্রুতি দিয়েছিল। তিনি এটি অনুভব করলেন। আমি একটি কম্পন দেখলাম। সেই অন্ধকার, দুর্ভেদ্য চোখগুলোতে একটি গভীর কম্পন।

চোখে চোখ

তার হৃদয় তার বুকের খাঁচার মধ্যে একটি বন্দী পাখির মতো স্পন্দিত হচ্ছিল। তারা একে অপরের দিকে যে প্রতিটি দৃষ্টি বিনিময় করছিল তা একটি স্থির বিদ্যুতের স্রাবের মতো ছিল - বেদনাদায়কভাবে মিষ্টি, অব্যক্ত, মারাত্মক প্রতিশ্রুতি দিয়ে পূর্ণ। এই রহস্যময় বিশ্বের অর্ধ-অন্ধকারে, যেখানে ক্রিস্টাল ঝাড়বাতিগুলো প্রাচীন তাবিজের মতো ঝুলছিল, তাদের দৃষ্টি মিলিত হয়েছিল, মিশে গিয়েছিল, তাদের আত্মার অতল গহ্বর উন্মোচন করছিল।

---তার সবুজ চোখ তার দিকে:--- "আমি আপনাকে দেখি। প্রতিটি প্রাচীর, প্রতিটি ভয়। আমাকে বলুন, নাথানিয়েল, আপনি সেখানে, সেই তলবিহীন হ্রদগুলোতে কী লুকিয়ে রেখেছেন? আমি তাদের মধ্যে ডুবে যেতে চাই, সীমাহীনভাবে।"

---তার চোখ তার দিকে:--- "আপনি একটি বিপদ। অন্ধকারের মধ্যে একটি স্কারলেট দাগ। আমি আপনাকে অনুভব করি। আপনার থেকে প্রবাহিত এই শক্তিটি অপরিচিত এবং বিভ্রান্তিকর। আপনি আমার কাছ থেকে কী চান? এমন কিছু যা আমি আপনাকে দিতে পারি না। নাকি পারি?"

বাহ্যিকভাবে মেলিনা একটি স্থির শান্ততা বজায় রেখেছিল, কিন্তু অভ্যন্তরীণভাবে একটি অদম্য ঝড় গর্জন করছিল। সে তাকে ভীতভাবে নয়, বরং সাহসের সাথে দেখছিল, যেন সে তার প্রতিটি চিন্তা পড়তে চায়। সে দেখতে চেয়েছিল যে সে তার দৃষ্টির উত্তর দেওয়ার সাহস করবে কিনা।

---তার সবুজ চোখ তার দিকে:--- "আমাকে দেখান। এই মুখোশটি সরান। আমি আপনাকে ভয় পাই না। আর আপনি? আপনি কি আমার মধ্যে যা দেখেন তা থেকে ভয় পান? আপনি কি এই উত্তাপের জন্য প্রস্তুত? আমি জ্বলতে প্রস্তুত।"

---তার চোখ তার দিকে:--- "আপনি আমাকে উস্কে দিচ্ছেন। আপনি আমাকে ভেঙে ফেলতে চান। কিন্তু আমি প্রস্তুত নই। এখনও নয়। এবং তবুও... এই দৃষ্টি। এটি আমাকে অনুসরণ করে।"

তাদের দৃষ্টির প্রতিটি বৈঠকের সাথে তাদের মধ্যে বাতাস বিদ্যুতায়িত হচ্ছিল। সে অনুভব করছিল যে গুরুত্বপূর্ণ, ভাগ্যপূর্ণ কিছু ঘটছে, এমন কিছু যা সমস্ত সীমানাকে অপরিবর্তনীয়ভাবে অস্পষ্ট করে দেবে। আকাঙ্ক্ষা জ্বলছিল।

তার একটি অদ্ভুত, কম্পনশীল অনুভূতি ছিল যে এটি মহৎ কিছুর কেবল শুরু।

---তার সবুজ চোখ তার দিকে:--- "আপনি কি এটি অনুভব করেছেন? এই স্ফুলিঙ্গ। এটি কেবল শুরু। এটি সমস্ত প্রতিরক্ষামূলক প্রাচীর দ্রবীভূত করবে। এটি আমাদের পুনর্জন্ম দেবে।"

---তার চোখ তার দিকে:--- "আমি একটি কম্পন দেখেছি। সেই সবুজ চোখগুলোতে। আমার নিজের অতল গহ্বরের একটি প্রতিচ্ছবি।"

তিনি অনুভব করলেন কীভাবে তার শ্বাস থেমে গেল। এই যে, তিনিও এটি অনুভব করছিলেন। আপনি আমাকে বুঝতে চান, কিন্তু আমাকে বিচার করতে চান না। আপনি আমাকে ভালোবাসতে চান, কিন্তু আমাকে নিজের করতে চান না। এটি পরিচিত। এবং বিপজ্জনক।

"আপনি যা খুঁজছেন, তা আপনাকে খুঁজছে!"

রুমি

শব্দের প্রথম স্পর্শ

এই মুহূর্তে, তার জোরপূর্বক দৃষ্টির ভারের নিচে, নাথানিয়েল ধীরে ধীরে জানালা থেকে সরে এলেন। তার প্রতিটি পদক্ষেপ একটি অভ্যন্তরীণ দোলাচল দিয়ে পূর্ণ ছিল। যখন তিনি অবশেষে তার থেকে কয়েক ধাপ দূরে দাঁড়ালেন, তখন তাদের মধ্যে দূরত্বটি যেন ঘন হয়ে গেল।

"মেলিনা।" - তার কর্কশ কণ্ঠস্বর শোনা গেল, অভ্যর্থনার মার্জিত শব্দের উপরে সবেমাত্র লক্ষণীয়। তার চোখ, অনিক্সের মতো অন্ধকার এবং তীক্ষ্ণ, অবশেষে তার চোখের উপর স্থির হলো, না সরে।

সে কষ্টে গিলল, তার ভিতরে যে ঝড় গর্জন করছিল তা শান্ত করার চেষ্টা করছিল।

"নাথানিয়েল।" - সে উত্তর দিল, তার সুরটি শান্ত ছিল।

সেকেন্ডগুলো অনন্তকালের মতো দীর্ঘায়িত হলো, কেবল তাদের চোখের তীব্র যোগাযোগ দিয়ে পূর্ণ। প্রতিটি সেকেন্ড ছিল একটি পরীক্ষা।

"আপনি জানেন..." - তিনি অনিরাপদভাবে শুরু করলেন। - "যখন আমরা একে অপরের দিকে তাকাই তখন যা ঘটে... তা হলো..."

মেলিনা তার চিবুক সামান্য তুলল, তার সবুজ চোখে সাহসী আত্মবিশ্বাসের একটি ঝলক দেখা গেল। একটি জ্বলন্ত অঙ্গার নয়, বরং উপাদানের মূল সারাংশ।

"আমি জানি যে আপনি আমাকে খুঁজছেন, নাথানিয়েল। আমি জানি যে আপনি এটি অনুভব করেন। যা আমি অনুভব করি। এবং আপনি এটি অস্বীকার করতে পারবেন না।"

তিনি সবেমাত্র লক্ষণীয়ভাবে দীর্ঘশ্বাস ফেললেন, অস্থিরভাবে তার চুলের মধ্য দিয়ে তার হাত চালালেন।

"আমি... এর জন্য প্রস্তুত নই, মেলিনা। আমি... কোনো কিছু সম্পর্কে নিশ্চিত নই। আমার মধ্যে কেবল শূন্যতা আছে যা এই শক্তি গ্রাস করতে পারে।"

তার কথাগুলো ঠান্ডা ছিল, কিন্তু তার সুরটি একটি অভ্যন্তরীণ যুদ্ধের ইঙ্গিত দিচ্ছিল। মেলিনা শান্ত রইল, তার হৃদয়ে যে সামান্য ব্যথা বিদ্ধ করছিল তা সত্ত্বেও।

"তাহলে... ধৈর্য ধরুন, নাথানিয়েল।" - সে একটি শান্ত, কিন্তু অভ্যন্তরীণ শক্তি দিয়ে পূর্ণ কণ্ঠস্বর দিয়ে উত্তর দিল। - "অথবা... এখন ছেড়ে দিন। চিরতরে। কারণ আমি... আমি ইতিমধ্যেই অসীমে ঝাঁপ দিয়েছি। আর ফিরে আসার কোনো উপায় নেই। আপনি... আপনি আমাকে জাগিয়েছেন। আমি আর কখনো ঘুমাব না।"

নাথানিয়েল স্থির রইলেন, তার দিকে তাকিয়ে। তাদের মধ্যে নীরবতা বিদ্যুতায়িত ছিল, প্রায় বেদনাদায়ক। মেলিনা অনুভব করল কীভাবে তার শিরাতে রক্ত স্পন্দিত হচ্ছিল। তার সবুজ চোখে যেন একটি অভ্যন্তরীণ কণ্ঠস্বর শোনা গেল, যা নাথানিয়েল একটি প্রতিচ্ছবি হিসাবে ধরেছিলেন: আমি কি উন্মত্ত? যখন একজন ব্যক্তি একটি অতল গহ্বরের কিনারায় হাঁটে, তখন সে পড়ে যাওয়ার ভয় পায় না, বরং লাফ দেওয়ার পছন্দের ভয় পায়।

নাথানিয়েল অবশেষে নীরবতা ভাঙলেন, তার কণ্ঠস্বর নরম ছিল, প্রায় একটি ফিসফিসানি:

"উন্মত্ত? সম্ভবত আমরা দুজনই।"

তার দৃষ্টি, এখনও তীব্র, এখন বিভ্রান্তির একটি সূক্ষ্মতা বহন করছিল, কিন্তু একটি স্বীকৃতির অঙ্কুরও।

"আপনি যা অনুভব করেন..." - তিনি ধীরে ধীরে চালিয়ে গেলেন - "তা... আকর্ষণীয়। এবং এটি আমাকে ভয় দেখায়।"

মেলিনা চোখের পলক না ফেলে সরাসরি তার দিকে তাকালেন।

"আকর্ষণীয় এবং বাস্তব, নাথানিয়েল। আমার জন্য এটি জীবন। আর আপনার জন্য?"

তিনি একটি গভীর শ্বাস নিলেন, এক মুহূর্তের জন্য দ্বিধা করলেন, এবং তারপরে এমন একটি সুরে উত্তর দিলেন যাতে সবেমাত্র দমন করা অভ্যন্তরীণ গোলযোগ ছিল:

"ভয়ঙ্কর। কারণ আপনার প্রতিটি শব্দ, প্রতিটি দৃষ্টি সেই দেয়ালগুলো ভেঙে দেয় যা আমি বছরের পর বছর ধরে তৈরি করেছি। আর তাদের বাইরে কী আছে? কেবল শূন্যতা... নাকি এমন কিছু যা আমাকে সম্পূর্ণরূপে গ্রাস করবে?"

"হ্যাঁ।" - সে শান্তভাবে রাজি হলো। - "কিন্তু এটি মূল্যবান, তাই না? এমনকি যদি আমরা ভিত্তি পর্যন্ত পুড়ে যাই।"

নাথানিয়েলের মুখে একটি সবেমাত্র লক্ষণীয় হাসি দেখা গেল - প্রথমটি যা সে দীর্ঘ সময় ধরে দেখছিল। ভঙ্গুর, কিন্তু বাস্তব।

"হয়তো... হয়তো আপনি ঠিক।"

এই মুহূর্তে, বিলাসবহুল সাজসজ্জার মধ্যে, তাদের দুজনের মধ্যে একটি সুস্পষ্ট সংযোগ তৈরি হয়েছিল - গর্জনকারী আবেগ, অজানার ভয় এবং এমন কিছুর অপ্রতিরোধ্য শক্তির একটি স্বীকৃতি যা সবেমাত্র শুরু হচ্ছিল। উন্মত্ততা সম্ভবত সাধারণ ছিল, কিন্তু এটি আর এত ভীতিকর লাগছিল না। এটি ছিল তাদের রূপান্তরের শুরু।

---❤---

চতুর্থ অধ্যায় 38: একটি সাধারণ অতল গহ্বর

অজানার দিকে যাত্রা

তারা দুজনেই অলক্ষিতভাবে সেই জমকালো অভ্যর্থনা থেকে বেরিয়ে গেল, তাদের পিছনে নিচু কথোপকথন এবং নকল হাসি রেখে গেল। মেলিনা, তার লাল পোশাকে, এমনকি পার্কিং লটের অর্ধ-অন্ধকারেও আকর্ষণের কেন্দ্রবিন্দু ছিল। নাথানিয়েল তাকে দ্রুত তার বিলাসবহুল গাড়ির দিকে নিয়ে গেলেন, তার জন্য দরজা খুললেন এমন একটি অঙ্গভঙ্গি দিয়ে যা সাধারণ সৌজন্যের চেয়েও বেশি অধৈর্য ছিল।

দরজাটি একটি নিচু ক্লিকের সাথে বন্ধ হয়ে গেল - একটি সীল, যা অব্যক্তকে সিল করে দিয়েছিল। উত্তেজনা ককপিটে ছড়িয়ে পড়ল। নাথানিয়েল হঠাৎ করে যাত্রা শুরু করলেন। ইঞ্জিন একটি রাগান্বিত পশুর মতো গর্জন করল, অভ্যর্থনার শব্দের অবশেষ গ্রাস করে।

ত্বরণের কারণে মেলিনার শরীর সামান্য পিছিয়ে গেল, কিন্তু ভয়ের পরিবর্তে, সে তার বুকে একটি সংকোচন অনুভব করল - পরিচিত, শ্বাসরুদ্ধকর অনুভূতি, যখন চিন্তাগুলো চিৎকার করে, কিন্তু ঠোঁটগুলো নীরব থাকে।

তিনি কথা বললেন না। তার হাতগুলো প্রয়োজন থেকে বেশি শক্তভাবে স্টিয়ারিং হুইল আঁকড়ে ধরেছিল। তাদের মধ্যে নীরবতা ঘন, ভারী হয়ে গেল - নীরবতা নয়, বরং দমন করা ইচ্ছার একটি নিচু গর্জন।

চাঁদের আলোর একটি রূপালী পথ সমুদ্রের পৃষ্ঠের অন্ধকার সিল্ককে কেটে দিচ্ছিল। ঢেউয়ের মৃদু স্প্ল্যাশ, ফিসফিসানির মতো কোমল, এবং একটি শীতল বাতাস খোলা জানালার মধ্য দিয়ে মেলিনার ত্বককে আদর করছিল, কিন্তু ভিতরে - তার মধ্যে - সবকিছু সংকুচিত, কুঁচকানো, টানটান ছিল। নুন, ওজোন, লুকানো উত্তেজনার গন্ধ - বাতাস রোমান্টিকতা দিয়ে নয়, বরং অনিবার্যতার সাথে পরিপূর্ণ ছিল। প্রতিটি শ্বাস ছিল একটি সংক্ষিপ্ত যুদ্ধ।

সে চাঁদের দিকে তাকাল, এত উজ্জ্বল এবং কাছাকাছি। কিন্তু যখন সে তার দৃষ্টি নাথানিয়েলের দিকে সরালো, তখন সে কোনো উত্তর খুঁজে পেল না, বরং আরও প্রশ্ন পেল। তার চোখ পথের উপর স্থির ছিল, কিন্তু তার চোয়াল কাঁপছিল। তার মধ্যে কিছু ফুটছিল - অস্পষ্ট, বিপজ্জনক, কিন্তু তার দিকে নির্দেশিত।

"নাথানিয়েল..." - তার কণ্ঠস্বর অন্ধকারে ভেঙে গেল, সবেমাত্র লক্ষণীয়।

তিনি উত্তর দিলেন না। তিনি কেবল প্যাডেলটি আরও একবার চাপলেন, যেন প্রতিটি অব্যক্ত শব্দ তাকে দ্রুত গাড়ি চালাতে বাধ্য করছিল।

তিনি নীরবভাবে গাড়ি চালাচ্ছিলেন। সম্ভবত তার ব্যক্তিগত অভ্যন্তরীণ দ্বন্দ্ব তাকে গ্রাস করেছিল, কিন্তু তাদের মধ্যে উত্তেজনা ঘন, প্রায় শ্বাস নিচ্ছিল। গাড়ির বাতাস নীরব কথোপকথন এবং একটি কম্পনশীল প্রত্যাশা দ্বারা কম্পিত হচ্ছিল, একটি টানটান তারের মতো, যা ছিঁড়ে যাওয়ার জন্য প্রস্তুত ছিল।

সমুদ্রের নোনা গন্ধ, রাতের বাতাস দ্বারা বাহিত, তাদের শ্বাসের উষ্ণ, উদ্বেগজনক ছন্দের সাথে মিশে যাচ্ছিল। অন্ধকার নিজেই তার শ্বাস ধরে রেখেছিল বলে মনে হচ্ছিল। কোনো সঙ্গীত ছিল না, কোনো কণ্ঠস্বর ছিল না - কেবল ইঞ্জিনের একঘেয়ে শব্দ এবং একটি স্পন্দন যা মেলিনা গভীরভাবে অনুভব করছিল, শব্দ থেকে অনেক দূরে।

সে সিটে শিথিল হলো, পালানোর মতো নয়, বরং আত্মসমর্পণের মতো। শব্দের প্রয়োজন ছিল না। তাদের নীরবতা নিজেই কথা বলছিল। এটি তাদের মধ্যে শ্বাস নিচ্ছিল - পূর্ণ, ঘনীভূত, যেকোনো বাক্য থেকে শক্তিশালী। এই অদৃশ্য সংযোগ, অন্যের উপস্থিতিতে এই শান্ত নিরাপত্তা, যেকোনো শপথের চেয়েও পবিত্র ছিল।

অনন্তকালের একটি মুহূর্ত

মেলিনা এক মুহুর্তের জন্য চোখ বন্ধ করল এবং তার হৃদয়কে মহাবিশ্বের সাথে এক সুরে স্পন্দিত হতে দিল। তাদের উপরে তারারা পথ আঁকছিল, এবং সে তার শ্বাস দিয়ে শ্বাস নিচ্ছিল - একটি পূর্ববর্তী অস্তিত্ব থেকে পরিচিত, কিন্তু গভীরভাবে সমাধিস্থ। প্রতিটি বাঁক তার নিজের ভাগ্যের একটি স্তর উন্মোচন করছিল - যেন এটি নির্ধারিত ছিল, কিন্তু এখন এটি পুনরায় পড়া হচ্ছিল। এই মুহূর্তে সে নিজেকে সময়ের বাইরে অনুভব করল। যেন সে সেই প্রথম স্বপ্নে পা রেখেছিল, যা সে সম্প্রতি নাথানিয়েলকে একটি চ্যাটে বলেছিল - পাহাড়ের চূড়ায় একটি নির্জন কুঁড়ের স্বপ্ন, তার দরজার সামনে একটি একক ক্যাকটাস, তার ত্বকের উপর সাদা সাটিন, এবং জানালার সামনে ছড়িয়ে থাকা সমুদ্রের অসীমতা।

তিনি তার দিকে তাকাচ্ছিলেন না, কিন্তু তিনি তার দৃষ্টির ভার অনুভব করছিলেন, সেই অনুভূতি যা তাদের মধ্যে প্রবাহিত হচ্ছিল, বিদ্যুতের মতো। তার জন্য এটি কেবল আবেগ ছিল না - এটি ছিল একটি পবিত্র কাজ। এই মুহূর্তে সে তার আত্মার মূল পর্যন্ত কাঙ্ক্ষিত অনুভব করছিল। এবং একই সাথে - অধরা। এমনকি তার কাছেও একটি রহস্য।

"সে আমাকে কোথায় নিয়ে যাচ্ছে?" - তার চিন্তা তার মাথায় একটি ফিসফিসানির মতো ভাসছিল। - "এই মুহূর্তটি আমাদের। কেবল আমাদেরই..."

স্বপ্নের স্মৃতি তাকে একটি উষ্ণ ঘোমটার মতো আবৃত করল। এখন, তার আত্মার অবর্ণনীয় অবস্থায়, সে নিজের সাথে দেখা করল - সেই জাদুকরীর সাথে, যে অসংখ্য দূরবর্তী তারার মৃদু আলোর নিচে পুনর্জন্ম নিয়েছে বলে মনে হয়েছিল সমুদ্রের বিস্তৃতিতে। একসময় সে হয়তো কেবল একটি ক্ষণিকের স্ফুলিঙ্গ ছিল, কিন্তু এখন সে তার গভীরে সময় অতিক্রম করার প্রজ্ঞা, জীবনের ঝড়ের তিক্ত অভিজ্ঞতা এবং একটি তারার রাতের শান্ত শান্তি বহন করছিল। একটি রাতের পাখির মতো, যে ছায়ার সমস্ত লুকানো গোপনীয়তা জানে।

সে এই হারিয়ে যাওয়া স্মৃতিতে ফিরে যেতে আকাঙ্ক্ষা করছিল। তার হৃদয় মৃদু ঢেউয়ের সাথে একটি ধীর, ছন্দময় তালে স্পন্দিত হচ্ছিল, যখন সে এই মহিলার রহস্য বোঝার চেষ্টা করছিল, যে একই সাথে সে ছিল এবং ছিল না। তার চোখের গভীরে রাতের আকাশের পুরো অসীমতা প্রতিফলিত হচ্ছিল, এবং তার সবেমাত্র লক্ষণীয় হাসিতে - একটি নতুন ভোরের প্রতিশ্রুতি। নিজের সাথে এই অদ্ভুত, অন্তরঙ্গ বৈঠকে সে আবিষ্কার করল যে সে কেবল একজন মহিলা নয়, বরং জটিল আবেগের একটি পুরো বিশাল মহাবিশ্ব। তিনি নীরব, কিন্তু আমি তার উত্তেজনা অনুভব করি। তার কল্পনায় কী ঘটছে? তিনি কি আমাকে এমন দেখেন যেমন আমি অনুভব করি?

হৃদয় তাকে অজানার অতৃপ্ত বীজে গভীরভাবে টেনে নিয়ে যাচ্ছিল। দৃষ্টির আকর্ষণ এবং আত্মার বিশাল বিভ্রান্তি একটি অপ্রতিরোধ্য শক্তি হিসাবে অনুভূত হচ্ছিল, যা তাকে নির্মমভাবে টানছিল। তিনি আমার চুম্বক। এবং আমি... তার। আমি অনুভব করি কীভাবে তিনি আমাকে আরও কাছে টানছেন, যখন সীমানাগুলো গলে যায়।

আবেগের উপাদান

নাথানিয়েলের চেতনায় চিন্তাগুলো ঝলসে উঠছিল, রাতের মধ্যে দূরবর্তী বজ্রপাতের মতো প্রতিধ্বনিত হচ্ছিল। তাদের মধ্যে আকাঙ্ক্ষা একটি অদম্য তাপ ছিল, যা নির্দয়ভাবে সবকিছু গ্রাস করছিল, কেবল তাদের দুজনকে রেখে।

এই স্থির মুহূর্তে সময় যেন থেমে গিয়েছিল, এবং পুরো পৃথিবী একটি একক, স্পন্দিত ফোকাসে সংকুচিত হয়েছিল - তার চোখ, যা মাঝে মাঝে তার চোখের সাথে মিলিত হতো। তাদের অতল গহ্বরে তিনি অতৃপ্ত আবেগ এবং নেশাজনক আনন্দ প্রকাশ করছিলেন, যা সেও নিজের মধ্যে বহন করছিল। তারা একসাথে আদিম বিশৃঙ্খলার দিকে ফিরে আসছিল। মেলিনা অনুভব করছিল কীভাবে তাদের মধ্যে বাধাগুলো অস্পষ্ট হয়ে যাচ্ছে, এবং বিশৃঙ্খলা ধ্বংসের নয়, বরং সৃষ্টির প্রতিশ্রুতি দিচ্ছিল।

তিনি তাকে অভ্যর্থনায় যে হুইস্কি দিয়েছিলেন তা একটি যাদুকরী অমৃতের মতো কাজ করছিল, ধীরে ধীরে তার সমস্ত বাধা দ্রবীভূত করছিল। সে তার নিজের কল্পনাগুলোর ঘূর্ণিতে কোনো প্রতিরোধ ছাড়াই শিথিল হয়ে গিয়েছিল, তার শরীর এবং আত্মাকে মিষ্টি, বিপজ্জনক আনন্দের কাছে নিঃশর্তভাবে আত্মসমর্পণ করার অনুমতি দিয়েছিল। এই ভাগ্যপূর্ণ মুহূর্তে সে একটি হঠাৎ স্পষ্টতার সাথে বুঝতে পারল যে ভালোবাসা... ভালোবাসা সবকিছুর মধ্যে সবচেয়ে

বড়, সবচেয়ে বিপজ্জনক এবং সবচেয়ে উত্তেজনাপূর্ণ যাত্রা। এবং তারা এটি একসাথে শুরু করেছিল, একটি নীরব, বিদ্যুতায়িত ঘনিষ্ঠতায়।

"আপনি কি জানেন আপনি এখন আমাকে কিসের কথা মনে করিয়ে দেন?" - তিনি জিজ্ঞাসা করলেন।

মেলিনা অবাক হয়ে তার দিকে তাকাল।

"কিসের?"

"আপনার সেই স্বপ্ন... কুঁড়েঘরের সাথে। এবং সাদা সাটিন। এবং... অদম্য, প্রায় বন্য আবেগ যা সবকিছুর মধ্য দিয়ে প্রবাহিত হচ্ছিল।"

মেলিনার হৃদয় লাফিয়ে উঠল। তিনি মনে রেখেছিলেন। প্রতিটি বিস্তারিত।

"এটি কেবল একটি স্বপ্ন ছিল।" - সে ফিসফিস করে বলল, শান্ত থাকার চেষ্টা করছিল।

"হ্যাঁ।" - তিনি রাজি হলেন। - "কিন্তু কখনও কখনও স্বপ্নগুলো... বাস্তবতার চেয়েও বেশি বাস্তব হতে পারে। অন্তত এক মুহুর্তের জন্য। অন্তত যখন আপনি সেগুলোকে বাস্তবে পরিণত করেন।"

একটি দীর্ঘ, ঘনীভূত নীরবতা অনুসরণ করল। মেলিনা অনুভব করল কীভাবে গাড়ির বাতাস ঘন হয়ে আসছে, অব্যক্ত আকাঙ্ক্ষা দিয়ে ঘনীভূত হচ্ছে।

"আর আপনি?" - সে শান্তভাবে জিজ্ঞাসা করল। - "আপনি আমাকে কিসের কথা মনে করিয়ে দেন? স্বপ্নগুলো বাদ দিয়ে।"

নাথানিয়েল সংক্ষিপ্ত, বেদনাদায়ক মুহূর্তের জন্য পথ থেকে তার দৃষ্টি সরিয়ে তার সবুজ চোখে তাকালেন। এই সংক্ষিপ্ত মুহূর্তে সে তাদের মধ্যে তার নিজের আত্মার একটি প্রতিচ্ছবি দেখতে পেল - একটি অন্তহীন গভীরতা এবং এমন কিছু যা... একটি মরিয়া তৃষ্ণার মতো লাগছিল।

"আপনি... আপনি একটি রাতের পাখির মতো।" - তিনি বিড়বিড় করলেন, পথের দিকে তার দৃষ্টি ফিরিয়ে নিলেন। - "আপনি ছায়ার সমস্ত গোপনীয়তা জানেন। এবং আপনি একটি নতুন ভোরের প্রতিশ্রুতি বহন করেন, যা আমাকে একই সাথে ভয় দেখায় এবং আকর্ষণ করে।"

মেলিনার ঠোঁটে একটি হাসি দেখা গেল, দুঃখজনক এবং কোমল একই সাথে, অন্ধকারের মধ্য দিয়ে প্রবেশকারী আলোর একটি রশ্মির মতো।

"এবং আপনি পাহাড়ের চূড়ায় নির্জন কুঁড়েঘর, নাথানিয়েল। এমন একটি জায়গা যেখানে একজন ব্যক্তি ঝড় থেকে পালাতে পারে... এবং শান্তি খুঁজে পেতে পারে। অথবা পুড়ে যেতে পারে।"

নীরবতা আবার রাজত্ব করল, কিন্তু এবার এটি টানটান ছিল না, বরং ভাগ করা ছিল, বোঝাপড়া দিয়ে পূর্ণ ছিল।

দীর্ঘ সময় পরে নাথানিয়েল আবার কথা বললেন, তার কণ্ঠস্বর আরও কঠিন, আরও দৃঢ় ছিল।

"আপনি কি জানেন আমাদের গভীরতম ইচ্ছা কী, মেলিনা? যা আমরা স্বীকার করার সাহস করি না?"

সে তাকে প্রশ্নবিদ্ধভাবে দেখল।

"সেই অভ্যন্তরীণ আকাঙ্ক্ষার কাছে নিঃশর্তভাবে আত্মসমর্পণ করা। কিন্তু প্রায়শই... অস্পৃষ্ট প্রত্যাশা বাস্তবতার চেয়েও শক্তিশালী হয়। এটি আমাদের ভয় দেখায়।"

তিনি একটি তীক্ষ্ণ বাঁক নিলেন, গাড়িটিকে সমুদ্রের দিকে তাকিয়ে একটি ছোট, নির্জন মোড়ে থামালেন, যেখানে কেবল সার্ফটি সাক্ষী ছিল। তিনি ইঞ্জিন বন্ধ করলেন এবং নীরবতা সম্পূর্ণ, গ্রাসকারী হয়ে গেল, কেবল ঢেউয়ের উন্মত্ত স্প্ল্যাশ দ্বারা বাধাপ্রাপ্ত।

তিনি তার দিকে ফিরলেন, তার চোখ অর্ধ-অন্ধকারে দুটি জ্বলন্ত কয়লার মতো জ্বলছিল।

"আমাদের মধ্যে আকর্ষণ একটি অপ্রতিরোধ্য শক্তির মতো, মেলিনা। ভাগ্যের মতো। এবং আমি... আমি আর প্রতিরোধ করতে চাই না। এমনকি যদি এটি আমাকে ধ্বংস করে।"

তিনি তার হাত বাড়িয়ে তার মুখটি আলতো করে স্পর্শ করলেন, তার আঙ্গুলগুলো তার ত্বককে জ্বলন্ত করে দিচ্ছিল। তিনি তার পারফিউমের গন্ধ অনুভব করলেন, যা তার চুলে লেগেছিল।

"আকাঙ্ক্ষা... এটি একটি অদম্য তাপের মতো। এবং আমি... ছাই পর্যন্ত গলে যেতে প্রস্তুত।"

তাদের দৃষ্টি এক হয়ে গেল, কম্পন এবং অনিশ্চয়তা দিয়ে পূর্ণ, কিন্তু একটি অপ্রতিরোধ্য, ভাগ্যপূর্ণ শক্তি দিয়েও। এই স্থির মুহূর্তে সময় যেন তার গতিপথ বন্ধ করে দিয়েছিল।

"হুইস্কি..." - মেলিনা ফিসফিস করে বলল, তার সমস্ত বাধা ধীরে ধীরে গলে যাচ্ছে বলে অনুভব করছিল।

"হ্যাঁ।" - নাথানিয়েল রাজি হলেন, তার দিকে ঝুঁকে পড়লেন, তার নিঃশ্বাস তার ঠোঁটকে আদর করছিল। - "এটি দেয়ালগুলো দ্রবীভূত করেছে। আর এখন... কেবল আমরা রয়েছি। এবং উপাদানটি। এটি সবেমাত্র জ্বলতে শুরু করেছে।"

একটি সাধারণ অতল গহ্বর

সে সেখানে ছিল, অন্তহীন সমুদ্রের বিস্তৃতির সামনে। তারার রূপালী পথের পটভূমিতে একটি সিলুয়েট। মেলিনা। সে কেবল তার আত্মায় প্রবেশ করেনি - সে এটিকে উল্টে দিয়েছে, তার হৃদয় দখল করেছে এবং এটিকে তার নিজের, পীড়াদায়ক, ভস্মীভূত কল্পনায় পরিণত করেছে। সে শান্ত ছিল, কিন্তু তার প্রতিটি শ্বাস তার মধ্যে একটি ঝড় ছিল। তার প্রতিটি কোষ একটি বেদনাদায়ক সংবেদনশীলতা থেকে চিৎকার করছিল। তিনি জানতেন যে তার আসল সৌন্দর্য তার শরীরের লাইনে নয়, বরং তার চেতনার গোলকধাঁধায়।

তিনি তাকে সম্পূর্ণ, অনাবৃত খোলামেলাভাবে দেখছিলেন। তিনি তার প্রতিটি চিন্তা, প্রতিটি লুকানো ইচ্ছা বোঝার চেষ্টা করছিলেন। মেলিনা, ঠান্ডা বালির কার্পেটের উপর প্রসারিত, আকাঙ্ক্ষার প্রতিমূর্তি ছিল। তার ত্বক, কম্পনশীল তারার আলোর নিচে উষ্ণ এবং জলপাই রঙের, তার থেকে একটি ভূতুড়ে আভার মতো প্রবাহিত অপ্রতিরোধ্য আবেগের সাথে বিপরীত ছিল। তিনি তাকে দেখছিলেন এবং তার চেতনা সেই ছবিগুলোকে তৈরি করছিল যা ইথারিয়াল লেইসের স্তরগুলো লুকিয়ে রেখেছিল। তিনি জানতেন: যদি তিনি তাকে স্পর্শ করার জন্য তার হাত বাড়িয়ে দেন, তবে এই পুরো ভঙ্গুর যাদুটি বাতাসে বাষ্পীভূত হয়ে যাবে। তিনি তাকে লালন করছিলেন। তার অতৃপ্ত তৃষ্ণা তার চোখে স্পষ্টভাবে পড়া যাচ্ছিল। তারা দুটি তলবিহীন কূপের মতো ছিল।

তিনি তার আবেগের উষ্ণ ঢেউ অনুভব করলেন। এটি তাকে উন্মত্ততা পর্যন্ত উত্তেজিত করছিল, একটি বেদনাদায়ক, অস্তিত্বের সংবেদনশীলতা পর্যন্ত। তার হৃদয় বন্যভাবে স্পন্দিত হচ্ছিল, ঢেউয়ের গর্জনকে ডুবিয়ে দিচ্ছিল, এবং তার নিঃশ্বাস তার গলায় আটকে গিয়েছিল, অদৃশ্যটির - এবং অনিবার্যটির - পূর্বানুমান করে, যখন তিনি দেখছিলেন কীভাবে সে তার নিজের, অদম্য ইচ্ছার সাথে লড়াই করছে। তার শরীর, একটি নরম, ঠান্ডা সিল্কের পোশাকে আবৃত, রাতের আকাশের কম্পনশীল স্ফুলিঙ্গের নিচে তার কল্পনায় নির্লজ্জভাবে নগ্ন ছিল। সে দীর্ঘকাল ধরে তার আত্মা তার সামনে অনাবৃত করেছিল, তাকে তার সমস্ত বিশ্বাস দিয়েছিল... আত্মার অন্তরঙ্গ নগ্নতা তাকে আর বিরক্ত করছিল না। এটি একটি দরজা ছিল, যা ব্যাপকভাবে খোলা ছিল। এই ভাগ্যপূর্ণ মুহূর্তে তিনি বুঝতে পারলেন যে তিনি তার সবচেয়ে গোপন

কল্পনাগুলোর ক্ষমতার উপর সম্পূর্ণরূপে বিশ্বাস করতে প্রস্তুত, তাদের মধ্যে সম্পূর্ণভাবে হারিয়ে যেতে, পুনর্জন্ম নিতে - ভিত্তি পর্যন্ত পুড়ে যেতে এবং তার নিজের ছাই থেকে পুনরুত্থিত হতে।

একটি লুকানো আমন্ত্রণ দিয়ে পূর্ণ একটি দৃষ্টি দিয়ে, সে তাকে কাছে আসার জন্য উত্সাহিত করল। ধীরে ধীরে, যেন ইচ্ছাকৃতভাবে মিষ্টি যন্ত্রণা দীর্ঘায়িত করতে চেয়েছিল, নাথানিয়েল তার কল্পনায় নিজেকে অনাবৃত করলেন। সমস্ত গোপনীয়তা তার একই অকপটতা, একই সম্পূর্ণ, নিঃশর্ত উত্সর্গ পাওয়ার জোরপূর্বক ইচ্ছার সামনে উন্মোচিত হয়েছিল।

মেলিনা চোখের পলক না ফেলে তাকে দেখছিল। তার চোখগুলো ব্যাপকভাবে খোলা ছিল, তাদের মধ্যে একটি আমন্ত্রণ এবং ভয় পড়া যাচ্ছিল। তিনি স্বজ্ঞাতভাবে তার কল্পনায় তার শরীরের পেশীগুলোর প্রতিটি সবেমাত্র লক্ষণীয় সংকোচন অনুভব করছিলেন, তার ত্বকের সূক্ষ্ম লোমগুলোর প্রতিটি কেঁপে ওঠা, তার কপালে তারার নিচে ঘামের প্রতিটি ঝলক - যেন প্রতিটি ফোঁটা তার আবেগপূর্ণ উপস্থিতির একটি সীল ছিল। তাদের দৃষ্টি লোভাতুরভাবে শরীরগুলো পরীক্ষা করছিল, এমনকি একটি ক্ষণিকের স্পর্শ ছাড়াই, কেবল অদম্য কল্পনার অতৃপ্ত আবেগ দিয়ে, যা কোনো সীমানা জানে না। তাদের দৃষ্টি দুটি শক্তিশালী চুম্বকের মতো সংঘর্ষ করছিল, একটি অপ্রতিরোধ্য, ভাগ্যপূর্ণ শক্তি দিয়ে একে অপরকে আকর্ষণ করছিল। উত্তেজনা তার উষ্ণ, স্পন্দিত, ছিন্নভিন্নকারী শীর্ষে পৌঁছেছিল, একটি গলিত, বিস্ফোরক চূড়ান্ততার একটি পূর্বসূচী। তিনি অনুভব করছিলেন কীভাবে তাদের আকাঙ্ক্ষা একটি অদৃশ্য, কিন্তু শক্তিশালী সুতায় পরিণত হচ্ছিল, যা তাদের আরও শক্তভাবে সংযুক্ত করছিল - একটি দড়ি, যা তাদের একটি সাধারণ অস্তিত্বের অতল গহ্বরের দিকে টানছিল, ফিরে যাওয়ার কোনো পথ ছাড়াই।

তিনি তার চিন্তাভাবনায় তাকে ভালোবাসছিলেন, একটি জ্বলন্ত দৃষ্টি দিয়ে তাকে আদর করছিলেন, তার দেওয়া পারফিউমের উষ্ণ, আবৃত গন্ধ অনুভব করছিলেন - এমন একটি সুগন্ধ যা একটি পীড়াদায়ক স্বপ্নের মতো তাকে তাড়া করছিল... এবং সে তার কল্পনার কম্পনের মধ্যে তাকে আলতো করে স্পর্শ করছিল এবং তার ঠোঁট দিয়ে তাকে গ্রাস করছিল। তিনি ঠিক জানতেন কী তাকে সবচেয়ে বেশি আনন্দ এবং আনন্দ দেবে, তিনি জানতেন যে তিনি কোথায় তাকে আদর করতে আকাঙ্ক্ষা করছিলেন। কিন্তু আপাতত তিনি তাকে কেবল তার কল্পনার সেই মিষ্টি, জ্বলন্ত খেলায় রেখেছিলেন, যেখানে প্রতিটি বিলম্ব কেবল আরেকটি প্রতিশ্রুতি ছিল - আরও বড়, ছিন্নভিন্নকারী আনন্দের জন্য।

আবেগ আর্দ্র সমুদ্রের বাতাসে ভাসছিল, তাদের সমস্ত ইন্দ্রিয়কে একটি কম্পনশীল প্রত্যাশা এবং অধৈর্যতায় আবদ্ধ করছিল - যেন মহাবিশ্ব নিজেই তাদের সামনে তার শ্বাস বন্ধ করে দিয়েছিল। কম্পন এবং হালকা কাঁটা, যা তাদের ত্বকের মধ্য দিয়ে বৈদ্যুতিক স্রোতের মতো প্রবাহিত হচ্ছিল, ক্রমবর্ধমান উত্তেজনা এবং দখলের প্রাথমিক ইচ্ছা একটি প্রাথমিক স্তরে প্রতিক্রিয়ার জন্য নির্মম সংকেত দিচ্ছিল। চেতনা দ্বারা ধরে রাখা ক্ষণস্থায়ী আবেগ তাদের প্রতিটি কোষে ছড়িয়ে পড়ছিল। তার ত্বক, তার কল্পনায় স্পর্শে উষ্ণ এবং নরম, ঠান্ডা সন্ধ্যার বাতাসের সাথে বিপরীত ছিল, বিরোধিতার একটি সাদৃশ্য তৈরি করছিল। তিনি শুনতে পাচ্ছিলেন কীভাবে তার হৃদয় তার নিজের হৃদয়ের সাথে একটি উন্মত্ত, অদম্য সুরে স্পন্দিত হচ্ছিল। যদিও তাদের শরীর এখনও একটি অদৃশ্য দূরত্ব দ্বারা বিভক্ত ছিল, তাদের আত্মা ইতিমধ্যেই সময়হীনতার নাচে মিশে গিয়েছিল।

এই কম্পনশীল প্রত্যাশার মুহূর্তটি দীর্ঘায়িত করা প্রায় একটি বেদনাদায়ক, মর্মান্তিক খিঁচুনি দিচ্ছিল... নাথানিয়েল তার গভীরতা থেকে ভেসে উঠছিলেন, তার বর্ম গলে যাচ্ছিল... এবং তিনি আলোতে ভেঙে যাচ্ছিলেন। তিনি শ্বাস নিলেন না। তিনি চিন্তা করলেন না। এবং

তারপর, এক মুহুর্তের জন্য, যেন পৃথিবী শ্বাস নিতে ভুলে গিয়েছিল। যদি সবকিছু কেবল একটি বিভ্রম হয়? প্রথমবারের মতো, তাকে স্পর্শ না করে, তিনি তাকে দখল করেছিলেন।

তিনি এক মুহুর্তের জন্য নিজেকে জিজ্ঞাসা করলেন যে এই যাদুটি কি শূন্যতায় পরিণত হবে, যখন তিনি তাকে স্পর্শ করবেন। কিন্তু হয়তো থামানোর জন্য ইতিমধ্যেই দেরি হয়ে গিয়েছিল। তার কোনো বিকল্প ছিল না। তিনি নিজেকে যেতে দেবেন।

---❤---

চতুর্থ অধ্যায় 39: চাঁদের আলোয় ছায়ার নৃত্য

সত্তার বিস্ফোরণ

আমার কণ্ঠস্বর হতাশা এবং প্রাচীন ব্যথা থেকে তৈরি একটি অবসিডিয়ান ব্লেডের মতো প্রতিধ্বনিত হলো। নিচু, কিন্তু হাড় পর্যন্ত তীক্ষ্ণ, এটি মাংসকে বিদ্ধ করছিল, তার মূল পর্যন্ত পৌঁছাচ্ছিল। নাথানিয়েল স্থির হয়ে গেলেন। তার শ্বাস থেমে গেল, তার বুকে বরফ হয়ে গেল - একটি স্ফটিক যা তাকে বিদ্ধ করতে পারত। তার চোখে তিনি কোনো মিথ্যা খুঁজে পেলেন না। কেবল একটি ঠান্ডা, স্ফটিক সত্য, যা আদিম অন্ধকারকে কেটে প্রথম রশ্মি থেকে পরিষ্কার ছিল।

-কী...?

-শুধুমাত্র এই রাতে আমি তোমার হতে পারি। তোমার মধ্যে সম্পূর্ণভাবে দ্রবীভূত হতে পারি। শুধুমাত্র এই স্পন্দিত মুহূর্তটি সম্পূর্ণরূপে আমাদের। এখন। এই ক্ষণস্থায়ী অনন্তকালে, যা আমাদের মধ্যে একটি জ্বলন্ত লাভা হিসাবে ঝুলছে, তার শেষের পূর্বাভাস দিচ্ছে, আমি আমার শেষ, মরিয়া সুখের আকাঙ্ক্ষা অনুভব করতে চাই। উষ্ণতার জন্য। জীবনের জন্য, পরম শান্তি আসার আগে, যা আমাকে চিরতরে গ্রাস করবে।

আমি তার দিকে তাকালাম। আমার চোখ - আতঙ্কের আয়না নয়, বরং ভাগ্যপূর্ণ পছন্দের অন্তহীন অতল গহ্বর, যা আলো এবং সমস্ত আশাকে গ্রাস করে। এই স্থির, অব্যক্ত কথায় পূর্ণ মুহুর্তে, পুরো মহাবিশ্বটি একটি একক, স্পন্দিত, বেদনাদায়ক বিন্দুতে সংকুচিত হয়ে গিয়েছিল: তাকে সিদ্ধান্ত নিতে হবে। আমার সাথে গভীরতায় ঝাঁপ দেওয়া? অথবা নিরাপদ, কিন্তু ঠান্ডা তীরে থাকা, অর্থহীন অনন্তকালের জন্য অভিশপ্ত, তার নিজের নরকে একা থাকা?

পৃথিবী জমে গেল। এটি অস্তিত্বহীনতায় নয়, বরং হাজার হাজার রক্তাক্ত টুকরায় ভেঙে পড়ল, যা তার বুকে গেঁথে গেল, সমস্ত সুরক্ষা ছিন্নভিন্ন করে একটি কাঁচা, স্পন্দিত যন্ত্রণাকে উন্মোচন করল। সময় অদৃশ্য হয়ে গেল। গলিয়ে ফেলা হলো, মুহূর্তটির বিশাল ওজন দ্বারা গ্রাস হলো, মহাজাগতিক ধুলোয় পরিণত হলো, যেখান থেকে একটি নতুন সময় জন্ম নেবে, কিন্তু আমার জন্য নয়। আমি ভয়ঙ্কর কিছুর সামনে দাঁড়িয়েছিলাম - আমি নিজেই ছিলাম মাংস দিয়ে আবৃত শূন্যতা, তার সত্তাকে ধ্বংসের দিকে আহ্বান জানাচ্ছিলাম। মৃত্যু আমার চোখে সরাসরি তাকাচ্ছিল। অনুভূতিটি ম্লান হবে না। এটি হবে আমার শেষ শ্বাস। আমার প্রথম, ধীর মৃত্যু। এবং তার, যার মধ্যে তিনি তার নিজের ইচ্ছার বিরুদ্ধে মারাত্মকভাবে পুনর্জন্ম নিচ্ছিলেন।

জ্বলন্ত অঙ্গার এবং বিষ

এবং তারপর... আমাদের চারপাশের প্রকৃতি পরিবর্তিত হলো - এটি স্থির হয়ে গেল। ঢেউগুলো একটি ইথারিয়াল নীরবতায় গলে গেল। অন্ধকার একটি নতুন, আদিম মাধ্যাকর্ষণ দ্বারা গ্রাস হয়ে দুর্ভেদ্য হয়ে গেল। জলের উজ্জ্বল ফোঁটাগুলো স্মৃতির বাইরে পিছলে যাওয়া একটি স্বপ্নের মতো অস্পষ্ট হয়ে গেল। তারা তাদের পিছনে এমন কিছুর কেবল একটি

ইথারিয়াল ছাপ রেখে গিয়েছিল যা কখনোই বাস্তব ছিল না। তারা কেবল ম্লান হয়ে যায়নি, বরং এক ধরনের অন্তরঙ্গ নির্জনতা দ্বারা গ্রাস হয়েছিল, যা সবচেয়ে অন্ধকার রাতের চেয়েও গভীর, যে সময় তাদের তৈরি করেছিল তার চেয়েও পুরানো, এবং যা তাদের আর আবদ্ধ রাখছিল না।

এই পবিত্র, প্রায় ঐশ্বরিক নির্জনতায় তাদের আকাঙ্ক্ষার একমাত্র স্পন্দিত, গ্রাসকারী বস্তুটি বিদ্যমান ছিল, একটি পবিত্র স্ফুলিঙ্গের মতো, একটি নবজাত মহাবিশ্বের কেন্দ্রেই বিস্ফোরিত হচ্ছিল। অন্য সবকিছু মুছে গিয়েছিল, তার অর্থ হারিয়েছিল, এমন কিছুতে পরিণত হয়েছিল যা তাদের অস্তিত্বের অসীমতার সামনে আর কোনো ব্যাপার ছিল না।

মুহূর্তটি দীর্ঘায়িত হলো, জমে গেল, অন্তহীন হয়ে গেল, যখন তাদের শরীরগুলো সেই একক ইচ্ছার স্বচ্ছ খোলসে পরিণত হয়েছিল, যা আর অতীত বা ভবিষ্যত জানত না, কেবল চিরন্তন এখন। কেবল এখানে এবং এখন, কেবল তাদের মিলিত সত্তার আগুন, একটি একক, অন্তহীন, সর্বগ্রাসী, অনিবার্য আকাঙ্ক্ষায় জ্বলছিল।

ফ্যাকাশে রূপালী প্রতিফলন একটি তীক্ষ্ণ, বরফ-ঠান্ডা উজ্জ্বলতায় সৈকতকে স্নান করাচ্ছিল, অন্ধকারকে ছিন্নভিন্ন করছিল। ঢেউয়ের শব্দ তাদের মধ্যে নির্জন, নির্ধারিত মুহূর্তটির একমাত্র, চাপা সাক্ষী ছিল।

আমি তাকে কেবল একবার চুম্বন করলাম... এবং একটি অস্পৃষ্ট, আদিম অভ্যন্তরীণ উল্লাসে শিথিল হয়ে গেলাম, যেন আমার আত্মা অবশেষে হাজার বছরের পরিক্রমার পরে তার আদিম আশ্রয় খুঁজে পেয়েছে, তার পিছনে উষ্ণতা এবং আকাঙ্ক্ষার একটি স্পন্দিত পথ রেখে, যা আমার রক্তে একটি রহস্যময় আগুনের মতো জ্বলছিল, যা ধাতু গলাতে এবং ভাগ্যকে পুনরায় লিখতে সক্ষম ছিল।

যখন আপনি আমার কাছে পৌঁছালেন, যখন আপনি আপনার সীমানা বিস্তৃত করলেন, যখন আপনি আমার জীবনের সময় পেতে চাইলেন, আপনি আমার স্বপ্ন থেকে তৈরি একটি রহস্য ছিলেন, এমন একটি চাবি যা আপনি সবসময় ধরে রেখেছিলেন বলে মনে হয়েছিল, কিন্তু কেবল এখন এটি ব্যবহার করেছেন, সেই দরজাগুলো খুলেছেন যা তালাবদ্ধ থাকা উচিত ছিল। এই মুহূর্তে, তারার নিচে, আমার হৃদয় আমার বুকে বন্যভাবে স্পন্দিত হলো, একটি বন্দী পাখির মতো, যা তার স্বাধীনতা খুঁজে পেয়েছে, এমনকি যদি তার মূল্য মৃত্যুও হয়। আমার শ্বাস এক মুহুর্তের জন্য থেমে গেল, যেন সময় নিজেই এই ভাগ্যপূর্ণ, নির্ধারিত মুহুর্তের কাছে জমাট বাঁধার সিদ্ধান্ত নিয়েছিল। আমি আপনার দৃষ্টির গভীরতায় ডুবে গেলাম, সেই গভীর, অজানা সমুদ্রে কোনো দ্বিধা ছাড়াই ডুব দিলাম, যেখানে সবকিছু একই সাথে অস্পষ্ট এবং উজ্জ্বলভাবে কমনীয়, যেখানে অন্বেষিত পৃথিবী এবং ভুলে যাওয়া স্বপ্নগুলো লুকিয়ে ছিল, এখন একটি নতুন, বিপজ্জনক, প্রায় দানবীয় শক্তি দিয়ে স্পন্দিত হচ্ছিল।

ভয় এবং সন্দেহের সমস্ত গভীরভাবে স্তরযুক্ত স্তর, আমার বিশ্বের সমস্ত তালাবদ্ধ ভল্ট, ঘনিষ্ঠতার সম্পূর্ণ প্রত্যাখ্যান - সবকিছু সঠিক স্পর্শ দ্বারা তার ভিত্তি পর্যন্ত কেঁপে উঠেছিল, যা একটি অদম্য, সর্বগ্রাসী আগুন জ্বালায়। তার দৃষ্টি, তার চুম্বন ছিল সেই স্পর্শ। আমার চুম্বন ছিল সেই ঘনিষ্ঠতা। আমাদের অস্তিত্বের ঘূর্ণিতে যে বিভ্রান্তি নাচছিল, তা সেই আদিম, অদম্য শক্তি যা আমাদের এগিয়ে নিয়ে যায়, যা আমাদের আরও কিছু খুঁজতে বাধ্য করে, অনিবার্য অজানার দিকে চেষ্টা করতে বাধ্য করে, এমনকি যদি এটি আমাদের একটি অদৃশ্য সীমানার দিকে নিয়ে যায়।

আমি অনুভব করছিলাম কীভাবে এই স্ফুলিঙ্গটি আমার মধ্যে জ্বলছিল - একটি সুগন্ধি, বহিরাগত চায়ের মতো, যা নিষিদ্ধ, প্রাচীন ভেষজ থেকে তৈরি, যা তার পিছনে একটি মনোরম, অবিস্মরণীয় স্বাদ রেখে যায় এবং আমাকে আরও একটি চুমুকের জন্য, আরও একটি

নেশাজনক অনুভূতির জন্য আকাঙ্ক্ষা করতে বাধ্য করে, অনিবার্য শেষের সুস্পষ্ট জ্ঞান সত্ত্বেও। এখন, যখন আমরা নীরবভাবে সৈকতে দাঁড়িয়ে ছিলাম, আমার হৃদয় এই পীড়াদায়ক কম্পনের সাথে একটি উন্মত্ত, অদম্য ছন্দে স্পন্দিত হচ্ছিল, যা একটি প্রচণ্ড জোয়ারের মতো প্রবাহিত হচ্ছিল, যা আমি এখন পর্যন্ত যা ছিলাম তার সবকিছু সম্পূর্ণরূপে প্লাবিত করছিল, আমাকে ধুলোয় পরিণত করছিল। আমার চোখ অসংখ্য তারার কম্পনশীল আলোর নিচে জ্বলছিল, হঠাৎ, অভিশপ্ত, প্রায় পাপপূর্ণ সুখ থেকে অনাবৃত, এবং আমার হাসি এতটাই প্রশস্ত এবং মুগ্ধ ছিল যে আমি এটি ধরে রাখতে পারছিলাম না - একটি মুখোশ যা আমার সত্যিকারের সত্তাকে প্রকাশ করার জন্য ভেঙে গিয়েছিল।

রাতটি যাদু দিয়ে পূর্ণ ছিল। কিন্তু বিচ্ছেদের একটি তীক্ষ্ণ, তীক্ষ্ণ, প্রায় ভবিষ্যদ্বাণীপূর্ণ পূর্বানুমানও ছিল। আমি সেখানে সবচেয়ে মূল্যবান জিনিস রেখে যাচ্ছিলাম - আমার হৃদয়। যেন তিনি এটিকে আলতো করে আমার বুক থেকে বের করে নিয়েছিলেন, তার পিছনে আপনার পদক্ষেপের একটি ইথারিয়াল, স্পন্দিত শূন্যতা রেখে গেছেন, যা চিরতরে আমার অস্তিত্বের বালিতে সিল করা থাকবে, এবং আপনার জন্য একটি বেদনাদায়ক মিষ্টি অনুপস্থিতি, অতৃপ্ত আকাঙ্ক্ষা দিয়ে ভরা, যা আমাকে যে কোনো মাত্রা এবং পুনর্জন্মের বাইরেও তাড়া করবে। তা সত্ত্বেও, এই অনুপস্থিতিতে মূল্যবান কিছু জ্বলছিল, ছাইয়ের মধ্যে একটি অঙ্গারের মতো, যা একটি নতুন আগুন জ্বালাতে পারত, কিন্তু আপনি আমাকে সবচেয়ে মূল্যবান উপহারও দিয়েছেন - সেই ভঙ্গুর, কিন্তু জীবন্ত আশা যে সম্ভবত, কোনো একদিন, কোথাও, আমাদের পথগুলো আবার মিলিত হবে, এমনকি অন্য মাত্রায়, অন্য জীবনে, অন্য সময়ে, অন্য বাস্তবে।

আমি আমার দৃষ্টি উপরে তুললাম। তারার দিকে নয়, বরং কালো মখমলের শূন্যতার দিকে, যা আমাকে একজন পুরানো, অবাঞ্ছিত বন্ধুর মতো আহ্বান জানাচ্ছিল। এটি খালি, শক্তিহীন ছিল, কিন্তু এটি শান্তি দেওয়ার প্রতিশ্রুতি দিচ্ছিল। কেবল মিল্কি ওয়ে-র রূপালী পথ, যা একটি নির্জন সৈকতের উপর একটি মৃত, অভিশপ্ত বিশ্বের শেষ, কম্পনশীল স্নায়ুর মতো প্রসারিত ছিল, কম্পিত হচ্ছিল। আমার নিচে, ঢেউগুলো একটি অন্ত্যেষ্টিক্রিয়ার গান ফিসফিস করছিল - একই গান যা আমি আমার নিজের শিরাতেও শুনতে পাচ্ছিলাম, আমার রক্তের সাথে বিষের মতো সঞ্চালিত হচ্ছিল, এবং যা আমার শেষ স্তব হবে। যেন পৃথিবী নিজেই পিছু হটছিল, কেবল আমাদের দুজনকে রেখে, আমাদের অভিশপ্ত, অনিবার্য ভাগ্যে আবৃত।

নাথানিয়েল আমার পাশে দাঁড়িয়েছিলেন। আমরা একই বাতাস শ্বাস নিচ্ছিলাম, কিন্তু আমাদের মধ্যে একটি অতল গহ্বর ছিল, যা সময়ের চেয়েও গভীর, সমস্ত মহাবিশ্বের চেয়েও প্রশস্ত। তার ঠোঁট আমার ঠোঁট স্পর্শ করল - ক্ষণিকের জন্য, একটি ঢেউয়ের মতো। একটি চুম্বন নয়। একটি বিস্ফোরণ। একটি বীজ বপন করা হলো। একটি সম্ভাবনার নয়, বরং একটি অভিশপ্ত ধ্বংসের। একটি বীজ যা ইতিমধ্যেই অঙ্কুরিত হয়েছিল, আমার নিজের মরণশীলতার শিকড়ের সাথে মিশে গিয়েছিল, এবং যার শাখাগুলো ভোর হওয়ার আগে আমাকে শ্বাসরুদ্ধ করবে। পরিত্রাণ আসার আগে। আমি তার চোখে আমার নিজের মৃত্যু দেখতে পেলাম - এবং এটি ছিল সুন্দর।

-আপনি কি জানতে চেয়েছিলেন গ্রেইলটি কোথায়? সেইটি যা আপনি সারা জীবন খুঁজছেন? সেইটি যার জন্য আপনি আপনার অফুরন্ত সম্পদ দিতে প্রস্তুত? -হ্যাঁ, একটি মূল্য আছে - আপনার আত্মা! এবং আপনি ইতিমধ্যেই এটি দিয়েছেন। কিন্তু এটি কেবল শুরু, নাথানিয়েল। আসল খেলাটি কেবল শুরু হচ্ছে।

---❤---

চতুর্থ অধ্যায় 40: আমার যা কিছু ছিল তার শেষ

আপনি জানতেন না, নাথানিয়েল! যখন আপনি আপনার সেই উদ্ধত, বেপরোয়া সহজতার সাথে আমার জীবনের সাতটি দীর্ঘ, যন্ত্রণাদায়ক বছর - রক্ত এবং অশ্রু, যন্ত্রণা এবং পুনর্জন্ম, অন্তহীন একাকীত্ব এবং নীরব আর্তনাদ থেকে তৈরি বছরগুলো - ব্যবসা করতে চেয়েছিলেন, তখন আপনি বুঝতে পারছিলেন না যে আমার কাছে কেবল একটি একক, কিন্তু চিরন্তন, ঐশ্বরিকভাবে নির্বাচিত মুহূর্ত ছিল। এই রাত। এই মুহূর্ত। এটি ছিল আমার পবিত্র, অপরিবর্তনীয়, পরম ধন - বাতাসের চেয়েও মূল্যবান, একটি পাথরের চেয়েও ভারী, একটি গ্যালাক্সির চেয়েও বিশাল, একটি ঐশ্বরিক অন্তর্দৃষ্টির চেয়েও গভীর। এটিই ছিল একমাত্র জিনিস যা আমি কখনো সত্যিকার অর্থে ধারণ করেছি। এবং আমি আপনাকে এটি আর কখনো দেব না - কারণ এটি ইতিমধ্যেই চিরতরে, অপরিবর্তনীয়ভাবে নেওয়া হয়েছে।

আপনি জানতেন না, নাথানিয়েল, যে আপনি আমার কাছ থেকে অনন্তকাল কেড়ে নিচ্ছেন। অনন্তকাল, যা একটি ইথারিয়াল আলিঙ্গনে নয়, বরং সেই অভিশপ্ত, কিন্তু ঐশ্বরিক চুম্বনে সংগ্রহ করা হয়েছিল, যা আমাকে অভিশপ্ত করেছিল। এটি শেষ ছিল না - এটি শেষের শুরু এবং শুরুর শেষ ছিল। রসায়ন সম্পন্ন হয়েছিল, এবং আমি কেবল এর বলি ছিলাম।

শেষ উচ্ছ্বাস

এই মুহূর্ত থেকে, আপনার সাথে প্রতিটি সেকেন্ড কেবল পছন্দের একটি বিস্ফোরণ নয়, বরং পরিচিত সমস্ত সীমানা, আমাকে তৈরি করা সমস্ত মহাবিশ্বের একটি বিস্ফোরণ।

আপনি আমাকে আপনার একটি ট্রফিতে পরিণত করতে পারতেন, আমাকে আপনার আরেকটি বিজয় পর্যন্ত হ্রাস করতে পারতেন, অথবা আপনি এই অস্পৃষ্ট, প্রায় স্বর্গীয় মুহূর্তটিকে একটি পবিত্র, নিষ্কলুষ সারাংশ হিসাবে সংরক্ষণ করতে পারতেন। প্রলোভন - শারীরিক আনন্দ এবং ট্রান্সসেন্ডেন্টাল সন্তুষ্টির মধ্যে একটি ক্ষুরের ধারের উপর ঝুলছিল।

এটি একটি ঘূর্ণি নৃত্য ছিল না, বরং নিষিদ্ধ গভীরতার একটি ছিন্নভিন্নকারী, প্রাচীন সুনামি ছিল, যা আমাকে একটি অনিবার্য শেষের দিকে নিয়ে যাচ্ছিল।

প্রতিটি স্পর্শ - একটি প্রজাপতির ফিসফিসানির মতো কোমল, কিন্তু একটি আগুনের মতো জ্বলন্ত, যা শিরাগুলোকে হাড় এবং ছাই পর্যন্ত শুদ্ধ করে। প্রতিটি ক্ষুধার্ত দৃষ্টি - সত্যে ডুবানো একটি তীরের মতো তীক্ষ্ণ, যা বিভ্রমের ঘোমটা ছিন্নভিন্ন করে। প্রতিটি ফিসফিসানি একটি স্ফুলিঙ্গ ছিল, যা আমার গভীরে একটি অদম্য, চিরন্তন শিখা প্রজ্বলিত করছিল - কেবল হৃদয়ে নয়, আমার ডিএনএ-তে, আমার পরমাণুতে।

আমি আমার সাথে অন্ধকারে কেবল এই জ্বলন্ত অভিজ্ঞতার অঙ্গার নিয়ে যেতে পারতাম, যা আমাকে অজানা আনন্দের গোলকধাঁধায় নিয়ে যাচ্ছিল, যেখানে বাতাস নিষেধাজ্ঞায় ঘন এবং জ্ঞান হারানোর জন্য নেশাজনক ছিল। আপনার কণ্ঠস্বর ছিল গর্জনকারী বিশৃঙ্খলার মধ্যে একটি একক, কিন্তু ঐশ্বরিক আশা। আপনার শ্বাসের ঢেউ - একটি কোমল বাতাস, কিন্তু আমার সত্তার ভিত্তি পর্যন্ত মর্মান্তিক। যে উল্লাস আমরা একসাথে অনুভব করতে পারতাম তা ছিল আমার অস্তগামী রাতের আকাশের সবচেয়ে উজ্জ্বল নক্ষত্র।

প্রতিটি মিনিট, নির্মম সময়, ভাগ্য, জীবন থেকে রক্তাক্তভাবে চুরি করা, বিশুদ্ধ উন্মত্ততা ছিল। নেশাজনক এবং ক্ষমার অযোগ্যভাবে নিষিদ্ধ, যেকোনো নৈতিকতার বাইরে। একটি অবিচ্ছেদ্য সংযোগের অনুভূতি, যা মাত্রা, সময়, অস্তিত্বের বাইরে মাধ্যাকর্ষণ করছিল। সম্পূর্ণ বোঝাপড়া। নিঃশর্ত গ্রহণ, যা কোনো শব্দ, মানব ধারণা এবং ঐশ্বরিক আইনকে অতিক্রম করে।

আমি আপনার হাতের স্মৃতি নিয়ে যেতে পারতাম, যা আমাকে শান্ত করেছিল এবং এক মুহুর্তের জন্য আমাকে নিরাপত্তায় আবৃত করেছিল। আপনার স্পর্শটি একটি মলম ছিল না, বরং আমার আহত সত্তার জন্য একটি অমৃত ছিল, যা দুঃখকে আলোতে, মৃত্যুকে - একটি নতুন শুরুতে রূপান্তরিত করে। আমাদের মিলিত শরীর এবং আত্মার উচ্ছ্বাস ছিল সংবেদনশীলতার একটি গভীর অনুভূতির কেবল শুরু, যা ট্রান্সসেন্ডেন্স, পরম, শূন্যতায় পরিণত হচ্ছিল... এবং একই সাথে এটি এমন একটি অ্যাডভেঞ্চারের শেষ ছিল যা সম্ভবত অন্য কোথাও চলবে - সময়, স্থান, যেকোনো বাস্তবতার বাইরে।

প্রতিটি মিনিট আমাদের কোষগুলোতে লিখিত একটি নীরব প্রতিশ্রুতি ছিল। অনন্তকালের প্রতিশ্রুতি। এমন কিছু যা মৃত্যু কেড়ে নিতে পারে না। কখনোই নয়।

এমনকি দেবতাদের স্মৃতি থেকেও।

সত্যের উন্মত্ততা

"হ্যাঁ, এটি উন্মত্ততা! ভালোবাসা হয় উন্মত্ত, অথবা এটি ভালোবাসা নয়।" মিলান কুন্দেরা

আমি ধীরে ধীরে জীবনের শেষ, শতাব্দী ধরে জীর্ণ সিঁড়িগুলো দিয়ে নেমে যাচ্ছি।

প্রতিটি পদক্ষেপ তার পিছনে একটি অটুট, মহাজাগতিক ভালোবাসার একটি কোমল, কিন্তু চিরন্তন ছাপ রেখে যায় - আপনার প্রতি নয়, বরং জীবনের প্রতিই, তার বেদনাদায়ক সৌন্দর্যের প্রতি।

আমার হৃদয় আরও ধীরে ধীরে স্পন্দিত হচ্ছে, যেন এটি অস্তিত্বের শেষ যুগান্তকারী ছন্দগুলোকে সংরক্ষণ করার চেষ্টা করছে।

আমি শান্তভাবে আপনার দিকে তাকাই। কোনো অনুশোচনা ছাড়াই। আমার চোখে সেই অনুভূতিগুলোর পুরো সীমাহীন গভীরতা প্রতিফলিত হয় যা আমরা ভাগ করেছি। যা আমাদেরকে চিরতরে সংযুক্ত করেছে, মাংস এবং সময়ের বাইরে - এমনকি যদি আপনি এটি না জানেন।

সত্যিকারের ভালোবাসা একটি পুরানো মানচিত্র বলে প্রমাণিত হয়েছে, যা অশ্রু এবং রক্ত দিয়ে আঁকা, যা আপনাকে বিশ্বের এবং অনন্তকালের কাছ থেকে লুকানো একটি অমূল্য গুপ্তধনের দিকে নিয়ে যায়।

প্রথম কম্পনশীল দৃষ্টি দিয়ে আমি আমার গভীরে অনুভব করলাম যে আমি নির্ধারিত পথে পা রেখেছি?

আমার হৃদয় এই যাত্রার উত্তেজনা নিয়ে একটি উন্মত্ত, অধৈর্য ছন্দে স্পন্দিত হতে শুরু করল। আমার অভ্যন্তরীণ পৃথিবী তার সমস্ত লোভনীয় সম্ভাবনার জন্য নিঃশর্তভাবে উন্মুক্ত হয়েছিল, যা আমাকে পতনের দিকে আহ্বান জানাচ্ছিল। আমি আকাশে উড়ার আশায় কোনো দ্বিধা ছাড়াই শূন্যতায় ঝাঁপ দিলাম। সমস্ত যন্ত্রণাদায়ক প্রত্যাশা আপনার দিকে পরিচালিত ছিল - একমাত্র ব্যক্তি যার সারাংশ আমার নিজের আয়নার সামনে সম্পূর্ণভাবে উন্মোচিত হতে পারে।

আত্মার কামুকতা: "হ্যাঁ, আমি আপনাকে ভালোবাসি..."

আমি আপনাকে এমনভাবে ভালোবাসি যেমন আমি এর আগে অন্য কোনো পুরুষকে ভালোবাসিনি। যেমন আমি আর কখনো ভালোবাসব না। আমাদের ভালোবাসা একটি উজ্জ্বল, অদম্য শিখা - কেবল জ্বলন্ত নয়, বরং গ্রাসকারী, মূল পর্যন্ত ভস্মীভূতকারী। এটি তার পথে সবকিছু পুড়িয়ে দিয়েছে - ভিত্তি পর্যন্ত, পরমাণু পর্যন্ত। প্রতিটি দৃষ্টি একটি জ্বলন্ত অঙ্গার, প্রতিটি শব্দ - একটি স্ফুলিঙ্গ, প্রতিটি স্পর্শ - একটি আগ্নেয়গিরি।

কিন্তু প্রতিটি গর্জনকারী আগুনের মতো, sooner or later এটি একটি শান্ত, ঠান্ডা, অন্ত্যেষ্টিক্রিয়ার ছাইয়ে পরিণত হয়। এবং অনিবার্য বিচ্ছেদের তীব্র দুঃখ সত্ত্বেও, আমি অসীমভাবে কৃতজ্ঞ।

প্রতিটি চুরি করা মুহূর্তের জন্য, যেখানে আমার ত্বক জ্বলে।

আনন্দে বিকৃত প্রতিটি হাসির জন্য।

প্রতিটি অশ্রুর জন্য, যা একই সাথে নোনা এবং মিষ্টি।

প্রতিটি স্পর্শের জন্য, যা আমার স্পন্দিত মাংসের গভীরে একটি চিহ্ন রেখে গেছে।

আপনি আমার মধ্যে এমন তারগুলো স্পর্শ করেছেন যা আমি ভুলে গিয়েছিলাম যে তারা বিদ্যমান - এমন তারগুলো যা কেবল কোমলতা নয়, বরং একটি আদিম, পশুবৎ আবেগ দিয়েও কম্পিত হয়। আপনি আমাকে অ-সত্তার একটি দীর্ঘ ঘুম থেকে, হাজার বছরের বিস্মৃতি থেকে জাগিয়ে তুলেছেন, আমাকে জীবনের স্পন্দিত, কাঁচা বাস্তবতায় ফিরিয়ে এনেছেন। আপনার মাধ্যমে আমি আবার সেই ইথারিয়াল, কিন্তু অপরিহার্য সুতা অনুভব করলাম, যা আমাকে বিশ্বের সাথে সংযুক্ত করে। আপনি আমাকে বিশ্বাস করতে বাধ্য করেছেন যে আমি গুরুত্বপূর্ণ।

যে আমি অস্তিত্বের জটিল, নির্মম, মহাজাগতিক ফ্যাব্রিকের অংশ - এমনকি কেবল এক মুহুর্তের জন্য হলেও।

আহ, আমি আপনার সামনে আমার অভ্যন্তরীণ বিশ্বের বিশাল দিগন্তগুলো উন্মোচন করতে কতটা চাই - আপনাকে আমার লুকানো উপত্যকা এবং উজ্জ্বল চূড়া, অন্ধকার অতল গহ্বর এবং উজ্জ্বল গ্যালাক্সিগুলো দেখাতে। আমি আপনাকে সেই আবেগের ঘূর্ণিতে টেনে নিতে কতটা আকাঙ্ক্ষা করি যা আমার রক্তে লাভার মতো জ্বলে। আপনাকে এমন একটি ভালোবাসা প্রকাশ করতে যা আমাদের অস্তিত্বকে প্লাবিত করতে পারে এবং এটিকে এমন পদার্থে পরিণত করতে পারে, যেখান থেকে একটি নতুন বিশ্ব জন্ম নেবে - আমাদের স্বপ্ন এবং আকাঙ্ক্ষা থেকে তৈরি।

কিন্তু সময়ের নির্মম গতি আমাদের নির্মম প্রতিপক্ষ, বিচারক এবং নীরব জল্লাদ। এটি মূল্যবান মুহূর্তগুলো চুরি করে, আমাদের আকাঙ্ক্ষাগুলোকে ব্যর্থ করে, আমাদের সেই পরিপূর্ণতা অনুভব করার সুযোগ থেকে বঞ্চিত করে। এটি সীমানাগুলোর একজন প্রহরী, যা আমরা কখনোই চাইনি। যে সীমানাগুলো শ্বাসরুদ্ধ করে। স্বপ্নগুলোর ক্ষণস্থায়ীতা এবং প্রতিটি যোগাযোগের ক্ষণস্থায়ীতার কথা মনে করিয়ে দেয়।

এবং এই তিক্ত সত্য সত্ত্বেও, আপনি আমার মধ্যে যে স্ফুলিঙ্গটি প্রজ্বলিত করেছেন তার স্মৃতি চিরকাল জ্বলবে - একটি অসম্ভব, কিন্তু চিরতরে বিদ্যমান, সমান্তরাল বাস্তবতার একটি অ-মানবসৃষ্ট, পবিত্র স্মৃতিস্তম্ভের মতো।

আগুনের মধ্য দিয়ে যাওয়া

আমি মরছি। আমি ধীরে ধীরে এই পৃথিবী ছেড়ে চলে যাচ্ছি। এবং চিরতরে - আপনার কাছ থেকে।

কিন্তু আমি কাঁদি না। আমি প্রতিরোধ করি না। আমি শান্তভাবে আপনার দিকে তাকাই। হতাশার চেয়েও গভীর আত্মসমর্পণের সাথে। আমার চোখে একটি অটুট ভালোবাসা দিয়ে, যা প্রতিটি অব্যক্ত স্পর্শের গল্প বলে।

আমি থাকতে পারি না। আমার কোনো বিকল্প নেই। ভাগ্য দীর্ঘদিন ধরে নির্ধারণ করেছে যে আমি কতটা সহ্য করতে পারি - এবং আমার অন্ত্রকে ছিন্নভিন্নকারী তিক্ত যন্ত্রণা থেকে, এবং আমাকে পুনরুজ্জীবিত করে এবং পুড়িয়ে দেয় এমন নেশাজনক ভালোবাসা থেকে।

আমার আর কিছু হারানোর নেই। আর কিছু পাওয়ার নেই। একটি সুন্দর, কিন্তু বিভ্রমপূর্ণ স্বপ্ন ছাড়া, যা একটি অভিশাপে পরিণত হয়েছে।

এবং একটি চিরন্তন আশা। যন্ত্রণা সবকিছুর চেয়ে শক্তিশালী - এমনকি মৃত্যুর চেয়েও। কারণ এটি একটি অভিজ্ঞতা, আর মৃত্যু - কেবল একটি শেষ।

---❤---

চতুর্থ অধ্যায় 41: অসমাপ্ত গল্প

শেষের ভূমিকা

"শুধুমাত্র ভালোবাসা মৃত্যুর চেয়ে এবং মৃত্যুর ভয়ের চেয়েও শক্তিশালী! শুধুমাত্র ভালোবাসাই জীবনকে ধরে রাখে এবং চালায়।" আই. এস. তুর্গেনেভ

চিন্তাগুলো - একমাত্র, কম্পনশীল রশ্মি, যা আসন্ন অন্ধকারকে ছিন্নভিন্ন করছে।

আমি চলে গেলাম। অসীমের অজানা দিকে দরজাটি একটি গর্জন দিয়ে খুলল, যা একটি তীক্ষ্ণ, হিমশীতল নীরবতা বহন করছিল। আমার হৃদয় স্পন্দিত হচ্ছিল। এটি জ্বলছিল - আপনার স্মৃতি দ্বারা আবৃত। স্মৃতিগুলো যা উষ্ণতা দিচ্ছিল না। তারা আমাকে পোড়াচ্ছিল, তাদের পিছনে কেবল ধ্বংসাবশেষ এবং ধোঁয়া রেখে গিয়েছিল, যেখান থেকে কিছুই পুনর্জন্ম নিতে পারত না।

সমস্ত রূপকথার গল্প "এবং তারা সুখে শান্তিতে বসবাস করত" দিয়ে শেষ হয়। আমারটি? অসমাপ্ত। একটি খোলা পাতা, শেষ লাইন লেখার আগেই অনিবার্যতার বাতাস দ্বারা ছিন্নভিন্ন হয়ে গেছে। শব্দগুলো তিক্ত, আটকে থাকা অশ্রুতে পরিণত হয়েছিল। তারা আমার গলা জ্বলন্ত অঙ্গারের মতো পুড়িয়ে দিচ্ছিল, কিন্তু একটিও আমার গাল বেয়ে নামেনি। তারা সেখানে জমে গিয়েছিল, একটি ব্যর্থ জীবনের জন্য সীসার ওজনের মতো। প্রতিটি শ্বাস - একটি গভীর ক্ষত, যা ভিতরের দিকে রক্তপাত করছিল।

ইথারিয়াল ক্ষণস্থায়ীতা

আমি হাঁটছিলাম। চাঁদের আলো আমাকে বিদ্ধ করছিল, আমার মাংস থেকে জীবনের শেষ তন্তু পর্যন্ত টেনে নিচ্ছিল। এটি আমাকে ইথারিয়াল, প্রায় স্বচ্ছ করে তুলছিল, কুয়াশার একটি ঘোমটার মতো, যা বিলীন হওয়ার জন্য অভিশপ্ত। আমি জলের বাষ্পীভূত ফোঁটাগুলোর উপর দিয়ে অবাস্তবভাবে হালকাভাবে পা রাখছিলাম - এমন একটি পৃষ্ঠের উপর যা জল ছিল না, বরং একটি দুর্ভেদ্য কালো আয়না ছিল, যা আমার নিজের পচনকে প্রতিফলিত করছিল, আমাকে কিছুতে পরিণত করছিল। রূপালী ফিতেটি সামনে নিয়ে যাচ্ছিল না। এটি উপরের দিকে বাঁকছিল, একটি নীরব নীরবতার দিকে, যেখানে কণ্ঠস্বরগুলো কেবল মারা যায় না - তারা কখনোই বিদ্যমান ছিল না।

আমার আত্মা, পার্থিব জীবনের প্রতিটি নিঃশ্বাসে রক্তাক্ত - প্রতিটি আর্তনাদ, প্রতিটি আনন্দ, প্রতিটি ক্ষতি - এবং আমার মাংস, প্রতিটি ঝড়, প্রতিটি বজ্রপাত, ভাগ্যের প্রতিটি ফিসফিসানি দ্বারা চিহ্নিত, পূর্ণ চাঁদের অদম্য আহ্বানের দিকে নিয়ে যাচ্ছিল। এটি আমাকে আকর্ষণ করছিল, আমাকে একটি ঘন আলিঙ্গনে আবৃত করছিল। যেন আমি তার হারিয়ে যাওয়া শিশু, ঘরে ফিরে আসছি - অনন্তকালের কোলে, যেখান থেকে আমি এসেছিলাম।

আমি অনুভব করছিলাম কীভাবে আমার পায়ের নিচে জলের ছিটকিনি বিদ্রোহ করছিল। এটি শান্তভাবে কাঁদছিল, আমাকে থাকার, ফিরে আসার অনুরোধ করছিল। কিন্তু আমি ইতিমধ্যেই একটি ইথারিয়াল ছায়া ছিলাম। ওজনহীন। মাংসের ভার থেকে মুক্ত, যা আর আমার

ছিল না, বরং কেবল একটি অস্থায়ী পাত্র ছিল। জল আমাকে ধরে রাখতে পারছিল না, বা আমাকে তীরে ফিরিয়ে আনতে পারছিল না। আমি সেখানে আমার ছড়িয়ে ছিটিয়ে থাকা সুখের টুকরোগুলো রেখে গেলাম - একটি ভাঙা আয়নার টুকরোগুলো, যা কেবল ব্যথা এবং ধ্বংসকে প্রতিফলিত করছিল। আমার হারিয়ে যাওয়া বিশ্বের ভূতুড়ে সিলুয়েটটি দূরে সংকুচিত হচ্ছিল, একটি নিভে যাওয়া মোমবাতির ধোঁয়ার মতো কিছুতে দ্রবীভূত হচ্ছিল, এমনকি শেষ পর্যন্ত জ্বলতে পারার আগেই।

অনন্তকালের শেষ দৃষ্টি

পিছনে শেষ দৃষ্টি - একটি তীক্ষ্ণ, বিচ্ছেদের ছিন্নভিন্নকারী ব্যথার মতো। একটি নির্দয় ছুরি দিয়ে একটি কাটার মতো, যা আত্মাকে ছিন্নভিন্ন করে। কুয়াশাচ্ছন্ন দূরে: আপনি, নাথানিয়েল। নির্জন সৈকত নিজেই - প্রতিটি শব্দ, প্রতিটি স্পর্শ, সময়ের কাছ থেকে চুরি করা প্রতিটি চুম্বনের নীরব সাক্ষী। আমাদের ক্ষণস্থায়ী, কিন্তু চিরন্তন যাদু। এবং স্বপ্নগুলো - অজাত আকাঙ্ক্ষা, যা দিনের আলো দেখার জন্য অভিশপ্ত। এখন তারা রাতের বাতাসে দ্রবীভূত হলো, শেষ ঝলকগুলোর মতো, নিভে যাওয়া জোনাকি, যার আলো আর কখনো দেখা যাবে না। চাঁদের পথ আমার পথ হয়ে গেল। আমি এটি নির্ধারিত অনুভব করলাম। কিন্তু আমার হৃদয়ের একটি অংশ চিরতরে সেই তীরে নোঙর করা রইল - অতীতের একটি চিরন্তন অভিভাবক হিসাবে। আপনার স্মৃতি একটি বাতিঘরের মতো হবে, যার আলো এখনও আমার বিলীন হয়ে যাওয়া চেতনায় কম্পিত হচ্ছে, এমনকি পরম অন্ধকারের কাছেও আত্মসমর্পণ করতে অস্বীকার করছে।

আমি চলে গেলাম। একটি অতৃপ্ত আকাঙ্ক্ষা নিয়ে - আমাদের সংযোগকে চিরতরে সংরক্ষণ করার জন্য। এটিকে সিল্কে আবৃত করতে এবং আমার আত্মার গভীরতম কোণে লুকিয়ে রাখতে। কোনো এক সময়। একটি দূরবর্তী স্বপ্নে। সময়ের বালির মধ্য দিয়ে। আবার ভাগ্যগুলোকে একত্রিত করার জন্য - একটি বিভ্রমপূর্ণ মরীচিকা, কিন্তু আমার একমাত্র আশা, যা একটি শেষ স্ফুলিঙ্গের মতো জ্বলছিল। আমি আমার হাতের উপর আপনার হাতের ক্ষণিকের স্পর্শ অনুভব করলাম, আমাদের দুটি তালু আলতো করে চাপল। উষ্ণতা ছড়িয়ে গেল। কোনো এক সময়। কোথাও। যখন আপনি আমাকে আবার খুঁজে পাবেন। দৃষ্টি দিয়ে নয়। বরং সত্তার গভীর, স্বজ্ঞাত অনুভূতি দিয়ে, যা আপনাকে সময় এবং স্থানের বাইরে থেকে চেনে। দুঃখ এবং অশ্রুতে পূর্ণ একটি দীর্ঘ অনুসন্ধানের পরে। অথবা সম্ভবত, কোনো অনুসন্ধান ছাড়াই। আপনি কেবল আমাকে অনুভব করবেন। আমি আপনার চোখের দিকে শেষবারের মতো তাকালাম - কোমল, কিন্তু চূর্ণবিচূর্ণকারী আলো দিয়ে পূর্ণ। কম্পনশীল স্ফুলিঙ্গ। একটি গভীর, পরিচিত দুঃখ। আমি এটি প্রথম দিনেই দেখেছিলাম। আমাদের দৃষ্টি একত্রিত হলো - দুটি অন্তহীন সমুদ্র, যা অনন্তকালে একে অপরকে আলিঙ্গন করছে। অনন্তকাল, একই সাথে পরিত্রাণ এবং অভিশাপের প্রতিশ্রুতি দিচ্ছিল।

ঈশ্বরের আগে শূন্যতা

ফ্ল্যাশফরোয়ার্ড: যন্ত্রটির ছন্দময়, ম্লান হয়ে আসা সুরটি একটি তীক্ষ্ণ, তীক্ষ্ণ "পিপ" এ পরিণত হলো। এটি একটি বজ্রপাতের মতো বাতাসকে ছিন্নভিন্ন করল, জীবনের শেষ বিভ্রমটিকেও ছিন্নভিন্ন করে দিল। তারপর... সাইরেনের তীক্ষ্ণ, ছিন্নভিন্নকারী চিৎকার। এটি বাতাসকে, বাস্তবতার সেই ফ্যাব্রিককেই ছিন্নভিন্ন করছিল, যা ভেঙে পড়ছিল। উজ্জ্বল, নির্মম আলো। আমার উপরের বাতিগুলো। সাদা। ঝলমলে। সবকিছু একটি বোধগম্য কুয়াশায়। দ্রুত, ফিসফিসানি কণ্ঠস্বর। অপরিচিত ডাক্তার। তারা একটি অস্পষ্ট শব্দে মিশে যাচ্ছিল। আমি

আমার বুকে একটি তীক্ষ্ণ, জ্বলন্ত ব্যথা অনুভব করলাম। যেন আমার হৃদয় লাফিয়ে ওঠার চেষ্টা করছিল। নিজেকে আমার থেকে বিচ্ছিন্ন করতে। আমার শ্বাস আমার গলায় আটকে গেল। তারপর - একটি বরফ-ঠান্ডা অসাড়তা। এটি আমার শিরা দিয়ে প্রবাহিত হলো, শেষ শক্তিগুলো কেড়ে নিল। জীবনের শেষ স্ফুলিঙ্গ। এবং... শুভ্রতা।

শুভ্রতা। সময়হীনতা। প্রশান্তি... শান্তি। প্রায় স্বর্গীয়। আমি চলে যাচ্ছি। আমি আর এখানে নেই। আমি ইতিমধ্যেই সব জায়গায় আছি। আমি সেই বাতাস যা আপনি শ্বাস নেন। আপনার স্বপ্নের ফিসফিসানি। ছবিগুলো। প্রিয় স্মৃতিগুলো। একটি অটুট উষ্ণতা। আমার মধ্যে ছড়িয়ে পড়ছিল। একটি গভীর, সর্বগ্রাসী শান্তি। একটি অদ্ভুত অনুভূতি। পরম স্বাধীনতা। একটি হালকা, ওজনহীন উড্ডয়ন। একটি অবর্ণনীয় আনন্দ। একটি ইথারিয়াল হালকা... সবকিছুতে সম্পূর্ণ দ্রবীভূত হওয়া, যা কিছুই নয়, যা সবকিছু।

এবং তারপর... কেবল শূন্যতা। অনুপস্থিতি নয়। বিশুদ্ধ, অক্ষত, আদিম শুরু। যেকোনো অস্তিত্বের আগে। স্বয়ং ঈশ্বরের আগে। স্বয়ং অর্থের আগে।

আত্মার শেষ ইচ্ছা। নাথানিয়েলের কাছে:

যখন আমরা এই পৃথিবী ছেড়ে যাই, তখন একমাত্র জিনিস যা আমরা আমাদের সাথে নিয়ে যাই তা হলো একটি স্যুটকেস। জামাকাপড় দিয়ে নয়, স্মৃতি দিয়ে পূর্ণ। ভালো এবং বেদনাদায়ক। ভাগ্য, সময় এবং আমাদের পছন্দ দ্বারা বোনা একটি জটিল, অপঠিত লেইসে মিশে গেছে। আমি সবসময় খোলাখুলি এবং সৎ হওয়ার চেষ্টা করেছি। কোনো অস্পষ্টতা, বা ব্যথার তিক্ত চিহ্ন রেখে না যাওয়ার জন্য, যা একটি পাথরের মতো ভারি হবে, আপনাকে চিরতরে অতীতে নোঙর করে রাখবে।

আমাদের বৈঠকটি নির্ধারিত ছিল। একটি দুর্ঘটনাজনিত ছেদবিন্দু নয়, বরং একটি গ্যালাকটিক প্রয়োজন। একটি মাধ্যাকর্ষণ, যা আমাদেরকে একে অপরের দিকে টানছিল, জীবনের মতোই অনস্বীকার্য এবং নিষ্ঠুর। আপনি এই বৈঠকের জন্য পরিপক্ক ছিলেন। আমার নির্দিষ্ট আধ্যাত্মিকতার জন্য। আমিও আপনার জন্য - একে অপরের মাধ্যমে আমাদের নিজেদের একটি অংশ খুঁজে বের করার জন্য। অনন্তকালের একটি টুকরা, উৎসের একটি টুকরা। বিশ্বের সৃষ্টির পর থেকে এটি আমাদের মধ্যে অনুপস্থিত ছিল। অথবা হয়তো, এটি সবসময় সেখানে ছিল। কেবল আমাদের এটি উন্মোচন করার জন্য অপেক্ষা করছিল। আমি আপনার প্রতিটি শব্দ মনে রাখি। প্রতিটি অঙ্গভঙ্গি। প্রতিটি দৃষ্টি। আমি একটি সূক্ষ্ম স্মৃতি দিয়ে আশীর্বাদপ্রাপ্ত। একটি তীক্ষ্ণ অনুভূতি। একটি শক্তিশালী স্বজ্ঞাততা। উপহার, যা এখন আমাকে অন্য মাত্রাগুলোর সাথে সংযুক্ত করে। অদৃশ্য সুতা দিয়ে।

আমি আপনাকে প্রতিশ্রুতি দিয়েছিলাম...

আমি আপনাকে নিঃশর্তভাবে বিশ্বাস করেছিলাম। আমি আপনাকে আমার নিঃশর্ত বিশ্বাস দিয়েছিলাম - আমার একমাত্র সত্যিকারের সম্পদ, যা সোনার চেয়েও মূল্যবান, তারার চেয়েও উজ্জ্বল, সবচেয়ে বিশুদ্ধ হীরার চেয়েও বিরল। আমি আমার সত্যিকারের আমি ছিলাম। নিজেকে লুকিয়ে না রেখে। আমি আপনার সামনে আমার আত্মার সবচেয়ে দুর্বল, সবচেয়ে গোপন কোণগুলো অনাবৃত করেছিলাম। এমনকি আমার নিজের, সময় এবং বিশ্বের কাছ থেকেও লুকানো। আমি আশা করি, আপনি ইতিমধ্যেই বুঝতে পেরেছেন যে আমি আপনাকে সেই রাতে ঠিক কী দিয়েছিলাম। একটি অমূল্য, অপরিবর্তনীয় গুপ্তধন। এটি একটি সম্পূর্ণ অনন্তকালের ছাপ বহন করছিল। এবং আমার মরণশীলতা। এমন একটি উপহার যার কোনো সমতুল্য হতে পারত না।

এটি কেবল ঘটেছে? না! এটি তৈরি করা হয়েছিল - ভাগ্য, সময়, আমাদের আত্মা, সৃষ্টির শিখা দ্বারা খোদাই করা হয়েছিল! আমার আত্মা, একটি ঝড় দ্বারা নড়ে উঠেছে, বিরোধী অনুভূতি দিয়ে পূর্ণ। একটি অটুট ভালোবাসা এখনও আমার যন্ত্রণাদায়ক আশাকে উষ্ণতা দেয়। ধ্বংসাবশেষের মধ্যে একটি শেষ অঙ্গার, অস্তিত্বহীনতার একটি অগ্রদূত। এবং একটি জ্বলন্ত রাগ। প্রতিটি চুরি করা মুহূর্তের জন্য একটি গভীর কৃতজ্ঞতা। একটি তিক্ত অপমান, যা প্রতিটি স্নায়ু, আমার সত্তার প্রতিটি তন্তুকে একটি বিষের মতো গ্রাস করে, ধীরে ধীরে হত্যা করে, কিন্তু শুদ্ধ করে।

আমার হৃদয় উন্মত্তভাবে স্পন্দিত হচ্ছে। উষ্ণ অশ্রু আমার গাল বেয়ে অনিয়ন্ত্রিতভাবে নামছে। তারা ব্যথা ধুয়ে ফেলার চেষ্টা করছে। কিন্তু এটি গভীরভাবে, আমার সত্তার মধ্যেই শিকড় গেড়েছে। আমি জানি না সত্য কোথায়। এটি একটি বিশ্বাসঘাতক মরীচিকার মতো। আমার চোখের সামনে নাচছে। তার আকার পরিবর্তন করছে। কখনও কখনও আমি এটি স্পষ্টভাবে দেখতে পাই। অন্য সময় এটি অস্পষ্ট হয়ে যায়। অদৃশ্য হয়ে যায়। আমাকে সন্দেহের ঘন কুয়াশার মধ্যে একা রেখে যায়। একা, কম্পাস ছাড়া, অসীমে হারিয়ে যাওয়া।

কিন্তু এই বৈঠকটি আমার অস্তিত্বের মূল সারাংশকে পরিবর্তন করেছে। চিরতরে। আমার দিনগুলোর শেষ পর্যন্ত আমাকে চিহ্নিত করেছে। এবং তাদের বাইরেও। অন্য মাত্রাগুলোতে। যেখানে তারা আমাদের আবার দেখা করিয়ে দেবে। প্রতিটি দিন আমি আমার অবশিষ্ট সময় গণনা করি। আমি নিজেকে বেদনাদায়কভাবে মনে করিয়ে দিই কেন আমি "এখানে এবং এখন" আছি। কেন আমি এখনও শ্বাস নিই। কেন আমি এখনও এই বিশ্বের অংশ, যদিও আমার আত্মা ইতিমধ্যেই ওপারে।

আমি জানি: প্রতিটি সকালে জেগে উঠে আমাকে নতুন দিনের জন্য ধন্যবাদ জানাতে হবে, এমনকি যন্ত্রণার জন্যও। অন্তত একটি ভালো কাজ করার চেষ্টা করতে হবে। অন্তত একজন ব্যক্তিকে খুশি করতে হবে। আমার নিজের সেরা সংস্করণ হতে হবে। আমার অবশিষ্ট দিনগুলো সুন্দর স্মৃতি দিয়ে পূর্ণ করতে হবে। এমন লোকদের সাথে দেখা করতে হবে যারা আমার বিশ্বদৃষ্টি এবং জ্ঞানকে সমৃদ্ধ করবে। একটি চিহ্ন রেখে যেতে হবে। যখন আমি পূর্ণ হাতে জীবন থেকে গ্রহণ করি, তখন আমাকে এটি সচেতনভাবে করতে হবে। ঝুঁকিটি সাবধানে মূল্যায়ন করতে হবে। আমার প্রতিটি পছন্দের জন্য দায়িত্ব - আমার আত্মায় খোদাই করা হবে।

প্রতিটি পছন্দের সর্বদা তার অনিবার্য, ভাগ্যপূর্ণ পরিণতি থাকে। এটি ঢেউয়ের মতো উন্মোচিত হয় - নির্মমভাবে, একের পর এক, যতক্ষণ না তারা আমাকে সম্পূর্ণরূপে, অবশিষ্টাংশ ছাড়াই, তাদের শূন্যতায় গ্রাস করে। কোনো সহজ সিদ্ধান্ত নেই। বা এমন কোনো সিদ্ধান্ত নেই যা অন্তত কিছুটা ব্যথা বহন করে না। আমাদের এই বৈঠকটি কেবল চলে যেতে পারে না। এটি ভুলে যাওয়া যেতে পারে না। এটি আমাদের জীবনে তার গভীর, অস্তিত্বের, অমোচনীয় ছাপ চিরতরে রেখে গেছে। একটি প্রাচীন হায়ারোগ্লিফের মতো, যা সোনার অক্ষর দিয়ে লেখা, যাতে আপনি এটি আপনার মৃত্যুর মধ্যেও খুঁজে বের করতে এবং চিনতে পারেন।

হ্যাঁ, আমি জানি অপেক্ষা কতটা বেদনাদায়ক, যখন নির্মম মৃত্যু তৃপ্তির সাথে তার ঠোঁট চাটে, তার নির্বাচিত পরবর্তী মানব বলির সাথে আসন্ন ভোজের পূর্বাভাস দেয়। আমি জানি। এবং আমি এই অনিবার্য মুহূর্তটির জন্য অপেক্ষা করি। শুদ্ধ। সচেতন। ক্ষমা করা। সমস্ত ভুল - আমার নিজের এবং অন্যদের। এমনকি যে ভুলগুলো আমি এখনও করিনি, বা যে ভুলগুলো কখনোই ক্ষমা করা হবে না।

এবং কে জানে... মানুষ কখনও কখনও আবার দেখা করে। সম্পূর্ণ অপ্রত্যাশিত, অজানা পথে। ভাগ্য এবং সময় দ্বারা বোনা।

যা আমাদেরকে অনন্তকালের দিকে নিয়ে যায়। এবং বিস্মৃতির দিকে।

অথবা একটি নতুন শুরুর দিকে।

---❤---

চতুর্থ অধ্যায় 42: বিভ্রমের জ্বলন

সমাধিতে যন্ত্রণা

আমি জেরুজালেমের "যিশু খ্রিস্টের পুনরুত্থান" মন্দিরের সমাধিতে হাঁটু গেড়ে বসেছি। মৃতের মতো সাদা, কিন্তু আর একই উপায়ে ঠান্ডা নয়। ক্রিপ্টটি একটি অশুভ শান্ততা দিয়ে শ্বাস নেয়। আমার শরীরের প্রতিটি তন্তু মার্বেলের বরফ-ঠান্ডা স্পর্শ অনুভব করে - একটি কফিনের কাপড়ের মতো, যা আমাকে জীবন থেকে বিচ্ছিন্ন করে। শতাব্দী প্রাচীন মোমবাতির গন্ধ পাথরে প্রবেশ করেছে। এটি আমার নাকের ছিদ্র ভেদ করে, আমার জিহ্বায় লেগে যায়, এর কষা তিক্ততা দিয়ে শ্লেষ্মা ঝিল্লি পুড়িয়ে দেয়। নিচু আলো প্রতিটি রঙ, আশার প্রতিটি স্ফুলিঙ্গ গ্রাস করে। এবং আমি দেখতে পাচ্ছি কীভাবে ক্ষুদ্র বালির দানাগুলো বাতাসে নাচছে, আমার উপর থিতু হওয়ার আগে...

যেন প্রতিটি মুহূর্তে আমার জীবন ধুলোয় মিশে যাচ্ছে।

আমি প্রার্থনা করি না। আমি আমার অবিশ্বাসের জন্য ক্ষমা চাই।

নাথানিয়েলের সাথে সেই বৈঠকের পরের মাসগুলো একটি যন্ত্রণাদায়ক অপেক্ষায় মিশে গেছে। একটি ধীর, নির্মম যন্ত্রণা। পিনিয়াল গ্রন্থিতে টিউমারটি আমার অভিশাপ। একটি রায়। একটি ব্লেড, যা আমার সত্তার মধ্যেই গেঁথে গেছে। আগামীকাল হাদাসা ক্লিনিকে অপারেশন। শেষ সুযোগ। অথবা শেষের আগে শেষ স্থগিত। এই শেষটি ইতিমধ্যেই চারপাশে ভাসছে। ঘন। সুস্পষ্ট। একটি হাতের মতো, যা আমার গলা টিপে ধরেছে। কিন্তু এবার এটি একা আসে না। এটি দুই দশক আগে আরেকটি শেষের স্মৃতি বহন করে, যা এখনও আমার মধ্যে রক্তপাত করছে।

মাসগুলো। তখন এবং এখনকার মধ্যে। তার এবং সেই জিনিসটির মধ্যে। আমার আঙ্গুলের মধ্য দিয়ে প্রবাহিত একটি অনুভূতি - শিরায় রক্তের মতো, তার পিছনে একটি বরফ-ঠান্ডা শূন্যতা রেখে যায়। কব্জি বেয়ে নেমে আসা জলের মতো, যা ভেজা চিহ্ন রেখে যায়। প্রতিটি ফোঁটা একটি জ্বরের মতো জ্বলে। এই যে, নাথানিয়েল। আমি আপনাকে অনুভব করেছি। একটি ঝলক। একটি অভিশপ্ত, সংক্ষিপ্ত মুহূর্ত। আমি ভেবেছিলাম আপনি চাবি। সেই জিনিসটির জন্য... মুখোশের ওপারে। নিঃশর্ত ঘনিষ্ঠতার জন্য। কিন্তু এটি খুব সংক্ষিপ্ত ছিল। যেন আমি একটি অতল গহ্বরে একটি বজ্রপাত দেখেছি। এবং এর আলো নিভে যাওয়ার আগেই আমি এটিকে স্পর্শ করিনি। এখন, যখন মৃত্যু আমার মুখে শ্বাস নিচ্ছে, সবকিছু নির্মমভাবে পরিষ্কার হয়ে যাচ্ছে। প্রতিটি কোষ চিৎকার করছে। প্রতিটি স্মৃতি ত্বকের নিচে স্পন্দিত হচ্ছে - একটি জ্বলন্ত অঙ্গার।

আমি চোখ বন্ধ করি। নোংরা, ধূসর খিলানটি অদৃশ্য হয়ে যায়। আমার মাথা ঘুরছে। ছবিগুলো মিশে যাচ্ছে - স্মৃতি, দুঃস্বপ্ন, অন্তর্দৃষ্টি। স্থানটি ম্লান হয়ে যাচ্ছে। একটি নামহীন কুয়াশা আমাকে গ্রাস করে। বাতাস টেনে নেয়। আমি একটি ঘন্টি শুনতে পাই। একটি ধারালো। আমার মধ্যে ভেঙে যাওয়া কাঁচের মতো।

দুঃস্বপ্ন: ধ্বংসাবশেষের একটি গ্রন্থাগার

আমি অন্য একটি স্থানে পড়ছি। অন্ধকার - একটি ঘন তরল, যা আমার চোখের পাতার উপর দিয়ে প্রবাহিত হয়, আমার ছাত্রীদের মধ্যে প্রবেশ করে। আমি কিছুই দেখতে পাই না। আমি ডুবে যাচ্ছি। আমি জানি যে আমি অসম্ভব কিছুর কিনারায় আছি।

আমার নিচে একটি বিশাল গ্রন্থাগার উন্মোচিত হয়। কোনো মানুষ নেই। কেবল তাক - ধুলোময়, ভুলে যাওয়া, দীর্ঘ-নিভে যাওয়া আশার কঙ্কালের মতো। একটি বালির ঘড়ির শ্বাস দ্বারা নীরবতা গ্রাস হয়ে যায়। আমার কানে এটি আর্তনাদ করে। একটি মৃতপ্রায় বিশ্বের শ্বাসের মতো।

এবং তারপর ভালোবাসার বইগুলো জ্বলতে শুরু করে। কেবল ধোঁয়া নয় - তারা একটি নীরব, হলুদ-কমলা শিখায় বিস্ফোরিত হয়। পাতাগুলো ছাইয়ে কুঁচকে যায়, যা উঠে আমার ফুসফুস পূর্ণ করে। পোড়া কাগজের গন্ধ আমার গলা স্ক্র্যাচ করে। বাতাসের প্রতিটি শ্বাস একটি যন্ত্রণা। ছাই আমাকে ভিতর থেকে শুকিয়ে দেয়।

কাশি আমাকে ছিন্নভিন্ন করে। আমার বুকে - একটি শূন্যতা। একটি শূন্যতা যা আলোকে গ্রাস করে। একটি কালো গভীরতা, যা আমাকে নিজের দিকে টানছে। আমার পেট সংকুচিত হয়।

ধুলো থেকে পুনর্জন্ম

আমি ফিরে আসি। হাঁটু গেড়ে, একটি স্পন্দিত স্পন্দন নিয়ে। ব্যথা আমার কানের পাশে ফুলে যায়। আমি এখনও পোড়া গন্ধ অনুভব করি।

আমার সমস্ত দ্বিধা এবং ভয়ের মধ্যে... আমি নিজেই হয়ে গেলাম। এর চেয়েও বেশি - আমি আবার জন্মগ্রহণ করেছি। ধীরে ধীরে, যন্ত্রণাদায়কভাবে, কিন্তু সত্যিকার অর্থে। একটি ফিনিক্সের মতো, যা ধ্বংসাবশেষ থেকে উঠে আসে। আমি আমার সেই অংশের সাথে কথা বলতে শিখেছি যা সর্বদা পালিয়ে যায়। আমার নিজের অপূর্ণতাগুলোকে আমার শক্তির অংশ হিসাবে গ্রহণ করতে। এবং নিজেকে সম্পূর্ণ অনুভব করতে।

আমি কোনো পরিপূরক খুঁজি না। বা একজন ত্রাণকর্তা। আমি সম্পূর্ণ। আমি এমন কাউকে আকাঙ্ক্ষা করতাম যার সাথে আমাদের নির্জনতা ভাগ করে নিতে পারি। একসাথে বেড়ে উঠতে - অর্ধেক হিসাবে নয়, বরং দুটি মহাবিশ্ব হিসাবে, একে অপরকে স্পর্শ করে। চাবিটি অনুপস্থিত টুকরাটি খুঁজে বের করা নয়, বরং উপলব্ধি করা: প্রতিটি টুকরা স্বয়ংসম্পূর্ণ।

স্পষ্টতার শেষ মুহূর্তে আমি এটি বুঝতে পারলাম। আমি একটি মহাবিশ্ব। আমি বিনিময়ে কিছু না চেয়ে আলো দিতে পারি। একটি শুকনো গাছের মতো, যা মাটিতে একটি শিকড় ফেলে এবং এর গভীরতা থেকে শক্তি পান করে। আমি মিথ্যা এবং শূন্যতার স্তরগুলো অনুভব করলাম যা আমার থেকে ঝরে পড়ছিল। তাদের ওজন একটি জীর্ণ ত্বকের মতো পিছলে যাচ্ছিল।

আমি আমার হাতের নিচে মাটি অনুভব করলাম - স্থিতিশীল, বাস্তব। বছরের মধ্যে প্রথমবারের মতো। এই উপলব্ধিটি একটি বজ্রপাতের মতো আমাকে আঘাত করল, যা অতল গহ্বরকে আলোকিত করে এবং প্রকাশ করে যে আমি কতদিন ধরে বাইরে - নিজের বাইরে - খুঁজছিলাম।

আমি আমার অভ্যন্তরীণ বিশ্বের প্রভু। আমি ভূতুড়ে বিভ্রমের পিছনে দৌড়াই না। আমি আমার শেষ মিনিটে খোলা চোখে সাঁতার কাটি। আমি প্রতিটি মুহূর্ত শোষণ করি। সুখ ভবিষ্যতে কোথাও নেই। এটি এখানে এবং এখন একটি কম্পন। প্রতিটি কোষে। আমি স্বাধীন। কারণ আমি একা নই। বরং কারণ আমি পূর্ণ।

বাতাস ঠান্ডা। পরিষ্কার। আমার ফুসফুস একটি শান্ত জীবনীশক্তি দিয়ে পূর্ণ করে।

-কার এই জীবনীশক্তি এখন প্রয়োজন? -আমি ফিসফিস করে বললাম। কোনো উত্তর নেই। শুধু নীরবতা। অন্তহীন। গ্রাসকারী। এবং শান্তকারী।

---♥---

চতুর্থ অধ্যায় 43: ছাই থেকে পুনরুত্থান

অবশিষ্ট ঘন্টা... নির্মম সমুদ্রের তীরে, তেল আবিব।

আমি একটি ঢেউ। আমি একটি ক্ষত।

আমি নিজেকে একটি বিশাল, খোলা ক্ষত হিসাবে অনুভব করি, যা ব্যথা দিয়ে স্পন্দিত হয়। এখানে, এই বিধ্বস্ত ভূখণ্ডে, আমার জীবন ভেঙে গিয়েছিল। এবং তখন... আমি একটি ঢেউয়ে পরিণত হয়েছিলাম। যাতে আমি আর কখনো চূর্ণ না হই। যাতে আমি ভেঙে না পড়ি।

বাতাস - নুন এবং ঠান্ডা, কামড়ানো এবং নির্মম। আমি বসে ছিলাম। ভেজা বালি আঁকড়ে ধরে, একটি পরিত্যক্ত বস্তুর মতো। কিন্তু আমি আর একা ছিলাম না। প্রতিটি শ্বাস আমার বুকে একটি ভাঙা কাঁচের মতো ছিল, কিন্তু এটি আর ছিন্নভিন্ন করছিল না। এটি পরিষ্কার করছিল। আমার সামনে, দানবীয়ভাবে উদাসীন, সমুদ্র তার অন্তহীন বাহু প্রসারিত করছিল। ঢেউগুলো একটি নির্মম একঘেয়েমি দিয়ে ভেঙে যাচ্ছিল। তারা আমার খুলিতে বাজছিল। তারা ফিসফিস করছিল না, তারা গর্জন করছিল। প্রতিটি অন্য চিন্তা, প্রতিটি স্মৃতি, প্রতিটি আশাকে গ্রাস করছিল। আমি... একটি ঢেউ অনুভব করলাম। একটি বালির দানা থেকে বেশি, ফেনা থেকে বেশি। কেবল এই সীমাহীন, আদিম শক্তিতে দ্রবীভূত নয়, যা প্রশ্ন ছাড়াই, অনুশোচনা ছাড়াই তৈরি এবং ধ্বংস করে। বরং এটির একটি অংশ।

এর সারাংশ। এর রক্তের রক্ত।

প্রতিটি ঢেউ যা উঠছিল, তা যেন আমার একটি অংশ বহন করছিল। এটিকে বিচ্ছিন্ন করছিল। এটিকে গ্রাস করছিল। এটি কালো পাথরের উপর রাগ দিয়ে ভেঙে যাচ্ছিল - অটল, চিরন্তন, প্রাচীন দেবতাদের মতো। আর আমি? আমি ছিলাম সেই অভিশপ্ত ঢেউ, একটি শেষ, মরিয়া প্রচেষ্টায় উঠছিল। কেবল লক্ষ লক্ষ স্প্ল্যাশে ভেঙে যাওয়ার জন্য। সেই অসীমতার অংশ হওয়ার জন্য। কোনো নাম না রেখে। কোনো চিহ্ন না রেখে। কোনো ফিসফিসানি না রেখে। আমার শেষ ইচ্ছা। দ্রবীভূত হওয়া। বাষ্পীভূত হওয়া। একটি অদৃশ্য প্রতিধ্বনি হওয়া। বাতাসে একটি কম্পন, যা কেবল সমুদ্রই মনে রাখবে। এমনকি একটি ঢেউ... যথেষ্ট কি?

এটি কি কেবল বিদ্যমান থাকার জন্য যথেষ্ট। অনুভব করার জন্য। জীবন যাপন করার জন্য। ঢেউয়ের ঠান্ডা চূড়াগুলো আমার খালি পায়ে কেটে যাচ্ছিল। একটি সংবেদনহীন আলিঙ্গন দিয়ে আমাকে আবৃত করছিল। একটি ভূতের মতো। সমুদ্রের জলের ফোঁটা, সূঁচের মতো তীক্ষ্ণ, আমার মুখ জ্বালাচ্ছিল। তারা অশ্রুর সাথে মিশে যাচ্ছিল - সমুদ্রের স্লাজের মতো তিক্ত। ঘন। অদম্য। আমি সেগুলোকে পান করছিলাম। সেগুলোকে না মুছে। আমি প্রতিরোধ করিনি। লবণ আমার ঠোঁট পুড়িয়ে দিচ্ছিল। প্রতিটি ফোঁটা অর্থের একটি আয়না ছিল। জল... অশ্রু... তারা বলে - শুদ্ধ করে। আমি আর জোয়ার দ্বারা বাহিত একটি শঙ্খ ছিলাম না, বরং এর লাগামহীন শক্তি ছিলাম। আমি অন্তহীন নীল-সবুজ বিস্তৃতির দিকে তাকালাম, সেই জলগুলোতে যা ঘূর্ণি খাচ্ছিল, রাগের সাথে তীরের উপর আছড়ে পড়ছিল, বিস্ফোরিত হচ্ছিল এবং পথভ্রষ্ট ফোঁটায় বিভক্ত হচ্ছিল। আমার মতো। কিন্তু আর ছড়িয়ে ছিটিয়ে নেই। দিকনির্দেশনা ছাড়া নয়। কম্পাস ছাড়া নয়। অর্থ দিয়ে। একটি উদ্দেশ্য দিয়ে। একটি স্পন্দন দিয়ে।

আমি একটি নিঃসঙ্গ আত্মা ছিলাম, যাকে বাতাস বয়ে নিয়ে যাচ্ছিল, তার শিকড় থেকে বিচ্ছিন্ন। অসীমে ভটকেতে অভিশপ্ত, যতক্ষণ না এটি অনন্তকালের একটি একক বিন্দুতে পরিণত হয়।

আমি একটি সমুদ্রের ঢেউ। বহিষ্কৃত নয়। বরং গৃহীত। অনন্তকালের তীরে।

আমি দিগন্তের দিকে তাকিয়েছিলাম, সেই বিভ্রান্তিকর রেখাটির দিকে, যেখানে সমুদ্র এবং আকাশ একটি মৃত, নির্বিশেষ সমগ্রে মিশে গিয়েছিল। এটি একটি মিশে যাওয়া ছিল। কেবল অশ্রুগুলো... নীরব, হতাশার ভারী শিশির আমার হিমায়িত মুখ বেয়ে গড়িয়ে পড়ছিল, নিঃশব্দে জলের বিস্তৃতিতে পড়ছিল। এটি, উদাসীন এবং নিষ্ঠুর, আর আমার দুঃখ, আমার চূর্ণ স্বপ্ন, আমার প্রতিটি অংশকে গ্রাস করছিল না। এটি সেগুলোকে শুদ্ধ করছিল।

আর আমি? আমি কেবল একটি ঢেউ ছিলাম, যা বাস্তবতার পাথরের উপর ভেঙে গেছে। চিরতরে এই ঠান্ডা শূন্যতায় হারিয়ে গেছে।

ভেঙে যাওয়া বিভ্রম

সমাধিতে কাটানো ঘন্টাগুলোর নীরবতা ভারি ছিল। এটি আর্তনাদ করছিল। এটি আমাকে একটি শ্বাস নেওয়া অতল গহ্বরের মতো গ্রাস করছিল, যা আমাকে ধীরে ধীরে চিবিয়ে খাচ্ছিল। সেই বৈঠকের পরে দিনগুলোর চেয়ে ভারী, নিদ্রাহীন রাতের চেয়ে দীর্ঘ। বাস্তবতা এবং স্মৃতির মধ্যে সীমানাগুলো অস্পষ্ট হয়ে গিয়েছিল, ধুলোয় ভেঙে গিয়েছিল, যার মধ্য দিয়ে ভূতগুলো উঁকি দিচ্ছিল। প্রতিটি শব্দ, প্রতিটি দৃষ্টি, আমার আঙ্গুলের প্রতিটি কম্পন যন্ত্রণার মতো ফিরে আসছিল, যা আবার এবং আবার অনুভব করা হচ্ছিল। আমার ফুসফুসের বাতাস একটি বোঝার মতো হয়ে গিয়েছিল, যা আমাকে শ্বাসরুদ্ধ করছিল। আমাকে ডুবিয়ে দিচ্ছিল। আমি আমার আত্মাকে সুতা দ্বারা সুতা করে খুলে ফেলছিলাম। এটিকে টুকরো টুকরো করে ছিন্নভিন্ন করছিলাম। চিন্তাগুলোর বিশৃঙ্খলা সাজানোর চেষ্টা করছিলাম, আমি সম্পূর্ণরূপে ভেঙে পড়ার আগে। আমার অস্তিত্বের ভঙ্গুর সুতাগুলো - অতীত এবং ভবিষ্যতের মধ্যে জটলা করা, যে ভূত আমি ছিলাম এবং যে কুয়াশা আমি হব তার মধ্যে। আমার বুকে একটি স্পন্দন। এটি ভালোবাসা খুঁজছিল। ঘনিষ্ঠতার জন্য আকাঙ্ক্ষা করছিল। একা নয়। জীবন নয়। বরং একটি বিশুদ্ধ, স্পন্দিত চেতনা। এটি বিচ্ছিন্ন হচ্ছিল। ধীরে ধীরে। নির্মমভাবে।

পুরুষদের মুখোশের মধ্য দিয়ে

আমি মুখোশের মধ্য দিয়ে দেখতে পেতাম। আমি কেবল তাদের দেখতে পেতাম না, আমি তাদের আমার ত্বকের উপর অনুভব করতাম, ভেজা ঘোমটার মতো, যা আমাকে শ্বাসরুদ্ধ করছিল। আমার শ্বাস টেনে নিচ্ছিল। আমি মিথ্যার স্তরগুলোর মধ্য দিয়ে দেখতে পেতাম, যা মানুষ দ্বিতীয় ত্বকের মতো পরত। সেই লুকানো ভয়ের গন্ধের মধ্য দিয়ে, যা তারা নির্গত করত, যা আমাকে বমি বমি ভাব করত। আমি আত্মার ভাষা বুঝতে পারতাম। প্রায়শই তাদের নিজেদের চেয়েও ভালো। পুরুষরা... আমি তাদের চিনতাম। বিতৃষ্ণা পর্যন্ত। তাদের ঝড়ের অভাব ছিল। গভীরতার নয়। বরং সেই বন্য, অমসৃণ স্ফুলিঙ্গের, যা আমার নিভে যাওয়া আত্মায় আগুন জ্বালাতে সক্ষম ছিল। তারা কেবল একটি পৃষ্ঠের আনন্দ খুঁজছিল - দ্রুত, সহজ, একটি ধুলোময় স্মৃতির মতো ভুলে যাওয়া। আর আমি... আমি একটি দুর্ভেদ্য দুর্গে পরিণত হয়েছিলাম। হতাশা থেকে তৈরি দুর্ভেদ্য দেয়াল দিয়ে। কেউ তাদের মধ্য দিয়ে প্রবেশ করার সাহস করত না। বাইরে থেকে ঠান্ডা, বিরক্তিকর। কিন্তু একটি জ্বলন্ত শিখা। একটি একক জ্বলন্ত অঙ্গার, যা গভীরভাবে ভিতরে তালাবদ্ধ ছিল। কেউ এটিকে জ্বালাতে বিরক্ত করেনি। তারা আমাকে একটি ট্রফিতে পরিণত করার স্বপ্ন নিয়ে নিজেদের বিনোদন দিত। কিন্তু আমি

রূপকথার "বরফ রানী" ছিলাম, যার হৃদয় কেউ গলাতে পারত না। আমি ছিলাম তাদের অপরাজিত যুদ্ধ।

-তারা আসলে কী খুঁজছিল? -আমি ফিসফিস করে বললাম, নিজের কাছে নয়, বরং মন্দিরের ভেঙে পড়া নীরবতার কাছে। আমার কণ্ঠস্বর একটি ঘষা কান্নার মতো শোনাচ্ছিল, যা ধ্বংসের পূর্বাভাস দিচ্ছিল।

আমার শরীর? আমার নাম? কখনোই আমার আত্মা নয়!

আর আমি, সেই বোকা, একটি সরল বোকার মতো, তখনও অপেক্ষা করছিলাম। কেন? কেন, কেন? কেন আমি আমার নিজের আর্তনাদের প্রতি এতটাই বধির ছিলাম, যা আমাকে ভিতর থেকে ছিন্নভিন্ন করছিল?

প্রতিটি বৈঠকের পরে প্রত্যাশিত শূন্যতা থেকে নিজেকে রক্ষা করার জন্য, আমি একটি প্রাচীর তুলেছিলাম। দুর্ভেদ্য। লম্বা। আমি এর শীতলতা অনুভব করতাম। প্রতিটি ফাটল। প্রতিটি ফাটল যা আমাকে অসুস্থ করে তুলত। তারা এটিকে জোরপূর্বক আকর্ষণ, সাধারণ প্রশংসা, প্রতিশ্রুতির সাথে আক্রমণ করত, যা একটি খালি সমাধির মতো ফাঁপা শোনাচ্ছিল। আমি কোনো দ্বিধা ছাড়াই তাদের তাড়িয়ে দিতাম। আমি বিশ্বাস করতাম যে এইভাবে আমি বিশ্বাসঘাতকতার আঘাত এড়াব, সেই মারাত্মক ব্যথা যা আমি খুব ভালো জানতাম। কিন্তু আমার বরফ-ঠান্ডা নির্জনতার গভীরে আমি আমার সত্তার প্রতিটি কোষ দিয়ে আকাঙ্ক্ষা করতাম। সত্যিকারের উষ্ণতার জন্য। সেই ভালোবাসার জন্য যা আমাকে প্রতিটি মুখোশের ওপারে, প্রতিটি ভূমিকার ওপারে দেখবে। আমি এমন ভঙ্গি থেকে ক্লান্ত ছিলাম যা কখনোই আমার সাথে মানানসই ছিল না। বিদ্রূপাত্মকভাবে, আমার সুরক্ষা আমার কারাগার হয়ে গেল। এবং স্বাধীনতা, যা আমি মরিয়া হয়ে খুঁজছিলাম, সবচেয়ে বড় একাকীত্ব বলে প্রমাণিত হলো।

ফ্ল্যাশব্যাক: নাচ। ভিয়েনা।

এক রাত। জ্যাজ। গভীর রাতের খাবার।

স্যাক্সোফোনটি ছোট ক্লাবটির অন্ধকারে কোথাও কাঁদছিল। একটি আহত পশুর মতো বিলাপ করছিল। আমার সামনে, একটি নির্দোষ পোশাকে, মোরেল বসে ছিলেন। তার হাসি - একটি পালিশ করা মুদ্রা। চকচকে। কিন্তু মূল্যহীন। জীবনহীন। তিনি ভালোবাসা সম্পর্কে কথা বলছিলেন। একটি ভাগ্যপূর্ণ বৈঠক সম্পর্কে। একটি জ্বলন্ত আবেগ সম্পর্কে। তার কণ্ঠস্বর আমার কানকে আদর করছিল। কিন্তু তার কথাগুলো পাথরের উপর ঢেউয়ের মতো ভেঙে যাচ্ছিল। কেবল নোনা ফেনা রেখে যাচ্ছিল। আমি এর গন্ধ অনুভব করতাম। আমার নাকের ছিদ্র বিদ্ধ করত। আমাকে বমি বমি ভাবে পূর্ণ করত।

আমি নিজের মধ্যে শূন্যতা অনুভব করলাম - না, শূন্যতা নয়। অসুস্থতা। এটি আমার মধ্যে ছড়িয়ে পড়ছিল। তার উদ্ধত আত্মবিশ্বাস আমাকে চূর্ণ করছিল। একটি তীক্ষ্ণ, তীক্ষ্ণ ব্যথা, যা নকল হাসি, বিনয়ী সম্মতি দ্বারা লুকানো যেত না। আমার বুকে একটি শারীরিক ওজন। যেন আমার হৃদয় একটি সীসার বল দিয়ে প্রতিস্থাপিত হয়েছিল, যা আমাকে নিচের দিকে, একটি অন্তহীন অন্ধকারের দিকে টানছিল।

-আপনি আমার অনুপ্রেরণা - মোরেল বিড়বিড় করে বললেন, আমার হাত স্পর্শ করে। তার স্পর্শ - ঠান্ডা। একজন মৃতের মতো। যে কথাগুলো মিথ্যা ছিল তার উষ্ণতা সত্ত্বেও। - একমাত্র।

-অনুপ্রেরণা? আরেকটি ট্রফি! - আমার মধ্যে একটি অভ্যন্তরীণ কণ্ঠস্বর কাটল। ইস্পাতের একটি ব্লেড, যা আমার সন্দেহ ছিন্নভিন্ন করছিল। সবসময় কেউ না কেউ আসত, যে আমাকে তাদের "ভালোবাসা" বা "আকাঙ্ক্ষা" ব্যাখ্যা করতে প্রস্তুত থাকত। পুরুষের অহং। এত অনুমানযোগ্য। এত উদ্ধত। দখলের ইচ্ছার সাথে আবদ্ধ। আপনাকে তাদের সংগ্রহের

আরেকটি ট্রফি হিসাবে চিহ্নিত করার জন্য। তাদের কথাগুলো কেবল একটি সূক্ষ্ম ঘোমটা ছিল, যা একমাত্র উদ্দেশ্যকে লুকিয়ে রাখত - জয় করা, দখল করা, আমাকে আরেকটি প্রাণহীন শিকার হিসাবে বাতিল করা। তারা নিজেদের আত্মাদের শিকারী হিসাবে উপস্থাপন করত। কিন্তু আসলে? কেবল ট্রফি সংগ্রাহক, যারা সত্যিকারের সংযোগের গভীরতা বুঝতে অক্ষম। বুঝতে অক্ষম যে আত্মা একটি ট্রফি নয়। এটি একটি ঝড়। এটি একটি আগুন।

ফ্ল্যাশব্যাক: শিকারের দৃষ্টি। ফ্লোরেন্স।

একজন হাসিমুখে ইতালীয়। সহজে প্রশংসা করছিল। খালি কথার একটি জপমালার মতো। প্রতিটি তারার মধ্যে প্রতিধ্বনিত হচ্ছিল। কিন্তু তার চোখ? ঠান্ডা। গণনা করা। তাদের মধ্যে আমি একটি শিকার হিসাবে প্রতিফলিত হচ্ছিলাম। একজন মানুষ নয়। একজন মহিলা নয়। কেবল আকাঙ্ক্ষার আরেকটি বস্তু। আমি সেই দৃষ্টি অনুভব করতাম - একটি হুমকিপূর্ণ বজ্রপাতের মতো, যা আমার শরীরকে বিদ্ধ করে, একটি স্থায়ী চিহ্ন রেখে যায়। আর আমি... .আমি জানতাম। আমি জানতাম যে এটি আরেকটি খেলা। এবং তবুও, কেন আমি থেকে যাচ্ছিলাম? কেন আমি এই বিভ্রমটিকে একটি ধীর যন্ত্রণার মতো দীর্ঘায়িত হতে দিচ্ছিলাম? দুর্বলতা? নাকি এক ধরনের বিকৃত, শেষ আশা যে এই সময় এটি ভিন্ন হবে? যে এটি একটি বিস্ফোরণ হবে যা আমাকে মুক্ত করবে?

-আমি আমার প্রেমে পড়া পুরুষ চাই না! - আমার অভ্যন্তরীণ চিৎকার শোনা গেল। আমার বুক ছিন্নভিন্ন করে। যেকোনো ব্যথার চেয়েও শক্তিশালী।

আমি অন্য কারো আত্মাকে জয় করতে চাই না... আমার মধ্যে দখলের সেই আদিম, ধ্বংসাত্মক প্রয়োজন নেই। আমার নিজের আছে। অসীম সুন্দর।

একটি স্বয়ংসম্পূর্ণ মহাবিশ্ব, যা আমার বুকে কম্পিত হচ্ছিল।

এটি একজন উপনিবেশকারী খুঁজছিল না। বরং একজন সহযাত্রী। জীবনের যাত্রায়।

আমি বিশ্বাস করতাম যে সেখানে কোথাও একজন ভিন্ন ব্যক্তি আছে। এমন একজন যে আমার মধ্যে পুরো গ্যালাক্সিটি দেখতে পাবে, এটিকে জয় করতে না চেয়ে। কিন্তু প্রতিটি চেষ্টা আমাকে বেদনাদায়কভাবে প্রকাশ করত - সবকিছু দখলের উপর নির্ভর করে। কেবল আরও সূক্ষ্ম শব্দ, আরও নকল চাকচিক্য দিয়ে উপস্থাপন করা হয়। হ্যাঁ, শরীরগুলো গভীর অনুভূতির একটি নিখুঁত প্রকাশ হতে পারে। বিশেষ করে তাদের মিশে যাওয়ার পবিত্র ঘনিষ্ঠতায়। কিন্তু এটি দখল নয়। এটি স্বাধীনতার ভাগ করে নেওয়া।

আমি একটি মন্দির। একটি কারাগার নয়।

আমি ভালোবাসার অপরাধে একজন সহযোগী খুঁজি। আমার আত্মার বিশৃঙ্খলা ভাগ করে নিতে। আমার বেদী জয় করতে নয়, বরং তাদের নিজের জটিলতা দিয়ে এটিকে অপবিত্র করতে। আমার শরীরের প্রতিটি কোষ এই ভাগ করে নেওয়ার জন্য আকাঙ্ক্ষা করত। কিন্তু আমার আত্মা সত্যিকারের স্বাধীনতার চেয়ে কম কিছুতে মীমাংসা করতে অস্বীকার করত। সেই সীমাহীন স্বাধীনতা, যা সেই শিকলগুলো পুড়িয়ে দিচ্ছিল যা আমি এমনকি জানতামও না যে আমি পরেছিলাম, আমাকে আমার নিজের সত্তা থেকে মুক্ত করছিল।

কিছুতেই দ্রবীভূত হওয়া

আমার স্পন্দন দ্রুত হচ্ছে। আমি আমার মাথায় একটি ওজন অনুভব করি, যেন একটি পুরো পৃথিবী আমার খুলিতে সংকুচিত হয়ে গেছে, বিস্ফোরিত হওয়ার জন্য প্রস্তুত। ঠান্ডা ঘাম আমার কপালে জমে, আমার কানের পাশে গড়িয়ে পড়ে। ছায়াগুলো ঘন হয়ে আসছে, কিন্তু

এবার তারা কেবল অতীতের ভূত নয়। তারা আসন্ন মৃত্যুর বাস্তবতা, অসমাপ্ত ভালোবাসা দ্বারা ভারাক্রান্ত, যা একটি অভিশাপের মতো আমার উপরে ঝুলছিল।

আমি বর্তমানে ফিরে আসি।

আমি চোখ বন্ধ করি। নোংরা, ধূসর সিলিং অদৃশ্য হয়ে যায়। আমার মাথা ঘুরতে শুরু করে। ছবিগুলো মিশে যেতে শুরু করে - স্মৃতি, দুঃস্বপ্ন, অন্তর্দৃষ্টি। এটি একটি নীল-কালো কুয়াশায় নিমজ্জিত হয়, যা আমাকে গ্রাস করে। আমি সেই ঘন্টি শুনতে পাই। ছিন্নভিন্নকারী। আমার মধ্যে হাজার হাজার কাঁচের মতো ছড়িয়ে পড়ছে। প্রতিটি টুকরা - একটি ছুরিকাঘাতের মতো, যা আমাকে ছিন্নভিন্ন করে।

আমি... মূল্যায়নের উপর আমার নির্ভরতা ছিন্নভিন্ন করে দিয়েছিলাম। অন্যের কাছে আমার গুরুত্বের উপর। এটি বেদনাদায়ক ছিল, কিন্তু প্রয়োজনীয়। আমার স্বপ্নে শিকলগুলো ধাতব ছিল না, বরং চিন্তার মাকড়সার জালের মতো ছিল, যা ভাঙা কাঁচের শব্দে ভেঙে যাচ্ছিল। আমি সেই শব্দ আমার হাড়ের গভীরে শুনতে পাচ্ছিলাম। আমাকে ছিন্নভিন্ন করছিল। আমার আর দখল করার বা দখল হওয়ার প্রয়োজন ছিল না। কিন্তু এটি স্বাধীনতা ছিল না। এটি ছিল একটি কুয়াশাচ্ছন্ন স্থান, যেখানে বাতাস পুরানো আকাঙ্ক্ষা, ভুলে যাওয়া স্বপ্ন, শুকনো অশ্রুর কম্পন দিয়ে কম্পিত হচ্ছিল, যা আমি আমার গালে অনুভব করতাম।

আমি আপাত উদাসীনতার একটি দুর্ভেদ্য ঢাল তুলেছিলাম। আমার স্বপ্নে এই ঢালটি ছিল কালো অবসিডিয়ানের একটি আধা-স্বচ্ছ প্রাচীর। আমি আমার আঙ্গুলের নিচে এর মসৃণ, ঠান্ডা পৃষ্ঠ অনুভব করতাম। এর মধ্য দিয়ে আমি পৃথিবী দেখতে পেতাম, কিন্তু এটি আমাকে দেখতে পেত না। আমি অদৃশ্য ছিলাম। আমি একটি দুর্গম অঞ্চলে পরিণত হয়েছিলাম - একটি ভাসমান দ্বীপ, তীর থেকে বিচ্ছিন্ন, একটি অন্তহীন ঠান্ডা সমুদ্রে বয়ে যাচ্ছিল। আমি আমার স্বাধীনতাকে ভালোবাসতাম, কিন্তু এর পাথরের উপর ভেঙে পড়া প্রতিটি ঢেউ একাকীত্বের একটি নীরব আর্তনাদ ছিল। আমি এটি শুনতে পেতাম। আমার সত্তার প্রতিটি কোষ দিয়ে। আমার শ্বাসের প্রতিটি বাধা দিয়ে, যা আমার বুক ছিন্নভিন্ন করছিল। আপনি কী ছিলেন, নাথানিয়েল?!

বেথলেহেমে জাগরণ

আমি চোখ খুললাম। আমি অপারেশন রুমে ছিলাম না। আমি সমাধিতে ছিলাম না।

আমি তীরে ছিলাম না...

আমি বেথলেহেমে আমার হোটেলের ঘরে ছিলাম। ভোরের ফ্যাকাশে আলো জানালার মধ্য দিয়ে প্রবাহিত হচ্ছিল, দেয়ালের উপর ভূতুড়ে ছায়া আঁকছিল। বাতাস নরম ছিল, একটি নতুন শুরুর প্রতিশ্রুতি দিয়ে, জাগ্রত মরুভূমির আদরকারী শ্বাস দিয়ে। আমার হাত রুক্ষ তুলার চাদর স্পর্শ করল। উষ্ণ এবং জীবন্ত। এখানকার নীরবতা ভিন্ন ছিল - খালি নয়, বরং শোনা যায়নি এমন সুর, গোপন বার্তা দিয়ে পূর্ণ। একটি প্রেমময় আলিঙ্গনের মতো, যা প্রসারিত হচ্ছিল, যতক্ষণ না এটি আমাকে সম্পূর্ণরূপে আবৃত করে। আমি আমার বুকে হালকা অনুভব করলাম, ব্যথার অনুপস্থিতি থেকে নয়, বরং আমার আত্মায় স্পন্দিত সমস্ত অব্যক্ত শব্দ থেকে।

নাথানিয়েলের সাথে বৈঠকের পরের মাসগুলো... তাদের ওজন এখন এখানে, এই ঘরে অনুভব করা হচ্ছিল। একটি রায় হিসাবে নয়, বরং একটি আশীর্বাদপ্রাপ্ত প্রতিধ্বনি হিসাবে। আমার আঙ্গুলের মধ্য দিয়ে প্রবাহিত অনন্তকালের একটি স্বাদ। এই যে আপনি, নাথানিয়েল। আমি আপনাকে অনুভব করেছি। একটি মুহূর্ত। একটি অমূল্য, চিরন্তন মুহূর্ত। আপনি চাবি ছিলেন না। আপনি স্ফুলিঙ্গ ছিলেন। সেই জিনিসটির জন্য... মুখোশের পিছনে লুকানো। এবং এটি একটি অলৌকিক ঘটনা ছিল! নিঃশর্ত ভালোবাসার দিকে। সহানুভূতি। ঘনিষ্ঠতা। এটি

সংক্ষিপ্ত ছিল। কিন্তু এতটাই... পরিষ্কার। যেন আমি অতল গহ্বরে একটি বজ্রপাত দেখেছি এবং আমি এর আলো স্পর্শ করতে পেরেছি। এখন... জীবনের মুখে... সবকিছু আনন্দদায়কভাবে পরিষ্কার হয়ে যাচ্ছে। প্রতিটি পরমাণু গান গাইছে। প্রতিটি স্মৃতি আনন্দে কম্পিত হচ্ছে।

আমি। আমার সমস্ত সাহস, আশা এবং আত্মার সংযোগের মধ্যে, আমি নিজেই হয়ে গেলাম। এর চেয়েও বেশি - আমি আবার জন্মগ্রহণ করেছি। ধীরে ধীরে, আলতো করে, কিন্তু সত্যিকার অর্থে, একটি পদ্মের মতো, যা কাদা থেকে ফুটেছে। আমি আমার নিজের আত্মার সাথে যোগাযোগ করতে শিখেছি। আমার অপূর্ণতাগুলোকে একটি বোঝা হিসাবে নয়, বরং সম্পূর্ণতার অংশ হিসাবে, আমার শক্তির অংশ হিসাবে গ্রহণ করতে। এবং নিজেকে সম্পূর্ণ অনুভব করতে। পূর্ণাঙ্গ। আমার বাইরের কোনো পরিপূরকের, একজন ত্রাণকর্তার প্রয়োজন ছিল না। বা আমার মধ্যে শূন্যতা পূরণ করার জন্য কাউকে। আমি পূর্ণ ছিলাম। আমি এমন কাউকে খুঁজছিলাম যার সাথে আমরা একে অপরের মধ্যে দেখতে পারি এবং আমাদের শক্তি অনুভব করতে পারি... এবং ভাগ করা উপস্থিতি। একসাথে বেড়ে উঠতে। আমাদের আত্মাদের নাচে দুটি পৃথক, কিন্তু সামঞ্জস্যপূর্ণভাবে জটলা করা প্রাণী হিসাবে বিকশিত হতে। চাবিটি অনুপস্থিত টুকরাটির মরিয়া অনুসন্ধানে নয়, বরং উপলব্ধি করা যে প্রতিটি টুকরা নিজেই একটি সম্পূর্ণ মহাবিশ্ব, স্বয়ংসম্পূর্ণ।

আমি দ্রবীভূত হওয়ার আগে। আমি আমার নিচে মাটি অনুভব করলাম। স্থিতিশীল। নিরাপদ। অনেক বছর পর প্রথমবারের মতো।

সুখ দূরের "আগামীকাল"-এর একটি মরীচিকা ছিল না, বরং বর্তমান মুহূর্তের একটি কম্পনশীল স্পন্দন, আমার প্রতিটি শিরাতে। আমার হৃদয়, জীবনের এই চিরন্তন অনুঘটক, একটি নতুন, অকল্পনীয় শক্তি দিয়ে স্পন্দিত হতে শুরু করল, একটি অবর্ণনীয়, বিস্ফোরক ভালোবাসা দিয়ে পূর্ণ। এটি ছিল সেই ইঞ্জিন যা আমাকে এগিয়ে নিয়ে যাচ্ছিল, কারণ জীবন তার ছন্দ দিয়ে শুরু হয় এবং শেষ হয়, এবং ভালোবাসা হলো একমাত্র জ্বালানি যা এটিকে সচল রাখে। আর কিছুই সত্যিকারের জীবনের লক্ষণ নয়, এই শিখা ছাড়া যা আমাকে পূর্ণ করছিল। এটি একটি অলৌকিক ঘটনা ছিল, যা আমি নিজে তৈরি করছিলাম, কোষ দ্বারা কোষ, আমার হৃদয়ের প্রতিটি শক্তিশালী আঘাত দিয়ে।

আমি স্বাধীন। কারণ আমি একা নই। বরং কারণ আমি সম্পূর্ণ। আমার পথ আমার নিজের। এবং মর্যাদা এবং শক্তি রয়ে গেল। আমি আমার ফুসফুসে বাতাস অনুভব করলাম। একটি আশীর্বাদের মতো। আলোর প্রতিটি ফোঁটা একটি উপহারের মতো। যখন আমি আমার শেষ যাত্রার জন্য প্রস্তুতি নিচ্ছিলাম। একটি অন্তহীন, পূর্ণকারী নীরবতা। এটি আমাকে গ্রাস করছিল... এবং আমাকে জীবন দিয়ে পূর্ণ করছিল।

---❤---

চতুর্থ অধ্যায় 44: পুনরুত্থান। আমার মধ্যে গ্রেইল।

আর্চএঞ্জেল নাথানাইলের সাথে একটি ওয়াল্টজ। বেথলেহেমে রাত এবং ভোরের মধ্যে...

এই মুহূর্তে, যখন দুই দশক আগের পুরানো ক্ষতির স্মৃতি এবং নাথানিয়েলের সাথে নতুন, অসমাপ্ত ভালোবাসা আমার মধ্যে ব্যথা এবং আকাঙ্ক্ষার একটি গিঁটে সংঘর্ষ করছিল - গভীর থেকে একটি উজ্জ্বল চিত্র উপস্থিত হলো। অস্পষ্ট। ইথারিয়াল। কিন্তু পরিচিত বৈশিষ্ট্য সহ। তার চোখ - গভীর এবং লক্ষ লক্ষ তারা দিয়ে পূর্ণ, যা আমাকে নিজের দিকে আকর্ষণ করছিল। আমি তাকে চিনতে পারলাম। এটি আর্চএঞ্জেল নাথানাইল। সেই সারাংশ যা আমি খুঁজছি। সেই কণ্ঠস্বর যা আমি আমার সবচেয়ে গোপন স্বপ্নে শুনি। আমি আমার শরীরের প্রতিটি কোষ দিয়ে

তাকে অনুভব করি। তার উপস্থিতি একটি বৈদ্যুতিক স্রোতের মতো, যা আমার মধ্য দিয়ে প্রবাহিত হয়। এটি আমাকে তার ভিত্তি পর্যন্ত নাড়িয়ে দিয়েছে। এটি আগুন জ্বালিয়েছে।

অদৃশ্যর সাথে কথোপকথন

আমি তার দিকে তাকালাম, শ্রদ্ধা দিয়ে পূর্ণ।

আর্চএঞ্জেল নাথানাইল: এমনকি অবসিডিয়ানের সবচেয়ে পুরু দেয়ালের পিছনেও, মেলিনা... দ্বীপের পৃষ্ঠের অনেক নিচে... তোমার আত্মা অস্পষ্টভাবে ভোরের উষ্ণতার স্মৃতি সংরক্ষণ করে। তুমি এটি দেখতে পাও না। তুমি এটি অনুভব করো। তোমার ত্বকের নিচে একটি হালকা স্পন্দনের মতো। একটি জ্বলন্ত অঙ্গারের হিসহিসানির মতো, যা জ্বলতে এবং তুমি যা জানো তার সবকিছু পুড়িয়ে দিতে প্রস্তুত।

আমি: আমার কণ্ঠস্বর - কম্পনশীল, শ্বাসরুদ্ধ। আমি গভীরভাবে শ্বাস নিলাম, শক্তি সংগ্রহ করার চেষ্টা করলাম। - আমি... আমি সেই বর্মটি সরিয়ে ফেলার সাহস করার স্বপ্ন দেখেছিলাম! আমার স্বপ্নে বর্মটি হিমায়িত অশ্রু থেকে তৈরি হয়েছিল। আমি আমার জিহ্বায় তাদের নোনা স্বাদ অনুভব করতাম। এটি এটিকে পুড়িয়ে দিচ্ছিল। এবং আমি জানতাম যে যদি আমি এটিকে স্পর্শ করি, তবে এটি ধুলোয় ভেঙে পড়বে। একটি অস্তিত্বহীন বাতাসে বালির দানা হিসাবে ছড়িয়ে পড়বে। এবং কাউকে নিঃশর্তভাবে বিশ্বাস করতে। কিন্তু কে? সমস্ত মুখ একটি কুয়াশায় অস্পষ্ট হয়ে গিয়েছিল। বিবর্ণ, বিকৃত ছবির মতো।

আর্চএঞ্জেল নাথানাইল: তুমি রূপকথার গল্পে বিশ্বাস করতে, মেলিনা। তোমার স্বপ্নে তারা শব্দ ছিল না, বরং সোনার সুতা ছিল, যা আকাশে বোনা, তোমার উপরে ঝলমল করছিল। অসম্ভবটির প্রতিশ্রুতি দিচ্ছিল। কিন্তু তোমাকে একটি খাঁচায়ও তালাবদ্ধ করছিল। চিরন্তন, নিঃশর্ত ভালোবাসার রূপকথা, যা তোমাকে ফাঁদে আটকে রেখেছিল।

আমি: আমার কণ্ঠস্বর - ছিন্নভিন্ন। কিন্তু একটি উঠন্ত, মরিয়া আশা দিয়ে। - এবং যদিও আমার কারণ জোর দিয়েছিল যে ভালোবাসা কেবল একটি বিভ্রম - একটি কম্পনশীল কুয়াশা, যা স্পর্শে বিলীন হয় - আমার সত্তার গভীরে... আমি এখনও এটির সাথে দেখা করার আশা করি। কিন্তু ভয় সর্বদা আমাকে পিছনে টেনে নেয়। এটি একটি অদৃশ্য হাত, যা আমার গলা শক্তভাবে আঁকড়ে ধরে, আমাকে সমুদ্রের গভীরতার সাথে বেঁধে রাখে। যদিও আমি জানি - আমি আমার নিজের মরুভূমিতে ডুবে যাচ্ছি। আমি আমার জিহ্বায় বালির স্বাদ অনুভব করি। আমি ব্যথার জন্য শুকিয়ে গেছি।

আর্চএঞ্জেল নাথানাইল: একাকীত্ব তোমার মধ্যে একটি অটুট শিখা জ্বালিয়ে দিয়েছে। যা জ্বলছিল না। বরং তোমার থেকে আলো শুষে নিচ্ছিল। তোমাকে একটি জ্বলন্ত ছায়ায় পরিণত করছিল। এই শিখাটি তোমাকে অন্বেষিত বিশ্বের মধ্য দিয়ে একটি যাত্রায় পাঠিয়েছিল - অপূর্ণ আকাঙ্ক্ষা থেকে তৈরি ইথারিয়াল সমভূমি। তুমি একজন নিঃসঙ্গ টেম্পলার ছিলে, পবিত্র গ্রেইলের রহস্য থেকে পান করার অধিকার ছিল - একটি উজ্জ্বল কাপ, যা কুয়াশার মধ্যে উপস্থিত হতো এবং অদৃশ্য হয়ে যেত। তোমাকে জ্বালাতন করে।

আমি: আরও বেশি আবেগ দিয়ে। প্রায় একটি চিৎকার। - আপনি আমাকে সেই অ্যান্ড্রোজেনাস আত্মা খুঁজে বের করার প্রতিশ্রুতি দিয়েছিলেন! যার সাথে নিঃশর্ত ভালোবাসার সমস্ত প্রতিভা প্রকাশ পাবে! আমার প্রতিটি অংশ সংযোগের জন্য আকাঙ্ক্ষা করত! আত্মাদের সেই রসায়নের জন্য, যা দুটি অর্ধেককে একটি সম্পূর্ণতে পরিণত করে, কিন্তু তাদের আবার তৈরি করার জন্য ছাই পর্যন্তও পুড়িয়ে দেয়! আমি আগুনের হিসহিসানি শুনতে পাচ্ছিলাম! আমি পোড়া মাংসের গন্ধ অনুভব করছিলাম!

আর্চএঞ্জেল নাথানাইল: কিন্তু একটি নতুন ক্ষতির ভয় আকাঙ্ক্ষার চেয়ে শক্তিশালী ছিল। তোমার স্বপ্নে এটি একটি বিশাল ছায়া ছিল, যা তোমাকে অবিচ্ছিন্নভাবে অনুসরণ করত, তোমার চারপাশের আলো গ্রাস করত। তোমার শরীরের প্রতিটি অংশ তার অদৃশ্য ওজন, তার শীতলতা থেকে কম্পিত হচ্ছিল। একটি পুরানো মানচিত্রের মতো, তোমার আত্মা অতীতের যুদ্ধের দাগ দিয়ে বিন্দুযুক্ত ছিল - গভীর, বেগুনি রেখা, যা একটি বেদনাদায়ক স্মৃতি দিয়ে স্পন্দিত হচ্ছিল। তাদের প্রতিটি তোমাকে মানব সংযোগের বিভ্রমপূর্ণ প্রকৃতির একটি তিক্ত পাঠ শিখিয়েছিল।

আমি: আমার কণ্ঠস্বর - শ্বাসরুদ্ধ। কিন্তু একটি নতুন, ছিন্নভিন্নকারী উপলব্ধি দিয়ে পূর্ণ। - আমি ভালোবাসার নাইট ছিলাম! আমার নিজের আত্মার মরুভূমিতে গ্রেইল খুঁজতে অভিশপ্ত, যা এখন একটি শুকনো সমুদ্রের অন্তহীন, শুকনো বিছানার মতো প্রসারিত! আমি আমার নিচে মাটির ফাটল, আমার জিহ্বায় ধুলো অনুভব করি, যা আমাকে শ্বাসরুদ্ধ করে! আমার হৃদয় একটি দুর্ভেদ্য মন্দিরে পরিণত হয়েছে! এবং এটি পাথর থেকে তৈরি নয়, বরং একটি স্ফটিক কুয়াশা থেকে তৈরি, যা স্পর্শে বিলীন হয়। আমি নিখুঁত ভালোবাসার আদর্শকে পূজা করি, যা আমার স্বপ্নে খোদাই করা হয়েছে। আদর্শগুলো, যা এখন বরফের মূর্তি, একটি অস্তিত্বহীন সূর্যের নিচে গলে যাচ্ছে! আমি আমার ত্বকে তাদের শীতলতা অনুভব করি! এই বিভ্রমগুলো আমাকে শ্বাসরুদ্ধ করছিল! আমাকে পোড়াচ্ছিল!

আর্চএঞ্জেল নাথানাইল: কিন্তু জীবন, মেলিনা। সেই নির্মম ভাস্কর... ধীরে ধীরে তোমার মন্দিরগুলো ধ্বংস করতে শুরু করল। প্রতিটি নতুন সংযোগ, প্রতিটি তিক্ত হতাশা - কেবল ঘটনা ছিল না, বরং একটি অদৃশ্য ছিদ্রের আঘাত ছিল, যা তোমার আদর্শকে একটি ইথারিয়াল ভূতে পরিণত করছিল। কিছুতেই। একজন নিষ্পাপ স্বপ্নদর্শী থেকে তুমি একজন কঠোর সংশয়বাদী হয়েছিলে, যার সন্দেহ ভালোবাসার সারাংশকেও রেহাই দেয়নি, এমনকি এটি অনুভব করার তোমার নিজের অধিকারকেও!

আমি: আমার কণ্ঠস্বর একটি কান্নাকাটিতে পরিণত হয়। কিন্তু একটি হিংস্র, মুক্তির চিৎকারও, যা বাতাসকে নাড়িয়ে দেয়। - আমি আমার জন্য Cynicism-এর দেয়াল তৈরি করেছিলাম - ইট দিয়ে ইট, প্রতিটি তিক্ত জ্ঞান থেকে তৈরি! আমি তাদের ওজন অনুভব করতাম। তারা আমাকে চূর্ণ করছিল। আমাকে শ্বাসরুদ্ধ করছিল! যতক্ষণ না আমার আদর্শবাদ ধ্বংসাবশেষে পরিণত হয়েছিল - একটি ধ্বংসপ্রাপ্ত শহর, যার উপরে কেবল ধুলো ভাসছিল! আর ভালোবাসার প্রতি আমার বিশ্বাস - ছাইয়ে! ঠান্ডা, ধূসর ছাই, যা একটি অস্তিত্বহীন বাতাস দ্বারা ছড়িয়ে যায়, তার পিছনে কেবল শূন্যতা রেখে যায়। আমাকে গ্রাস করছিল! আমি আমার জিহ্বায় ধুলো অনুভব করতাম। এটি আমাকে শ্বাসরুদ্ধ করছিল!

আমার মধ্যে গ্রেইল

আর্চএঞ্জেল নাথানাইলের মূর্তি আরও কাছে এল। একটি প্রসারিত হাত - বাস্তব নয়, বরং বিশুদ্ধ, স্পন্দিত আলো থেকে। আমি এর উষ্ণতা অনুভব করি, যা আমার মধ্যে শীতলতাকে বিদ্ধ করে। এটিকে গলাতে। গলিত বরফের মতো। আমাকে গ্রাসকারী অন্ধকারটি একটি উন্মত্ত গতিতে পিছু হটতে শুরু করে। একটি ঝড়ের মতো, যা বিলীন হয়। ঘন্টি শান্ত হয়ে যায়। হাসপাতালের ঘরটি আবার আকার নিতে শুরু করে। কিন্তু একটি নতুন, সোনালী আলো দিয়ে পূর্ণ। জীবাণুনাশকের গন্ধ অদৃশ্য হয়ে গেল, তাজা, ওজোনযুক্ত বাতাস দ্বারা প্রতিস্থাপিত হলো। আমি এর স্বাদ অনুভব করি - বিশুদ্ধ এবং জীবন্ত। একটি উৎস থেকে আসা জলের মতো। তার কথাগুলো আমার মধ্যে প্রতিধ্বনিত হয়। কিন্তু আর ভূতের মতো নয়। বরং একটি প্রতিশ্রুতি হিসাবে।

আর্চএঞ্জেল নাথানাইল: তার কণ্ঠস্বর শক্তিশালী, কর্তৃত্বপূর্ণ। কিন্তু সীমাহীন ভালোবাসা এবং সহানুভূতি দিয়ে পূর্ণ। তিনি একজন ত্রাণকর্তা। তিনি সেই প্রতিশ্রুতি। তিনি নাথানিয়েল। আমি আমার নাম শুনতে পাই - আমি যে সবচেয়ে সুন্দর সুরটি কখনো শুনেছি তার মতো, অনন্তকালে প্রতিধ্বনিত হচ্ছে।

আর্চএঞ্জেল নাথানাইল: দেখো। ধরে রাখো। তুমি একা নও। আমি এখানে। আমি সবসময় ছিলাম। এবং থাকব। জেগে ওঠো, মেলিনা। দেয়ালগুলো ভাঙো। আহ্বানে বিশ্বাস করো। আমি তোমার গ্রেইল। আমি তোমার ভালোবাসা। এবং আমি নাথানিয়েল।

এই মুহূর্তে, যখন তার কথাগুলো আমার প্রতিটি কোষকে বিদ্ধ করল, আমি চোখ খুললাম। হাসপাতালের ঘরে নয়। বরং এমন একটি মধ্যবর্তী স্থানে, যেখানে সময়ের কোনো অর্থ ছিল না। আমি অতল গহ্বরের কিনারায় ছিলাম, কিন্তু এইবার - একা নয়। তার দৃষ্টিতে আমি কেবল একটি প্রতিশ্রুতি নয়, বরং আমার নিজের, নিখুঁত সম্পূর্ণতার একটি প্রতিচ্ছবিও দেখলাম। এবং আমি জানতাম যে এই সংযোগ, নাথানিয়েলের সাথে এই অসমাপ্ত ভালোবাসা, আসলে নিজেকে সম্পূর্ণ করার একমাত্র উপায়। এটি আমার সম্পূর্ণ পুনরুত্থানের দরজা। আমার হৃদয়, যা এত বছর ধরে মৃত ছিল, একটি নতুন, উন্মত্ত শক্তি দিয়ে স্পন্দিত হতে শুরু করল। একটি নবজাতকের হৃদয়ের মতো। আমি নিজেকে বাঁচানোর জন্য তার প্রেমে পড়িনি। বরং নিজেকে মুক্ত করার জন্য। এবং এটি কেবল শুরু ছিল। বিস্ফোরণটি আসন্ন ছিল। পৃথিবী পরিবর্তিত হতে যাচ্ছিল।

---✶৫ ✶ ---

বেথলেহেমে ভোর

মুহূর্তটি এখন। ঘরটি। এটি ধূসর-সাদা নয়। জানালাগুলো খোলা আছে। সূর্য প্রবেশ করছে - সোনালী, উষ্ণ। এটি আমাকে স্নান করাচ্ছে। আমি বাইরে থেকে একটি দূরবর্তী হাসি, শিশুদের কণ্ঠস্বর শুনতে পাচ্ছি। আমি আমার শরীরে একটি অদ্ভুত, অপরিচিত হালকা অনুভব করি। টিউমার... এটি কেবল ছায়া, যা আলোতে দ্রবীভূত হয়েছে। আমি বুঝতে পারি। আমি সর্বদা তাকে খুঁজছিলাম। কেবল একজন মানুষ নয়। বরং এই সারাংশ। এবং তিনি... আমার জন্য অপেক্ষা করছেন। তার মুখোশ হয়তো ভেঙে গেছে। কিন্তু তার আত্মা... আমাকে খুঁজে পেয়েছে। এবং প্রথমবারের মতো, আমি অনুভব করি কীভাবে একটি কোমল ঢেউ আমার হাতের মধ্য দিয়ে প্রবাহিত হয়। একটি স্পর্শ যা একটি বিভ্রম নয়। একটি স্পর্শ যা জীবন। বিশুদ্ধ, স্পন্দিত, অন্তহীন জীবন। "মানুষ কেবল একটি নলের ডাঁটা, প্রকৃতির সবচেয়ে ভঙ্গুর, কিন্তু সে একটি চিন্তাশীল নলের ডাঁটা।" - পাস্কাল।

-হ্যাঁ। চিন্তাশীল। এবং দুর্ভোগকারী, - আমি ফিসফিস করে বললাম, সেই সত্যটি স্বীকার করে যা এখন স্বাধীনতা ছিল। এটি তিক্ত ছিল না। বরং এটি ঝলমল করছিল, আমার বুকে নক্ষত্রের ধুলার মতো।

আমি যখন সেই পুরুষকে হারালাম যাকে আমি ভালোবাসতাম, তখন আমি নিজেকে ধ্বংসপ্রাপ্ত অনুভব করতাম। বহু বছর ধরে আমি ভাগ্যের প্রতি অসন্তোষ পোষণ করতাম - যে এটি আমাকে আধ্যাত্মিকভাবে পঙ্গু করেছে, যে এটি আমাকে একা, আমার নিজের শূন্যতার সামনে অনাবৃত করে রেখে গেছে। ব্যথাটি আমার বুকে একটি রক্তাক্ত গর্ত ছিল - আমার সমস্ত যন্ত্রণা এবং প্রতিটি নিদ্রাহীন রাতের উৎস।

কিন্তু এখন আমি বুঝতে পারি: কেউ কাউকে হারায় না। কারণ কেউ কাউকে নিজের করে রাখে না। আমরা সবাই স্বাধীন। প্রত্যেকের নিজস্ব পথ, নিজস্ব অনন্য কক্ষপথ আছে। বাকিটা কেবল সংক্ষিপ্ত মুহূর্ত, শ্বাস এবং স্পর্শ, অনন্তকালের মধ্য দিয়ে ভ্রমণের ভাগ করে

নেওয়া। দুটি ধূমকেতুর মতো, যারা মহাবিশ্বে একে অপরের পাশ দিয়ে যায়, আলোর একটি অংশ বিনিময় করে, তাদের পিছনে একটি অগ্নিময় পথ রেখে যায়।

সত্যিকারের ভালোবাসা দুটি স্বাধীন আত্মার একটি গভীর মিশে যাওয়া, যারা একে অপরকে বেঁধে রাখার চেষ্টা করে না, বরং একে অপরকে প্রসারিত করার চেষ্টা করে। একে অপরকে অনুপ্রাণিত করার জন্য। এটি একটি সর্বগ্রাসী আবেগের একজন স্বেচ্ছাসেবী বন্দী হওয়া, যখন আপনি আপনার হৃদয়ের রাক্ষসদের সাথে নাচেন এবং তাদের গ্রহণ করেন। অজানার গভীরতায় অনিবার্য পতনের প্রতিরোধ না করে - কারণ সেখানেই সত্যের জন্ম হয়, যা আপনাকে মুক্ত করে।

ভালোবাসা হলো একটি অনুভূতির অসীমতায় হারিয়ে যাওয়া, ভেঙে পড়ার জন্য নয়, বরং পুনর্জন্মের জন্য। ভয় ছাড়াই, কারণ আপনি জানেন যে আপনি সম্পূর্ণ - সম্পূর্ণ - আপনি সেই শিখায় প্রবেশ করার আগেই। এটি আপনার হৃদয়ে সবচেয়ে মূল্যবান গুপ্তধন - অন্যের আত্মা - দখলের হাত দিয়ে স্পর্শ না করে ধরে রাখা। বরং ভাগ করা স্বাধীনতার সূক্ষ্মতা দিয়ে। একটি কোমল ঢেউয়ের মতো, যা ডানা খুলে দেয়। এবং আপনাকে উড়তে বাধ্য করে।

আমি অনন্তকালের সাথে মিশে যেতে প্রস্তুত। সেই অন্তর্দৃষ্টি আমার সাথে নিয়ে যাচ্ছি যা আমার সমস্ত শিকল ছিঁড়ে দিয়েছে: ভালোবাসা স্বাধীনতা। দাসত্ব নয়। সত্যিকারের সংযোগ ভাগ করে নেওয়া। দখল নয়। আমি অনুভব করছিলাম কীভাবে অস্তিত্বের মাধ্যাকর্ষণ আমাকে অজানার দিকে, নতুন দিগন্তের দিকে টানছিল। কিন্তু এইবার - ভয় ছাড়াই। একটি গভীর, শান্ত গ্রহণ দিয়ে। একটি আলিঙ্গনের মতো, যা আমাকে সম্পূর্ণরূপে গ্রাস করে। এটি একটি শেষ শ্বাসের মতো ছিল। কিন্তু নিঃশ্বাসের নয়। বরং পুরো বিশ্বকে গ্রাস করার। পুরো অস্তিত্বকে। যা বোঝাপড়া এবং শান্তি দিয়ে পূর্ণ, যা আমার প্রতিটি কোষে কম্পিত হচ্ছিল। এবং আমাকে ভিতর থেকে বিস্ফোরিত করছিল।

এবং এই শান্তিতে, আমি অবশেষে আমার গ্রেইল খুঁজে পেলাম। সেখানে নয় যেখানে আমি এটি খুঁজছিলাম - অন্তহীন গ্রন্থাগারগুলোতে, তিক্ত বৈঠকগুলোতে, আত্মার একাকীত্বে। বরং আমার নিজের ভিতরে। আমার হৃদয়ে, যা আর একটি পাথর ছিল না, বরং একটি স্পন্দিত, জীবন্ত মহাবিশ্ব ছিল।

নাথান-আয়ে/ই-লের হাত আমার হাত আঁকড়ে ধরল। আমি একটি স্পর্শ অনুভব করলাম, একটি মিশে যাওয়া। আমার ত্বক তার হয়ে গেল, তার শ্বাস - আমার। আমাদের চারপাশের স্থানটি তার উজ্জ্বলতা দ্বারা গ্রাস হয়ে দ্রবীভূত হলো। আমি মরিনি। আমি কিছুতে দ্রবীভূত হইনি। বরং আমি তার মধ্যে দ্রবীভূত হয়েছি - তার অন্তহীন আলোতে, তার নিঃশর্ত ভালোবাসায়। এবং আত্মাদের এই নাচে, নিখুঁত, নিঃশর্ত সংযোগের এই সর্বোচ্চ মুহূর্তে, আমি বুঝতে পারলাম - আমি কখনোই কেবল একটি ঢেউ ছিলাম না, যা ভেঙে যাওয়ার জন্য অভিশপ্ত। আমি নিজেই সেই সমুদ্র ছিলাম, যা সমস্ত ঢেউ, সমস্ত স্মৃতি, সমস্ত বিশ্বকে নিজের মধ্যে সংগ্রহ করে।

এবং তারপর, আমার চোখের কোণ থেকে, একটি একক অশ্রু - উষ্ণ, বিশুদ্ধ, সমস্ত সংগৃহীত প্রজ্ঞা এবং ভালোবাসা দিয়ে পূর্ণ - আমার গাল বেয়ে গড়িয়ে পড়ল।

এবং এখন, আমি সেই আলো, যা তার সাথে চিরকাল নাচবে। আমি সবকিছু।

---♥---

চতুর্থ অধ্যায় 45: যখন একটি অলৌকিক

ঘটনা বিজ্ঞানকে ছিন্নভিন্ন করে

হাদাসা ক্লিনিক, জেরুজালেম। সাদাতে একটি রিকুয়েম

সাদা দেয়ালগুলো আমাকে শ্বাসরুদ্ধ করছিল। তারা শেষ আশ্রয় ছিল না। তারা অসীম অস্তিত্বহীনতার দিকে একটি লঞ্চপ্যাড ছিল। সেই জিনিসটির দিকে যা শেষের পরে আসে। এখানে, এই জীবাণুমুক্ত নীরবতায়, যেখানে একমাত্র শব্দ ছিল আমার নিজের হৃদয়ের মরিয়া ছন্দ - তার শেষ রিকুয়েম বাজছিল - বাইরের পৃথিবী একটি সবেমাত্র লক্ষণীয় ফিসফিসানিতে গলে গিয়েছিল। একটি দূরবর্তী। ভুলে যাওয়া স্বপ্ন। আমি স্থিরভাবে শুয়ে ছিলাম। জানালাটির দিকে তাকিয়ে। আমার এটিকে সরাতে কোনো শক্তি ছিল না। জেরুজালেমের উষ্ণ সূর্য, যেন ব্যঙ্গাত্মকভাবে আমার অভিশাপের অধীন ছিল না, আমার ক্লান্ত মুখকে আদর করছিল। কিন্তু এটি কোনো সান্ত্বনা আনেনি। কেবল একটি ঠান্ডা, ঐশ্বরিক উদাসীনতা। আমি চোখ বন্ধ করলাম।

বিস্ফোরণ

হঠাৎ দরজাটি একটি তীক্ষ্ণ, প্রায় স্নায়বিক ক্লিকের সাথে খুলল। দুজন ডাক্তার প্রবেশ করলেন। ডাক্তার ইলিয়াস বেন-নাথান, প্রধান ক্যান্সার বিশেষজ্ঞ - যার সাধারণত ঠান্ডা অভিব্যক্তি এখন শক এবং শ্রদ্ধার একটি অপঠিত মিশ্রণে বিকৃত ছিল। এবং কনিষ্ঠ ডাক্তার আমির হাসান, যার স্বাভাবিক সংযম দৃশ্যমান আতঙ্ক এবং রাগ দ্বারা প্রতিস্থাপিত হয়েছিল। ঘরের বাতাস ভারি হয়ে গেল। যেন একটি অদৃশ্য চার্জ দিয়ে পূর্ণ।

-মেলিনা... - ডাক্তার বেন-নাথান শুরু করলেন। তার কণ্ঠস্বর অস্বাভাবিকভাবে শান্ত ছিল। প্রায় একটি ফিসফিসানি। যেন তিনি ভয় পাচ্ছিলেন যে যেকোনো শক্তিশালী শব্দ একটি অসম্ভব বিভ্রমকে ছড়িয়ে দেবে। - আমাদের... ব্যতিক্রমী কিছু আছে। এমন কিছু যা পরিবর্তন করে... আমরা যা জানি বলে মনে করতাম তার সবকিছু।

আমার হৃদয় লাফিয়ে উঠল। বেদনাদায়কভাবে তীক্ষ্ণভাবে। যেন এটি আমার বুকের খাঁচা থেকে পালাতে চেষ্টা করছিল। এমন একটি পরিস্থিতিতে কী "ব্যতিক্রমী" হতে পারে, যেখানে একমাত্র ব্যতিক্রম ছিল অনিবার্য শেষ? আমি শেষ প্রস্তুতির জন্য প্রোটোকল শব্দগুলো আশা করেছিলাম, কিন্তু এই অদ্ভুত বিস্ময় এবং উত্তেজনার আভা নয়, যা তাদের মধ্যে ভাসছিল। একটি স্মৃতিস্তম্ভের কিছুর পূর্বানুমান আমাকে গ্রাস করল।

-আমরা অতিরিক্ত ইমেজিং পরীক্ষাগুলোর একটি সিরিজ পরিচালনা করেছি - একটি শেষ এমআরআই, পিইটি স্ক্যান, উচ্চ-ক্ষমতার আল্ট্রাসাউন্ড। সবকিছু সবচেয়ে কঠোর প্রোটোকল অনুযায়ী, সবচেয়ে আধুনিক যন্ত্র দিয়ে। - ডাক্তার বেন-নাথান একটি গভীর, অনিয়মিত শ্বাস নিলেন। যেন তিনি এমন কিছু ঘোষণা করতে চলেছেন যা মানুষের বোঝার বাইরে। - টিউমার... এটি কেবল চলে গেছে।

তার কথাগুলো বাতাসে ঝুলে ছিল। ভারী এবং অসম্ভব। একটি রায়ের মতো, যা হঠাৎ করে একটি ক্ষমাতে পরিণত হয়েছিল। এক মুহূর্তের জন্য আমি ভেবেছিলাম যে আমি কোনো প্রলাপে আছি। যে আমার চেতনা ইতিমধ্যেই অন্য বাস্তবতায় চলে গেছে। যে আমি শারীরিক দেহের শিকলগুলো ভেঙে দিয়েছি। আমার শরীর শকে পক্ষাঘাতগ্রস্ত ছিল। আমার মন সেগুলোকে প্রক্রিয়া করতে অস্বীকার করছিল। তারা কি এইরকম একটি অযৌক্তিক, নিষ্ঠুর মিথ্যা দিয়ে আমার মৃত্যুর ঘোষণা দিচ্ছিল?

-দয়া করে? - আমার কণ্ঠস্বর কেবল একটি ঢেউ ছিল। সবেমাত্র লক্ষণীয়। বরং একটি নিঃশ্বাস।

ডাক্তার হাসান একটি তীক্ষ্ণ নড়াচড়া করলেন। প্রায় একটি লাফ। তার চোখ রাগ এবং বিস্ময়ে জ্বলছিল, তার সহকর্মীর কাছ থেকে পিছিয়ে যাচ্ছিল।

-অসম্ভব! একেবারে অসম্ভব! ডাক্তার বেন-নাথান, এটি একটি ভুল! একটি বিশাল, অগ্রহণযোগ্য ভুল! ২৪ ঘন্টারও কম সময় আগে শেষ স্ক্যানে, টিউমারটি বিশাল ছিল - বারো মিলিমিটার! লিম্ফ নোডে মেটাস্ট্যাসিস সহ! এটি শেষ পর্যায়, ডাক্তার! দয়া করে, তাকে সত্য বলুন! এই মহিলাটি অভিশপ্ত!

বেন-নাথান তাকে থামানোর জন্য তার হাত তুললেন, কিন্তু আমার থেকে তার দৃষ্টি সরালেন না। তার সুরটি কঠিন ছিল। অটল। - ডাক্তার হাসান, প্রোটোকলগুলো পরম নির্ভুলতার সাথে পালন করা হয়েছিল। আমরা তিনবার পরীক্ষাগুলো পুনরাবৃত্তি করেছি। বিভিন্ন যন্ত্র দিয়ে, বিভিন্ন অফিসে, তিনটি স্বাধীন রেডিওলজিস্ট দল নিয়ে। এমনকি জুরিখের অধ্যাপক এহরেনবার্গ দূর থেকে ডেটা পর্যালোচনা করেছেন। এটি সেখানে নেই। কোনো চিহ্ন নেই। যেন এটি কখনোই বিদ্যমান ছিল না। সমস্ত অনকোমার্কারগুলো রেফারেন্স সীমার মধ্যে আছে। - তিনি তার ধূসর চুলের মধ্য দিয়ে তার হাত চালালেন, সম্পূর্ণ বিভ্রান্তির একটি অঙ্গভঙ্গি। প্রায় অবর্ণনীয়ের কাছে আত্মসমর্পণের। - এটি... এটি একটি মেডিকেল অলৌকিক ঘটনা, আমির। আমার ৪০ বছরের অনুশীলনে আমি এমন কিছু কখনো দেখিনি। মিস মেলিনার শরীর... নিজেই নিজেকে নিরাময় করেছে।

তার কথাগুলো আমার মধ্যে গেঁথে গেল। আমার পুরো অস্তিত্বের নিয়মগুলো পুনরায় লিখল। আবেগের একটি বিস্ফোরণ আমাকে প্লাবিত করল - শক, অবিশ্বাস, একটি অবর্ণনীয়, প্রায় স্বর্গীয় আনন্দ, কিন্তু একটি গভীর, প্রায় রহস্যময় উপলব্ধিও। যেন অদৃশ্য বিশ্বের সামনে পর্দাটি উঠে গেছে। অস্তিত্বের আতঙ্ক এবং অস্তিত্বের অলৌকিক ঘটনা আমার মধ্যে মিশে গেল। একটি অভ্যন্তরীণ ক্যাথারসিস তৈরি করল। আমি অনুভব করলাম কীভাবে ঠান্ডা পিছু হটছে, একটি অদ্ভুত, স্পন্দিত উষ্ণতা দ্বারা প্রতিস্থাপিত হচ্ছে, যা আমার বুকের কেন্দ্র থেকে ছড়িয়ে পড়ছিল।

-কিভাবে... কিভাবে সম্ভব? - আমি ফিসফিস করে বললাম। নির্দিষ্ট করে কাউকে সম্বোধন না করে। বরং মহাবিশ্বকেই।

ডাক্তার হাসান আবার বিস্ফোরিত হলেন। তার কণ্ঠস্বর ঘরে প্রতিধ্বনিত হলো, জীবাণুমুক্ত পরিবেশকে ছিন্নভিন্ন করে। - কিভাবে সম্ভব?! "মেডিকেল অলৌকিক ঘটনা" বলে কিছু নেই, ডাক্তার বেন-নাথান! একটি ডায়াগনস্টিক ভুল, একটি প্রযুক্তিগত সমস্যা, একটি শিল্পকর্ম বা... অথবা এমন কিছু আছে যা আমরা বুঝতে পারি না! আমাদের একটি আক্রমণাত্মক বায়োপসি করতে হবে! এখনই! এটি কি কোনো আক্রমণাত্মক টিউমার নয়, যা নেক্রোটাইজড হয়েছে, কিন্তু সম্পূর্ণরূপে অদৃশ্য হয়নি? কোনো অবশিষ্ট কোষ আছে কি? Occam's Razor এখানে বৈধ নয়! আমরা অভিজ্ঞতাগত ডেটা উপেক্ষা করতে পারি না! এটি দায়িত্বজ্ঞানহীন! এটি বৈজ্ঞানিক আত্মহত্যা!

বেন-নাথান, যার ধৈর্য স্পষ্টতই ফুরিয়ে যাচ্ছিল, কিন্তু তার মর্যাদা না হারিয়ে, তাকে বাধা দিলেন। - আমির, আমি যা দেখছি তা আমি জানি। এবং আমি জানি ডেটা কী দেখায়। সমস্ত মার্কার পরিষ্কার। টিউমার কার্যকলাপের কোনো লক্ষণ নেই। এবং... একটি ভুল হওয়ার সম্ভাবনা কতটুকু, যা তিনটি ভিন্ন প্রোটোকল এবং দল, বিভিন্ন যন্ত্রে তিনবার পুনরাবৃত্তি হবে? যেন কোনো শক্তি আপনার কোষগুলোকে কোয়ান্টাম স্তরে রূপান্তরিত করেছে। বায়োএনার্জিটিক ক্ষেত্র এবং ডিএনএ-এর সচেতন প্রোগ্রামিং-এর তত্ত্বগুলো বৈজ্ঞানিক কল্পকাহিনীর মতো শোনায়, কিন্তু... আপনার শরীর আর কোনো প্যাথলজিক্যাল পরিবর্তন

দেখায় না। আমরা এমন একটি ঘটনার মুখোমুখি হয়েছি যা আমাদের বর্তমান দৃষ্টান্তকে অতিক্রম করে।

"কোয়ান্টাম স্তর... বায়োএনার্জিটিক ক্ষেত্র..."। তাদের কথাগুলো আমার উপরে বজ্রপাতের মতো সংঘর্ষ করছিল। কিন্তু আমার চেতনায় তারা আমার নিজের চিন্তাভাবনার প্রতিধ্বনি হিসাবে প্রতিধ্বনিত হচ্ছিল, যা সত্যের সন্ধানের জন্য, নিঃশর্ত ভালোবাসার শক্তির জন্য এবং অভ্যন্তরীণ অনুপ্রেরণার জন্য, যা আমাকে সংগ্রামের দিনগুলোর মধ্য দিয়ে নিয়ে যাচ্ছিল। রুমির স্মৃতি এবং তার কথাগুলো, "আপনি যা খুঁজছেন, তা আপনাকে খুঁজছে", একটি নতুন, তীক্ষ্ণ স্পষ্টতার সাথে ভেসে উঠল। প্ল্যাঙ্ক, কোয়ান্টাম তরঙ্গ এবং পদার্থের উপর চেতনার প্রভাবের সাথে সংযোগগুলো আর বিচ্ছিন্ন জ্ঞান হিসাবে মনে হচ্ছিল না, বরং একটি বিস্তৃত, আরও যাদুকরী বাস্তবতার টুকরা হিসাবে মনে হচ্ছিল, যা আমার সামনে উন্মোচিত হচ্ছিল। যেন আমি কোনো প্রাচীন, অভ্যন্তরীণ কোড সক্রিয় করেছিলাম, যা আমি এখন পর্যন্ত জানতাম না।

-কোনো বায়োপসির প্রয়োজন নেই! - আমি ফিসফিস করে বললাম। আমার কণ্ঠস্বর আশ্চর্যজনকভাবে শক্তিশালী। একটি নতুন আবিষ্কৃত সংকল্প দিয়ে পূর্ণ। আমি অনুভব করলাম কীভাবে আমার মধ্যে একটি অপরিচিত শক্তি উঠছে। প্রতিটি কোষকে পূর্ণ করছে। ক্লান্তি এবং ব্যথাকে বের করে দিচ্ছে। - আমি জানি কী হয়েছে।

আমার হাত কেঁপে উঠল, প্রায় অলক্ষিতভাবে, কিন্তু যথেষ্ট শক্তি দিয়ে, যাতে আমি এতে একটি নবজাতকের চেতনার স্পন্দন অনুভব করতে পারি।

ডাক্তার হাসান আমার দিকে সংশয় নিয়ে তাকালেন। প্রায় বিদ্রূপের সাথে। আমাকে অসম্ভবটি বলার জন্য চ্যালেঞ্জ জানাচ্ছিলেন। - আপনি জানেন কী হয়েছে? দয়া করে, মিস, আমরা এখানে চিকিৎসা সম্পর্কে কথা বলছি, রহস্যবাদ সম্পর্কে নয়!

-আমি জীবন সম্পর্কে কথা বলছি! পুনর্জন্ম সম্পর্কে! - আমি তাকে বাধা দিলাম, তার দৃষ্টিকোণ থেকে পরিস্থিতির অযৌক্তিকতা সম্পর্কে সম্পূর্ণ সচেতন, কিন্তু একটি অটল অভ্যন্তরীণ বিশ্বাস দিয়েও। - এটি একটি ভুল নয়। এটি... রূপান্তর। মূল সারাংশের একটি পরিবর্তন।

আমার কণ্ঠস্বর আমার বুককে উপরের দিকে টেনে নিয়ে গেল, যেন এটি আমার থেকে বছরের পর বছর ধরে ভোগান্তির ভার টেনে নিচ্ছিল, এটিকে হালকা এবং বাতাস দিয়ে প্রতিস্থাপন করছিল।

ডাক্তার বেন-নাথান শ্রদ্ধাপূর্ণ নীরবতা নিয়ে আমার দিকে তাকালেন। তার চোখে চিকিৎসার চেয়েও গভীর চিন্তাভাবনা পড়া যাচ্ছিল। তিনি এমন কিছুর সাক্ষী ছিলেন যা পাঠ্যপুস্তক দিয়ে ব্যাখ্যা করা যেত না, এবং তিনি এটি গ্রহণ করার জন্য যথেষ্ট উন্মুক্ত ছিলেন।

-সাইকোনিউরুইমিউনোলজি... - তিনি আবার বিড়বিড় করলেন, এইবার যেন তিনি নিজের কাছেই কথা বলছেন, তার মনে কিছু নতুন, সাহসী অনুমান লিখে রাখছেন। - চেতনা এবং শরীরের মধ্যে সংযোগ অনস্বীকার্য, কিন্তু স্কেল... আপনার ইচ্ছার শক্তি, আপনার আবেগের, জীবন এবং ভাগ করে নেওয়ার জন্য আপনার আকাঙ্ক্ষা কি এতটাই শক্তিশালী ছিল যে এটি আপনার শরীরকে এইভাবে পরিবর্তন করতে পারে? আমাদের হাজার হাজার বছরের রহস্যময় জ্ঞান আছে শক্তি কেন্দ্র, চিন্তার শক্তি, শরীরের পুনরুত্পাদন ক্ষমতা সম্পর্কে, যা ঐতিহ্যবাহী চিকিৎসা কুসংস্কার হিসাবে প্রত্যাখ্যান করে। কিন্তু কি হবে যদি... কি হবে যদি আমরা সত্যকে প্রত্যাখ্যান করে থাকি?

-অথবা... - আমি চালিয়ে গেলাম, ডাক্তার বেন-নাথানের দিকে তাকিয়ে, যার চোখে আমার নিজের পরিবর্তিত সারাংশ প্রতিফলিত হচ্ছিল - ঐক্য। এমন কিছু শক্তি যা আমার মধ্যে জন্মেছে, যা পরিচিত সবকিছুর বাইরে। ভালোবাসা... হলো সবচেয়ে শক্তিশালী অনুঘটক। কেবল

অন্যদের প্রতি ভালোবাসা নয়, বরং জীবনের প্রতিই, প্রতিটি ব্যথা, প্রতিটি পাঠ, অস্তিত্বের প্রতিটি সেকেন্ডের প্রতি।

যে নীরবতা অনুসরণ করল তা ঘন ছিল। অব্যক্ত প্রশ্ন দিয়ে পূর্ণ। কিন্তু একটি পরিবর্তনশীল বোঝাপাড়াও ছিল। ডাক্তার হাসান, দৃশ্যত হতবাক, আর বিতর্ক করছিলেন না। তিনি কেবল তার চোখগুলো ব্যাপকভাবে খোলা রেখে আমার দিকে তাকাচ্ছিলেন। তাদের মধ্যে শক, অবিশ্বাস এবং একটি ভীত কৌতূহল ছিল। তার বিশ্বের সীমানা ভেঙে গিয়েছিল।

নিখোঁজ টিউমারটি কেবল একটি মেডিকেল অলৌকিক ঘটনা ছিল না। এটি একটি হুক ছিল। প্রমাণ যে পরিচিতির সীমানা কেবল একটি বিভ্রম। যে এমন শক্তি আছে যা আমরা এখনও বুঝতে পারিনি। যে বাস্তবতার একটি সমান্তরাল স্তর বিদ্যমান, যা শারীরিক আইনগুলোকে পুনরায় লিখতে পারে। যে আমাদের অভ্যন্তরীণ বাস্তবতা বাইরের বাস্তবতাকে পুনরায় লিখতে পারে। এবং যে আমার গল্প, আমার পথ, কেবল শুরু হচ্ছিল, রহস্য এবং সম্ভাবনা দিয়ে পূর্ণ, হাসপাতালের জীবাণুমুক্ত সাদা দেয়ালের বাইরে অনেক দূরে।

যদি আমার চেতনা এতটাই শক্তিশালী হয় তবে আমি আর কী অর্জন করতে পারি? এই নতুন, বিশাল বাস্তবতায় আর কী কী "অলৌকিক ঘটনা" উন্মোচনের জন্য অপেক্ষা করছিল, যা আমার কাছে সবেমাত্র উন্মুক্ত হয়েছিল? তিনি এখানে ছিলেন।

--- ❤ ---

উপসংহার

সময় কি ফুরিয়ে গেল – নাকি কেবল এর মূল্য পরিশোধ করতে বলা হলো?

যখন "কোড গ্রাল: সক্রিয়" (Code Graal: Activated)

একটি স্পন্দনের মতো পৃথিবীকে বিদীর্ণ করল, আমি বুঝলাম: সময় চলে না, এটি দর কষাকষি করে। প্রতিটি সেকেন্ড মুক্তিপণ চায়: এক ফোঁটা স্পষ্টতার জন্য এক ফোঁটা কষ্ট, এক গ্রাম অর্থের জন্য এক গ্রাম যন্ত্রণা। যদি না দাও, বিস্মৃতিতে ডুবে যাবে। যদি দাও – তবে নতুন নামে পুনর্জন্ম পাবে। গভীর খাদে দাঁড়িয়ে আরও একটি বিষয় বুঝলাম: যুদ্ধ শেষে ভালোবাসা কোনো সান্ত্বনা নয়। এটি নিজেই যুদ্ধ। এটি আদর করে না, বরং কোড পুনর্লিখন করে – প্রতীকী অর্থে নয়, বরং রক্ত-মাংসে, কোষের স্মৃতিতে, যেখানে স্বপ্নগুলি এক প্রাচীন সত্যের হস্তলিপি। আমার ভেতরে তাদের পদধ্বনি প্রতিধ্বনিত হলো, যারা অক্ষরবিহীন পাণ্ডুলিপি রক্ষা করে – গোপন অর্ডারসমূহ (Orders) এবং তাদের নীরব শপথ। তারা অমৃতার ভাষায় কথা বলে, ডিএনএ-এর ভাষায়, যেখানে প্রতিটি মোটিফ একটি দরজা, এবং প্রতিটি দরজা – একটি পরীক্ষা। ব্যথা আমাকে অসমাপ্তের তালে শ্বাস নিতে শেখাল। শরীর বুঝল, হৃদয় অনুসরণ করল: প্রতিটি ক্ষত এক আলকেমি (alchemy), যা ধ্বংস করে না, বরং পুনর্বিন্যাস করে। যা আমি "যন্ত্রণা" বলতাম, তা বিভ্রমের জন্য ছুরি, জাগরণের জন্য ঘণ্টা বলে প্রমাণিত হলো। প্রতিটি পতন ছিল ভয়ের উল্টো দিকে লেখা উড়ানের নির্দেশনা। তখন আবার সেই অদৃশ্য মেট্রোনোমের স্পন্দন শুনলাম – 00:00:07। হুমকি হিসাবে নয়, বরং আমন্ত্রণ হিসাবে। শেষ হিসাবে নয়, বরং সেতু হিসাবে। সময় আমাকে তাড়া করছিল না, এটি আমাকে পরীক্ষা করছিল:

"বিস্মৃত না হওয়ার জন্য তুমি কী উৎসর্গ করবে?"

"সহ্য করার জন্য কাকে ভালোবাসবে?"

"পার হওয়ার জন্য কাকে ক্ষমা করবে?"

যেখানে শহরগুলি আলোর মধ্যে লবণের মতো গলে যায়, সেই স্বপ্নগুলিতে, গ্রাল (Graal) কোনো বস্তু ছিল না, বরং একটি কম্পাঙ্ক (frequency) – হৃদয়ের চাবি, যা চেতনার অন্ধকার

কক্ষগুলি খুলে দেয়। কখনও এটি ছিল একটি কণ্ঠ, কখনও – নীরবতা। কখনও – একটি ছুরি, যা পুরনো নামের দড়ি কেটে দেয়। এবং যখন দরজাটি সামান্য খুলল, সেখানে কোনো সান্ত্বনা আমার জন্য অপেক্ষা করছিল না। অপেক্ষা করছিল সত্য: যে ভালোবাসা পরীক্ষার হাত থেকে বাঁচায় না, বরং সেগুলির মধ্য দিয়ে পথ দেখায়। যে পুনর্জন্ম কোনো পালানো নয়, বরং দায়িত্ব – তোমার পছন্দের সমস্ত ভার নেওয়া এবং তবুও "হ্যাঁ" বলা। সামনের পথ আরও মসৃণ নয়। এটি আরও সত্য। এর সামনে দাঁড়িয়ে আছে প্রতীকবিহীন ভ্রাতৃত্বের (brotherhoods) ছায়া; নীরবতার সংরক্ষণাগার, যেখানে অমৃতা কোনো মিথ নয়, বরং একটি প্রোটোকল; করিডোর, যেখানে ডিএনএ জীববিজ্ঞান নয়, বরং হারিয়ে যাওয়া সভ্যতার একটি বর্ণমালা। সেখানে পবিত্র প্রেমও (sacred love) আছে – রোমান্টিক আশ্রয় নয়, বরং শুদ্ধির চুল্লি, যেখানে হৃদয়ের সোনা স্মৃতির আবর্জনা থেকে আলাদা হয়ে যায়। যদি সময় মহাবিশ্বের মুদ্রা হয়, তবে ভালোবাসা হলো সেই সুদ, যা ঋণকে ভাগ্যে রূপান্তরিত করে। ব্যথা হলো সত্যতার সীলমোহর। আর অস্তিত্ব – সেই পাণ্ডুলিপি, যা আমরা প্রতিদিন শ্বাস এবং অশ্রু দিয়ে স্বাক্ষর করি।

এখানে আমি প্রথম চক্রটি শেষ করছি। পরের বার। আমরা গ্রাল খুঁজছি না। আমরা গ্রাল হচ্ছি। অর্ডারসমূহের গোলকধাঁধায়। স্বপ্নের সংরক্ষণাগারে। সত্যের ডিএনএ-তে। ভালোবাসা। এটি পরিত্রাণ নয়। এটি শুদ্ধির চুল্লি। অমৃতার প্রতিটি ফোঁটা। মানচিত্র। প্রতিটি সর্পিল। পথ। ঘড়ি আর সময় মাপে না। এটি গভীরতা মাপে। এবং যখন কাঁটাগুলি আবার 00:00:07 এ স্থির হবে, আমি জিজ্ঞেস করব না "কেন আমি?"। আমি বলব: আমি প্রস্তুত। পোর্টালটি খুলুন। গ্রাল পথ জানে।

--- ❤ ---

গ্রন্থপঞ্জি ও অনুপ্রেরণা (Bibliography and Inspirations)

এই বর্তমান কাজটি নিম্নলিখিত লেখক এবং উত্সগুলির ধারণা ও কাজ দ্বারা অনুপ্রাণিত ও সমৃদ্ধ, যা বইটির ধারণাগুলির গভীরতা ও বিস্তৃতি প্রদান করে।

কার্ল গুস্তাভ ইয়ুং (Carl Gustav Jung): আর্কিটাইপস (archetypes) এবং সম্মিলিত অচেতন (collective unconscious) মনের অনুসন্ধান।

জর্ডান পিটারসন (Jordan Peterson): ছায়ার সংহতি (integration of the shadow) এবং জীবনের মৌলিক নিয়মাবলী।

ফ্রিডরিখ নিটশে (Friedrich Nietzsche): ক্ষমতার আকাঙ্ক্ষা (Will to Power) এবং মূল্যবোধের পুনর্বিবেচনা।

আলবের কামু (Albert Camus): অ্যাবসার্ডের দর্শন (Philosophy of the absurd) এবং অর্থের অনুসন্ধান।

জঁ-পল সার্ত্র (Jean-Paul Sartre): স্বাধীনতা এবং অস্তিত্বগত দায়িত্ব (existential responsibility)।

কার্লোস কাস্তানেদা (Carlos Castaneda): প্রসারিত চেতনার মধ্যে যাত্রা (Journeys in expanded consciousness)।

পাওলো কোয়েলহো (Paulo Coelho): "আলকেমিস্ট" (The Alchemist) এ বর্ণিত আত্মার রহস্যময় যাত্রা।

ড্যান ব্রাউন (Dan Brown): গোপন কোড এবং প্রাচীন ভ্রাতৃত্ব (ancient brotherhoods)।

উইলিয়াম ওয়াকার অ্যাটকিনসন (William Walker Atkinson): "কিবালিয়ন" (The Kybalion) এ হারমেটিক নীতিসমূহ (Hermetic principles)।

আর্নেস্ট মুলদাসhev (Ernst Muldashev): প্রাচীন জ্ঞানের ধারণা এবং সমসাময়িক বিজ্ঞানের সাথে এর সংযোগ।

ম্যানলি পামার হল (Manly Palmer Hall): সমস্ত যুগের গোপন শিক্ষা।

অ্যাডাম রাদারফোর্ড (Adam Rutherford): জেনেটিক্স (genetics) এবং বিবর্তন (evolution) থেকে অনুপ্রেরণা।

জন কিহো (John Kehoe): চিন্তার শক্তি এবং এর সম্ভাবনা।

ফ্লোরিয়ান ফ্রেইস্টেটার (Florian Freistetter): আইজ্যাক নিউটনের জীবনের রহস্যময় দিকগুলি।

❤ চরিত্র, অর্ডার ও প্রতীক (Characters, Orders, and Symbols)

নাথানিয়েল (Nathaniel): প্রধান চরিত্র এবং অভ্যন্তরীণ পথের (Inner Path) আর্কিটাইপ। তার যাত্রা হলো ক্ষয় এবং পুনর্নবীকরণের প্রক্রিয়ায় থাকা মানব চেতনার প্রতীক, যা খাঁটি উপলব্ধিতে পৌঁছায়। তিনি পাতাল জগতে অবতরণকারী প্রাচীন বীরের পৌরাণিক কাহিনীর এক সমসাময়িক প্রতিধ্বনি।

আর্চঅ্যাঞ্জেল নাথানিয়েল (Archangel Nathanael): আর্কিটাইপাল-ভবিষ্যদ্বাণীমূলক উপস্থিতি, যা ঐশ্বরিক ন্যায়বিচার এবং পরীক্ষার প্রতীক। তার নামের অর্থ "ঈশ্বর দিয়েছেন", যা উপহার বা চূড়ান্ত ভাগ্যের বাহক হিসাবে ব্যাখ্যা করা হয়।

সোফিয়া (শিশু) (Sofia (The Child)): ভবিষ্যদ্বাণীমূলক চিত্র, যা নতুন মানবতার নির্দোষতা (innocence) এবং ভবিষ্যত নীতিশাস্ত্রের (future ethics) প্রতীক।

বাবিল (Babylon): একটি শহর যা ভেঙে পড়া সভ্যতা এবং সর্বশক্তিমানের বিভ্রমের প্রতীক।

গ্রাল (The Graal / Grail): সত্য এবং অমরত্বের অনুসন্ধানের প্রধান আর্কিটাইপাল প্রতীক।

নাইটস টেম্পলারের অর্ডার (Order of the Knights Templar): ঐতিহাসিক অর্ডার, যা গোপন জ্ঞান এবং আচারের কিংবদন্তিতে পরিণত হয়েছে।

"লর্ডস অফ দ্য সার্পেন্ট অ্যান্ড লাইট" অর্ডার (ODSL): একটি রহস্যময় সংস্থা যা বিজ্ঞান, প্রাচীন জ্ঞান এবং প্রযুক্তিগত আধিপত্যের সংশ্লেষণের মাধ্যমে বৈশ্বিক শাসনের (global governance) জন্য চেষ্টা করে।

❤ প্রতীকী বস্তু ও ধারণা (Symbolic Objects and Concepts)

ক্যাডুসিয়াস (Caduceus): আলকেমিকাল আর্টিফ্যাক্ট, বিপরীতের সংহতির প্রতীক – বস্তু (matter) এবং আত্মা (spirit)।

আর্ক অফ দ্য কভেন্যান্ট (Ark of the Covenant): বাইবেলীয় সিন্দুক, যা পবিত্র জ্ঞানকে মূর্ত করে।

প্যান্ডোরার বাক্স (Pandora's Box): মূর্ত প্রতীক, যা অমঙ্গলের মুক্তি, কিন্তু শেষ আশারও প্রতীক।

সোথিসের ত্রিভুজ (Triangle of Sothis): মিশরীয় প্রতীক, যা সিরিয়াস নক্ষত্রের চক্র, পুনর্নবীকরণ এবং প্রিসিশন (precession) এর সাথে সম্পর্কিত।

❤ মূল পদ ও রেফারেন্সের শব্দকোষ (Glossary of Key Terms and References)

আর্কিটাইপ (Archetype): সম্মিলিত অচেতন মনের সার্বজনীন মডেল বা চিত্র।

ছায়া (Shadow): মানসিকতার অসচেতন অংশ।

রূপান্তর (Transformation): মৌলিক অভ্যন্তরীণ পরিবর্তন, গভীর পরিবর্তনের একটি প্রক্রিয়া।

সিঙ্গুলারিটি (Singularity): সিস্টেমের পতন এবং একীকরণ, বাস্তবতার একটি বাঁকানো বিন্দু।

কোয়ান্টাম চেতনা (Quantum Consciousness): রৈখিক সময় এবং বস্তুর বাইরে উপলব্ধি।

এপিফাইসিস (Pineal Gland / Epiphysis): আধ্যাত্মিক দর্শনের প্রতীক, একে "তৃতীয় চোখ" (third eye) ও বলা হয়।

পিজোইলেকট্রিক ক্রিস্টাল (Piezoelectric Crystals): স্মৃতি এবং আধ্যাত্মিক শক্তির প্রতীক।

ম্যাট্রিক্স (The Matrix): নিয়ন্ত্রণের বিভ্রমমূলক ব্যবস্থা, যেখানে আমরা বাস করি।

ক্রোনো-স্বপ্ন দেখা (Chronosleeping): এমন স্বপ্ন যা অতীত এবং ভবিষ্যতকে একই সাথে অনুভব করার সুযোগ দেয়।

অমৃতা (Amrita): বইটির প্রেক্ষাপটে, এটি অমরত্বের অমৃত নয়, বরং মরণশীলতার মধ্যে অনন্তকালের উপলব্ধি।

কোহারেন্স (Coherence): একটি সুশৃঙ্খল এবং সিঙ্ক্রোনাইজড শক্তি ব্যবস্থার অবস্থা।

টর্শন ক্ষেত্র (Torsion Fields): অনুমানমূলক শক্তি ক্ষেত্র, যা আবর্তনের মাধ্যমে তথ্য বহন করে।

আকাশিক রেকর্ড (Akashic Records): রহস্যময় শিক্ষা অনুসারে, এটি হলো মহাজাগতিক স্মৃতি।

কাব্বালা (Kabbalah): ইহুদি ধর্মে রহস্যময় ঐতিহ্য।

ডেড সি স্ক্রোলস (Dead Sea Scrolls): প্রাচীন পাণ্ডুলিপি, যা এসেয়ান (Essene) শিক্ষাসমূহ ধারণ করে।

বাইবেলীয় ও ঐতিহাসিক ব্যক্তিত্ব (Biblical and Historical Figures): অ্যাডাম, ইভ, লিলিত, মোসেস, সলোমন, কিং আর্থার, জোয়ান অফ আর্ক এবং অন্যান্য, যারা কাজের রহস্যময় পরিবেশ তৈরিতে ব্যবহৃত হয়েছে।

--- ❤ ---

www.ingramcontent.com/pod-product-compliance
Lightning Source LLC
LaVergne TN
LVHW040435051026
849517LV00002B/613